RENSHEN SUNHAI JIANDING YU PEICHANG

人身损害鉴定与赔偿

|第二版|

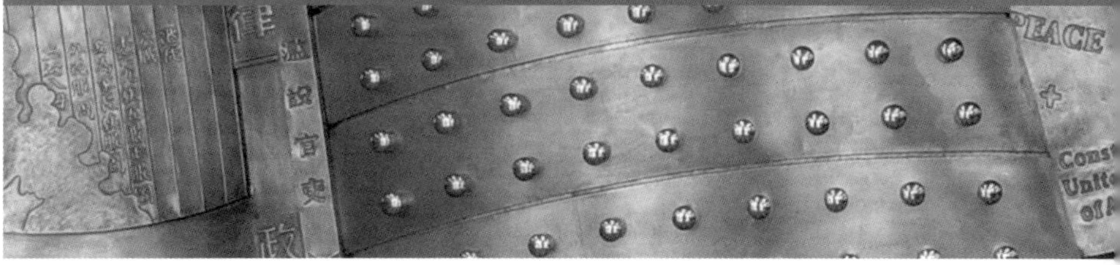

张纯兵 / 编著

法律出版社
LAW PRESS·CHINA

编写说明

人身损害是法医学研究的重要内容之一，它涉及民事、刑事、行政诉讼案件，人身损害鉴定意见是定罪、量刑及民事赔偿的法定证据之一。

《人体损伤鉴定》课程是华东政法大学通识类重点课程，重点讲述人体损伤涉及的残疾程度、伤情程度鉴定实务，以及鉴定意见证据的诉讼运用。为进一步加强教学质量，深化教学改革成效，依据政法类院校教学特点、学生的专业知识背景，以及毕业后的工作实际能力需求等方面编著本书。本书除作为政法类院校、法学院学生教材使用外，亦可为司法工作人员实务工作提供参考与借鉴。本书内容凝聚了编著者多年从事教学、科研、法医学鉴定理论研究及鉴定实务工作的经验和心得，在原有教学讲义的基础上，历经数年成稿。全书内容深入浅出，力求先进性与科学性相统一。全书由编著者独立完成编写、统稿，但限于时间、经验，书中难免会存在不当之处，请使用者多提宝贵意见，以资日后进一步完善。本书编写时参阅并引用了部分资料、教材、文献、著作，案例系编著者在历年鉴定实务工作中参与的鉴定案件。鉴于原有的《道路交通事故受伤人员伤残评定》（GB 18667—2002）已于2017年1月1日废止，并由最高人民法院、最高人民检察院、公安部、国家安全部、司法部联合发布的《人体损伤致残程度分级》所取代，而两个标准的具体规定变化较大，故对该书进行适度修改，以适应自《人体损伤致残程度分级》标准适用的现实要求。

目　录

第一章　概　　述

第一节　人体构造与损伤简述

一、人体基本组织

人体基本的结构和功能单位是细胞。细胞与细胞之间为细胞间质，包括纤维、基质和流体物质（组织液、淋巴液、血浆等），对细胞起着支持、保护、联结和营养作用，参与构成细胞生存的微环境。

众多形态相似、功能相近的细胞及细胞间质组成组织。人体有4种基本组织，即上皮组织、结缔组织、肌组织和神经组织。

二、人体器官系统

以一种组织为主体，几种组织有机地结合在一起形成器官。一系列执行某种同一功能的器官联系成具有特定功能的系统，人体有八大系统。

运动系统由骨、骨连接和肌肉组成，对人体起支撑、保护、运动作用，是人进行劳动、位移与维持姿势等各项活动的结构基础。

消化系统由口腔、咽、食管、胃、小肠、大肠及消化腺等组成，担负摄入食物的消化、吸收和残渣排出功能。

呼吸系统由呼吸道（鼻、咽、喉、气管、各级支气管）及肺组成，呼吸系统吸入氧气、排出二氧化碳以进行气体交换。

泌尿系统由肾、输尿管、膀胱、尿道组成，泌尿系统的功能是排出组织细胞代谢产生的终极产物。

生殖系统担负产生生殖细胞并形成新个体的功能。

循环系统将消化吸收的营养物质和氧气运送到全身各组织器官，同时回收组织细胞的代谢产物和二氧化碳，运送到肾、肺、皮肤、排出体外。

内分泌系统对人体的新陈代谢、生长、发育和生殖等生理过程起着重要的调节作用。

神经系统包括中枢部分的脑与脊髓和遍布全身的周围神经，以及作为特殊感受装置的感觉器官，感受人体内外环境的各种刺激，并产生适当的应答。

人体各系统既具有本身独特的形态、结构和功能,又在神经系统的统一支配下和神经体液的调节下,相互联系、相互制约、协同配合,共同完成统一的整体活动和高级的意识活动。

三、人身损害鉴定相关概念

(一)损伤的定义

机体受一切外力作用,造成器官组织的结构破坏或功能障碍的现象,即为损伤。外力包括物理性、化学性和生物性外力。广义的损伤除肉体损伤外还包括心理和精神损害;狭义的损伤,是指机体受到的物理性、化学性或生物性损伤,其中最多见的是机械性损伤。各种外力作用形成的损伤,一般以外力的名称冠名,如机械性损伤、电击伤、烧伤、冻伤、中毒等。

严格地说,任何损伤均有人体组织结构的破坏和改变,并可能伴有生理功能和心理活动的异常。同时,作用于人体的因素强度越大,对人体解剖结构的破坏就越大,造成的生理功能障碍也就越严重;反之,外界因素的强度越小,其后果就越轻微。

随着社会不断进步和医学科学的迅速发展,多数损伤造成的解剖结构破坏和生理功能障碍都不难检验、诊断和确认。然而,运用现代医学和法医临床学的手段尚不足以发现、记录和确证一切损伤及其后果。人体损伤随其生命活动而随时演变,轻微损伤短期内可消失或痊愈;严重损伤的变化又与病理生理过程和治疗密切相关;许多损伤后存在的心理异常或精神创伤,尚无广泛认同的检验方法和判断标准。

(二)机械性损伤

由机械性暴力造成的机体器官组织的结构破坏或功能障碍,称为机械性损伤。

形成机械性损伤必须有致伤物、人体组织和外力同时存在,互相作用,缺一不可。三个要素中任何一个要素的特征,对损伤形成、损伤形态、损伤程度等都有直接影响。

能使物体发生相对位移的力即为机械力。机械力的大小、方向、作用点以及力的传导扩散,对人体组织形态的改变、损伤的形成,都有决定性影响。这种损伤力学,是机械性损伤的基础理论,亦是分析判定机械性损伤的理论依据。

作用力的大小,是形成机械性损伤的首要条件。达到一定强度的作用力才能形成损伤。作用力太小,人体组织效应小,甚至未克服摩擦力或惯性作用,未能产生明显的形变效应,不能形成损伤。而作用力的大小由物体质量、运动速度所决定,组织损伤程度的大小与作用力大小及受力面积有关。

力的作用点即损伤的碰击点。力作用于致伤物,致伤物作用于人体的接触点以及人体作用于致伤物的点,是直接成伤点。

力的传导扩散即力波作用。某一点受力,就形成冲击力波向周围及深部传播扩散。力的传导在损伤中具有极为重要的意义。身体各种组织,特别是体液,传导力的性能很好。某一点受力,其力不但作用于受力部位,还向周围及深部扩散,尤其人体与致伤物接触点压缩变形明显时,力传导扩散更加明显,远离受力点处常可出现损伤。如高坠者足底受力,力沿脊柱传导到颅骨底部,引起颅底骨折等损伤;打击头一侧引起对侧脑组织的对冲性损伤;打击下腹部引起上腹部脏器(如肝脾)损伤甚至破裂等,均是力传导扩散所致。高坠者身体着地瞬间着地部位速度减速接近零,其他部位在惯性作用下,仍高速下坠,因而发生向上的反作用力与向下的重力碰撞造成损伤,如脊椎骨折、肝脾撕裂伤、心脏震荡伤等。

(三)伤残

伤残,是指由损伤(致残因素)引起的残疾。其主要是指损伤或其他原因引起人体组织结构或功能不同程度地丧失,由此而造成人体不同程度地丧失生活能力、工作能力和社会活动能力,或造成生理上与心理上的缺陷。

(四)鉴定

鉴定,是指具有专门知识及技能的人,经过一定程序和科学实验,对特定客体的本质特征及其周边关系所作的识别与判定。

(五)司法鉴定

司法鉴定,是指在诉讼活动中,司法鉴定人运用科学技术或者专门知识对诉讼涉及的专门性问题进行鉴别和判断并提供鉴定意见的活动。

四、损伤分类

致伤因子作用于人体,造成器官组织结构的破坏和/或功能障碍,形成损伤。致伤因子分为物理性、化学性及生物性,其中物理性又分为机械性和非机械性。机械性损伤,如钝器伤、锐器伤和火器伤,非机械性损伤,如高低温度损伤、电击伤及辐射、微波、超声波损伤。化学性损伤,如酸、碱腐蚀及毒物中毒。生物性损伤,如致病性微生物进入人体引起疾病。损伤可以是故意形成,如他伤与自伤,也可以是意外发生如工伤事故所致。

(一)按致伤原因分类

1. 物理性损伤

物理性损伤包括机械性损伤、高低温损伤、电击伤和其他损伤。

(1)机械性损伤是由机械性外力作用于人体引起的最常见的损伤。按致伤物的性质和形状不同,分为钝器伤、锐器伤和火器伤三类。

(2)高低温损伤可分为高温损伤(烫伤、烧伤)和低温损伤(冻伤)。

(3)电击伤。

(4)其他损伤,是指由振动、辐射、微波、超声波和次声波等所致的损伤。

2. 化学性损伤

化学物质因其性质和浓度不同,可分别引起人体组织烧灼、腐蚀、蛋白质凝固、变性等损伤;化学物质通过其毒性作用破坏人体的新陈代谢和某些生理生化反应,通常把这类损伤称为化学性损害或中毒。

3. 生物性损伤

动物、植物和微生物均可对人体造成损伤。致病性微生物进入人体则可引起疾病。

(二)按损伤情节分类

1. 故意伤害

故意伤害包括以下两种情形:

(1)他人故意谋杀或因斗殴所致的损伤,简称他伤。

(2)自己故意对自己造成的损伤,简称自伤。

2. 职业性损伤

职业性损伤,是指从事职业活动过程中发生的损伤,简称工伤,包括工业损伤、农业损伤、矿业损伤等。

3. 交通损伤

交通损伤多属意外损伤,包括陆、海、空交通事故所致的损伤。

4. 战伤

战伤,是指战争中武器所致的损伤。

(三)按损伤形态分类

尽管损伤表现多种多样,但基本形态分为表皮剥脱(擦伤)、皮下出血(挫伤)、创、骨折和关节脱位、内脏损伤五种。

1. 表皮剥脱

表皮剥脱又称擦伤。单纯的表皮剥脱对人体的损伤轻微,通常无须治疗,伤后数天即可痊愈。根据受力方式和表皮剥脱形态特征可分为以下几类:

(1)抓伤用指甲或锯齿状物抓、划引起的损伤,可形成浅槽状表皮剥脱。

(2)擦痕钝性物体的粗糙面在人体表面滑动摩擦产生的损伤,可形成大片平行线状表皮剥脱。

(3)撞痕致伤物撞击人体,受力部位除表皮剥脱外,可伴有皮下出血,严重者可引起骨折和深部脏器损伤。

(4)压擦痕重物压迫人体并轻微移动,压迫中心部位的损伤较轻,皮肤苍白,边缘部位常伴有细小出血点和水疱。

表皮剥脱的法医学意义:

(1)发现表皮剥脱,即意味着受到钝性外力的作用,该部位即为着力点;

(2)根据表皮剥脱的方向可推断致伤物在人体表面的滑动方向;

(3)根据表皮剥脱的形态可推断致伤物着力部分的形状、质地及表面特征;

(4)表皮剥脱与深部器官损伤程度并无必然关联,即表皮剥脱可孤立存在,也可伴有体内器官严重损伤。

2. 挫伤

挫伤,是指由钝性暴力造成的皮肤、皮下组织和深部软组织挫碎、断裂,而皮肤外观保持完整的损伤。此类损伤,用肉眼观察可见组织肿胀、充血和不同程度出血。出血较多的挫伤,又称为皮下出血。

挫伤的法医学意义包括:

(1)挫伤为钝性暴力损伤;

(2)挫伤常伴有表皮剥脱;

(3)挫伤及其表皮剥脱的形态特征,有时能反映致伤物的形状、大小和表面性状;

(4)挫伤与深部器官的损伤有一定的相关性,但不一定同时存在;

(5)皮下出血的多少除与外力大小呈正相关外,也与局部软组织的致密程度、张力、血管密度和脆性有关。

3. 创

外力作用引起皮肤、黏膜或内脏被膜破裂的损伤,称为创。包含皮肤或黏膜的全层破裂,使深部组织直接与外界相通,属开放性损伤。

(1)创的结构

创的结构包括创口、创缘、创角、创腔、创壁、创底。

(2)创的分类

在法医学上,主要依据致伤物和致伤方式进行创的分类。

①锐器创致伤方式不同,可形成不同的创。锐器创的共同特点是:创缘整齐,无表皮剥脱,创角尖锐,创口和创腔较狭窄,创壁间无组织间桥。创底如与骨邻近,骨膜上可遗留线状裂口或伴发骨折。主要包括:砍创、切创、切割创、刺创、剪创等。

②钝器创的共同特点是:创缘不整齐且伴有表皮剥脱,甚至有少许表皮缺失,称为创缘挫灭;创口和创腔较宽,创壁较粗糙,两创壁之间可有少量纤维组织、血管、神经相连,称为组织间桥。创底发生骨折的可能性较大。钝器创主要

包括:挫创、裂创、挫裂创等。

③火器创是由枪弹或爆炸引起的创伤,习惯上称为火器伤。

4. 骨与关节损伤

骨与关节损伤包括骨折和关节脱位。

5. 内脏损伤

内脏损伤,是指外力作用引起的人体内部各脏器的挫伤、裂伤、出血、离断、解体等。

(四)按损伤程度分类

损伤对人体可以是致命的,也可以是非致命的。包括致命伤与非致命伤。致命伤又包括绝对致命和条件致命。

1. 致命伤

致命伤即引起死亡的损伤,致命伤有绝对致命伤和条件致命伤之分。

(1)绝对致命伤对任何人均足以绝对和迅速引起死亡的损伤,如头颈离断、严重颅脑损伤、心脏损伤和躯体毁损等。

(2)条件致命伤损伤严重,危及生命,如果能积极抢救,可能继续存活一段时间;如果未能及时抢救,则导致死亡,如大失血、气管断裂、脏器破裂等。另外,伤者受伤前患有某些疾病或为特异体质者,遭受非致命伤后可发生死亡,这类损伤也称为条件致命伤。

2. 非致命伤

非致命伤,是指在正常情况下,不会危及生命,不直接引起死亡的损伤。非致命伤可分为重伤、轻伤、轻微伤,常可导致残疾后果的发生。

第二节　人体对损伤后的反应

人体遭受损伤后,损伤的局部和全身均会发生一系列反应。这些反应包括阻止损伤的扩大,消除损伤带来的破坏因素,修复损坏的解剖结构和恢复或代偿丧失的生理功能等。

一、局部反应

(一)局部防御屏障

1. 皮肤

皮肤是体表的重要防御屏障,对外界的机械性暴力、化学物质、高温、辐射、电流、震荡及生物因素等有较强的抵抗力。皮肤的弹性和韧性能缓冲和分散暴力,以减轻损伤。有时内脏已受到损害,但局部皮肤却仍完好。皮肤有皮纹,平行于皮纹的裂口较小,垂直于皮纹的裂口则较大。

2. 黏膜与浆膜

位于呼吸道、消化道和泌尿生殖道的黏膜能在一定程度上抵抗外力,黏膜上皮的纤毛运动和黏液均有保护作用。浆膜覆盖于脏器的体腔面,表面有少量浆液,在人体遭受外力作用时起润滑作用,而有利于器官适当移位以减轻损伤。

3. 其他缓冲机制

皮下脂肪组织、筋膜、某些解剖腔隙、不同硬度组织的良好分布与配合、各器官的合理外形及弯曲度(如脊柱)等均是人体的缓冲结构。

(二)局部炎症

损伤局部出现红、肿、痛、热是炎症的共同征象。

1. 充血

局部充血是损伤后最早的反应。某些轻微损伤仅可检见充血,充血增加局部的血供,有利于损伤修复。

2. 水肿

损伤后迅即发生的血管反应性组织水肿,是充血后毛细血管渗透性增加,血浆渗入组织间隙所致。

3. 白细胞浸润

白细胞从毛细血管渗出,聚集于损伤、变性、坏死的组织中,与某些化学介质协同作用,以清除损伤性异物和坏死组织。

(三)损伤的修复

机体对损伤具有很强的修复能力,由未受损伤的同种细胞再生来完成修复,可部分或完全恢复原器官的形态和功能。各种组织的再生能力不同,上皮组织和结缔组织的再生能力最强。在其他组织不能以同种组织修复的情况下,结缔组织增生,形成瘢痕。

二、全身反应

人体损伤后,全身各器官系统均有反应,其反应的方式及强度与损伤的类型和严重程度密切关系。

(一)神经内分泌系统

损伤后,神经内分泌系统一系列反应具有调节、代偿和防御作用:(1)在创伤刺激下,交感—肾上腺髓质系统被激活,儿茶酚胺释放,调节心血管功能,增加心率,保证生命器官的血液供给;同时动员体内能源,促进糖原分解、升高血糖及脂肪利用。(2)下丘脑—垂体系统是创伤反应的枢纽,受伤后分泌促肾上腺皮质激素释放素,促使糖皮质激素和生长激素增多,调节抗利尿素和胰岛素的分泌,以改变尿量和糖脂蛋白的代谢。(3)应激反应。机体受损伤时,交感神经兴奋,导致垂体和肾上腺皮质激素分泌增多,引起血糖升高、血压上升、心率加快、呼吸加促等各种功能及代谢异常。这些反应对机体具有一定的保护作用。

(二)免疫反应

机体对损伤产生的组织分解产物和损伤带来的病原微生物、异物及其他有害物质,通过炎症和免疫反应进行识别、排除。炎症是损伤和抗损伤的统一过程,在损伤后立即启动。炎症反应最重要的功能是将白细胞输送到损伤部位,因此白细胞游出是炎症反应最重要的特征。免疫是机体的一种保护性生理反应,其作用是"识别"和排除抗原性异物,以维持机体内环境的平衡和稳定。免疫反应在正常的情况下对机体有利,但在某些情况下也可能造成不利的后果。

第三节　损伤时间推断及损伤并发症和后遗症

一、损伤时间推断

(一)表皮剥脱

表皮剥脱自受伤后有以下时间性变化:(1)小于2h,擦伤面较湿润(有渗液);如果伤及真皮血管,可有点状渗血。(2)3~6h,真皮血管扩张,擦伤面渗液开始干燥。(3)12~24h,痂皮形成。(4)大于24h,痂皮隆起。(5)大于3天,痂皮开始剥离。(6)伤后5~7天,痂皮完全脱落。

(二)皮下出血

皮下出血随时间的推移,体表色泽发生改变:(1)1~3天,由暗红色或蓝紫色,逐渐变为青紫色;(2)3~6天,呈黑褐色;(3)在6~9天,呈绿色至淡黄色;(4)在2~3周,皮肤色泽逐渐复原。

(三)骨折

1.新鲜骨折

损伤后,骨折部位立即发生出血并逐渐形成血肿,在血肿的基础上形成新生机化组织。伤后1~2周内骨折处肿胀、疼痛,局部有畸形或假关节活动。2周后肿胀、疼痛逐渐消退。

2. 陈旧性骨折

骨折发生3周以上的称为陈旧性骨折。其特征是软组织肿胀逐渐消退,血肿逐渐吸收。骨折线变模糊,断缘变圆钝。骨折6~7天后,骨膜开始成骨过程,由骨样组织钙化变为原始骨痂。3周后通过X线片才能观察到原始骨痂的影像。

3. 骨折的愈合与重塑

骨折正常愈合过程中,通常要在2~3个月时X线片才可显示骨痂。CT扫描能更早地显示骨组织的再生及新生骨小梁的重新排列。这种在人体活动中逐渐完成的骨小梁重新排列,称为塑型。

(四)皮肤创伤愈合

1. 一期愈合

凡组织缺损少、创缘整齐、无感染并经缝合的创口可获得一期愈合。手术切口及其他接近上述条件的锐器创经及时处理,2~3周后原创口形成一线状瘢痕。

2. 二期愈合

凡组织缺损较多、创缘不规整、创口难以整齐对合,且伴有污染和感染的损伤,经恰当处理可获得二期愈合。二期愈合所需时间较长,组织缺损多的部位被新生的肉芽组织填充,形成瘢痕。二期愈合所需时间的长短与组织缺失的多少和感染的严重程度等因素有关,组织缺失较多的污染伤口的愈合期可超过1~2个月。

3. 痂下愈合

伤口组织的渗血、渗液及坏死组织可形成痂。痂通常较干燥,如果伤口无感染,则痂下的上皮组织和新生结缔组织能顺利完成愈合。上皮化完成后,痂开始脱落。痂下愈合稍长于一期愈合。如果伤口组织局部渗血、渗液多并伴有感染,则愈合较慢。

(五)瘢痕的时间性变化

创伤组织修复过程中,纤维组织增生形成瘢痕。此后,随着时间的推移,瘢痕发生一系列变化。创口愈合后1~3个月,瘢痕由淡红色转变为鲜红色,表面粗糙,出现硬结,轻度痒痛,增生加剧。3~6个月,瘢痕增生达高峰,厚数毫米,质地坚硬,无弹性,颜色逐渐由鲜红色变为紫红色,表面毛细血管显露,痒痛明显。6~24个月,瘢痕逐渐成熟和软化。成熟的瘢痕变薄、变软,弹性增加,表面毛细血管消失,肤色由紫红变为淡褐色,直至接近邻近肤色,痒痛症状减轻或消失。

二、损伤并发症及后遗症

(一)损伤的急性并发症

1. 休克

休克是人体遭受各种有害因素强烈侵袭,迅速引起神经、内分泌、循环和代谢等系统出现一系列应激性改变的病理生理综合征,其主要特点是有效血循环容量锐减、神经末梢系统衰竭和组织血液灌流不足并缺氧。常见的休克类型有低血容量性休克、创伤性休克、感染性休克、神经源性休克、中毒性休克、过敏性休克及心源性休克。

2. 创伤后急性肾功能衰竭

原来健全的肾功能在创伤后迅速减退,不能维持人体正常功能,出现不断恶化的氮质血症,称为创伤后急性肾功能衰竭。损伤后持续性低血压及肾血管剧烈痉挛,引起肾血流灌注不足,导致肾功能损害。挤压综合征、广泛横纹肌损伤以及由肌红蛋白转化而来的肾毒性高铁血红素和尿酸症,也可导致肾功能下降。损伤并发感染时,细菌内毒素直接损害肾实质细胞引起急性肾功能衰竭。

3. 创伤后心功能不全

心肌创伤、严重感染、冠状动脉阻塞和痉挛等造成心肌供血不足。

4. 创伤后呼吸功能不全

多发性肋骨骨折、胸腹壁软组织损伤、膈肌损伤、颈部创伤、呼吸道异物、吸入性烧伤、严重颅脑损伤伴呼吸中枢抑制、肺梗塞以及全身感染累及肺等,均可损害肺功能。

5. 创伤后肝功能不全

创伤后肝缺血、缺氧,细菌产生内毒素损害肝细胞及心肺功能不全致肝细胞水肿和变性可引起急性肝功能不全。

6. 创伤后凝血功能障碍

创伤、休克、感染,以及创伤后营养不良、蛋白丢失、肝功能受损、维生素 K 吸收不良等可引起凝血功能障碍。

(二)损伤的后遗症

1. 损伤后瘢痕形成

瘢痕由致密胶原纤维组织构成,是局部组织损伤后机体修复的最终产物。任何损伤的愈合均伴有不同程度的瘢痕形成。

(1)瘢痕的分类

①表浅性瘢痕

表浅性瘢痕是常见于皮肤擦伤、浅表裂创、浅二度烧伤及植皮时供皮区等愈合后遗留下的瘢痕,可随时间推移而逐渐不明显。

②萎缩性瘢痕

萎缩性瘢痕,常见于浅二度烧伤或半厚皮片供皮区。萎缩性瘢痕组织较薄,表面较平坦,瘢痕常伴色素减退。

③凹陷性瘢痕

瘢痕表面明显低于四周正常皮肤而呈凹陷状的,称为凹陷性瘢痕。凹陷性瘢痕多由于皮肤、皮下组织及深部组织缺损的创伤愈合后所致。

④增生性瘢痕

皮肤创伤愈合后,肉芽组织继续增生而逐渐形成增生性瘢痕。增生性瘢痕均突出于正常皮肤表面,形状不规则、高低不平、潮红充血、质硬韧、可推动、常伴灼痛或瘙痒。增生性瘢痕多见于累及真皮的创伤,如深Ⅱ度烧伤或半厚皮片的供皮区,也可见于较深的创伤或手术切口。(见图1-1)

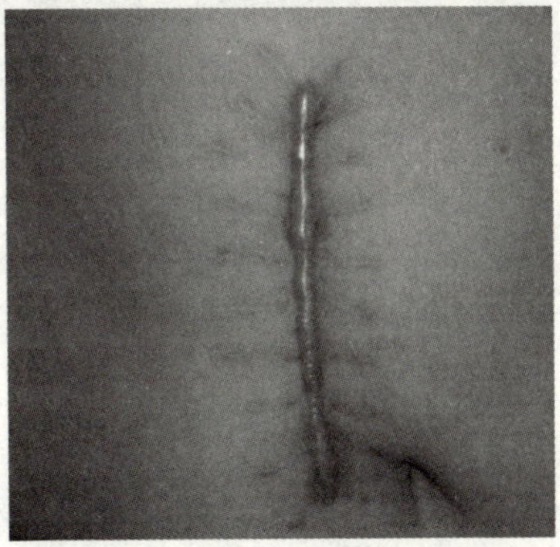

图1-1　增生性瘢痕

⑤瘢痕疙瘩

瘢痕疙瘩,是指具有持续增生能力的瘢痕组织。瘢痕增生超过原来的创面,向周围正常组织扩张,边缘明显隆起,呈肉红色或紫红色,质地硬,弹性和血液循环较差。某些人无论什么部位受伤及其损伤程度如何,创口均易发生瘢痕疙瘩,即所谓的瘢痕体质。增生性瘢痕只限于创口部位,不向周围浸润生长,而瘢痕疙瘩具有不断向周围浸润生长的能力。(见图1-2)

⑥挛缩性瘢痕

挛缩性瘢痕,是指引起功能障碍为特征的瘢痕。该瘢痕主要由皮肤缺损较大的开放性创面经肉芽组织形成,创缘向中心收缩。由挛缩瘢痕所引起的功能障碍和形态改变称为瘢痕挛缩畸形。

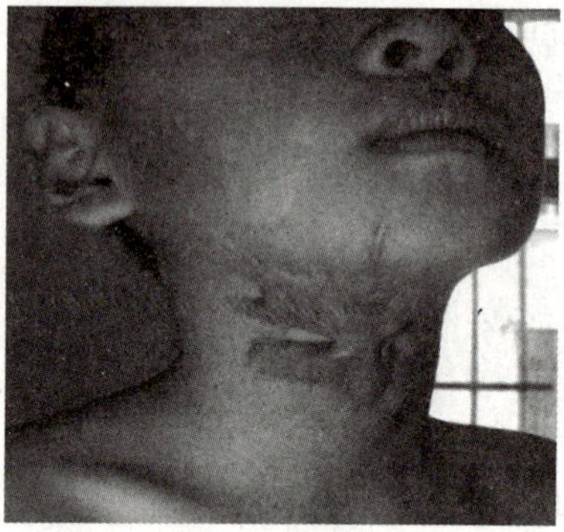

图1－2 瘢痕疙瘩

(2)瘢痕对机体的影响

①面部瘢痕对容貌的影响

眼睑及其周围组织的瘢痕易致眼睑外翻、眼睑内翻、眼裂倾斜、睑球粘连、睑缺损和睫毛缺失以及眼窝缩窄,眼部瘢痕将直接影响眼睛的外形和功能。耳部瘢痕可导致耳廓粘连畸形、外耳道口狭窄或闭锁,引起听力下降和影响美观。口周瘢痕常造成上、下唇外翻、口角歪斜和小口畸形等。颊部所产生的瘢痕主要影响容貌,也可影响眼、鼻、口等周围器官的功能。

②颈部瘢痕对颈部功能的影响

颈部瘢痕轻者仅累及皮肤,重者不仅累及皮肤,且累及肌肉,使颈阔肌等肌肉发生挛缩,影响头颈部的俯、仰、旋转等功能。严重者可影响语言、咀嚼功能,甚至还会出现下唇、下颌、鼻翼、下睑等受牵拉而造成外翻畸形;更严重者可使下唇、颊部与颈、胸部粘连,影响吞咽和呼吸功能。儿童颈部瘢痕挛缩畸形还可影响发育,如小颌畸形、驼背和颈椎畸形等。

③躯干部瘢痕对机体的影响

严重的瘢痕可造成颌颈部畸形,两肩前倾内收,肩胛骨和脊柱向侧后方突出,胸部狭窄,呼吸功能下降。对妇女来说,严重的瘢痕可影响乳房的位置、形态和发育。腹部瘢痕可引起脐变形移位,重者影响直立行走。妊娠妇女躯干部瘢痕挛缩或腹部瘢痕可能会影响到宫内胎儿的发育。

④四肢瘢痕对肢体功能的影响

四肢瘢痕主要导致四肢畸形和影响运动、感觉功能。腋窝和肘部瘢痕可导致肩、肘关节功能不全或完全丧失以及肘关节屈曲畸形。手背瘢痕组织可使手横向挛缩,引起手的横径缩窄、拇指内收、虎口狭小并向背侧旋转移位和手掌横弓由凹变平或形成反弓;也可使手纵向挛缩,引起掌指关节及远侧指间关节背伸畸形,掌骨与指骨间的纵弓消失,致腕关节掌屈而形成"爪形手"畸形。手掌瘢痕挛缩畸形多见于儿童,表现为一指或数指屈曲粘连。若手指长期不活动,可导致掌腱膜挛缩而形成屈曲畸形。下肢瘢痕累及关节时,会导致关节活动受限。若双下肢挛缩性瘢痕,病人长期不能活动,可引起广泛性骨质疏松。幼儿双下肢挛缩性瘢痕可引起生长发育不良。

⑤其他部位瘢痕对机体的影响

喉、气管内瘢痕常出现呼吸道梗阻症状,可伴有阻塞性肺炎或肺不张。食道瘢痕引起狭窄,轻度能进半流质饮食,重度则进流质饮食困难或滴水难进。会阴部瘢痕可引起排尿或排便困难。

2. 创伤后精神障碍

(1)创伤后功能性精神障碍

创伤后功能性精神障碍,是指并非由外伤直接导致,而是与心理创伤事件相关,并发生在心理创伤事件之后的一类精神障碍,在对患者的体格检查和辅助检查均未发现有器质性脑损害的证据。常见的有创伤后急性应激性精神病、创伤后应激障碍、创伤后神经症性反应、创伤事件诱发的精神障碍。

(2)创伤后器质性精神障碍

创伤后器质性精神障碍,是指脑外伤所致精神障碍,是由各种脑外伤导致的精神障碍和后遗综合征。其要点是:①符合器质性精神障碍的诊断标准;②脑外伤导致不同程度的意识障碍;③精神障碍的发生、发展及病程与脑外伤有关。常见的有颅脑外伤后综合征、脑外伤所致智能障碍、外伤所致人格改变、脑外伤所致精神病性障碍、脑外伤所致情感障碍。

第四节 人身损害鉴定的主体和程序

一、鉴定主体

(一)司法鉴定机构

1. 司法鉴定机构的概念

司法鉴定机构,是指具备司法鉴定机构的设立条件,由侦查机关为履行相应法定职责而设立的机构,或者经司法行政机关核准登记,取得面向社会从事司法鉴定服务资格的机构。

2. 司法鉴定机构的登记管理

国务院司法行政部门主管全国司法鉴定机构的登记管理工作。省级人民政府司法行政部门负责对鉴定机构具体的登记、名册编制和公告工作。司法鉴定机构的注销,应当向原登记管理机关申请办理注销登记。

3. 司法鉴定机构设立条件

司法鉴定机构设立条件包括:(1)有明确的业务范围;(2)有在业务范围内进行司法鉴定所必需的仪器、设备;(3)有在业务范围内进行司法鉴定所必需的依法通过计量认证或者实验室认可的检测实验室;(4)每项司法鉴定业务有3名以上鉴定人。

(二)司法鉴定人

1. 司法鉴定人的概念

司法鉴定人,是指在诉讼活动中,依法接受委托对诉讼涉及的专门性问题进行鉴别和判断并提供鉴定意见的人。在诉讼活动中,鉴定人凭借其具有的专门知识、技能或特别经验,对诉讼中涉及的专门性问题,从专业的角度提出意见。

法医学鉴定人,是指在诉讼活动中运用法医学、临床医学等专门知识和技术,依法接受委托,对诉讼涉及的专门问题进行鉴别和判断并提供鉴定意见的人。

在英美法系国家,鉴定人被称为专家证人,他的地位被视为一般证人。专家证人,是指因具有专家资历而被许可通过其对所附问题的解答而帮助陪审团认识那些一般证人无力说明的复杂或技术问题的证人。专家证人出庭所作的证词称为“专家意见”,又称为“意见证据”,属于证人证言的一种特殊形式,并不是一种独立的证据形式。专家证人与一般证人的主要区别在于专家证人提供证言必须具有和依据某一特殊专业的知识、技能和经验。

在大陆法系国家,司法鉴定人被认为是“帮助法官进行认识人”,是“法官的科学辅助人”。司法鉴定人接受委托,依照专门知识和经验法则,对具体事实进行判断和报告,利用专门知识帮助法院或法官进行识别活动。司法鉴定人的职责是弥补法官知识和经验的不足,其活动往往具有准司法活动的特点。

在我国,鉴定人是自然人,属于诉讼参与人。司法鉴定人的职业特点属于科技实证活动,司法鉴定人是案件事实方面的科技裁判,而不是基于诉讼相关法律的权力裁判。因此,司法鉴定人的司法鉴定活动,只服从于客观事实,服从于科学,不应受任何权力的干预。由于司法鉴定人的活动与裁判活动紧密相连,司法鉴定人在接受鉴定委托后是裁判活动的参与人,他所解决的是与法律相关的事实判定问题。鉴定意见是鉴定人根据客观结果进行分析后提出的书面结论,是鉴定人对客观事物的反映,属于科学证据。

2. 司法鉴定人资格取得条件

司法鉴定人资格取得条件包括:(1)具有与所申请从事的司法鉴定业务相关的高级专业技术职称;(2)具有与所申请从事的司法鉴定业务相关的专业执业资格或者高等院校相关专业本科以上学历,从事相关工作5年以上;(3)具有与所申请从事的司法鉴定业务相关工作10年以上经验,具有较强的专业技能。

3. 司法鉴定人的权利、义务

(1)司法鉴定人的权利

司法鉴定人具有以下权利:①有权查阅与鉴定有关的案件材料,必要时询问当事人和证人与鉴定有关的事项;②有权应邀参与、协助委托人勘验、检查和模拟实验等与鉴定有关的活动;③有权要求补充鉴定材料;④有权拒绝因鉴定材料缺失导致无法作出可靠鉴定意见的鉴定;⑤有权独立进行鉴定,在与其他司法鉴定人意见不一致时保留自己的意见;⑥有权获得执业报酬;⑦有权要求延长鉴定期限或提议与其他专业人员合作澄清与鉴定范围有关的问题;⑧有权参与诉讼,出庭作证;⑨法律、法规规定的其他权利。

(2)司法鉴定人的义务

司法鉴定人须承担以下义务:①在接受委托时主动申请回避;②保守在鉴定活动中知悉的国家秘密、商业秘密和个人隐私;③按时、客观、公正地完成鉴定任务,按鉴定要求出具鉴定结论;④依法按时出庭作证,接受法庭和有关人的询问;⑤遵守职业道德和执业纪律;⑥接受监督、及时通报、按期交接鉴定材料;⑦法律、法规规定的其他义务。

二、司法鉴定程序

(一)初次鉴定

1. 司法鉴定的启动

司法鉴定的启动是人体损伤案件司法鉴定程序的开始,是具体司法鉴定行为实施的前提,包括司法鉴定的申请、决定和委托3个环节。

(1)司法鉴定的申请

司法鉴定的申请,是指民事、行政案件的诉讼当事人,刑事案件的犯罪嫌疑人、被告人、被害人、附带民事诉讼原告人以及其他诉讼参与人,为保障自身的合法权益向侦查机关、检察机关、审判机关提出对案件中涉及的某些专门性问题进行司法鉴定的口头或书面的请求。司法鉴定的申请可以分为初次司法鉴定申请、补充司法鉴定申请、重新司法鉴定申请。

(2)司法鉴定的决定

司法鉴定的决定主体,是指在诉讼中对提出的司法鉴定申请有权做出是否准予鉴定的司法机关。根据我国有关法律规定,在实践中,刑事公诉案件是否进行鉴定在侦查阶段由公安或人民检察机关决定,在起诉阶段由人民检察院决定,在审判阶段由人民法院决定。刑事自诉、民事、行政、经济等案件的鉴定由人民法院决定。抗诉案件的鉴定由人民检察院或人民法院决定。对非诉案件或准备起诉的案件,当事人及其代理人为了解决举证问题可以自行决定进行鉴定。

司法机关根据办案人员提出的鉴定要求或相关诉讼当事人提出的司法鉴定的申请经审查后作出是否进行司法鉴定的决定,如同意进行司法鉴定,其决定的内容主要包括:决定进行司法鉴定的依据、鉴定对象、鉴定项目、鉴定要求、鉴定适用的标准、拟委托的鉴定机构、鉴定时间、地点。即根据什么作出鉴定决定,由谁在什么时间、地点对什么对象作何种鉴定,通过鉴定解决什么问题。

(3)司法鉴定的委托

司法鉴定的委托,是指司法鉴定的委托主体向司法鉴定的实施主体,提出进行某项司法鉴定活动的要求。民事诉讼中,当事人申请鉴定经人民法院同意后,由双方当事人协商确定有鉴定资格的鉴定机构,协商不成的,由人民法院指定。

委托司法鉴定需要具备的基本条件为:①诉讼当事人提出鉴定申请或者承办案件的司法机关根据办案实际需要认为具有鉴定必要;②案件解决过程中涉及的事实认定中存在专门性问题;③有明确的鉴定事项;④具备鉴定所需的检材和条件;⑤进行该项鉴定的鉴定技术已经比较成熟,获得公认。

根据法律和相关规章的规定,司法鉴定委托手续需提供下列有关材料:①鉴定委托书;②鉴定资料清单,如轻重伤鉴定所需的原始门诊或住院病历记录、检查所摄取的X线片、CT片、心电图、脑电图等;③案情介绍资料;④被鉴定人的基本情况,包括姓名、性别、年龄、职业等;⑤供鉴定使用的补充文书资料,如现场勘查记录、物证检验记录、侦查实验记录等文书副本;⑥重新鉴定或复核鉴定,除送交上述资料外,还必须送交前一次或前几次的鉴定书及其附件。

2. 受理

司法鉴定的受理,是指司法鉴定机构或鉴定人,通过对司法鉴定委托事项的审查,对符合鉴定条件的委托予以接受,同意予以鉴定的表示。司法鉴定机构和鉴定人在收到鉴定委托书后,首先应明了委托事项、鉴定要求和相关案情;审核所提供的文书资料是否完整;查验检材名称和数量,确定有无鉴定条件;并根据本鉴定机构的技术力量决定受理与否。对于符合受理条件的,能够即时决定受理的,司法鉴定机构应与委托人签订《司法鉴定委托受理合同》;不能即时决定受理的,应当向委托人出具《司法鉴定委托材料收领单》,在收领委托材料之日起7日内对是否受理作出决定。决定受理的,与委托人签订《司法鉴定委托受理合同》。对于不符合受理条件决定不予受理的,应当退回鉴定材料并向委托人书面说明理由。对于函件委托的,司法鉴定机构应当在收到函件之日起7日内作出是否受理的书面答复。

有下列情形之一的,司法鉴定机构不得受理:(1)委托要求超出本司法鉴定机构的业务范围、技术条件和鉴定能力的;(2)送检的鉴定材料不具备鉴定条件的或者与鉴定要求不符的;(3)其他不符合法律、法规和规章的。

3. 实施

司法鉴定的实施,是指司法鉴定人具体进行司法鉴定的活动。司法鉴定的实施是司法鉴定程序的核心环节,是确保鉴定工作质量的关键。

我国相关法律规章,对司法鉴定实施主体的委任程序、资质、人数和回避等均有明确的规定。可以通过指定或选择这两种方式进行确定某个案件的鉴定人。司法鉴定机构统一受理委托人的委托后,在鉴定实施前,首先需要确定案件的鉴定人。《司法鉴定程序通则》第18条规定:"司法鉴定机构受理鉴定委托后,应当指定本机构中具有该鉴定事项执业资格的司法鉴定人进行鉴定。委托人有特殊要求的,经双方协商一致,也可以从本机构中选择符合条件的司法鉴定人进行鉴定……"一般以鉴定机构指定为主。司法鉴定机构对同一鉴定事项,应当指定或者选择2名司法鉴定人共同进行鉴定;对疑难、复杂或者特殊的鉴定事项,可以指定或者选择多名司法鉴定人进行鉴定。

(二)补充鉴定、重新鉴定、复核鉴定、会商鉴定

1. 补充鉴定

补充鉴定,是指在原鉴定的基础上对其中个别的问题进行复查、修改、补充或解答,以使原解答结论更加完备而进行的鉴定。

有下列情形之一的,司法鉴定机构可以接受委托,进行补充鉴定:(1)委托人增加新的鉴定要求的;(2)委托人发现委托的鉴定事项有遗漏的;(3)委托人在鉴定过程中又提供或者补充了新的鉴定材料的;(4)其他需要补充鉴定的情形。补充鉴定可由原司法鉴定人进行,也可以由其他司法鉴定人进行。补充司法鉴定文书,是原司法鉴定文书的组成部分。

2. 重新鉴定

重新鉴定,是指委托主体对初次鉴定的鉴定结论审查后认为鉴定结论不可靠而委托原鉴定机构或其他鉴定机构所进行的鉴定。

有下列情形之一的,司法鉴定机构可以接受委托,进行重新鉴定:(1)司法鉴定机构、司法鉴定人超越司法鉴定业务范围或者执业类别进行鉴定的;(2)送鉴的材料虚假或者失实的;(3)原鉴定使用的标准、方法或者仪器设备不当,导

致原鉴定结论不科学、不准确的;(4)原鉴定结论与其他证据有矛盾的;(5)原司法鉴定人应当回避而没有回避的;(6)原司法鉴定人因过错出具错误鉴定结论的。重新鉴定所提供的鉴定材料必须是与初次鉴定相同的鉴定材料;鉴定材料有异的鉴定,不是重新鉴定。除第(1)项中情形应由其他司法鉴定机构进行重新鉴定外,其他各项重新鉴定可由原司法鉴定机构进行。重新鉴定应当由原司法鉴定人以外的司法鉴定人进行。

3. 复核鉴定

上一级技术鉴定部门对下一级技术鉴定部门的鉴定书进行复核和检查,以及审判机关对移送案卷中的鉴定书进行技术审查或提出意见,称为复核鉴定。

履行法律监督职能移送的案件,常是案件承办人首先在自己工作职责范围内对收集的各种证据进行法律程序的审查判断。其中,对人身伤害鉴定材料进行法律审查后,有疑问的再转本单位技术部门进行法医学复核审查,并提出意见。

复核鉴定的方法主要是文证审查,对原有鉴定结论提出审查意见。如果在对文证审查中发现有可重复检查的需要(如伤后视力障碍程度或目前肢体功能状况),应对伤者复查复验。

复核鉴定是重新鉴定的一种形式,应由具有高一级技术职称或同水平的法医学专家承担。复核鉴定意见和重新鉴定结论都是一种重要证据。

4. 会商鉴定

会商鉴定,是指委托主体对原鉴定结论有异议而委托资质较高的司法鉴定机构对鉴定书内容及结论进行审核的鉴定。

会商鉴定由人民法院指定某鉴定机构实施,会商鉴定人须有不低于原司法鉴定人专业技术职务的任职资格。会商鉴定除需提交鉴定材料外,还应提交原司法鉴定文书。

三、人身损害司法鉴定的程序

(一)案件的受理

按照《中华人民共和国刑事诉讼法》(以下简称《刑事诉讼法》)第 144 条和《中华人民共和国民事诉讼法》(以下简称《民事诉讼法》)第 76 条规定,法医临床学鉴定应由公安机关、检察院、法院等执法机关委托。根据《刑事诉讼法》第 204 条规定,自诉案件可以接受自诉案件当事人的委托,进行伤情鉴定或伤残鉴定,为被害人提供科学证据。

道路交通事故受伤人员伤残鉴定,通常应接受交通事故处理部门或人民法院的委托;工伤鉴定原则上接受相关职能部门的委托;有些民事案件,亦可由当事人自己委托。

法医鉴定人在接受委托时，应首先了解案件的鉴定目的和要求，案件材料是否齐全，能否检验鉴定，决定是否受理或退回。凡符合鉴定条件的应予以受理，不能鉴定的应说明原因并将案件退回。

(二)了解案情

在明确鉴定目的要求后，应认真仔细阅读委托单位提供的案卷材料，包括对案情的审查和调查、原告及被告的询问笔录、旁证的询问笔录、现场勘察记录、伤者病历资料等。听取办案人员的介绍和询问当事人，详细了解案件发生的原因、时间、地点、经过和受伤情况，伤后的经历和医疗情况，以及致伤物情况等。复查和分析各种医学证明材料时，应特别重视原始病历记录，注意它和询问证人对事件发生经过细节的证词是否一致。

伤(病)史调查的重点，是病史中有关伤者的临床症状和体征的描述(如体格检查结果)和实验室检查结果等(如X线片、CT片及MRI片等)，即所谓的“客观病史”，而非医师的“诊断意见”“专家会诊意见”“实验室检测报告”(如医疗机构的“诊断证明”和“影像学报告”)等所谓的“主观病史”。只有“客观病史”才是鉴定的依据，而“主观病史”只能作为分析问题时的参考。

法医门诊是为大多数伤情不重，常在伤后立即要求检验，以便取得伤情证明而设立的。为了协助调处民事纠纷，委托单位应当协助通知当事人双方同时到场说明事件经过，叙述纠纷原因、受伤部位、致伤物和提出委托要求等。

案情调查的主要目的，在于明确损伤的性质(如他伤抑或自伤)和致伤方式(如直接暴力损伤抑或间接暴力损伤)。明确外界暴力造成的原发性损伤，与原发性损伤有关系的并发症和后遗症等，因为这些损伤直接关系到损伤程度的鉴定和伤残等级的评定。这对于明确鉴定事项以及鉴定事项的用途的正当性至关重要。例如，损伤程度鉴定是为刑事诉讼服务的，所以损伤程度鉴定的对象只能是刑事案件中的受害人。个人(或通过律师事务所)委托要求进行损伤程度鉴定时，对于损伤性质的确认应有充分的把握。

(三)现场勘验

在临床法医学鉴定工作中，一般案件均不需要进行现场勘察，但是有少数复杂案件在鉴定损伤性质或判定成伤机制有困难时，法医工作者应该进行现场勘察，甚至可以让伤者在现场进行受伤过程重现，模拟案件经过和损伤过程，以助于作出准确的鉴定意见。

(四)临床法医学检查

1. 体格检查

按照临床常规检查的方法和要求进行，应做全面系统检查。体检应包括身高、发育、营养状况,皮肤及淋巴结有无病变,以及头部、五官、颈部、胸腹部、背部、脊柱、四肢、脑神经和周围神经等项目,并根据案情有所侧重。对伤害案件,应详细检查记录受害人的损伤部位、数目、形态、大小、颜色和皮肤擦伤的暴力作用方向等。如果有创口形成,则应记录创口形态、创缘、创角、创壁、创腔、创周的特征。例如,创周有无表皮剥脱、皮下出血,创口内有无毛发、碎断刃片、泥沙、木屑等异物。如果为多数性体表损伤,则还应注意各个损伤的分布特征和相互关系。身体表面损伤是暴力作用点的位置,因此,应注意该处及其邻近软组织深部和该处骨关节有无损伤。头部、胸腹部的损伤,应注意颅腔、胸腔、腹腔脏器有无损伤。对陈旧性损伤,应注意创口愈合情况及瘢痕大小等形态特征。

损伤的检查应做详细记录,包括损伤的部位、性状、大小及数目、方向和颜色,有无异物遗留,伤与伤的关系等。仅用文字叙述不够,还应当绘制简图。记录应使用规范的解剖学名词,准确表达损伤位置,用法定计量单位标明损伤大小和距离。测量要准确,记录要规范。由于活体损伤因检查时间不同常有差异,因此除文字记录外还应拍照。

法医学鉴定人切勿过于自信记忆力,或主观臆断,认为案件简单而不做详细检查和记录。历史经验证明,有些案件拖延日久不能解决的重要原因之一,就是案发当时对伤者检查草率、记录不详。因为愈合过程中创伤形态和局部功能逐渐变化,在创伤愈合晚期复查时,由于缺乏损伤当时的伤情记录,因而会给鉴定工作带来困难。

对当事人的检查,应注意检查衣、裤、鞋、帽有无血迹、泥沙及其他异物,有无切刺破口。检查衣服破口的位置、形态、大小,并应与体表创口的位置比对,分析能否用同一次暴力作用来解释。

活体检验的主要目的在于对在案情调查或伤(病)史调查过程中所获取的有关被鉴定人伤情进行核实,对被鉴定人损伤后的医疗是否终结进行评价,并对被鉴定人因伤遗留的组织器官功能障碍进行检查和评定。例如,通过对被鉴定人创口形态的检验,可以进一步明确致伤物是锐器还是钝器。通过对被鉴定人肢体功能的检查和评定,可以进一步明确被鉴定人肢体功能障碍及其程度。

与临床病人不同,被鉴定人出于报复或索赔的心理,往往会有意地夸大伤情或伪装肢体、器官功能障碍,鉴定人不但要有丰富的经验能够辨别真伪,必要时还要通过特殊检测技术识别真伪。

2. 特殊仪器检查和实验室检查

在实际案件鉴定工作中,一般临床医学检查常常不能满足鉴定工作的需要,还需要进行实验室和其他的特殊仪器检查。根据不同的情况有所侧重,采用各种临床辅助科室诊断技术,查明受检人伤后体内脏器局部解剖结构破坏和器官功能障碍情况,或有无癔症、诈病、诈伤存在。常用的检查有:X线拍片、CT、磁共振及超声检查;视功能、听功能、神经功能电生理测定,血、尿生化检测,性功能障碍鉴定的内分泌检查等。由于听觉功能、视觉功能和性功能检查结果的可靠性依赖于检测者的技术熟练程度以及被鉴定人的主动配合程度,因此在利用医疗机构提供的检测报告时应该特别慎重。除尽量选择技术水平较高的医疗机构外,必要时可适当增加检测的次数,以确保检测结果的准确性和可靠性。

综合各种检查结果后,鉴定人可以确定损伤部位、损伤类型和程度、是否有诈病及夸大伤情,也可以动态观察伤情,以便作出科学鉴定意见。

由于这类案件常因外伤后遗症牵涉民事赔偿,器质性损害与功能障碍和心因性反应交织在一起,使案件纠纷旷日持久。因此,法医临床学检查应尽量避免受检人主观意志的干扰,而采用先进医学设备、客观检测技术和实验室诊断技术,以求获得可靠结果,从而有利于作出科学的鉴定意见。

(五)鉴定书制作

每鉴定一个案件,法医工作者要依据委托单位的要求,仔细阅读办案人员提供的资料,在认真对被鉴定人进行临床法医学检查的基础上,根据法医临床学检查结果和病历记录,结合案情进行科学分析,作出鉴定意见,回答法庭审判所需要解决的问题,这是鉴定工作最重要的部分。鉴定意见是法庭刑事案件量刑和民事案件定罪判定民事责任的科学证据。鉴定人应当充分利用自己的专业知识和经验,以事实为依据,以法律为准绳,针对鉴定事项逐条进行科学的、客观的分析说明,并最后出具公正的鉴定意见,以鉴定书的形式提交委托机关。

法医临床学鉴定书的内容,一般包括以下几部分。

1. 引言

引言内容包括:(1)委托单位的名称、联系人;(2)委托日期;(3)案件发生日期;(4)被鉴定人的姓名、性别、年龄、籍贯、职业、住址;(5)送检材料的名称、数量;(6)委托要求或鉴定要求。引言部分可用表格式或逐项书写。

2. 案情和病历摘要

根据送检的书面材料,简要叙述案件发生的时间、地点和受伤情况,根据送检病历记录(包括门诊、住院病历或出院证明书)按时间顺序,摘要叙述诊断治疗情况。如果为受检人或其陪同人在鉴定时自述或代述的情况,则应写明根据其自述或代述,勿与病历记录混淆。

3. 法医临床学检查

法医临床学检查包括检查日期、地点,体检发现的阳性体征和重要阴性结果以及各种特殊检查报告。记录应使用医学术语,书写应规范。

4. 分析说明

根据送检材料和法医临床学检查结果,针对鉴定要求,逐条分析需回答问题。分析意见实质上是对鉴定结论的说明。因此,分析内容要有的放矢,简明扼要,切忌远离委托要求夸大其词或不根据检查结果而照教科书生搬硬套。鉴定人还应兼顾未学习医学的审判人员和诉讼参与人,他们是分析意见的读者。因此,分析意见应通俗易懂,避免鉴定书使用者的误解而带来不必要的争议。

5. 鉴定意见

根据检查结果和分析意见,引用伤情鉴定或伤残鉴定标准,作出科学、明确的鉴定意见。鉴定意见要求词意准确、文字简练。

6. 结尾

鉴定人姓名、专业技术职称、工作单位、鉴定书完成的日期、鉴定人签名、鉴定单位盖章,附插图及照片等。

四、司法鉴定的时限及终止

(一)司法鉴定时限

司法鉴定时限,是指从受理鉴定之日起,到实施,完成鉴定,出具司法鉴定意见所限定的时间范围。

根据我国《司法鉴定程序通则》第28条规定,司法鉴定机构应当自司法鉴定委托书生效之日起30个工作日内完成鉴定。鉴定事项涉及复杂、疑难、特殊技术问题或者鉴定过程需要较长时间的,经本机构负责人批准,完成鉴定的时限可以延长,延长时限一般不得超过30个工作日。鉴定时限延长的,应当及时告知委托人。司法鉴定机构与委托人对鉴定时限另有约定的,从其约定。在鉴定过程中补充或者重新提取鉴定材料所需的时间,不计入鉴定时限。

(二)司法鉴定终止

在实践中,由于各种原因司法鉴定机构、鉴定人常会遇到不得不终止鉴定的情况。根据我国《司法鉴定程序通则》第29条规定,司法鉴定机构在鉴定过程中,有下列情形之一的,可以终止鉴定:(1)发现有本通则第15条第2~7项规定情形的;(2)鉴定材料发生耗损,委托人不能补充提供的;(3)委托人拒不履行司法鉴定委托书规定的义务、被鉴定人拒不配合或者鉴定活动受到严重干扰,致使鉴定无法继续进行的;(4)委托人主动撤销鉴定委托,或者委托人、诉讼当事人拒绝支付鉴定费用的;(5)因不可抗力致使鉴定无法继续进行的;(6)其他需要终止鉴定的情形。终止鉴定的,司法鉴定机构应当书面通知委托人,说明理由并退还鉴定材料。

对委托案件实行终止鉴定的,司法鉴定机构应当书面通知委托人,说明理由,并退还鉴定材料。与此同时,司法鉴定机构应当根据终止的原因、责任以及鉴定的进程,酌情退还部分鉴定费用。

第五节 人身损害鉴定的任务及内容

一、人身损害鉴定的任务

人身损害鉴定既不是为社会服务,也不是为司法机关服务,更不是为诉讼当事人服务,只是为刑事、民事、行政诉讼活动服务。其主要任务是出具鉴定意见、提供诉讼证据。

人身损害鉴定的任务具体表现为:(1)为侦查机关揭露犯罪提供线索;(2)为刑事审判"定罪量刑"提供证据;(3)为民事审判提供依据。

二、人身损害鉴定的内容

(一)损伤程度鉴定

损伤程度鉴定是为刑事诉讼服务的。损伤程度的鉴定包括重伤鉴定、轻伤鉴定和轻微伤鉴定。根据2014年1月1日开始实施的《人体损伤程度鉴定标准》,重伤是指使人肢体残废、毁人容貌、丧失听觉、丧失视觉、丧失其他器官功能,或者其他对于人身健康有重大伤害的损伤,包括重伤一级和重伤二级。轻伤是指使人肢体或者容貌损害,听觉、视觉、丧失或其他器官功能部分障碍或者其他对于人身健康有中度伤害的损伤,包括轻伤一级和轻伤二级。轻微伤是指各种致伤因素所致的原发性损伤,造成组织器官结构轻微损害或者轻微功能障碍。损伤程度鉴定应遵循实事求是的原则,坚持以致伤因素对人体直接造成的原发性损伤及由损伤引起的并发症或者后遗症为依据,全面分析,综合鉴定。

在人身损害鉴定工作中,几乎所有的故意伤害案件都要对损伤程度进行鉴定,这可以为司法审判提供定罪、量刑医学证据。因此,损伤程度的鉴定在人体损伤鉴定工作中占有十分重要的地位,也具有重要的现实意义。

(二)残疾程度及劳动能力鉴定

1. 伤残程度鉴定

伤残是由损伤(致残因素)引起的残疾。主要是指损伤或其他原因引起人体组织结构或功能不同程度地丧失,由此而造成人体不同程度地丧失生活能力、工作能力和社会活动能力,或造成生理上与心理上的缺陷。

伤残鉴定,是指依照有关法规、标准划分评定伤残程度等级的技术活动,鉴定主要内容包括伤残等级、劳动能力、生活自理能力、社会生活能力。伤残程度鉴定是为民事诉讼或民事调解服务的,伤残等级是民事赔偿的主要依据。法医临床学鉴定中,《道路交通事故受伤人员伤残评定》(GB 18667—2002)(以下简称《道标》)于2016年12月31日废止,使用较多的标准为2017年1月1日起实施的《人体损伤致残程度分级》与《劳动能力鉴定—职工工伤与职业病致残等级》(GB/T 16180—2014)(以下简称《工标》)。道路交通事故及其他人身意外伤害受伤人员伤残程度鉴定依据的是《人体损伤致残程度分级》标准,职工工伤致残程度鉴定依据的是《工标》。《人体损伤致残程度分级》与《工标》均采用10级分法,该分级方法把伤残等级分为10个等级,从1级到10级,最重为1级,最轻为10级。

2. 劳动能力丧失程度鉴定

劳动能力丧失程度主要分为两种情况:劳动能力完全丧失、劳动能力大部分丧失。通常情况下,无论对何种原因造成的劳动能力丧失程度进行鉴定,必须首先参照《工标》评定伤残等级,之后根据《职工非因工伤残或因病丧失劳动能力程度鉴定标准(试行)》总则中"本标准分完全丧失劳动能力和大部分丧失劳动能力两个程度档次"及"本标准将《劳动能力鉴定 职工工伤与职业病致残等级》(GB/T 16180—2014)中的1级至4级和5级至6级伤残程度分别列为本标准的完全丧失劳动能力和大部分丧失劳动能力的范围"的规定。将参照《工标》评定的1~4级和5~6级伤残程度分别对应完全丧失劳动能力和大部分丧失劳动能力的情况。

(三)损伤与疾病因果关系鉴定

在损伤程度鉴定与伤残程度鉴定时,通常要求对损伤与疾病之间的因果关系进行分析,实际上是对外界致伤因素在损害后果中原因力大小的分析。原因力是指导致损害后果的数个原因中,各原因对损害后果的发生所发挥的作用力。

按照《国际功能与疾病分类》,在法医临床鉴定中,习惯上将外界致伤因素在损害后果中的原因力大小分为没有作用、轻微作用、次要作用、同等作用、主要作用和完全作用6种情况。依据各种情况下的原因力大小,实践中常采用以下命名方式:无因果关系、诱发因素、辅助因素(促进因素)、同等作用、主要原因、根本原因,并以参与度加以量化。具体划分方法:(1)没有作用(无因果关系),外界致伤因素与损害后果之间不存在因果关系,参与度范围为0~5%,参考值为0。(2)轻微作用(诱发因素),外界致伤因素与损害后果之间具有诱发作用,参与度范围为5%~15%,参考值为10%。(3)次要作用(辅助因素),外界致伤因素促进了损害后果的发生,参与度范围为15% ~45%,参考值为30%。(4)同等作用,两个外界致伤因素在损害后果发生中所起到的作用大小难以区分,参与度范围为40% ~60%,参考均值为50%。(5)主要作用,外界致伤因素在损害后果发生中起主要作用,同时合并所起作用较小的其他原因,参与度范围为60% ~90%,参考值为75%。(6)完全作用(根本原因),外界致伤因素是损害后果发生的唯一原因,参与度范围为90% ~100%,参考均值为95%。

直接因果关系与间接因果关系强调初始因素发生作用后,在导致某一损害后果的伤病演变过程中有无中介因素的参与,与原因力或责任度大小没有必然联系。同时,所谓责任度是指应承担的不利后果或强制义务的大小,是法律概念。参与度的划分不宜以直接因果关系、间接因果关系等描述进行推断,而应对导致损害后果的原因所起到的作用大小进行分析。

(四)致伤物推断

在大多数案件中致伤工具是清楚的,但也有一些案件需要临床法医工作者进行致伤工具推断。致伤物推断主要依据损伤的形态特征进行分析,如创的形态、创缘有无表皮剥脱、是否整齐、创的长度和创腔的深度、创腔有无组织间桥和异物等来区分钝器、锐器或火器伤。如果要推断具体的致伤工具,如判断此种损伤是否由此工具形成是比较困难的。

(五)损伤时间推断

活体损伤者多数在伤后及时到公安机关报案或到医院就诊,因此损伤发生的时间是明确的,要求鉴定损伤时间的案例并不多。但有时有些案例需要对损伤时间进行推断,以便对案件进行正确的处理。但由于受致伤因素、损伤部位、损伤程度、个体体质及有无并发症等因素的影响,对活体损伤时间的推断是很困难的。人体损伤鉴定中常根据皮肤软组织创面的愈合过程、皮肤的颜色、骨折后骨痂形成的特征推断皮肤软组织损伤或骨折的时间。

1. 皮肤擦伤损伤时间推断

新形成的皮肤擦伤,如创面湿润且低于周围皮肤,则损伤时间未超过2小时,如创面已结痂,损伤时间在3 ~5小时;如创面已与周围皮肤一样高,损伤时间在伤后12 ~24小时。如痂皮从周围开始剥离损伤时间在伤后3 ~7天;如伤口不大,结痂7 ~12天可以完全脱落。

2. 皮内及皮下出血时间的推断

由于出血处血红蛋白分解而发生颜色的改变,在伤后1 ~3天出血灶内氧合血红蛋白逐渐变为还原血红蛋白、正铁血红素而呈红色或紫红色,3 ~6天转变为含铁血红素及胆红素而呈青绿色,7天以后胆红素被氧化呈胆绿素而呈绿色,

12 天左右呈黄色后逐渐消退,恢复正常。

3. 骨折时间的推断

活体损伤案件中发生骨折很常见,要确定活体损伤是否有骨折的存在,目前临床和法医均采用 X 线拍片检查。有时由于案件处理的需要,要求临床法医工作者根据 X 线片的表现来推断骨折发生的时间。X 线拍片见骨折线清晰,骨折断端锐利者为新鲜骨折。如 X 线拍片见骨折线已模糊,骨折处有密度较淡的纤维性骨痂影像时,骨折已发生在 2 周以上,当骨折处已形成骨性骨痂影像时,骨折的发生已在 3 个月左右,此类骨折已属于陈旧性骨折。骨折处已骨痂愈合并重新塑型者,骨折的发生一般在 6 个月左右,为陈旧性骨折。

(六)致伤方式推断

损伤案件发生的情节不同,也决定了案件不同的性质,如他伤、自伤、道路交通事故损伤及灾害意外伤等。临床法医鉴定的损伤案件就性质而言,大多数属意外,其次是他伤,自伤的案件最少。在一些现实案件中,导致损伤的原因复杂多样,如摔跌、挤压、高坠、压砸、撞击等均可造成某一部位的机械性损伤。即使常见的颅脑损伤,由于致伤方式不同,导致的损伤形态特征也是多种多样,实践检案中必须具体情况具体分析。有些案件,则涉及多种方式致伤的可能性,而致伤方式的不同与案件性质密切相关,此时认定损伤形成的致伤方式则至关重要。

(七)诈病(伤)、造作病(伤)鉴定

在伤害案例鉴定中,被害人夸大伤情是经常发生的。至于是否诈病(伤)或造作病(伤),则需要临床法医工作者认真检查和识别。否则,以假乱真做出错误的鉴定意见造成冤假错案。诈病(伤)或造作病(伤)的表现形式多种多样,既然是假的,必然和真正的疾病规律不完全一致,且会暴露出矛盾,揭露这些矛盾,就可能将诈病(伤)、造作病(伤)识别出来,也是临床法医鉴定工作中经常遇到和需要解决的问题。

诈病(伤)即伪装某种疾病或损伤。常见的诈病(伤)包括:诈瘫、诈聋、诈盲、伪装抽搐、伪装失语、伪装血尿等。表现的形式可以多种多样,全身多个系统均可见到。对诈病的选择决定于本人的文化素养和掌握的医学知识以及诈病的目的。其特征为:过分夸大症状,缺乏相应体征,缺乏病理基础,主诉不符合疾病发生、发展和转归的一般规律。

造作病(伤)是自己或授意他人对自己身体造成伤害,或故意夸大、改变原有伤、病的情况。造作病(伤)虽然和诈病(伤)有同样的目的,但由于能检查出伤或病,因此更具有欺骗性。常见的造作伤包括:外伤性鼓膜穿孔、创口延长等。

造作伤的特点:发生在自己可以打击的部位;无生命之危;一般不致毁容;数量多而大小一致;创伤集中而密度较大;排列一致且程度均匀;创口随体表生理弧度弯曲而弯曲且深度均匀;常有试刀痕。

某男(1968 年生)与被害人某女(1991 年生)系恋爱关系,后因被害人多次向某男提出分手,某男怀恨在心,预谋杀害被害人。2007 年×月×日某男约某女见面并携带作案刀具至上海市区,2007 年×月×日凌晨 0 时左右,在西藏路某大厦旁花坛内,欲持刀杀害某女,双方即发生搏斗,某男将某女按倒在地,并对某女胸、颈部猛刺 10 余刀后逃离现场,致被害人颈动脉破裂失血性休克死亡。一审法院以某男犯故意杀人罪判处死刑,二审死刑复核提审,某男以被害人先用刀伤害他,使其起杀心,并以左手腕损伤为证,要求二审免其死刑,经鉴定,某男左手腕损伤为典型造作伤,系自伤(见图 1-3、图 1-4)。

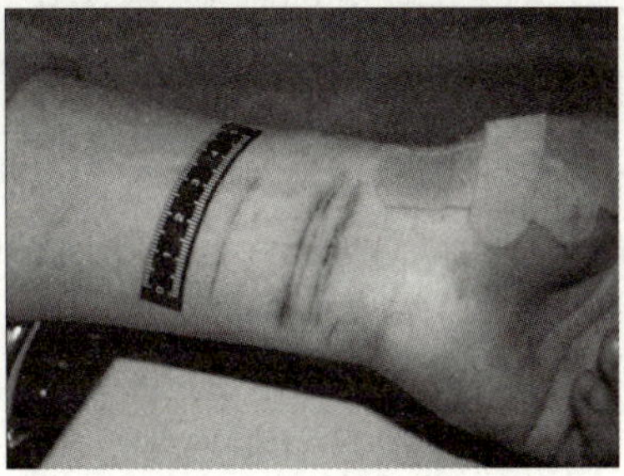

图 1-3 造作伤

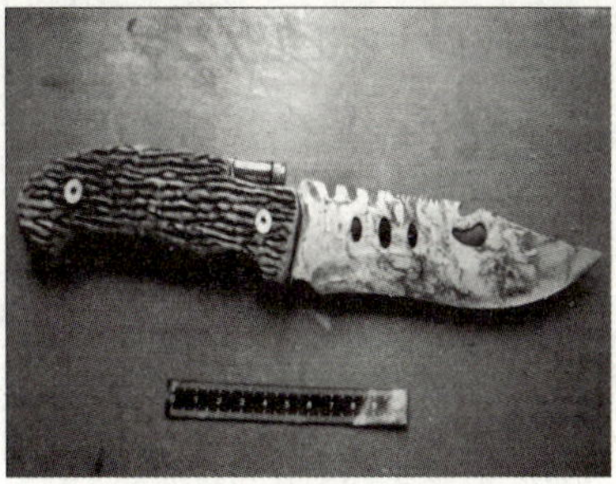

图 1-4 致伤物

(八)损伤后医疗终结时间评定

损伤案件发生后,伤者均会到医院进行治疗,但有的伤者小伤大养或以损伤未愈为由,长期住院、多次转院或对自身原发疾病治疗,不仅使案件不能及时处理,而且增加了医药费、护理费、误工费等经济开支,更增加了案件处理的难度。上述情况下,有必要对医疗终结时间进行鉴定。伤病后由于身体的状况和条件以及各地医疗水平的不同,伤病治愈的时间长短有所差异,很难统一规定。依据基本医学原理、结合长期实践,于 2013 年 12 月 1 日实施的《道路交通事故受伤人员治疗终结时间》(GA/T 1088—2013),对交通事故受伤人员的医疗终结时间做出了规定。

(九)医疗损害鉴定

医疗损害司法鉴定目前也是人体损伤鉴定的重要内容。医疗损害司法鉴定的主要任务是帮助法官评判医疗机构对病人提供诊疗、护理服务是否存在医疗过错行为;医疗过错行为与不良的医疗损害后果之间是否存在因果关系;医疗过错行为在损害后果发生中的原因大小(全部原因、主要原因、同等原因、次要原因、轻微原因或者与患者损害后果无因果关系);对于损害后果为躯体或智能障碍的,为法庭审理医疗侵权损害赔偿提供证据。

(十)生理状态及功能评定

生理状态及功能评定主要包括青少年发育程度鉴定、活体年龄鉴定、生育能力鉴定、听觉功能评定、视觉功能评定和性功能评定等。青少年发育程度的鉴定,常见于强奸案件受害人的鉴定,主要根据牙齿萌出、骨骼发育及第二性征发育情况来确定。活体年龄鉴定,常见于刑事案件中犯罪嫌疑人或被害人的年龄推断,主要依据骨龄鉴定结果来确定。生育能力评定,常见于人身伤害损伤程度鉴定和各类伤残评定,主要依据精子的数量和质量来确定。听觉功能、视觉功能和性功能评定也都有特定的检测程序和评价标准。

三、人身损害鉴定注意事项

(一)鉴定时限问题

在人身损害鉴定实践中,司法机关为了做到案件及时处理,常要求尽早进行活体损伤鉴定;案件当事双方也常由于各种原因而希望尽早进行活体损伤鉴定。但是,由于损伤的情况不同,恰当的鉴定时机对人体损伤鉴定非常重要。如果在伤情尚未稳定前,过早地进行损伤程度的鉴定,则可能造成鉴定意见不准确;如果太迟进行损伤程度鉴定,会造成案件久久得不到处理。人体损伤鉴定案件的鉴定人掌握好适当的鉴定时机,对于保护案件当事双方的正当合法权利,对于案件的客观、公正处理均具有极其重要的意义。鉴定人应根据临床损伤特点,从医学角度掌握好恰当的鉴定时机:一类原发性损伤,可在伤后即进行伤情程度鉴定;另一类损伤在损伤当时难以确定功能障碍程度,则要根据损伤的并发症或后遗症来掌握鉴定时机,一般应在伤后3个月以后进行鉴定。

(二)注意损伤与疾病的关系问题

损伤可造成某种疾病,亦可使原有疾病加重。疾病亦可加重所受损伤的后果。患有某种疾病的人,往往将所患疾病的原因归于损伤。因此,疾病是否由损伤所造成,还是与损伤无因果关系,或者损伤仅仅是疾病的诱发因素,则需要通过鉴定予以鉴别和确定。

《人体损伤程度鉴定标准》对伤病关系处理原则做出了明确规定,分为三种情况:①损伤为主要作用的,既往伤/病危次要或者轻微作用的,应依据本标准相应条款进行鉴定。②损伤与既往伤/病共同作用的,及二者作用相当的,应依据本标准相应条款适度降低损伤程度等级,即等级为重伤一级和重伤二级的,可视具体情况鉴定为轻伤一级或者轻伤二级,等级为轻伤一级和轻伤二级的,均鉴定为轻微伤。③既往伤/病为主要作用的，即损伤为次要或者轻微作用的，不宜进行损伤程度鉴定，只说明因果关系。

损伤与疾病的因果关系问题，关键在于确定参与度比例，参与度究竟是多少，在实际案件鉴定中往往较难确定，需要鉴定人有丰富的临床和法医学经验知识，一般不易掌握。

（三）原发伤和后遗症综合考虑

在人体损伤鉴定中，由于致伤因素种类不同，损伤部位不同，其所造成损害的后果亦不相同。有的损伤，原发性损害严重，治疗终结后仍遗留严重的功能障碍并致残，如脊柱骨折合并脊髓损伤引起截瘫。另一些损伤，原发性损害虽严重，但经治疗后恢复良好，未遗留或仅遗留轻度功能障碍未致残，如外周大血管破裂导致失血性休克，经及时治疗后未遗留功能障碍。还有一些损伤，原发性损害虽不严重，但经治疗后却遗留严重功能障碍而致残，如上肢刀刺伤致正中神经断裂，治疗后遗留手功能严重障碍。所以，原发性损伤的轻重与功能障碍或致残之间并不呈等同关系。

对于任何人体损伤鉴定案例，应在进行细致的临床医学检查后才能得出确切的鉴定意见。一般情况下，损伤程度鉴定需要从损伤的当时情况和损伤的后果或者结局两个方面进行考虑。伤残程度鉴定是根据损伤的后果或者结局来确定的，一般需在临床治疗终结时进行。

（四）应用临床病历资料时，引用疾病诊断书和病历资料要加以分析

鉴定人必须以自己的检查结果去和病历记载的伤情相印证。对待各种检查，应该复查，只有证实与伤情符合时才可以引用，否则可能做出错误的鉴定意见。

（五）注意辨别鉴定材料的真伪

在人体损伤鉴定实践工作中，不少被鉴定人常夸大伤情，甚至提供虚假病历资料，所以鉴定人要认真审查材料，全面分析，鉴别真伪。防止被鉴定人以他人的 CT 片、X 光片冒名顶替，鉴定人在有怀疑的时候，应尽可能地重新拍片复查。

（六）医疗对损伤后果的影响

所有损伤案件发生后，伤者首先要经过医生的诊治，不少伤者由于得到及时恰当的治疗，使损伤得到顺利的恢复，而不留后遗症。此类损伤不论治疗的效果如何，均可按其原发性损伤进行损伤程度鉴定。但有些损伤治疗前后的伤情不一，将得出不同的鉴定意见。由于伤情不同，伤者就诊的时间不同，各地区医疗水平和设备条件不同，医疗的效果也不相同。这些均可能对伤情的损伤程度产生影响。在鉴定时不能因治疗及时、疗效好而减轻加害人的责任，也不能因治疗

效果不佳加重加害人的罪责。

(七)临床法医学鉴定的原则

临床法医学鉴定要坚持实事求是的原则,鉴定结论要有科学的依据。要正确理解和运用损伤程度鉴定标准和伤残程度评定标准,切忌片面机械地运用标准,要全面分析、综合评定。

第二章　人身损害检验

第一节　人身损害检验基本方法

一、案情及病史采集

（一）了解案情

详细、全面了解案情，特别是受检人的受伤过程，对判断案情性质、是否存在造作伤极为重要。主要通过询问受检人、询问加害人、询问证人及审阅案卷材料四个方面进行。

（二）询问伤病史

除询问受伤情况外，还应对伤者的既往身体健康状况进行了解，有助于分析判断损伤与疾病的关系。

1. 询问致伤原因、受伤过程、损伤部位和受伤当时的情况，询问伤者与加害人当时的姿势及所处位置等。

2. 询问伤者伤后出现的症状及演变过程。

3. 询问伤者伤后诊疗情形，治疗是否规范，治疗的时间和恢复情况。

4. 询问伤者既往健康情况，有无重要器官疾病如高血压、糖尿病、心脏病、动脉硬化、肺脏疾病、尿毒症、肝硬化等，有无慢性疾病，有无遗传性疾病等。若怀疑有精神疾病，还应了解家族史。

5. 询问有无并发症和后遗症。

二、医学文书审查

医学文书及资料复杂多样，对医学文书进行审阅是法医鉴定工作的重要内容之一。医学文书资料主要包括：

1. 病历。如门诊病历、急诊病历、住院病历、会诊单、手术方案和小结、手术记录、麻醉记录、分娩记录、死亡记录、抢救记录、护理记录。

2. 医学证明。如出院证明、病情证明、健康证明、残疾证明、死亡证明、出生证明。

3. 病原微生物检验报告。

4. 临床生化检查报告。如肝功、肾功、血糖血脂等。

5. 临床电生理检验。如眼电生理、听觉诱发电位、肌电图、脑电图、心电图。

6. 放射影像学报告。

7. 病理诊断和病理解剖报告。

8. 科室工作记录本。如病房记录、护士交班本、医嘱本、病房日志。

9. 处方及药房记录。

10. 其他文书资料。如收费清单、医疗物品采购记录。

三、法医学检查

法医学常规检查与记录要力求详细、准确和客观。

(一)一般状态

一般状态检查的内容包括性别、发育、营养、意识状态、面容、表情、语态、步态等。

(二)衣着检查

主要检查内容包括衣着是否整齐、是否沾染异物、有无裂口及与相应部位创口对比等。

(三)头颈部检查

检查头颅的外形,有无头皮擦挫伤、血肿、裂创、颅骨骨折或缺损和瘢痕等,以及它们相应的长度或大小;面部有无伤口、瘢痕、色素沉着,以及它们相应的长度或面积;双眼眼睑有无下垂,双瞳孔是否等大等圆,对光反射及眼球运动是否正常;双外耳有无外伤、瘢痕、缺失及畸形等,外耳道有无异常分泌物;鼻外形是否正常、有无骨折或缺失;口唇有无紫绀,口腔张开度是否正常,牙有无缺失或折断,舌是否完整,有无面瘫表现;颈部有无伤口、表皮剥脱、皮下出血、瘢痕等,是否存在气管、甲状腺等器官的损伤,有无颈椎、颈髓损伤及颈部的活动度是否正常。

(四)胸部检查

胸壁有无外伤痕迹或瘢痕,胸廓外形及呼吸运动是否正常,有无呼吸功能障碍;女性伤者有无乳房的缺失或损伤;肺部触诊有无肋骨的骨折,听诊有无异常呼吸音;心前区有无明显隆起,心界有无扩大,各瓣膜区的心音是否正常,心脏的节律有无异常等。

(五)腹部检查

观察腹部外形有无损伤痕迹或瘢痕;腹部听诊有无异常肠鸣音,叩诊有无移动性浊音,肝脾有无肿大;腹部有无压痛、反跳痛、肌紧张及包块等。

(六)脊柱及四肢检查

脊柱有无畸形,活动度是否正常,是否存在疼痛、压痛、叩击痛以及其所在部位；骨盆有无骨折、畸形及倾斜度是否正常；四肢有无擦挫伤、裂创、瘢痕以及它们的长度或面积，有无骨折、缺失或畸形；四肢各关节活动度是否正常；有无周围神经损伤的体征。

（七）外生殖器检查

外阴有无伤口、出血、异常分泌物、瘢痕；阴道有无损伤或异物；阴茎、睾丸有无损伤或缺失。涉及强奸案中除检查损伤外，还应注意提取检材，以备进一步检验。

（八）神经系统检查

注意意识状态、脑神经检查，以及四肢肌力、肌张力、腱反射是否正常，有无感觉障碍及其程度，是否存在病理征等。

四、法医学损伤检查记录

（一）准确记录每处损伤

记录要用规范、准确、统一的医学名词，以防产生歧义。采用公认的解剖学标志描述损伤的性质、数量、部位和方向，按由主到次、由上到下、由前到后和由表及里的顺序予以描述。采用几何学术语或众所周知的物体名称，如圆形、方形、三角形、条状记录损伤形状。有时难以用几何图形描述，则记为不规则形。用国际标准计量单位测量长度、重量或体积。对创的记录，则要准确记录创口、创角、创缘、创壁、创底、创腔以及有无组织间桥等情况。损伤部位若有异物，则要准确记录异物的部位、性质、数量、分布等情况。损伤经过一定时间时还应注意描述损伤的色泽。

（二）客观记录每个损伤

做损伤检查记录时，一定要客观、实事求是，如实反映所见。在文字记录损伤的同时，应绘制简图、摄影或录像，标记其形态、分布等特征。照相时，还应放鉴定号码及标尺，以表明伤者的编号及损伤的大小。对损伤局部的各种附着物或残留物应注意编号保存，以备进一步检验或复检。

五、损伤后缺失及畸形的测量

（一）头部

1. 头皮缺失及畸形按皮肤瘢痕测量

颅骨缺失及畸形多采用头颅 CT 测量。

2. 面部损伤缺失及畸形的测量

主要包括对眼、耳、口、鼻部损伤缺失及畸形的测量：（1）眼：眼部损伤缺失及畸形较易确定。（2）耳：耳的损伤缺失及畸形的程度，多通过测量残耳面积与健耳面积的百分比来衡量。（3）口：口腔损伤缺失及畸形多见于牙、上下颌骨的损伤。牙的缺失及畸形的测量主要靠牙缺失的计数及牙松动度表示。上下颌骨损伤缺失及畸形的测量主要通过X线检查。(4)鼻:鼻部损伤缺失及畸形,多通过测量缺失或畸形的部位来衡量。

(二)颈部

颈部损伤缺失及畸形多见于皮肤损伤、颈椎骨折等。皮肤损伤可按皮肤瘢痕的测量;颈椎骨折引起颈部功能障碍,常采用关节活动度来表示其功能障碍的程度。颈部活动度测量方法:颈部中立位为面向前,眼平视,下颌内收,记为0°;正常时,前屈:35°~45°,后伸:35°~45°,左右侧屈:45°,左右旋转:60°~80°(见图2-1)。

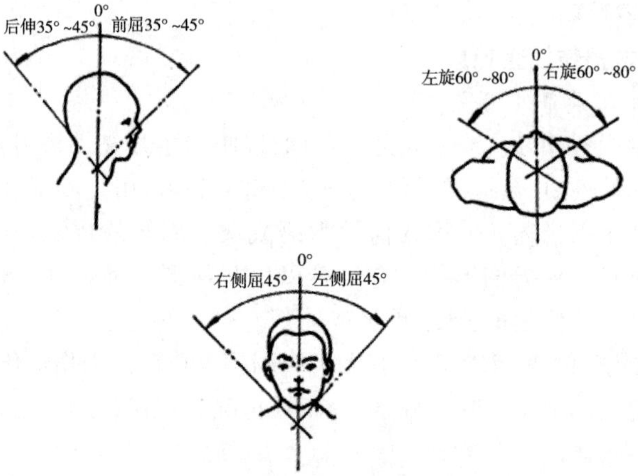

图2-1 颈部活动度测量

(三)胸部

胸部损伤缺失及畸形多见于皮肤损伤、肋骨骨折等。皮肤损伤的测量,可参照皮肤瘢痕测量方法;肋骨骨折缺失及畸形的测量,主要依据胸部X线检查。

(四)腹部

腹部损伤多见于皮肤的缺失及畸形,其缺失及畸形程度主要通过损伤面积占体表面积的百分率来表示。参照皮肤瘢痕测量方法。

(五)脊柱

脊椎的缺失少见。最常见的是畸形及畸形引起的脊柱活动功能障碍,其测量主要靠X线、CT和MRI以及颈、腰部活动度的测量。颈椎测量方法见颈部检查。腰部活动度测量的方法:正常时,前屈:90°,后伸:30°,左右侧弯:30°,左右侧旋:30°(见图2-2)。

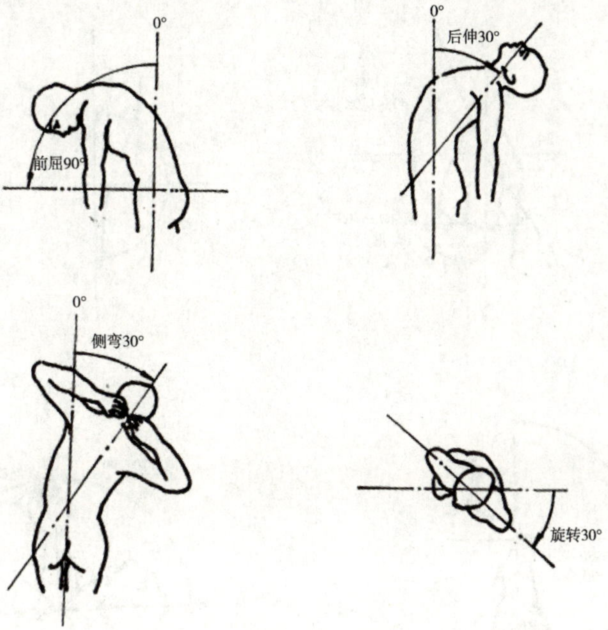

图2-2　腰部活动度测量

(六)四肢

1. 四肢缺失的测量

测量缺失的程度,以残肢的长度和缺失的关节来表示,并与健侧对比。上肢的长度为肩峰尖至中指尖或桡骨茎突尖部的距离,上臂的长度为肩峰至尺骨鹰嘴突之间的距离,前臂的长度为鹰嘴突至尺骨茎突的距离;下肢的长度为髂前上棘至内踝下缘的距离,大腿的长度为大粗隆至膝关节外侧关节缝之间的距离;小腿的长度为膝关节外侧关节缝至外踝尖部之间的距离;手指或足趾的长度为指尖或趾尖至相应掌指(趾)关节的距离。

2. 四肢畸形的测量

四肢畸形主要见于损伤后关节的活动障碍,而衡量活动障碍程度常用记录关节活动度的方法来表示。关节中立位记为0°,然后再分别测量受伤关节各方向的角度,并与健侧对比。

(1)肩关节

上臂下垂为中立位。正常时,前屈:70°~90°,后伸:40°~45°,前屈上举:150°~170°,上举:160°~180°,外展:80°~90°,内收:20°~40°,内旋:70°~90°,外旋:40°~50°。(见图2-3)

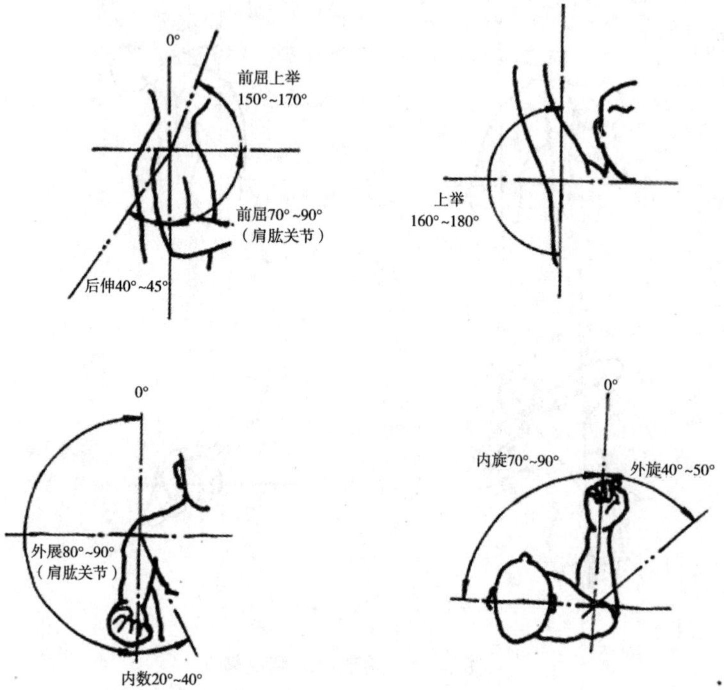

图 2－3　肩关节活动度测量

(2)肘关节

中立位为前臂伸直。正常时,屈曲:135°～150°,过度伸直:10°,旋前:80°～90°,旋后:80°～90°。尺桡关节拇指在上为中立位。旋前(手掌向下):80°～90°,旋后(手掌向上):80°～90°。(见图2－4)

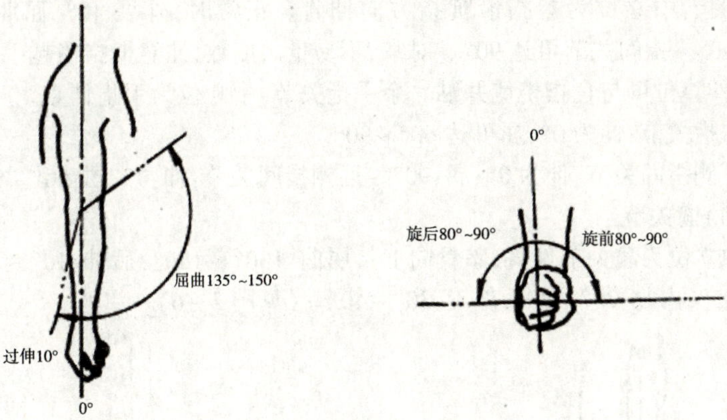

图2－4　肘关节活动度测量

(3)腕关节及手部各关节

腕关节:中立位为手与前臂成直线,手掌向下。正常时,背伸:30°～60°,掌屈:50°～60°,桡侧倾斜:25°～30°,尺侧倾斜:30°～40°。(见图2－5)

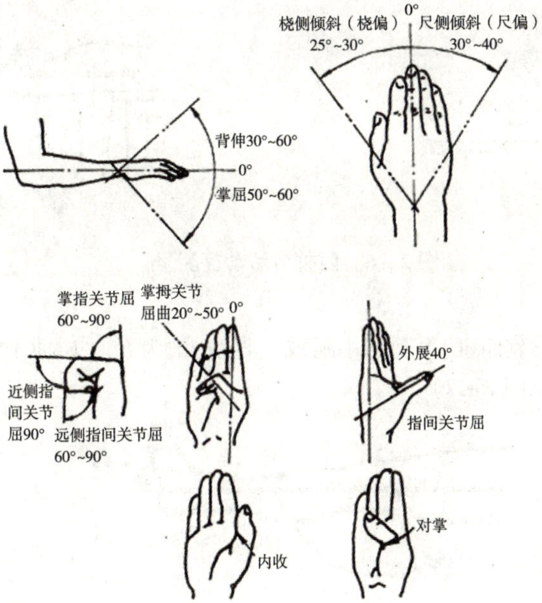

图2－5　腕关节及手部各关节活动度测量

拇指:中立位为拇指沿食指方向伸直。正常时,外展 40°,屈曲掌拇关节 20°~50°。指间关节可达 90°。对掌,不易量出度数,注意拇指横越手掌之程度。内收,伸直位可与食指桡侧并贴。余手指关节:中立位为手指伸直。

掌指关节:伸为 0°,屈可达 60°~90°。

近侧指间关节:伸为 0°,屈:90°。远侧指间关节:伸:0°,屈:60°~90°。

(4)髋关节

中立位为髋关节伸直,髌骨向上。屈曲:130°~140°,后伸:10°~15°,外展:30°~45°,内收:20°~30°,外旋:30°~40°。(见图 2-6)

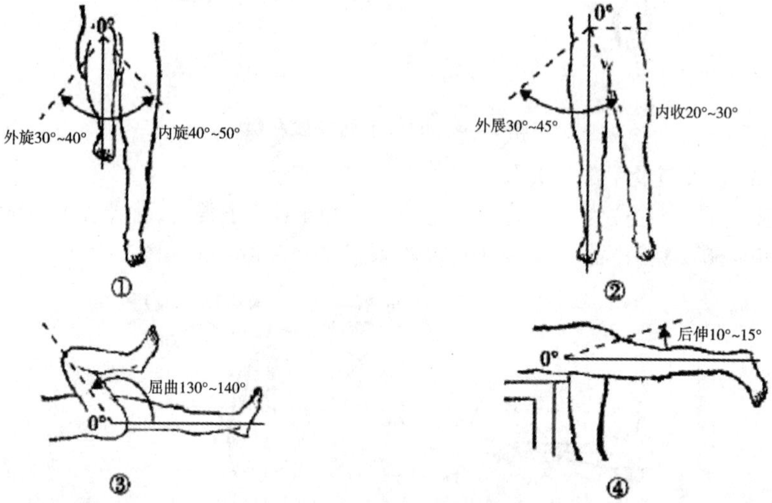

图 2-6　髋关节活动度测量

(5)膝关节

中立位为膝关节伸直,大腿与小腿成一直线,记为 0°。屈曲 120°~150°,过伸为 5°~10°。(见图 2-7)

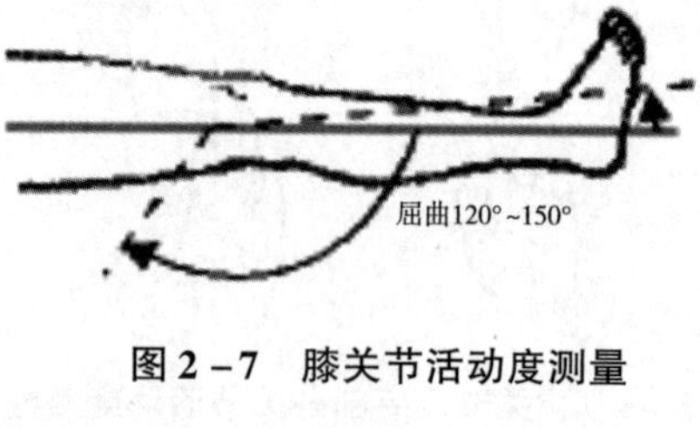

图 2-7　膝关节活动度测量

(6)踝关节

中立位为足外缘与小腿垂直,记为 0°。内翻 30°,外翻 30°~35°,背屈20°~

30°，跖屈 40°～50°。（见图 2－8）

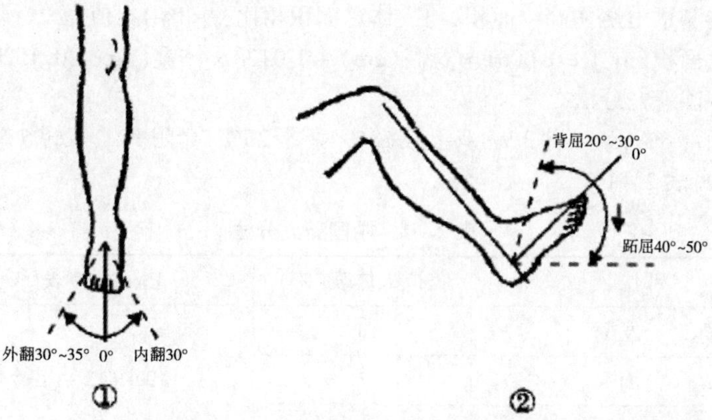

图 2－8　踝关节活动度测量

（7）足趾各关节

中立位为足于地面时，各足趾伸直与地面平行，记为 0°。正常时，趾关节背屈 45°，跖屈为 30°～40°，足趾各趾间关节的测量可对比手指各指间关节的测量。（见图 2－9）

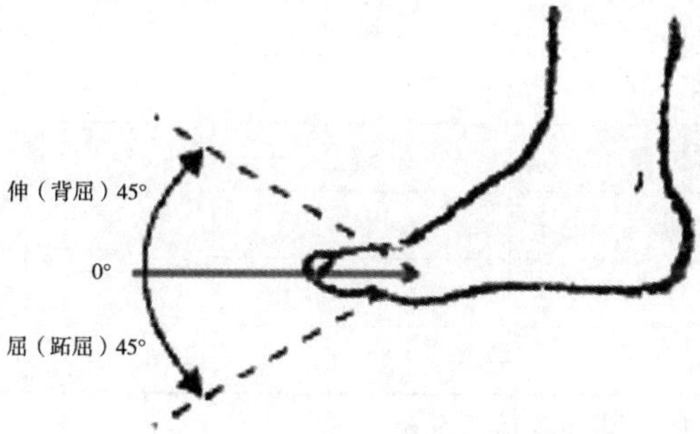

图 2－9　趾关节活动度测量

（七）外生殖器

外生殖器的损伤多见于阴茎和睾丸的损伤。其缺失的诊断较易，通常以缺失的结构及残段的长度来表示缺失的程度。

六、皮肤瘢痕面积测量

（一）瘢痕面积测量与计算

测量皮肤瘢痕的面积方法，常用的有直接测量法、中国新九分法和手掌法。

1. 直接测量法

直接测量出烧伤部位面积,与人体总面积相比,并得出比值。

体表面积(m^2) = 0.0061 × 身高(cm) + 0.0128 × 体重(kg) − 0.1529

2. 中国新九分法

头面部6%,颈项部3%,双上肢18%,躯干26%,会阴1%,双臀5%,双下肢41%。(见表2-1)

表2-1　中国新九分法

部位		占成人体表(%)	占儿童体表(%)
头颈部	发部	3	9 + (12 − 年龄)
	面部	3	
	颈部	3	
躯干	躯干前	13	9 × 3
	躯干后	13	
	会阴	1	
上肢	双上臂	7	9 × 2
	双前臂	6	
	双手	5	
下肢	双臀	5*	9 × 5 + 1 − (12 − 年龄)
	双大腿	21	
	双小腿	13	
	双足	7*	

注:*成年女性的臀部和双足各占6%。

3. 手掌法

手掌法成人与儿童相同,一手的五指并拢后掌面大小为身体面积的1%,以此为标准测量得出估计值。

(二)较大的创伤、烧烫、皮肤瘢痕等的面积测量

对于较大的创伤、烧烫、皮肤瘢痕等的面积测量,通常采用新九分法。根据伤者受伤的部位不同,依照相应部位占人体体表总面积的百分比予以计算。

(三)较小的或散在分布的创伤、烧烫、皮肤瘢痕等的面积测量

对于较小的或散在分布的创伤、烧烫、皮肤瘢痕等的面积测量,通常采用手

掌法。让伤者一手掌各指并拢,其手掌、手指的面积即为此人体表面积的1%(手掌面积为0.5%),再与此人皮肤损伤或瘢痕加以比较,便得到损伤或瘢痕占体表面积的百分比。

(四)皮肤瘢痕实测面积占体表面积百分率的计算

创伤、烧烫、皮肤瘢痕等的面积经实际测量,体表面积则根据以下公式进行计算:

体表面积(m^2)=0.00607H(cm)+0.0127W(kg)-0.0698(成年男性)

体表面积(m^2)=0.00586H(cm)+0.126W(kg)-0.0461(成年女性)

公式中,H为身高,W为体重。然后,将创伤、烧烫、皮肤瘢痕等的实测面积与体表面积相比即为创伤、烧烫、皮肤瘢痕等的面积占体表面积的百分率。

(五)面部瘢痕中创伤、烧烫、皮肤瘢痕等的面积测量

对于面部瘢痕中创伤、烧烫、皮肤瘢痕等的面积测量,因面部部位的特殊性,故在损伤程度及伤残程度的鉴定中,通常采用全面部和四等分面部以及实测瘢痕面积的办法分别计算瘢痕面积。

七、肌力检测与功能障碍程度评价

肌力为肌肉收缩的力量。四肢肌力检测对判断有无瘫痪及其程度和确定损伤程度或伤残等级尤为重要。

(一)主观方法

通过检查伤者关节屈伸力量的大小,来表示肌群的肌力。有时,对单个的周围神经损伤(如尺神经、正中神经等),则还需要做有关肌肉的单独肌力检查。临床上按肌肉收缩及关节活动程度,通常把肌力分为6级。

0级:肌肉完全瘫痪;

1级:肌肉仅有轻微收缩,但不能产生运动;

2级:肢体能在床面上移动,但不能抵抗自身重力,即不能抬起;

3级:肢体能抵抗重力离开床面,但不能抵抗阻力;

4级:能做抗重力及阻力动作,但未达到正常;

5级:正常肌力。

在实际临床法医学检案中,应用主观方法检测肌力时,其结果常因为伤者的合作程度而有差异。要结合受伤史、伤后临床表现,若有矛盾,则疑为伪装或夸大病情。

(二)客观方法

1. 肌电图

应用肌电图,可以鉴别和确认周围神经有无损伤及损伤程度、肢体功能障碍

的性质、有无伪装或夸大病情以及损伤预后与恢复情况,是一项客观有效的肌力检测方法。

2. 脑诱发电位

在肌力检查中,常用的脑诱发电位是运动诱发电位。运动诱发电位是经颅磁刺激大脑皮层运动细胞、脊髓及周围神经运动通路在相应肌肉上记录的复合肌肉动作电位。磁刺激运动诱发电位主要检测指标为各段潜伏期和中枢运动传导时间,主要用于运动通路病变的诊断。

(三)器质性瘫痪、癔症性瘫痪、伪装瘫痪的鉴别

在实际的法医临床检案中所遇到的瘫痪,不仅有器质性瘫痪,还有非器质性瘫痪,后者又包括癔症性瘫痪和伪装瘫痪。

1. 器质性瘫痪

无论是何种病因引起的器质性瘫痪,都有相应的病史及与受损解剖结构相应的临床表现和体征。通过 X 线、CT 和 MRI 等影像学,以及肌电图、脑诱发电位等电生理检查,在中枢神经或周围神经系统内查找出相应的病灶。如腕部被砍伤致正中神经损伤,应有引起神经损伤的外伤史,有拇指外展、屈曲、对掌功能障碍等正中神经支配区运动障碍的表现,并且肌电图检查有正中神经损伤的客观依据。所以,有瘫痪表现的病人缺乏相应的病史,或虽有相应的病史,但其临床表现和体征与受损解剖结构相矛盾时,并且在中枢和周围神经系统内查不出病灶者,则为非器质性瘫痪。

2. 癔症性瘫痪

癔症是由于明显的心理因素,如强烈情绪体验、生活事件、暗示等作用于易感个体,而引起的一组病症。癔症性瘫痪为癔症症候群的一种,体格检查时,肌张力增强或弛缓,反射正常或增强,病程持久者可有肌肉的废用性萎缩,但缺乏神经系统损伤的阳性体征。X 线、CT 和 MRI 等影像学以及肌电图等电生理检查,在中枢神经或周围神经系统内未查找出相应的病灶或损伤基础。经暗示治疗,癔症性瘫痪是可以好转或治愈的。

3. 伪装瘫痪

伪装瘫痪为诈病的一种,包括无疾病或损伤基础而伪装瘫痪,或虽有疾病或损伤基础但夸大了瘫痪的程度。一般情况是:体表无损伤或损伤轻微;检查不合作;其临床表现的症状和体征与受损解剖结构相矛盾;神经系统检查正常;X 线、CT 和 MRI 等影像学以及肌电图等电生理检查,在中枢神经或周围神经系统内未查找出相应的病灶或损伤基础。夸大瘫痪程度的人多有明确的外伤史,甚至有的病人损伤较重,但经过积极有效的诊治后肌力恢复较好,可能实际肌力未达

正常,但多加以夸大。

第二节　影像学检查

一、X 线检查

(一) 颅骨骨折

1. 线状骨折

X 线片上,骨折处颅板连续性中断,呈线状透明影,走向和长宽度不一。X 线片不易显示轻微颅底线状骨折,应采用 CT 扫描的骨窗像确定。

2. 粉碎状骨折

X 线片上,颅骨粉碎状骨折呈方向不一、长短不等、零乱无序的多条状或放射状透明影,常规的正、侧位易识别。开放性粉碎状骨折,可伴有颅脑损伤、颅内积气及异物存留,甚至继发颅内感染等,应采用 CT 扫描显示。

3. 凹陷状骨折

X 线片上,可呈环状或星状透明影。切线位显示凹陷状颅板的形态,呈圆锥形或下陷状,并可准确测量骨片向颅腔陷入的深度。

(二) 头颈部损伤

1. 眼部损伤

X 线片上,眶壁连续性中断呈透明影,筛骨垂直纸板或眶下壁向眶外窦腔凹陷或外膨,筛窦蜂窝变窄,密度增大,或有上颌窦顶壁下突软组织影,呈“泪滴状”,可伴眶窝积气。眼部异物,特别是眼球金属性异物,可用 X 线片显示。眼部软组织损伤包括眼球出血、视神经挫裂伤等,X 线片均难以显示,应借助 CT 或 MRI。

2. 耳部损伤

X 线片上,颞骨骨折呈纵形、横形或粉碎状透明影。两侧对照有助显示,但细小而隐蔽于乳突蜂窝区的骨折线,确诊较难,仅表现为乳突蜂窝内创伤性出血、水肿所致密度增大影。颞乳突高分辨 CT 薄层扫描,对颞骨骨折,包括听小骨骨折与脱位、面神经管骨折等,常能清楚显示并确定诊断。

3. 鼻部损伤

X 线片上,单纯性线状骨折,呈骨皮质中断线状透明影,骨折端常无明显移位,鼻背软组织肿胀。粉碎性鼻骨骨折,常呈多折段线状透明影,且鼻骨畸形明显。鼻窦骨折,采用华氏位投照,能显示骨折及伴发的窦内积液、眶窝积气等。采用颅骨水平侧位X线片,可显示蝶窦内液平面或密度增大影,鼻咽顶壁软组织增厚。

4. 咽喉部损伤

X线片可显示已骨化的甲状软骨和环状软骨骨折,及有助于异物定位。

5. 颌面部创伤

X线片上,颌骨骨折、颧骨骨折和颞下颌关节脱位等。

(三)脊椎损伤

1. 颈椎骨折

X线片上,寰枢椎脱位表现为枢椎与寰椎侧块间距双侧不对称。其余颈椎可显示压缩性或粉碎性骨折,并呈楔形改变,骨折片向椎管内膨突与移位,导致椎管狭窄。颈椎斜位X线片上,可显示椎板、椎弓根骨折导致的椎间孔变形(狭窄)等。

2. 胸椎骨折

X线片上,可显示压缩性骨折,及横突、肋骨骨折。

3. 腰椎骨折

X线片上,可显示椎体变扁或楔形改变,也可显示椎弓根、椎板、横突骨折及椎弓关节脱位等。

4. 骶尾椎骨折

X线片上,可显示尾椎横形或粉碎性骨折,常伴尾椎下端过度弯曲及关节脱位。由于直肠内容物重叠干扰,正位的X线片对尾椎骨折线,常显示不佳,以侧位的X线片最清楚。

5. 椎间盘突出

X线片上,一般难以直接显示椎间盘髓核膨出或突出影,主要表现为脊椎生理曲度异常,如前弓消失、侧弯畸形、相应椎间隙不对称或狭窄、椎体边缘唇状增生等间接征象。采用CT或MRI扫描,对椎间盘膨出或突出的诊断,准确可靠,应为首选。

(四)四肢损伤

四肢创伤中,以骨折及关节脱位最多见,居全身创伤首位。单纯X线片检查,多数可明确诊断,且简便、经济,应为首选。

四肢骨骼骨折,在X线片上表现为骨皮质或骨小梁中断、扭曲与错位,呈透明线状影。对压缩性或嵌入性骨折者,则骨折处常呈密度增大的线状或带状影。根据四肢骨折线的形态及走向,可分为线形、横形、斜形、星形、螺旋形等。若为复杂性骨折,可为撕脱性、嵌入性和粉碎性等改变。

四肢骨折应拍摄正、侧位并包括邻近1~2个关节X线片,以利于正确测量骨折移位与成角畸形的程度。

儿童期,四肢创伤累及骨骺,可发生骺离骨折。X线片上,骨骺属软组织密度,故骺离骨折线不显影,容易漏诊。对此应采用双侧X线片做对比,如有伤侧骺线增宽、骺与干骺端错位畸形,提示骺离骨折。此外,儿童可发生青枝骨折。X线片上,仅有一部分骨皮质或骨小梁呈局限扭曲、折叠或隆突,未累及整个管状骨,为不完全性骨折,愈后良好。

1. 锁骨骨折

采用正位或前弓位的X线片,并左右对比,可确定骨折的部位和类型。

2. 肩胛骨骨折

正位X线片,轻微骨折线可显示不清,应双侧对比或加斜位片显示,以免遗漏。粉碎性肩胛骨骨折,则有明显碎骨片。

3. 肱骨骨折

肱骨外科颈骨折,X线片上,呈嵌插状或裂缝状透明影。骨折远端移位,为外展型或内收型。肱骨远端骨折,常见者为肱骨髁上骨折。X线片上,以"T"形、"Y"形骨折多见,亦可为粉碎性骨折。

4. 尺桡骨骨折

暴力直接作用于尺桡骨同平面时,可致尺桡骨骨折,X线片上,常呈横形或粉碎性骨折。由间接暴力传导者,可致尺骨下端与桡骨上端非同平面的双骨折,X线片上,常呈斜形或螺旋形透明影。此外,单纯桡骨下端骨折,即Colle's骨折,亦较常见。骨折线呈横向嵌插状,远折端向背侧和桡侧移位,并有成角畸形,可伴尺骨下端茎突撕脱性骨折。

5. 腕骨骨折

腕骨中最常见者是舟骨骨折,主要表现为舟骨腰部横形骨折。正、侧位X线片上未显示者,应拍摄斜位或轴位的X线片观察,以免漏诊。其余腕骨骨折,可做双侧的X线对比,确定有无骨折。

6. 掌指骨骨折

在正、侧位的X线片上,易于确定有无掌骨或指骨骨折。骨折可单发或多发,骨折线呈横形、斜形或粉碎状等。

7. 骨盆骨折

暴力直接作用于盆缘,可引起髂骨翼、耻骨支、坐骨支、尾骨骨折,可单发或多发,一侧或双侧发生。

8. 股骨骨折

X线片上,骨折线呈横形、斜形等,可无移位,亦可完全移位,骨折远端向上外移与外旋畸形。

9. 髌骨骨折

髌骨骨折可分为横形骨折或粉碎性骨折。股四头肌强力收缩者,常为髌骨横形骨折,即撕脱性骨折。直接暴力作用者,常为髌骨粉碎性骨折。采用膝关节正、侧位摄片,可确定髌骨骨折诊断。

10. 胫腓骨骨折

X线片上,可表现为内髁压缩或劈裂骨折、外髁压缩或劈裂骨折,以及双髁压缩或干骺端骨折,并伴膝关节损伤。X线检查时,应将膝关节、踝关节包入,做正、侧位拍摄,以全面显示胫腓骨骨折及移位表现。

11. 足部损伤

正、侧位X线片上,容易发现骨折线。如果因重叠较多,难以分辨者,可双侧拍摄对比或CT扫描确诊。

(五)胸部损伤

1. 肋骨骨折

X线片上,常为横断或斜形透明影。骨折端移位者,易于确定;无移位者或有其他肋骨、肺纹和膈影等重叠时。应多方位拍摄,逐一对比观察,以确定骨折。

2. 胸骨骨折

X线片侧位和斜位拍摄以显示其胸骨骨折。

3. 气胸、液(血)气胸

立位的X线片上,少量气胸见于胸腔顶部,呈紧贴胸壁的新月形或弧形透明影,内无肺纹理。气胸量多者,纵隔移位,胸腔中外带为无肺纹的含气带。少量液(血)胸,仅在侧位的X线片上显示后肋膈角变浅变钝。中量者,X线片上呈内低外高的弧线状且密度增大影。大量者,患侧胸腔大部或全部密度增大,肋间隙增宽,纵隔明显向对侧推移。液(血)气胸者,可见肺外周沿胸壁内侧的气液平面征,肺叶向肺门方向于移位。

二、CT检查

(一)颅脑损伤

CT是检查颅脑创伤最有效、最准确的影像学方法,可同时了解颅骨与颅内脑组织损伤情况,且便于复查比较,评估疗效和愈后,是目前法医临床影像学最常用的鉴定手段。

1. 脑震荡

脑震荡 CT 检查的目的,在于排除颅内出血等并发症。有条件者,颅脑创伤后应行 CT 扫描,以提供法医临床影像学鉴定的依据。

2. 脑挫裂伤

脑挫裂伤可见于任何脑叶,以额、颞、顶叶多见。CT 片上病变区显示局限性低密度影,边界不清;可伴斑点、片状高密度出血灶或彼此融合成血凝块,分散或较集聚;相邻脑室、脑池受压变窄或移位;脑灰白质分界消失,脑沟、脑回模糊;两侧对比,可发现较轻微与局限性脑挫裂伤。脑挫裂伤可同时伴蛛网膜下腔出血、硬膜下或硬膜外血肿、颅骨骨折等。CT 复查,可显示脑挫裂伤演变过程表现,如脑水肿加重或消退,脑出血加重(迟发出血)或吸收,以及脑软化、脑萎缩、脑穿通畸形等后期改变。

3. 脑内血肿

CT 片上,脑内血肿呈高密度肿块状影,圆形或不规则形,可单发或多发,幕上或幕下大小不一。血肿周围有轻重不一的脑水肿,相邻脑室、脑池受压移位明显,可继发脑疝或梗阻性脑积水。外伤性脑内血肿经由出血、血肿形成→血肿液化、吸收→脑软化、囊变→脑萎缩、脑穿通畸形等病理演变过程。在 CT 表现特点上,能与颅脑创伤后临床程期及脑内血肿病理演变过程相对应。据此,可对外伤性脑内新鲜血肿、陈旧血肿或后遗改变作出鉴别。

4. 硬膜下血肿

CT 片上,急性硬膜下血肿呈颅骨内板下方新月形或弧形高密度影,范围较广,可跨颅缝,分布于一侧半球凸面、纵裂池、天幕缘、额颞底面或颅后窝等,血肿边缘清楚锐利,脑回受压向内移位,脑室受压,向健侧推移,血肿 CT 值高,可达 60HU ~ 80HU。亚急性或慢性硬膜下血肿,亦呈颅骨内板下方新月形或弧形高低不一或混杂密度影,均匀、不匀或分层状。如果是呈薄层等密度血肿,若不注意脑室受压移位,则易致漏诊或误诊。采用增强 CT 扫描,血肿包膜显示线状强化,即可确诊。双侧亚急性硬膜下血肿呈括号征,即双侧脑回均受压内移,脑中线可无移位,但脑室常受压缩小。

5. 硬膜外血肿

CT 片上,急性硬膜外血肿,呈颅骨内板下方梭形或纺锤。血肿一般不跨越颅缝,与血肿相邻处,脑回受压内移,轻度脑水肿。如果毗邻鼻窦或乳突区创伤,则血肿内可含气泡。急性硬膜外血肿,运用骨窗像,常可显示颅骨骨折线,脑中线向健侧移位。慢性硬膜外血肿长期不吸收,可形成钙化或骨化。

6. 蛛网膜下腔出血

CT 片上,早期显示侧裂池、环池、四叠体池、基底池、纵裂池及脑沟等,呈线条状高密度影,其范围、大小不一。经 3～7 天后多数为部分或完全吸收,CT 可呈阴性。CT 复查,由于蛛网膜粘连,脑脊液重吸收或循环障碍,故可继发交通性脑积水。

7. 脑弥漫性轴索损伤

CT 片上,可见脑组织肿胀、增大,脑灰白质分界模糊,脑室、脑沟缩小,常无明显脑内血肿或脑水肿区。

(二)脊柱损伤

CT 检查,是目前脊椎和脊髓创伤常用影像学检查方法之一。CT 检查,可进一步明确脊椎骨折部位和类型、骨折片移位和椎管狭窄程度、椎间盘膨出或椎间盘突出方向,以及脊髓损伤情况等。经三维重建图像和多方位重建图像,能进一步显示脊椎骨折的分布、走向及与椎管等三维空间关系,更直观形象。

1. 脊椎骨折

CT 片上,通过横断位,可清楚地显示椎体及椎板等的骨折细节以及椎管改变,比 X 线片优越。

2. 椎管内创伤

CT 片上,可显示椎骨骨折,椎管变形狭窄以及脊髓肿大,髓内出血、水肿,密度不均匀,边缘模糊。由于 MRI 脊椎和脊髓扫描较 CT 更优越,故在怀疑脊髓损伤时,可首选 MRI 检查。

3. 椎间盘膨出或椎间盘突出

CT 片上,椎间盘膨出时,纤维环向四周弥漫膨胀隆起,相应平面硬膜外脂变窄,神经根、硬膜囊、脊髓可无明显受压。椎间盘突出时,纤维环局部破裂、缺损,髓核由此溢出硬膜囊外。由于后部纤维环较薄弱,后纵韧带较细窄,髓核向后溢出更常见,形成局限性突出。椎间盘膨出或椎间盘突出部分,其密度与椎间盘一致。二者的鉴别是,前者主要表现为左右对称均匀、弧形较轻、边缘光滑、常有硬膜外脂、硬膜囊前缘平直、无脊髓和神经根受压等;后者则相反,不对称、不均匀、弓弧较重、硬膜外脂消失、硬膜囊受压后凹、神经根肿胀后移等。创伤性椎间盘膨出或椎间盘突出,新鲜者,不伴有椎体骨质增生、椎间盘真空征等;陈旧性者,则难以与原发性椎间盘变性鉴别,应结合临床表现等确定。

(三)颅脑损伤时间判断

1. 颅内血肿急性期

颅脑创伤开始至 7 天内,为急性血肿期。CT 片上,呈高密度团块状或斑片状影，较均匀一致，形态规整或不规整，边缘清楚锐利，脑水肿较轻。血肿CT值为40HU～80HU。

2. 颅内血肿亚急性期

颅脑创伤后8～28天内，为亚急性血肿期。CT片上血肿中心为高密度，周围密度逐渐减低；血肿外周脑水肿明显，与血肿边缘分界不清，血肿CT值为30HU～50HU。

3. 颅内血肿慢性期

颅脑创伤后4周以上至数年，为慢性血肿期。CT片上，由于血肿已完全吸收，故呈均匀低密度区，常为软化灶，且不强化，脑水肿减轻或消失，无占位效应，CT值为20HU～30HU。

4. 脑软化程期

CT片上，脑软化应与脑梗塞、脑水肿、脑囊性变等区别。脑软化灶一般常见于颅脑创伤后7～28天，呈较均匀的斑片状低密度影，CT值20HU～40HU，边缘较清楚，轻度占位，无强化等。脑梗塞形态按脑组织血供区分布，急性期，常为楔形或扇形，边缘模糊或清楚，CT值为30HU～40HU，轻度占位；亚急性期，可呈脑回状或斑片状强化；慢性期，形成脑软化与囊性变。脑水肿见于颅脑创伤早期，较弥漫，亦可呈指状脑水肿，CT值为10HU～20HU，无强化，边界不清；慢性期，脑水肿消退。颅脑创伤后晚期，脑囊性变发生在脑软化后，坏死、液化组织被移除，周围形成纤维化及胶质组织增生层，不强化，囊内呈液性密度，CT值为10HU～20HU；周围脑组织萎缩，脑室或脑池、脑沟牵拉性扩大。

（四）颅内出血血肿测量

1. CT功能软件血肿容积测量法

CT扫描显示颅内血肿后，随即利用CT功能软件，将每一层面的血肿边缘勾画出来，可直接测得各层面的血肿量，其总和即为血肿量。此法方便、迅速、准确，但缺点是必须在CT机上进行。

2. 体视学法血肿容积测量法

按照卡瓦列里原理测量颅内血肿容积，其公式为 $V=t\times a(p)\times\sum\rho$。式中，V是血肿容积，t是CT层厚，a(p)是测格面积，$\sum\rho$ 是测格总数。采用透明胶片，制作与CT照片上比例尺相一致的测格（关联方格）测试尺。测量时，将测格尺叠放在有颅内血肿的CT断层像上，计数位于血肿区的测点数，即可获得颅内血肿容积量。此法简便易行，准确可靠。

3. 多田公式血肿容积测量法

根据多田公式，即 $V=\pi 6a\times b\times s\times n$ 可测得颅内血肿容积。式中，V为血肿容积,a 为血肿长轴,b 为血肿短轴,s 为层厚,n 为层数。本法对颅内血肿,形状规则者测量较准确。形状不规则者测量较难,且不准确,故运用受限。

4. 几何学公式血肿容积测量法

根据颅内血肿显示的几何学图形,运用一定的几何学公式,测量血肿容积。

三、MRI 检查

(一)颅脑损伤

MRI 检查,在显示脑干、胼胝体、脑神经损伤,鉴别慢性硬膜下血肿与积液,判断脑内血肿期龄,确定脑弥漫性轴索损伤,评价颅脑损伤后遗症等方面,较 CT 优越。

1. 脑内血肿

急性早期血肿,T1、T2 加权上均呈等信号,周围脑水肿为等 T1、T2 高信号,伴占位效应和中线结构受压、移位。急性期血肿,与急性早期血肿类似,仅 T2 加权血肿信号有降低。亚急性期和慢性期血肿,T1 加权上呈等或高信号,T2 加权上呈高信号,仅血肿边缘为含铁血黄素沉积的线状低信号,脑水肿逐渐减轻或消失。MRI 增强,显示血肿边缘环状强化高信号影。

2. 硬膜下血肿

在 MRI 上外形与 CT 相似,呈颅内板下方新月形或弧形影,将蛛网膜下腔压闭、脑回推移。急性期血肿,T2 加权上呈低信号影,T1 加权上呈等信号影。亚急性期血肿,T1、T2 加权上均呈高信号影。慢性期血肿,T1 加权上呈较低信号,T2 加权上呈高信号。

3. 硬膜外血肿

外伤性硬膜外血肿,在 MRI 上呈颅内板下方梭形占位改变,脑回内移。急性期血肿,T1、T2 加权上均呈低或等信号影。亚急性期和慢性期血肿,T1、T2 加权上均呈高信号影。

4. 脑弥漫性轴索损伤

外伤性脑弥漫性损伤,包括弥漫性脑水肿、脑肿胀和脑白质损伤等。MRI 的典型表现为:T2 加权上呈弥漫性高信号影,常见于额叶和颞叶,亦可见于顶叶、枕叶、小脑和脑干;T1 加权上常呈等信号。如果伴小灶出血,急性期,T1 呈等信号,T2 呈低信号,脑水肿呈高信号;亚急性期和慢性早期,T1、T2 加权上呈高信号影;慢性后期,脑白质萎缩,继发脑室、脑沟扩大。

(二)脊椎脊髓损伤

在 MRI 上,脊椎骨折除显示楔形压缩、骨折片移位、椎管狭窄、椎间盘膨出或椎间盘突出改变,除与 CT 相仿外,对脊椎椎体有无挫伤更为敏感,表现为 T1

加权上呈低信号,T2 加权上呈高信号影。对脊椎骨折或椎间盘突出所致脊髓损伤,则 MRI 明显优于 CT。

1. 脊髓震荡

MRI 检查的目的在于鉴别脊髓功能性与器质性损伤。脊髓震荡伤在 MRI 上显示脊髓形态正常,无明显信号异常,故经短期治疗可完全恢复正常。

2. 脊髓挫裂伤

脊髓挫裂伤,T1 和 T2 加权上呈高低不均匀信号,且外形肿大,蛛网膜下腔变窄或模糊。如无出血,则 T1 加权上主要呈低信号,T2 加权上呈高信号,1 ~ 3 周后脊髓恢复正常。如有出血,急性期,T1 呈等信号,T2 呈稍低信号;亚急性期,T1、T2 呈高信号;慢性期,出血吸收,继发软化、空洞和萎缩。

3. 脊髓横断伤

在 MRI 上,可显示脊髓横断损伤的部位、形态和程度。T1 加权上呈低信号和等信号,T2 加权上呈高信号。相邻蛛网膜下腔或椎管狭窄,以矢状位显示最清楚。慢性期可见脊髓变形、空洞形成及脊髓萎缩等改变。

四、颅内出血及血肿时间判断

颅内出血及血肿可分为急性早期、急性期、亚急性期、慢性期。由于颅内血肿本身是由中心至外周变化的,又因血红蛋白成分不同,故颅内血肿可划分出中心层、周围层、边缘层和外周带。随着血肿在不同程期的病理演变,在 MRI 上亦应显示具有特征意义的表现。

(一)急性早期

急性早期为 1 天以内。T1、T2 加权上,血肿中心层和周围层呈等信号,边缘层呈无信号。T2 加权上,外周带呈高信号,脑水肿轻。

(二)急性期

急性期为 2 ~ 7 天。T1 加权上,血肿中心层和周围层呈等信号,边缘层呈无信号,外周带呈等信号。T2 加权上,血肿中心层和周围层,呈更低信号或低信号,边缘层呈低信号,外周带呈明显高信号,脑水肿重。

(三)亚急性期

亚急性期为 8 ~ 14 天。T1 加权上,血肿从中心层至外周带呈等信号、高信号、无信号、低信号。T2 加权上,血肿中心层和周围层呈低信号,外周带呈高信号,脑水肿重。

(四)慢性期

慢性期为 4 周以上。在 T1 和 T2 加权上仍呈高信号。在 T2 加权上,血肿边缘带显示环状低信号影。形成囊腔后,在 T1 加权上呈低信号,T2 加权上呈高信号,边缘清楚锐利,并有含铁血黄素沉着低信号环。继发周围脑萎缩和脑室、脑沟增宽。

五、放射性核素检查

(一)颅内血肿

在普通脑显像上,显示颅内血肿区放射性浓集影。如果为硬膜下或硬膜外血肿,则脑边缘清楚。如果为脑挫裂伤,则放射性浓集,脑边缘模糊。在局部脑血流断层显像上,脑软化灶呈放射性稀疏区或缺损区;创伤性癫痫灶,发作期呈局限性放射性浓集,发作间隔期呈放射性稀疏改变。

(二)外伤性脑积水

脑挫裂伤所致蛛网膜下腔出血,发生脑膜粘连,引起脑脊液循环和吸收障碍,导致交通性或梗阻性脑积水。在脑池显像上,呈持续性脑室不同程度扩大,核素经四脑室中孔向脑室内逆流,大脑突面无核素显影。

(三)外伤性脑脊液漏

外伤性脑脊液漏,好发于颅底骨折,是硬脑膜与蛛网膜撕裂,蛛网膜下腔直接与鼻窦或乳突蜂窝相通,引起脑脊液外溢所致。在临床上,常见为脑脊液鼻漏,也可为脑脊液耳漏。在脑池显像上,可显示漏口部位放射性浓集,具有定位诊断价值。

在颅脑创伤的诊断上,由于CT和MRI已十分普及,且迅速、安全、简便和准确,而放射性核素检查受设备条件限制,显像效果不及CT和MRI,故应用较少,仅作为某些颅脑创伤后并发症的辅助检查,如外伤性脑积水、脑脊液漏、颈内动脉闭塞、外伤性癫痫等。然而,在法医临床影像学鉴定中,放射性核素检查仍具有一定价值。

六、介入放射学检查

(一)外伤性颈内动脉海绵窦瘘

外伤性颈内动脉海绵窦瘘,是指海绵窦内的颈内动脉或分支破裂,直接与静脉交通,所形成的动静脉异常通道。采用经股动脉插管,行DSA全脑血管造影,可准确显示颈内动脉海绵窦瘘口位置及类型、脑底动脉环(willis circle)状况、盗血程度、静脉引流方向等。

(二)外伤性颈内动脉闭塞

外伤性颈内动脉闭塞,好发于颅颈交界处或虹吸部。颈内动脉壁和内膜损伤,可导致管腔狭窄、内膜剥离、血栓形成、壁间血肿或夹层动脉瘤等。采用经股动脉插管,行DSA全脑血管造影,可准确显示颈内动脉闭塞的部位及病理改变。

总之，介入放射学检查的诊治运用越来越广泛，对颅脑创伤引起的某些重要并发症的诊治，以及对法医临床影像学鉴定，有着重要意义。

第三节 超声检查

一、消化系统脏器损伤

(一)肝、脾损伤

1. 真性肝、脾破裂

肝、脾不同程度增大和形态改变，损伤区可出现不规则形的液性暗区或低回声区。在肝肾间隙、脾肾间隙、膀胱直肠陷窝等处探及不规则形的液性暗区。

2. 包膜下血肿

在肝、脾的边缘实质内可见线、片状形弱回声区，并在其包膜下见椭圆形或不规则形的液性暗区或低回声区。

3. 肝、脾内血肿

肝、脾形态基本正常，包膜完整，实质内有单个或多个大小不等、不规则形的无回声区或弱回声区或杂乱回声区。动态观察可见液性暗区逐渐缩小消失。

4. 迟发性肝、脾破裂

损伤在48小时内，肝、脾的形态和大小无明显改变，腹腔内无明显游离暗区，可超声动态观察病人病情变化发展；48小时后，肝、脾可有实质内血肿、真性破裂或包膜下血肿等声像改变，且腹腔内有明显游离暗区。

(二)胰腺损伤

1. 胰腺断裂

胰腺形态失常，损伤处胰腺连续性中断，实质回声杂乱不均匀。

2. 胰周血肿

在损伤处周围出现不规则的无回声和弱回声，或杂乱回声团，可在腹膜后间隙及腹腔内见到大小不等的液性暗区。

(三)胃肠道损伤

1. 在肝、脾前间隙及膈下可探及游离气体强回声；采用头低脚高位时，下腹部充盈膀胱前方可探及游离气体征象。

2. 腹、盆腔可见游离液性暗区，暗区内可见细弱回声区或漂浮回声区。

3. 在损伤部位加压探头，患者有明显局部压痛或反跳痛明显，并可见大网膜包裹而形成的边界不清楚、内部不均匀的增强回声团块。

二、泌尿系统脏器损伤

(一)肾脏损伤:肾脏损伤包括肾挫伤、肾裂伤、肾粉碎伤、肾蒂撕裂伤

1. 肾挫伤

肾脏大小形态基本正常,肾实质可有不规则形的无回声区、弱回声区或仅见局限性增强回声区。

2. 肾裂伤

肾脏形态失常,受伤区域明显肿大,肾包膜连续性中断,肾周见月牙形或不规则形的无回声区、弱回声区或杂乱回声区。

3. 肾粉碎伤

肾形态失常,体积明显增大,内部结构紊乱,肾周或腹膜后可见不规则形的无回声区或弱回声区。

4. 肾蒂撕裂伤

除具有粉碎伤的超声特征外,腹腔内、肾周或腹膜后见大片无回声区和弱回声区。

(二)膀胱损伤

膀胱破裂时,膀胱壁连续性中断,膀胱后方或周围可见不规则形的液性暗区。

(三)阴囊损伤

阴囊损伤时,阴囊肿大,囊壁增厚且回声减弱,层次结构紊乱不清楚。

(四)睾丸损伤

睾丸形态正常或失常,体积正常或增大。睾丸实质回声有不同程度的不均匀改变,呈弱回声区或杂乱回声区。在睾丸鞘膜内,可见大小不等的杂乱回声团及液性暗区。

三、软组织损伤

受损伤部位软组织肿大、增厚、失去正常形态、解剖层次结构紊乱。局部瘀血或血肿形成时,可出现无回声区、低回声区或杂乱回声区。肌肉撕裂、肌腱断裂时,肌肉、肌腱与正常侧对比可见伤侧增厚、结构不清、连续性中断等声像图。

第四节　听觉与视觉检查

一、听力检查

(一)纯音听阈测定

纯音,是指一种仅具有单一频率的声音。纯音听阈测定是目前唯一能准确反映听敏度的行为测听法。须具备3个条件:准确而符合标准的纯音听力计,符合标准的隔音室,经过严格训练的测试人员。纯音听阈测验包括气导和骨导测听。

1. 测试结果判断

(1)传导性聋。①骨导阈值正常;②气导阈提高,气导听力损失一般不超过60dB;③气、骨导之间差值>10dB,小于60dB。

(2)感音神经性聋。①气、骨导曲线呈一致性下降;②一般高频听力损失较重。

(3)混合性聋。①兼有传导性与感音神经性聋的听力曲线特点,存在气、骨导差;②部分可表现为低频段以传导性聋的特点为主;③高频段的气、骨导曲线呈一致性下降。

2. 非器质性耳聋检查

采用同一仪器设备、同一检查者在近期内不同时间所测得的结果基本一致,最多有0dB~5dB之差。

3. 怀疑非器质性聋

(1)在一次检查中多个频率上听阈变化极大;(2)听力曲线的形态变化不符合各类耳聋的特征;(3)气、骨导在各频率测出相同数值,即水平听力曲线;(4)气、骨导听阈相差60dB以上。

4. 确定非器质性聋

(1)同一次检查中,分别由高频和低频开始,同一频率听阈相差15dB以上;(2)通过双耳机,在同一频率上信号由一耳迅速转向另一耳,所得的听阈相差15dB以上;(3)每隔两三日连续做两三次检查,听阈相差10dB。

(二)声导抗测试法

声导抗测试法是客观测试中耳传音系统和脑干以下听通路的生物物理学方法,以评判中耳功能及第Ⅶ、第Ⅷ脑神经功能状态。对出现的鼓膜穿孔、听骨链中断、听骨缺失、鼓室压增高或降低均可显示。其特点为迅速、非创伤性、客观可靠,但声导抗测试结果须与其他听力学检查一起综合分析才有意义。

1. 静态声顺值下降:表示中耳内结构劲度增大,如耳硬化症、鼓室积液及粘连、听骨链固定;声顺值增高表示:中耳顺应性增大,劲度减少,如鼓膜萎缩或松弛、听骨链中断、咽鼓管异常开放。

2. 鼓室导抗测量法是了解中耳功能状态及传导性听力障碍特征的方法。结果判断:(1)A 型:见于正常耳、听骨链轻度固定;(2)As 型:见于听骨链固定、鼓室硬化症、外耳道炎;(3)Ad 型:见于鼓膜松弛,或鼓膜萎缩性瘢痕;(4)B 型:见于鼓室积液、鼓膜粘连,也见于鼓膜穿孔、耵聍栓塞;(5)C 型:见于咽鼓管功能不良。

(三)电反应测听法

电反应测听法(ERA)是采用测试系统,通过耳部或颅顶的电极,以记录听觉通路生物电位变化作为指标,判断听觉通路各个部分功能状况的技术。因 ERA 检测的指标是不以被检人主观意志或愿望为转移的,所以 ERA 已成为当今听力学中客观测听的核心技术。

1. 耳蜗电图描记法(AP)

声信号刺激后,最初 5ms 记录的源自耳蜗和初级耳蜗神经的生物电位,以进行听功能状况检查的方法。

结果判断:(1)传导性聋:AP 反应阈升高,振幅强度曲线呈平台段;(2)耳蜗性聋:AP 呈晚双峰型,阈值时峰潜伏期延长,或在 N1 负峰之后,出现一个小的正峰;(3)蜗后性聋:AP 异常波形为宽波,AP 振幅减少至 AP 不能检出。

2. 听觉脑干反应测听(ABR)

ABR 或称脑干听觉诱发电位(BAEP),采用声刺激诱发脑干生物电反应,客观地检查听觉系统与脑干功能的方法。

结果判断:(1)客观地确定外周听阈。(2)鉴别器质性聋与精神性聋;正常听力者或器质性耳聋者,其短音主观听阈较脑干反应阈低;功能性耳聋者在阈强度短音刺激时,脑干反应正常,其Ⅴ波潜伏期无明显改变;器质性耳聋者(包括感音神经性、混合性和传导性聋)均使Ⅴ波潜伏期延长。(3)耳聋的定位诊断。传导性聋者的Ⅴ波反应阈升高,Ⅴ波潜伏期—强度函数曲线右移,位移程度相当于耳聋程度;感音性聋者的Ⅴ波阈值升高,潜伏期延长,甚至Ⅴ波消失。神经性耳聋者仅见Ⅰ波,其后各波消失,Ⅴ波的绝对潜伏期延长,Ⅰ~Ⅴ波峰间期延长。ABR 不能在缺乏其他听力测试结果的情况下单独做出解释。

二、视觉电生理检查

(一)视网膜电流图(ERG)

ERG是光刺激视网膜后,在视网膜上节细胞生物电活动之前可记录到的一组电反应,代表了视感受器到视网膜各层的电活动。ERG是综合电位反应,用于视网膜层功能状态的判断。按刺激条件分闪光刺激法(F-ERG)和图形翻转刺激法(P-ERG)。F-ERG主要反映视网膜第一级、第二级神经元的功能状态。P-ERG主要反应第三级神经元的功能状态。ERG作为一种判断视网膜功能的客观检查方法,对眼外伤伤者的视功能判断及预后判断等均有重要意义。视网膜震荡、出血、变性、穿孔、脱离,都会引起ERG的改变。表现为a、b波潜伏时间延长,幅值降低,振荡电位降低甚至消失;严重者无a、b波,呈熄灭型。

(二)眼电图(EOG)

EOG主要反映视网膜色素上皮—光感受器复合体功能状况。眼外伤时,EOG主要表现为光峰电位降低、光峰时间延长、Arden比降低。

(三)视觉诱发电位(VEP)

视觉诱发电位是大脑皮层对视觉刺激发生反应的一簇电信号,又称为视觉诱发皮层电位(VECP)。此电位主要反映中心视功能状态。眼损伤后,VEP主要表现为P100波潜伏时间延长、波幅降低,甚至消失,可以较客观地反映眼底及视神经的功能。在疑有伪装视力障碍的法医学鉴定中,常用VEP来评价视功能。

第三章　颅 脑 损 伤

第一节　颅脑损伤基本类型

一、颅脑解剖生理简述

颅脑由外向内,依次为头皮、颅骨、脑膜、脑组织。头皮是颅骨外覆盖的浅表软组织,前至眶上缘,后至枕外粗隆和上项线,两侧至颧弓上缘。头皮分为皮肤、皮下组织、帽状腱膜、帽状腱膜下层和骨膜五层,颞部还有筋膜、颞肌覆盖。颅骨包绕形成颅腔,脑颅包括额骨、筛骨、蝶骨、枕骨以及两块颞骨和两块顶骨。脑表面覆盖三层膜,分别为软脑膜、脑蛛网膜和硬脑膜。

脑是人类产生意识、情感等高级思维活动的器官,也是调节全身各系统以适应外界环境的最高中枢,分大脑、间脑、小脑、脑干四部分。大脑由左右两个大脑半球及其联结结构胼胝体构成,表层灰质结构称为大脑皮质。大脑皮质主要与人的行为和认知功能有关。双侧大脑功能呈非对称性,一般来说,优势半球主要与语言、运用技巧有关,空间功能则位于对侧。大脑又以脑沟、脑裂为界分为几个脑叶,各脑叶行使不同的功能。间脑位于双侧大脑半球和脑干之间,向下与中脑延续。除腹侧面外,其余部分均被大脑包绕覆盖,中间为第三脑室。分为丘脑、上丘脑、下丘脑、底丘脑和后丘脑五个部分。脑干位于间脑与颈段脊髓之间,其后与小脑相连,由上往下依次为中脑、脑桥和延髓。小脑位于颅后窝,小脑幕下方,前方借上、中、下小脑脚与脑干相连,分为左右小脑半球及蚓部。脑脊液由脑室脉络丛产生后,自双侧脑室经室间孔进入第三脑室后再经中脑导水管进入第四脑室,又由第四脑室的正中孔及外侧孔流入蛛网膜下腔,最后由矢状窦旁的蛛网膜颗粒回收入静脉系统内。脑脊液不断分泌与吸收,对脑细胞有营养作用;同时可以维持颅内压力平衡,对脑有缓冲、保护作用。当成人颅内压超过2.0kPa,儿童超过1.0kPa,即为颅内压增高。

二、常见的颅脑损伤类型

常见的颅脑损伤包括头皮损伤、颅骨骨折、原发性脑损伤、颅内出血及各种颅脑损伤的并发症与后遗症。

（一）头皮损伤

损伤多位于颅脑表面暴力直接作用部位，常见损伤为擦伤、挫伤、裂伤、撕脱伤和头皮血肿。

1. 头皮擦伤

头皮擦伤，是最轻的一类头皮损伤。常与头皮挫伤、头皮血肿、颅骨骨折等合并存在，头皮保持完整。

2. 头皮裂伤

头皮裂伤为开放性损伤，头皮连续性破坏，由于头皮血供丰富，伤后出血较多，甚至出现失血性休克。

3. 头皮撕脱伤

头皮撕脱伤，是一种严重的开放性损伤。撕脱范围可与帽状腱膜附着于颅骨的边缘相同，前至眼睑及鼻根、后至发际或上项线，双侧至颞部或耳廓上部。

4. 头皮血肿

头皮血肿是闭合性损伤，多与其他损伤如头皮挫伤、颅骨骨折等伴发。分为皮下血肿、帽状腱膜下血肿和骨膜下血肿三种类型。

（二）颅骨骨折

按骨折形态分为线性骨折、凹陷骨折、粉碎性骨折、孔状骨折及穿透性骨折。按其是否与外界相通，又可分为闭合性骨折与开放性骨折。颅底骨骨折通过窦与外界相通者也属开放性骨折。（见图 3－1）

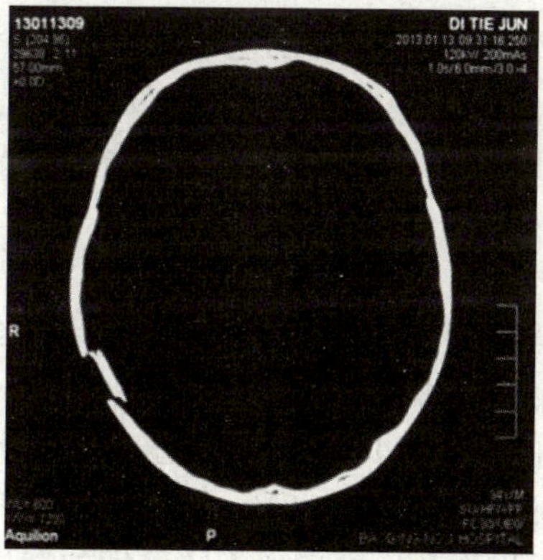

图 3－1　颅骨骨折

1. 颅盖骨骨折

颅盖骨骨折发生部位以顶骨及额骨多见，枕骨及颞骨次之。当颅骨遭受外力时，颅骨局部变形。内板所受牵张力大于外板，内板先破裂，外板随之破裂，形成凹陷骨折。若暴力为高速,且力量较大时,还可形成粉碎性凹陷骨折或孔状骨折,骨折碎片可刺入脑组织中,造成脑损伤。当颅骨局部承受较大暴力或在较大面积上承受中等暴力时,颅骨整体也会发生变形。一般来说,当暴力为横向作用时,骨折线往往垂直于矢状线,折向颞部和颅底。当暴力为前后方向作用时,骨折线往往平行于矢状线,向前延伸至前颅窝,向后延伸至枕骨,甚至可造成矢状缝分离性骨折。此外,因为颅骨厚薄不均,其增厚部位作为颅腔的支架,如鼻根、额部颧突、乳突、枕外粗隆以及眶上缘、颞嵴、上项线及矢状线等,骨折线一般在它们之间的薄弱部位延伸。若发现骨折线通过上述增厚部位,则表明颅骨所受暴力极大。

2. 颅底骨折

颅底骨折多是由于颅骨整体变形,或颅盖骨骨折线延伸所致,所受暴力一般较大。通常骨折线的走向,与暴力作用方向一致。颅底硬膜与颅骨黏着紧密,骨折时硬膜易与颅骨一同断裂;同时,颅底与多个副鼻窦相邻,骨折后极易造成蛛网膜下腔与外界相通,即"内开放性骨折",产生脑脊液鼻漏或耳漏。颅底骨折错位对穿行其中的神经、血管从可造成损伤。

(三)原发性脑损伤

受伤当时即已造成的脑损伤称为原发性脑损伤,分为脑震荡、脑挫裂伤、弥漫性轴索损伤和脑干伤四类。

1. 脑震荡

关于脑震荡是否存在器质性改变,还存在争论。因争议较大,现损伤条款已无关于脑震荡的条款。但有研究认为长期随访发现脑震荡对人体存在影响。伤残程度评定脑震荡属可逆脑功能性障碍,多数可完全康复,故一般不做伤残程度评定。

2. 弥漫性轴索损伤

头部受到加(减)速旋转或挥鞭样暴力时,脑组织各部位所受角加速度不同,由于剪切力的作用,脑中轴部位的神经轴索发生断裂等损伤。病人伤后立即陷入昏迷,一般持续时间超过6小时。多伴有脑干受损体征,如一侧或双侧瞳孔改变,呼吸、循环改变,植物神经功能紊乱,去大脑强直发作等,但早期多不伴有明显颅内高压表现。意识恢复后可出现不同程度的智力、精神、运动及感觉异常。弥漫性轴索损伤常见于交通事故。

3. 脑挫裂伤

脑挫裂伤是脑挫伤和脑裂伤的统称。处于静止状态下的头颅被运动中的物体打击造成加速性损伤,处于运动状态下的头颅受到外界阻力短时间内静止下

来时产生减速性损伤。(见图 3－2)

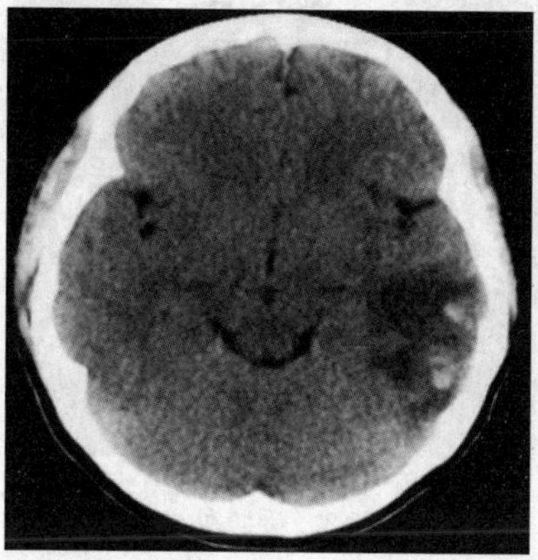

图 3－2　脑挫裂伤

4. 脑干损伤

原发性脑干损伤可由暴力直接作用而产生,如锐器刺伤、环枕关节脱位、头颅变形压迫、脑干血管牵拉等可损伤脑干。暴力也可间接损伤脑干,如减速伤或旋转伤时产生剪切力损伤脑干。此外,颅内压瞬间骤然升高,压力经脑脊液传导至第四脑室及中脑水管,从而冲击其邻近脑干组织,如中脑及菱形窝等结构。脑干损伤后可出现昏迷、瞳孔及眼球活动异常、去大脑强直、生命体征改变及植物神经系统功能紊乱等并发症。

(四)颅内出血或血肿

颅内出血或血肿是最常见、最危险的继发性颅内损伤。一般认为,幕上出血量大于 20ml,幕下大于 10ml 时,称为血肿,少于该量称出血。

1. 硬膜外血肿

血肿积聚在颅骨内板与硬膜之间,绝大多数与外伤有关。瞬间颅骨变形或骨折造成硬膜从颅骨内板上剥离,撕破邻近血管造成出血。一般来说,动脉性出血形成血肿较快且体积较大,最危险;静脉窦或静脉性出血次之;板障静脉出血较缓慢,常形成亚急性或慢性硬膜外血肿。硬膜外血肿常见的出血来源有脑膜中动脉、脑膜中静脉、静脉窦、板障静脉、脑膜前动脉和筛动脉等。(见图 3－3)

2. 硬膜下血肿

血肿积聚于硬膜下腔。急性硬膜下血肿多因在颅脑外伤时,脑组织和颅骨的相对运动,撕破皮质小动脉或桥静脉,或由于脑挫裂伤后,脑组织内的出血通过脑皮质的破口流入硬膜下腔。动脉性隆出血较急,出血量较大,表现为急性硬膜下血肿。桥静脉撕裂可表现为亚急性硬脑膜下血肿。老年人多有脑组织萎

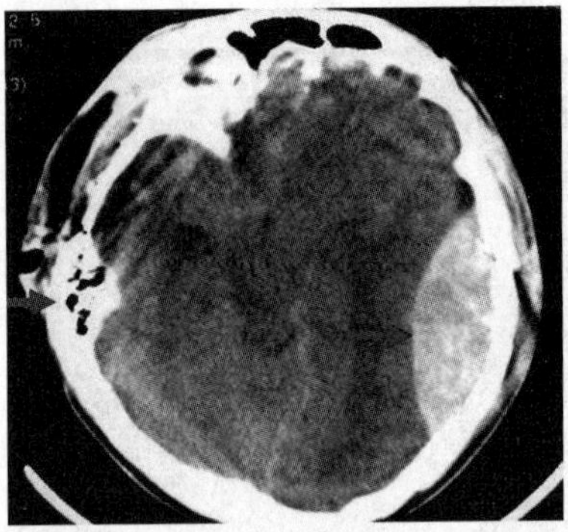

图 3－3　硬膜外血肿

缩,硬脑膜下腔空隙增大,故受伤后脑和硬膜的相对运动,使桥静脉或皮层与硬膜间的小交通动脉损伤,造成缓慢渗血,形成硬膜下血肿。早期血肿量较小,不易察觉。2 周后血肿开始液化,并缓慢扩大,形成慢性硬膜下血肿。

3. 蛛网膜下腔出血

出血破入蛛网膜下腔,称为蛛网膜下腔出血。蛛网膜下腔内充满脑脊液,出血很快随脑脊液弥散至整个蛛网膜下腔,一般不会形成血肿。脑皮层挫裂伤均伴有不同程度的蛛网膜下腔出血。一些疾病如动脉瘤破裂、脑血管畸形、高血压动脉硬化也会引起自发性蛛网膜下腔出血。蛛网膜下腔出血的主要危害是引起脑血管痉挛,加重脑缺血、缺氧,积血还会阻碍脑脊液回流造成脑积水,增高颅内压。

4. 脑内血肿

脑内血肿,是指发生于脑实质内的血肿,分为急性或亚急性外伤性脑内血肿、迟发性外伤性脑内血肿和自发性脑内血肿。急性或亚急性外伤性脑内血肿多系脑外伤时撕破的脑内血管出血所致,血肿区常伴脑组织挫裂伤,血肿部位与脑挫裂伤部位一致,以额叶、颞叶多见。迟发性脑内血肿的可能机制有:(1)伤后的血压波动使本已损伤的血管出血或使已停止出血的血管再出血;(2)脑损伤后局部二氧化碳蓄积,造成血管扩张,导致出血;(3)脑损伤区域一些酶的释放,诱发再出血等。一些疾病如高血压病血管畸形、动脉瘤、肿瘤、血液疾病等可出现自发性脑内血肿。(见图 3－4)

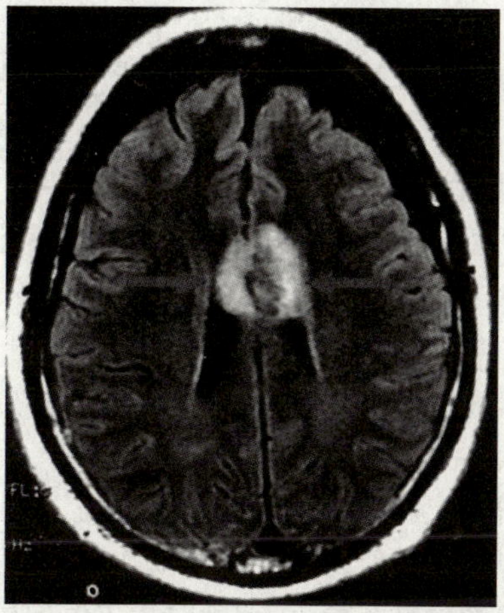

图 3－4　脑内血肿

第二节　颅脑损伤的并发症和后遗症

一、颅脑损伤的并发症

（一）脑神经损伤

1. 嗅神经损伤

嗅神经损伤，是轻度的神经功能障碍。

2. 视神经损伤

视神经损伤，表现为眼周青紫、突眼，伤后视力减退、视野缺损或失明。

3. 动眼神经损伤

动眼神经损伤，表现为瞳孔散大、光反射和调节反应消失、上睑下垂、眼球固定于外展位等。

4. 滑车神经损伤

滑车神经损伤，表现为眼球向下凝视障碍、复视。

5. 三叉神经损伤

眶上神经损伤，会产生前额麻木感。眶下神经损伤可出现面颊、上唇、上齿龈的感觉减退，也可引起神经痛。

6. 外展神经损伤

外展神经损伤,表现为眼球内斜视,外展不能,向患侧注视时可发生复视。

7. 面神经损伤

面神经损伤,可在伤后立刻出现,也可在伤后 5 ~ 7 天出现,称为迟发性面瘫。表现为伤侧表情肌瘫痪、额纹消失、眼裂扩大、鼻唇沟变浅、口角下垂、同侧舌前 2/3 味觉丧失等。

8. 听神经损伤

听神经损伤,主要表现为听力障碍和前庭功能紊乱,如耳鸣、听力下降、眩晕和眼球震颤等。

9. 舌咽神经、迷走神经、副神经及舌下神经损伤

舌咽神经、迷走神经、副神经及舌下神经损伤,表现为吞咽困难、舌后 1/3 味觉丧失、声音嘶哑、舌肌的瘫痪和萎缩、伸舌时舌尖偏向患侧等。

(二)外伤性癫痫

1. 癫痫大发作

癫痫大发作分前驱期、先兆期、痉挛期(惊厥期)和痉挛后期 4 期。若癫痫频繁发作,1 次大发作后,神志尚未清醒,又再次连续不断抽搐,持续昏迷,这种现象称为癫痫持续状态。

2. 小发作

小发作以短暂意识障碍为特征。

3. 局限性发作

局限性发作表现为口角、手指或足趾的抽动,持续时间短,一般数秒钟即停止,不伴意识障碍。

4. 精神运动性发作

精神运动性发作表现为病人无意识状态下游走、登高、驾车、饮食,醒后却完全没有回忆;莫名其妙的恐惧、忧虑、欢乐、暴躁或悲伤等情绪及情感障碍。

(三)外伤性脑积水

脑脊液循环异常而导致脑脊液量增多,引起脑室系统全部或部分被动扩大,称为脑积水。伤后 2 周之内发生为急性型脑积水,伤后 3 周形成慢性型脑积水。

(四)外伤性硬膜下积液

颅脑损伤,引起脑脊液在硬膜下腔的异常积聚称为外伤性硬膜下积液。若伤后时间较长,脑表面液体被粘连的蛛网膜所包裹而形成的囊肿样改变,被称为硬膜下水瘤。外伤性硬膜下积液的发生原因与脑损伤造成脑表面的蛛网膜破裂、脑脊液渗透压升高、脑萎缩和过度使用脱水剂有关。

(五)外伤性脑梗死

外伤性脑梗死,是指颅脑外伤后出现的继发性脑缺血性坏死改变。创伤后脑循环障碍、脑水肿、高颅内压、脱水药物的使用等导致局部形成梗死灶。另外,血管内膜损伤、血小板聚集形成的附壁血栓脱落可致脑栓塞,表现为程度不一的偏瘫、偏身感觉异常、失语、偏盲等局灶性神经系统症状和体征。

(六)植物生存状态

植物生存状态,是指具有自主呼吸、循环等基本生命功能,但认知和思维功能完全丧失的状态。持续1个月以上而未出现任何觉醒迹象,称为持续性植物状态。任何广泛性脑损伤都可导致植物生存状态,表现为无认知和思维能力,可存在睡眠清醒周期,能做出如睁眼、哭、笑、尖叫、咀嚼或吞咽等自发性无目的动作;瞳孔对光反射、角膜反射等脑干基本反射正常,疼痛刺激时肢体可出现伸曲;自主呼吸、循环、消化和泌尿系统功能基本正常。持续时间越长,苏醒的可能性越小。

(七)颅骨缺损

颅骨缺损多由开放性颅脑损伤直接造成,或救治过程中手术摘除。直径大于3cm的颅骨缺损,脑组织会随体位、内外压力的改变而膨出或凹陷,造成脑组织移位,产生头痛、头晕、恶心、呕吐、记忆力减退、注意力不集中等症状,长久还会导致局部脑功能障碍、脑萎缩等。

二、颅脑损伤的后遗症

(一)脑损伤后智力精神障碍

创伤后的精神障碍主要分为:(1)记忆障碍。病人表现为近事遗忘,即不能记起前不久发生的事情,忘记刚说过的话,易丢东西;学习能力明显下降;严重者出现远期记忆减退,甚至出现不认亲友现象。(2)智能障碍。病人的理解、思维、判断能力下降,反应迟钝;严重者出现痴呆。(3)性格改变。病人出现兴趣、情绪等方面变化,可以使原来性格变得更极端化,也有可能出现与原来性格截然相反的性格(性格倒错)。(4)情感障碍。表现为情绪异常高涨或失落,如愤怒、沮丧、欣快、淡漠等,也可时好时坏、变化不定。还有一些病人颅脑损伤轻微或并无颅脑损伤等器质性损伤的证据,但病人仍可表现出多种多样的精神障碍。这种虽不伴有器质性损害,但确实存在的精神障碍,归为创伤后神经症。

(二)脑损伤后瘫痪

随意肌收缩功能障碍,称为瘫痪。神经肌肉系统的主要功能是运动,其中任何一个环节出现问题,均可产生瘫痪。

1. 肌源性瘫痪

肌源性瘫痪,是指由于肌纤维本身病变影响肌肉收缩而导致的瘫痪,如重症肌无力、肌营养不良、肌炎等。可表现为全身性或局部性,病变肌肉多有萎缩,肌张力减低,无病理反射,感觉功能一般不受影响。

2. 下运动神经元性瘫痪

下运动神经元性瘫痪,是指直接发出神经纤维支配运动的神经元,大部分位于脊髓前角和脑干脑神经运动核团内。下运动神经元受上运动神经元的调节、支配。下运动神经元损伤后,受其支配的肌肉会发生瘫痪。瘫痪与神经分布区域一致。由于失去下运动神经元对肌肉的营养作用,瘫痪肌肉后期萎缩。受累肌束颤动也是下运动神经元瘫痪的特征性。一般表现为肌张力减低,不伴有病理反射,局部的感觉神经及植物神经常同时受累。

3. 上运动神经元性瘫痪

上运动神经元,包括锥体系和锥体外系。锥体系通过作用于脊髓前角的神经元或脑干内运动核团的下运动神经元而产生随意运动。锥体外系配合锥体系协调运动。锥体系的神经纤维起自额叶和顶叶皮层。神经纤维传导束经脑干、脊髓,到达脊髓前角。任何一处受损,均可导致上运动神经元性瘫痪。瘫痪的主要特点是肌张力、腱反射增强,浅反射减退,病理反射阳性。

4. 脑损伤部位与瘫痪

(1) 大脑皮质损伤累及双侧运动区时,出现脑性四肢瘫,属上运动神经元性瘫痪(硬瘫);累及一侧大脑皮质时,可出现对侧肢体偏瘫,常伴有对侧感觉缺失和癫痫;单独累及皮质运动区的一部分可造成单瘫。

(2) 在神经纤维较集中部位受损,如内囊,则表现为偏瘫,甚至还可合并出现偏盲及偏身感觉障碍,称为“三偏综合征”,有定位意义。

(3) 交叉瘫是脑干损伤的特征性表现。

(4) 小脑受损主要表现为肌张力低下、震颤、步态不稳、语言笨拙断续、共济失调、精细动作完成困难等。

(三) 脑损伤后失语

失语是由脑部病变所致的语言功能障碍或丧失,病人的智力、精神、发音肌、视觉、听觉并无异常,但对语言的理解、形成和表达异常。脑损伤后失语类型可表现为运动性失语、感觉性失语、传导性失语、命名性失语、观念性失语。

(四) 震颤麻痹综合征与共济失调

震颤、肌强直、运动障碍是震颤麻痹的 3 个特征性表现,原发性最为常见。共济失调分为:小脑性共济失调、大脑性共济失调、感觉性共济失调和前庭性共济失调。

第三节　颅脑损伤的法医学鉴定

一、法医学检查

(一)了解案情

所需了解的内容包括被鉴定人的受伤时间、受伤原因、受伤当时情况、受伤后诊治情况及伤前健康状况。

(二)医学文书及临床资料审阅

详细收集并仔细审阅临床资料,包括各种病历记录,检验报告书,以及各种辅助检验如 X 线片、CT 片、MR 片等。必要时咨询临床相关科室专家。

(三)体格检查

1. 意识状态检查

检查被鉴定人是处于意识清醒状态,还是意识模糊状态,如有昏迷,是浅昏迷、中昏迷,还是深度昏迷,这对于损伤程度鉴定尤为重要。检查时应注意有无药物作用,以及与晕厥、休克相区别。

2. 反射检查

反射检查,包括脑膜刺激征及其他各种病理反射如巴宾斯基征。同时检验重要的生理反射,如角膜反射、腹壁反射、提睾反射等浅反射,以及肱二头肌反射、桡骨膜反射、膝腱反射及跟腱反射等深反射等。

3. 运动检查

运动检查包括:(1)检查异常运动,如痉挛、抽搐、震颤、舞蹈样运动等。(2)检查肌营养、肌力及肌张力。(3)检查共济运动。(4)观察体姿与步态。异常情况如去大脑强直、强迫头位、偏瘫步态、剪刀步态、醉酒步态、跨越步态等。

4. 感觉检查

感觉检查包括浅感觉检查、深感觉检查及皮质感觉检查。

5. 肌力检查

(1)肢体瘫肌力分为 0 ~ 5 级。0 级:肌肉完全瘫痪,毫无收缩;1 级:可看到或触及肌肉轻微收缩,但不能产生动作;2 级:肌肉在不受重力影响下,可进行运动,即肢体能在床面上移动,但不能抬高;3 级:在与地心引力相反的方向上尚能完成其动作,但不能对抗外部的其他阻力;4 级:能对抗一定的阻力,但较正常人低;5 级:正常肌力。(2)非肢体瘫的运动障碍。包括肌张力增大,共济失调,不自主运动或震颤等。(3)运动障碍分重度、中度及轻度3种,重度运动障碍,是指不能自行进食,大小便、洗澡、翻身和穿衣需要由他人护理;中度运动障碍,是指上述动作困难,但在他人帮助下可以完成;轻度运动障碍,是指完成上述运动虽有一些困难,但基本可以自理。

(四)辅助检查

颅脑损伤时,应对被鉴定人进行包括X线、CT或MRI等在内的影像学复查,以了解鉴定时的状况,并与以前检查相比对,确证损伤的存在及病情转归情况。必要时,还应行核医学、脑电图、肌电图或脑干诱发电位检查。

(五)特殊检查

脑损伤病人有时尚需进行心理测试、智能测试或精神状态评估。有时需行言语功能评定,如失语症评定、构音障碍评定等。

1. 智能减退分级

智能减退分为:极重度智能减退,IQ低于25;重度智能减退,IQ值为25~39;中度智能减退,IQ值为40~54;轻度智能减退,IQ值为55~69;边缘智能,IQ值为70~84。

2. 精神病症状

精神病症状包括:突出的妄想;持久或反复出现的幻觉;病理性思维联想障碍;紧张综合征,包括紧张性运动兴奋与紧张性木僵;情感障碍显著,且妨碍社会功能。

3. 人格改变

人格改变包括:情绪不稳,如心境由正常突然转变为抑郁,或焦虑,或易激惹;反复的暴怒发作或攻击行为与诱发因素显然不相称;社会责任感减退,工作不负责任,与人交往言而无信,情感冷漠,对周围事物缺乏应有的关心,对人也不能保持正常的人际关系;本能亢进,缺乏自我控制能力,伦理道德观念明显受损,缺乏自尊心和羞耻感,自我中心,易于冲动,行为不顾后果;社会适应功能明显受损。

4. 失语诊断

首先需排除智力、精神和发音肌肉功能障碍以及排除癔病。检查语言功能应由专业人员按一定的程序进行。

(六)日常生活活动能力评定

日常生活活动能力包括:床上活动、衣着、起坐、个人卫生、餐饮、步行、如厕、大小便控制等。通过日常生活活动能力评定可了解被鉴定人残疾程度。

二、损伤程度鉴定

依据2014年1月1日起施行的《人体损伤程度鉴定标准》中相应条款进行

鉴定。

(一)重伤一级

包括:植物生存状态;四肢瘫(三肢以上肌力3级以下);偏瘫、截瘫(肌力2级以下),伴大便、小便失禁;非肢体瘫的运动障碍(重度);重度智能减退或者器质性精神障碍,生活完全不能自理。

(二)重伤二级

包括:头皮缺损面积累计75.0cm² 以上;开放性颅骨骨折伴硬脑膜破裂;颅骨凹陷性或者粉碎性骨折,出现脑受压症状和体征,须手术治疗;颅底骨折,伴脑脊液漏持续4周以上;颅底骨折,伴面神经或者听神经损伤引起相应神经功能障碍;外伤性蛛网膜下腔出血,伴神经系统症状和体征;脑挫(裂)伤,伴神经系统症状和体征;颅内出血,伴脑受压症状和体征;外伤性脑梗死,伴神经系统症状和体征;外伤性脑脓肿;外伤性脑动脉瘤,须手术治疗;外伤性迟发性癫痫;外伤性脑积水,须手术治疗;外伤性颈动脉海绵窦瘘;外伤性下丘脑综合征;外伤性尿崩症;单肢瘫(肌力3级以下);脊髓损伤致重度肛门失禁或者重度排尿障碍;各种损伤引起脑水肿(脑肿胀),脑疝形成;脑内异物存留。

(三)轻伤一级

包括:头皮创口或者瘢痕长度累计20.0cm以上;头皮撕脱伤面积累计50.0cm² 以上;头皮缺损面积累计24.0cm² 以上;颅骨凹陷性或者粉碎性骨折;颅底骨折伴脑脊液漏;脑挫(裂)伤;颅内出血;慢性颅内血肿;外伤性硬脑膜下积液;外伤性脑积水;外伤性颅内动脉瘤;外伤性脑梗死;外伤性颅内低压综合征;脊髓损伤致排便或者排尿功能障碍(轻度);脊髓挫裂伤。

(四)轻伤二级

包括:头皮创口或者瘢痕长度累计8.0cm以上;头皮撕脱伤面积累计20.0cm² 以上;头皮缺损面积累计10.0cm² 以上;帽状腱膜下血肿范围50.0cm² 以上;颅骨骨折;外伤性蛛网膜下腔出血;脑神经损伤引起相应神经功能障碍。

(五)轻微伤

包括:头部外伤后伴有神经症状;头皮擦伤面积5.0cm² 以上;头皮挫伤;头皮下血肿;头皮创口或者瘢痕。

三、伤残程度评定

(一)工伤伤残程度评定

依据《工标》标准,颅脑损伤所遗留的后遗症或并发症参照下列条款规定进行评定。

一级伤残:极重度智能损伤;四肢瘫肌力≤3级或三肢瘫肌力≤2级;重度非

肢体瘫运动障碍。

二级伤残：重度智能损伤；三肢瘫肌力3级；偏瘫肌力≤2级；截瘫肌力≤2级；完全感觉性或混合性失语。

三级伤残：偏瘫肌力3级；截瘫肌力3级；中度非肢体瘫运动障碍；完全性失用、失写、失读、失认等具有两项及两项以上者；精神病性症状，经系统治疗1年后仍表现为危险或冲动行为者或精神病性症状，经系统治疗1年后仍缺乏生活自理能力者。

四级伤残：中度智能损伤；重度癫痫；精神病性症，经系统治疗1年后仍缺乏社交能力者；单肢瘫肌力≤2级；脑脊液漏伴有颅底骨缺损不能修复或反复手术失败。

五级伤残：四肢瘫肌力4级；单肢瘫肌力3级；完全运动性失语；完全性失用、失写、失读、失认等具有一项者；不完全性失用、失写、失读、失认等具有多项者。

六级伤残：癫痫中度；轻度智能损伤；精神病性症状，经系统治疗1年后仍影响职业劳动能力者；三肢瘫肌力4级；撕脱伤后头皮缺失1/5以上。

七级伤残：偏瘫肌力4级；人格改变或边缘智能，经系统治疗1年后仍存在明显社会功能受损者；不完全性运动失语；不完全性失用、失写、失读和失认等具有一项者；烧伤后颅骨全层缺损≥$30cm^2$，或在硬脑膜上植皮面积≥$10cm^2$。

八级伤残：脑叶部分切除术后。

九级伤残：癫痫轻度；脑挫裂伤无功能障碍；开颅手术后无功能障碍；颅内异物无功能障碍。

(二)人体损伤致残程度评定

依据《人体损伤致残程度分级》标准，参照下列条款规定进行评定。

一级伤残：精神障碍或者极重度智能减退，日常生活完全不能自理持续性植物生存状态。

二级伤残：精神障碍或者重度智能减退，日常生活随时需有人帮助；非肢体瘫运动障碍(重度)。

三级伤残：精神障碍或者重度智能减退，不能完全独立生活，需经常有人监护；完全感觉性失语或者混合性失语；重度排便功能障碍伴重度排尿功能障碍。

四级伤残：精神障碍或者中度智能减退，日常生活能力严重受限，间或需要帮助；外伤性癫痫(重度)；阴茎器质性勃起障碍(重度)。

五级伤残：精神障碍或者中度智能减退，日常生活能力明显受限，需要指导；完全运动性失语；完全性失用、失写、失读或者失认等；双侧完全性面瘫；非肢体瘫运动障碍(中度);排便伴排尿功能障碍,其中一项达重度。

六级伤残:精神障碍或者中度智能减退,日常生活能力部分受限,但能部分代偿,部分日常生活需要帮助;外伤性癫痫(中度);一侧完全性面瘫;尿崩症(重度);阴茎器质性勃起障碍(中度)。

七级伤残:精神障碍或者轻度智能减退,日常生活有关的活动能力极重度受限;不完全感觉性失语;双侧大部分面瘫;重度排便功能障碍或者重度排尿功能障碍。

八级伤残:精神障碍或者轻度智能减退,日常生活有关的活动能力重度受限;不完全运动性失语;不完全性失用、失写、失读或者失认;一侧大部分面瘫,遗留眼睑闭合不全和口角歪斜;非肢体瘫运动障碍(轻度);尿崩症(中度);阴茎器质性勃起障碍(轻度);脑脊液漏经手术治疗后持续不愈。

九级伤残:精神障碍或者轻度智能减退,日常生活有关的活动能力中度受限;外伤性癫痫(轻度);一侧部分面瘫,遗留眼睑闭合不全或者口角歪斜;轻度排便或者排尿功能障碍;严重影响阴茎勃起功能;脑叶部分切除术后。

十级伤残:精神障碍或者轻度智能减退,日常生活有关的活动能力轻度受限;一侧部分面瘫;尿崩症(轻度)影响阴茎勃起功能;颅脑损伤后遗脑软化灶形成,伴有神经系统症状或者体征;嗅觉功能完全丧失;开颅术后。

第四章　脊髓与周围神经损伤

第一节　脊 髓 损 伤

一、脊髓解剖生理简述

脊髓属于中枢神经系统,由灰质(神经元细胞)和白质(上、下传导束)组成。脊髓联系脑与周围神经,是神经系统的初级反射中枢。脊髓被硬脊膜、蛛网膜、软脊膜所包绕,并借助神经根和齿状韧带固定于椎管内。从上至下分31节,其中,颈髓8节,胸髓12节,腰髓5节,骶髓5节,尾髓1节。并发出31对脊神经。(见图4-1)

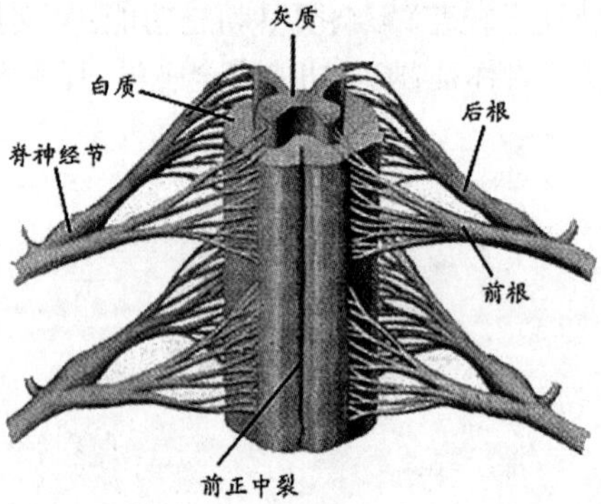

图4-1　脊髓与脊神经

二、常见的脊髓损伤类型

脊髓损伤多见于交通事故、高坠、运动、工伤事故及打斗等。按与外界是否相通可分为开放性损伤和闭合性损伤两类。开放性损伤如枪弹伤、爆炸伤、刀刺伤等;闭合性损伤常为脊柱骨折、移位及脱位等并发损伤。引起脊髓损伤的暴力可分为直接暴力和间接暴力。直接暴力是指外力直接作用于脊髓,如枪弹伤和锐器直接刺入。间接暴力一般是椎体及其附件骨折、脱位后引起脊髓损伤。血循环障碍也可引起的脊髓损伤,包括椎动脉、脊髓前动脉、脊髓后动脉的撕裂与血栓形成,进而导致脊髓组织缺血、坏死。

当脊柱存在先天性椎管狭窄、后天性增生性改变、椎间盘损伤、强直性脊柱炎结构异常或病变时,有时即使受到轻微外伤也可能造成较严重的脊髓损伤。

(一)原发性脊髓损伤

1. 脊髓震荡

脊髓震荡,系脊髓的功能性损害。受伤后,脊髓功能处于暂时性抑制状态,出现损伤平面以下的弛缓性瘫痪,经过数小时至2天后脊髓功能开始恢复,数周内完全恢复,不留后遗症。

2. 脊髓挫裂伤

椎体骨折或脱位,骨折片、黄韧带、椎间盘和椎板挤压脊髓,刀刃或枪弹弹片直接作用于脊髓造成脊髓撕裂,蛛网膜下腔及硬膜外间隙内出血引起脊髓受压,导致脊髓坏死、髓质撕裂、血管断裂和梗塞。

(二)继发性脊髓损伤

1. 脊髓水肿

由于外力作用使脊髓发生创伤性反应,如血管痉挛引起脊髓缺氧,或突然解除脊髓压迫后静脉淤滞而出现水肿,因脊髓功能障碍而出现瘫痪和感觉障碍等。水肿减轻或消失后,其功能可逐渐完全恢复。

2. 脊髓受压

脊柱损伤后,移位的椎体、椎间盘或骨折片可压迫脊髓造成瘫痪。当压迫因素很快解除后,其功能可全部恢复或大部分恢复。如果受压时间过长或程度过重,脊髓可因血循环障碍发生缺血、缺氧,甚至坏死或液化,最后由神经胶质细胞增生修复而形成胶质瘢痕,脊髓萎缩,功能丧失。(见图4-2)

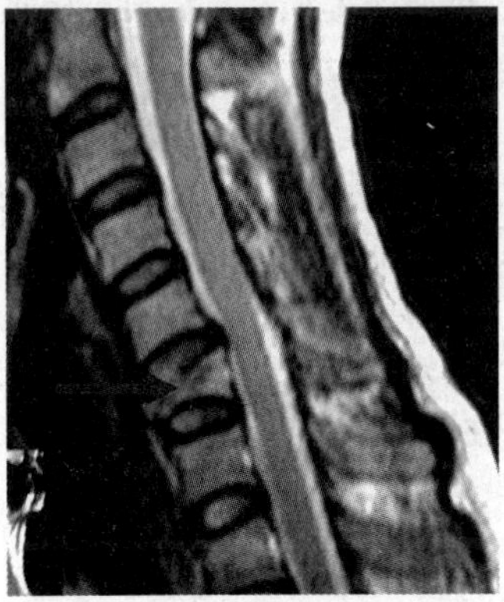

图4-2 脊髓受压

3. 椎管内出血

受伤后,硬脊膜下或硬脊膜外血管破裂形成的血肿,引起椎管内压力增加致脊髓受压,出现不同程度的脊髓损害症状。若影响呼吸肌功能,则对生命造成严重威胁。

(三)迟发性脊髓损伤

脊柱受外力作用,当时未曾发生瘫痪或曾一度出现损伤平面以下的截瘫,后来症状消失,但经过几月或几年后又出现脊髓受累症状,甚至导致严重的瘫痪,称为迟发性脊髓损伤。

(四)脊髓损伤的后遗症

1. 脊髓震荡和脊髓休克

脊髓震荡均表现为伤后不完全截瘫,常由脊椎骨折或脱位造成。可在短期内完全恢复,一般最长不超过6周。脊髓休克多见于完全性脊髓损伤及脊髓横断损伤。由于脊髓功能受到抑制,感觉、运动功能丧失,特别是反射功能丧失。脊髓休克与脊髓震荡有区别。

2. 完全性截瘫

高位颈髓横断性损伤,可造成病人立即死亡。颈膨大(颈4~胸1)处损伤,可出现四肢瘫;腰膨大(胸12~腰5)处损伤,可出现双下肢瘫。

3. 不完全性截瘫

脊髓不完全性损伤,引起不完全性截瘫。早期感觉、运动及括约肌三大功能全部或部分丧失,轻重程度有很大差异,经治疗,在伤后24~48小时有所恢复。如果在6周内不能恢复,则表明脊髓损伤已不可逆,属永久性。

4. 神经根损伤

神经根损伤,多见于颈椎及腰椎损伤。如果神经根仅为挫伤或受压,则有再生恢复的可能;如果从脊髓撕脱,则神经功能不能恢复。

5. 无放射影像异常脊髓损伤

无放射影像异常脊髓损伤也称为无骨折脱位脊髓损伤,是指影像学未见脊柱损伤,但伴有脊髓损伤症状体症,MRI检查可见脊髓水肿、出血等。

6. 上升性脊髓缺血损伤或脊髓梗塞

上升性脊髓缺血损伤或脊髓梗塞是在胸段或胸腰段脊髓损伤后,造成截瘫平面在伤后继续上升的脊髓损伤类型。胸腰段脊髓损伤后,因脊髓内血管栓塞导致脊髓缺血坏死,并向上蔓延,截瘫平面上升。当截瘫平面上升至颈3水平时,可因呼吸中枢麻痹而死亡。

三、脊髓损伤的法医学鉴定

详细询问受伤史及受伤前的健康情况,明确神经系统症状体征出现时间与受伤时间的关系，并通过检查确定神经系统症状、体征具体表现。

（一）脊髓损伤的检查与定位

1. 脊髓完全横断损伤

脊髓完全横断损伤时，损伤平面以下双侧对称性完全瘫痪，肌张力增加，浅反射消失，深反射亢进，病理反射出现，各种浅感觉和深感觉均消失。急性期，出现脊髓休克，断面以下由脊髓所支配的骨骼肌张力降低或消失，腱反射消失，直肠、膀胱潴留，病理反射不出现，受损平面以下感觉障碍。几周后，脊髓休克消失，出现典型的上位神经元损害的症状：肌张力增加，腱反射亢进，出现病理反射和膀胱、直肠功能失禁的症状。

（1）颈1～颈4：损伤灶水平以下全部感觉丧失，小便失禁。如涉及颈5平面，则有膈神经麻痹而出现呼吸困难或膈神经刺激现象——呃逆；如果病变较高，并涉及枕骨大孔区域，则有眩晕、眼球震颤、颈项强直和强迫头位；如果累及副神经，则有同侧胸锁乳头肌和斜方肌无力和萎缩。

（2）颈4～胸1（颈膨大）：表现为上肢为下级神经元瘫痪，下肢为上级神经元瘫痪，损伤平面以下各种感觉功能障碍，小便失禁，伴有Horner综合征。

（3）胸3～胸12：上肢功能不受影响，下肢出现上级神经元瘫痪和小便失禁，损伤灶水平以下各种感觉丧失。

（4）胸12～腰5（腰膨大）：下肢为下级神经元瘫痪，下肢和会阴部感觉丧失，排尿困难。

（5）骶3～骶5（脊髓圆锥）：四肢无瘫痪，会阴部（马鞍区）感觉丧失，大小便失禁或潴留，阳痿。

（6）马尾：下肢常有下级神经元瘫痪（肌张力低、肌肉萎缩、腱反射减弱或消失、病理反射不出现），瘫痪左右常不对称；小便潴留，阳痿，下肢及会阴部感觉丧失。

2. 脊髓不完全横断损伤

脊髓不完全横断损伤也会伴发脊髓休克，休克期过后，部分功能恢复。

（1）脊髓中心性损伤综合征：多为脊髓中央灰质部出血造成，颈髓多见。特点为上肢运动障碍比下肢重。损害节段支配区域皮肤痛觉、温度觉消失，触觉基本正常的一种分离性感觉障碍。

（2）脊髓前部损伤综合征：特点为损伤平面以下完全性瘫痪和浅感觉（痛觉和温度觉）丧失，深感觉正常，有括约肌功能障碍。

（3）脊髓后部损伤综合征：特点为损伤平面以下深感觉障碍，有时出现锥体束征。

(4)脊髓半侧损伤综合征:此综合征常为锐器刺伤脊髓的一半造成,损伤水平以下同侧肢体完全性上运动神经元瘫痪和深感觉丧失,对侧肢体痛觉、温度觉丧失。

(二)辅助检查

1. 影像学检查

X线片观察椎体有无发育异常,有无骨质破坏、骨折、脱位、变形或骨质增生等。CT分辨度强、准确、迅速而安全。MRI(磁共振成像)能分辨脊髓灰质、白质和血管等细微结构。

2. 诱发电位检测

在感觉系统,包括感觉器、感觉神经和感觉传入通路上施加刺激后,在脊髓和脑部引出电位称为感觉诱发电位。刺激脊髓和脑的运动中枢或传出通路,记录肢体运动的电位称为运动诱发电位。脊髓是运动和感觉的通路,损伤后可造成上述两类电位的变化。因此,运用诱发电位可对脊髓损伤进行诊断。

(三)损伤程度鉴定

依据2014年1月1日起施行的《人体损伤程度鉴定标准》相关规定进行鉴定(颅神经损伤参见第四章,周围神经损伤参见本章第二节)。

1. 重伤一级:四肢瘫(三肢以上肌力3级以下);偏瘫、截瘫(肌力2级以下),伴大便、小便失禁。

2. 重伤二级:单肢瘫(肌力3级以下);脊髓损伤致重度肛门失禁或者重度排尿障碍。

3. 轻伤一级:脊髓损伤致排便或者排尿功能障碍(轻度);脊髓挫裂伤。

在鉴定时应注意:(1)外伤后发现脊柱骨折或脱位,其骨折或脱位与外伤的关系易于确定。但外伤后若发现椎间盘突出,则外伤与椎间盘突出关系的确定较复杂,存在以下情况:外伤直接造成椎间盘突出,外伤加重原有椎间盘突出症状,外伤与椎间盘突出无关等,在评定损伤程度时应区别对待。(2)外伤引起脊髓功能障碍,出现损伤平面以下肢体弛缓性瘫痪,感觉、运动功能丧失,反射消失,若在两周内完全恢复者,则应评定为轻伤;反之,若严重影响肢体运动功能者,则应评定为重伤。(3)脊髓及脊神经损伤后,神经功能的恢复较慢,其鉴定时限一般在伤后3~6个月为宜。

(四)伤残评定

脊髓既是感觉和运动的低级神经中枢,又是大脑指挥全身协调运动的神经通路。当脊髓损伤后可出现运动功能障碍、感觉功能障碍及植物神经功能障碍,在残疾评定时均应根据各自损伤情况分别进行等级评定。在判断脊髓损伤严重程度时,运动功能障碍依靠肌力检查,感觉功能障碍依靠痛觉、触觉及深感觉检查。上述检查均为主观检查,其结果的可靠程度取决于被鉴定人的配合情况,故在残疾评定时应鉴别其真伪。

1. 工伤伤残评定

脊髓损伤(不包括脊柱损伤)所致工伤伤残等级依据《工标》标准中相关条款规定进行。

一级伤残:四肢瘫肌力≤3 级或三肢瘫肌力≤2 级。

二级伤残:三肢瘫肌力 3 级;偏瘫肌力≤2 级;截瘫肌力≤2 级。

三级伤残:截瘫肌力 3 级;偏瘫肌力 3 级。

四级伤残:单肢瘫肌力≤2 级;重度排尿障碍;神经原性膀胱,残余尿≥50ml。

五级伤残:单肢瘫肌力 3 级。

六级伤残:三肢瘫肌力 4 级;截瘫双下肢肌力 4 级伴轻度排尿障碍。

七级伤残:截瘫肌力 4 级;轻度排尿障碍。

八级伤残:单肢体瘫肌力 4 级。

2. 人体损伤致残程度评定

依据《人体损伤致残程度分级》标准,脊髓损伤所遗留的后遗症或并发症参照下列条款规定进行评定。

一级伤残:四肢瘫(肌力 3 级以下)或者三肢瘫(肌力 2 级以下);截瘫(肌力 2 级以下)伴重度排便功能障碍与重度排尿功能障碍;

二级伤残:三肢瘫(肌力 3 级以下);偏瘫(肌力 2 级以下);截瘫(肌力 2 级以下);非肢体瘫运动障碍(重度);

三级伤残:截瘫(肌力 3 级以下)伴排便或者排尿功能障碍;

四级伤残:偏瘫(肌力 3 级以下);截瘫(肌力 3 级以下);

五级伤残:四肢瘫(肌力 4 级以下);单肢瘫(肌力 2 级以下);非肢体瘫运动障碍(中度);

六级伤残:三肢瘫(肌力 4 级以下);截瘫(肌力 4 级以下)伴排便或者排尿功能障碍;

七级伤残:偏瘫(肌力 4 级以下);截瘫(肌力 4 级以下);单肢瘫(肌力 3 级以下);

八级伤残:单肢瘫(肌力 4 级以下);非肢体瘫运动障碍(轻度)。

第二节 周围神经损伤

一、周围神经解剖生理简述

脊髓通过31对脊神经连接躯干和肢体各部。脊神经分为神经根、神经丛和周围神经3部分。周围神经由运动、感觉和植物神经3种纤维组成。上肢神经由臂丛发出的分支构成,并分出桡神经、尺神经、腋神经、正中神经、肌皮神经等重要分支。下肢神经由腰丛和骶丛分支构成。腰丛较大分支为股神经及闭孔神经。骶丛主要的分支是坐骨神经,坐骨神经在腘窝的上部分分为内侧支(胫神经)和外侧支(腓总神经)。

二、常见的脊髓损伤类型

(一)周围神经损伤的基本病理类型与表现

周围神经损伤分为3种病理类型,即神经失用:神经传导受阻滞而无轴突中断,运动丧失或感觉缺失或二者并存,伤后可恢复,又称神经震荡和休克样损伤。轴突离断:轴突与髓鞘断离,结缔组织支架保存。神经离断:是指经部分或完全离断,即轴突、髓鞘和结缔组织均离断。周围神经损伤可产生运动麻痹、感觉障碍和植物神经功能障碍。

1. 运动障碍

周围神经损伤时常常有运动障碍,呈完全性或不完全性瘫痪。周围神经通路上,不同的部位发出分支支配相应的肌肉,可根据神经支配肌肉的功能状况来判断该神经损伤的位置。

2. 感觉障碍

在一定区域出现感觉障碍是神经损伤的重要体征,感觉障碍分刺激症状和感觉减退或丧失。

(1)刺激症状:主要表现为疼痛或感觉异常,有时表现为剧烈的神经痛,有时则为感觉异常如烧灼感、蚁行感等。

(2)感觉障碍:与受损伤神经支配区相吻合,通过检查判明感觉障碍区的界限有助于神经损伤的定位。由于每个神经与相邻的神经有重叠支配区,感觉障碍区一般要比该神经的解剖学分布区小。

3. 植物神经功能障碍

脊神经损伤可出现血管舒张、收缩障碍,汗腺分泌障碍及其他营养障碍等。

表现为皮肤浮肿或青紫；汗液分泌增多或减少，甚至无汗；皮肤变薄，毛发脱落，指甲变脆及失去正常光泽；骨质疏松等。

(二)上肢神经损伤

1. 臂丛损伤

臂丛神经损伤，可同时伴有骨骼、关节、肌肉、韧带和血管损伤。臂丛的脊神经根损伤多见于颈部外伤，表现为颈部、肩部、肩胛部、前胸和上肢疼痛；肱二头肌、肱三头肌肌力减弱和萎缩，上肢反射减弱或消失，其皮肤分布区出现感觉障碍。臂丛上部损伤多因自上而下的外力牵拉所致，如穿刺伤、跌伤或产伤。表现为三角肌、肱二头肌、肱骨肌和肱桡肌麻痹。前臂不能屈曲，肩关节明显内收及内旋。肩胛部和肱部肌群如冈上肌、冈下肌、肩胛下肌、菱形肌、三角肌、肱二头肌等萎缩。肩下垂和上肢内收，前臂呈内旋位，肱二头肌和桡骨膜反射消失或减弱。臂丛下部损伤多因锁骨骨折、肱骨头骨折或脱位、手臂突然向上牵拉和肩关节过度外展等。表现为尺神经和部分正中神经支配肌肉麻痹；手部小肌肉萎缩无力，腕及手指不能屈曲形成“爪形手”，上臂、前臂和手内侧缘感觉障碍。如胸1受损，可出现明显的植物神经功能障碍，如霍纳氏征，手浮肿、青紫，面部、颈部泌汗功能异常。全部臂丛麻痹由单纯刺伤和枪伤所引起的较罕见。大多由外伤后综合因素的影响造成，如软组织水肿和邻近组织血肿等，只有当外伤急性期后，才能判明臂丛损伤的真实情况。全部麻痹时，上肢呈悬垂状，上臂、前臂和手全部出现麻痹和萎缩，感觉障碍上臂内侧较外侧明显。

2. 腋神经损伤

损伤后，小圆肌麻痹出现臂的轻度外旋无力，三角肌麻痹使上臂不能外展，严重的长时间运动障碍出现三角肌萎缩，肩部变形，上臂外侧感觉障碍。多见于腋部受压、肱骨头骨折或脱位、穿通伤及肩部直接外伤等。

3. 肌皮神经损伤

肌皮神经损伤时，前臂屈曲发生障碍，肘关节可以轻度屈曲与外旋。前臂外侧缘较窄的条形区域感觉障碍。肌皮神经单独损伤较罕见，多见于肱骨骨折。

4. 正中神经损伤

正中神经受伤见于肩关节脱位、肘关节损伤、肱骨或桡骨骨折、腕背和腕掌面贯通伤等引起。正中神经损伤后，出现大鱼际肌萎缩，手掌变平，拇指紧靠食指，似“猿手”。前臂中上1/3损伤，表现与肘部损伤相同；前臂中下1/3损伤时，表现为拇指与各指的对指功能障碍。腕横韧带下受压，表现为食、中、无名指感觉障碍和大鱼际肌萎缩，称为腕管综合征。

5. 尺神经损伤

尺神经损伤见于肱骨下端骨折、尺骨鹰嘴部骨折和肘关节或肩关节脱位等。尺神经全部损伤,手掌屈功能减弱,无名指、小指完全不能屈,中指屈力部分丧失,手指不能内收和外展,拇指不能内收;小指、无名指尺侧半和手掌手背尺侧的感觉障碍;骨间肌、蚓状肌和小鱼际肌萎缩,手呈爪型。(见图4-3)

6. 桡神经损伤

桡神经损伤较常见,因其位置表浅且与肱骨直接贴近,肱骨骨折和前臂骨折时容易引起该神经损伤,上肢位置不当的压迫也是引起桡神经麻痹的常见原因。桡神经损伤的突出表现是腕、手指及拇指不能伸直和外展,出现特征性的腕下垂。(见图4-4)

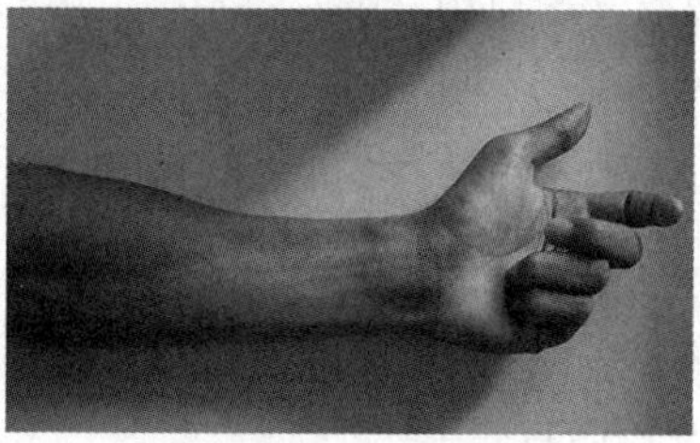

图4-3 尺神经损伤

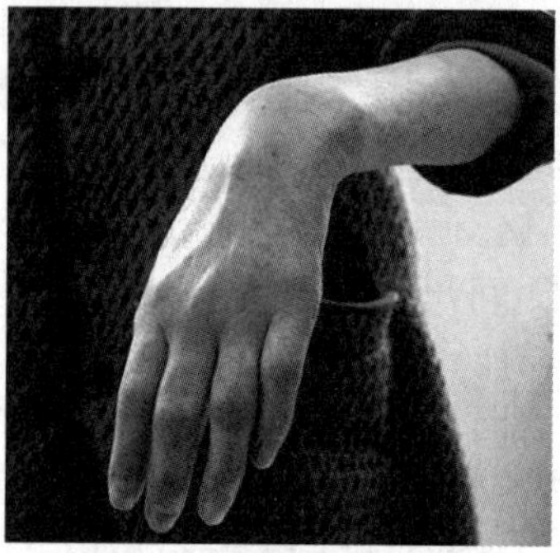

图4-4 桡神经损伤

(三)下肢神经损伤

1. 股神经损伤

常见骨盆及股骨上段骨折、产伤等,表现为伸膝和屈髋无力,严重时股四头肌萎缩,膝盖突出,膝反射消失。感觉障碍见于大腿前面、内侧面及小腿内侧面。

2. 闭孔神经损伤

表现为大腿内收力弱,足稍外展,患肢放在健肢上困难。

3. 坐骨神经损伤

神经根损伤,常见于椎间盘突出。直腿上抬试验阳性,小腿外侧和足背外侧感觉减弱,踝反射减弱或消失。可出现腓肠肌张力下降或腓肠肌萎缩,病变相应椎间隙或椎旁有压痛。坐骨神经干损伤最常见为椎间盘突出,其他直接损伤如臀部肌肉注射也可形成。表现为坐骨神经痛,呈牵拉痛,或灼痛,往往伴有血管舒张、收缩与营养障碍,有时出现皮肤干燥和出汗障碍。

4. 腓总神经损伤

腓总神经完全损伤时，足背屈、伸趾、外展与旋前均不能，足内翻并下垂，足趾基节屈曲，呈马蹄内翻畸形，行走时呈"公鸡步态"；小腿前、外侧肌群有萎缩，跟腱反射不受影响。（见图 4-5）

5. 胫神经损伤

胫神经损伤时，足呈背屈状态，足内翻不能，足趾内收与外展明显受限，跟腱反射消失。小腿后面、足掌、足趾出现感觉障碍。小腿肌和足部小肌肉萎缩。（见图 4-6）

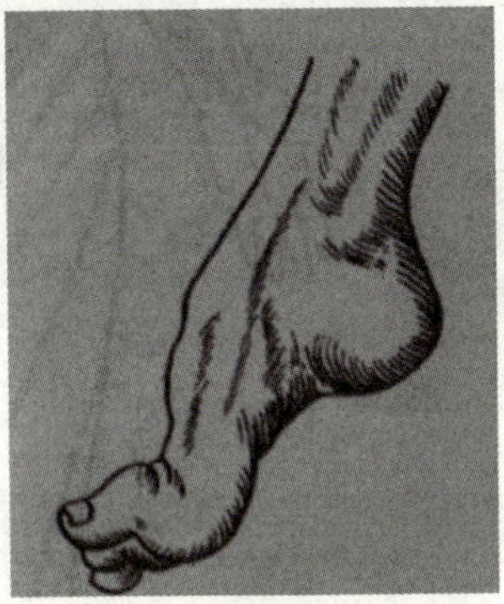

图 4-5　腓总神经损伤

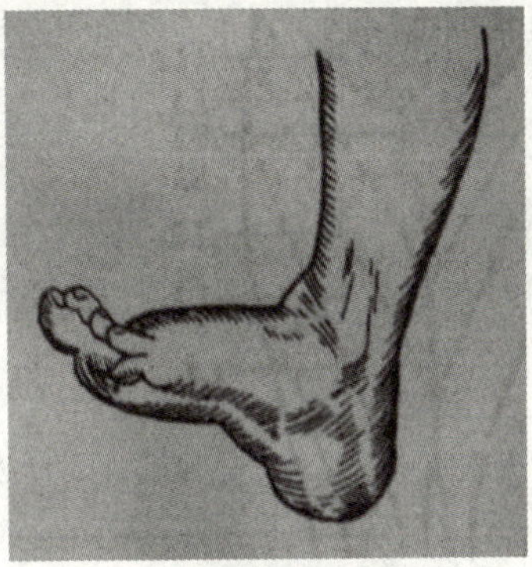

图 4-6　胫神经损伤

三、周围神经损伤的法医学鉴定

应详细了解受伤史和神经症状出现的情况，并行做细致神经系统检查，根据神经解剖生理特点，结合神经检查发现的阳性体征判明脊神经受损伤部位和程度，必要时可做肌电图，了解肌肉麻痹和萎缩性质，周围神经传导速度是否正常，排除脊髓或肌肉疾病。

（一）损伤程度鉴定

宜在伤后或神经断裂吻合术后 3～6 个月进行。周围神经损伤，根据损伤部位、损伤轻重及具体损伤神经不同，对肢体运动功能的影响程度差异较大，可累及一个或多个关节，在鉴定时应考虑肢体的整体功能丧失程度，并与健侧肢体运动功能相比较。依据 2014 年 1 月 1 日起施行的《人体损伤程度鉴定标准》规定，重伤二级是指：(1) 臂丛神经干性或者束性损伤，遗留肌瘫（肌力 3 级以下）；(2) 正中神经肘部以上损伤，遗留肌瘫（肌力 3 级以下）；(3) 桡神经肘部以上损伤，遗留肌瘫（肌力 3 级以下）；(4) 尺神经肘部以上损伤，遗留肌瘫（肌力 3 级以下）；(5) 骶丛神经或者坐骨神经损伤，遗留肌瘫（肌力 3 级以下）。

(二)工伤伤残评定

周围神经损伤可不同程度地影响肢体的运动功能,若损伤越靠近躯干中线,一般功能障碍越重;若损伤越靠近肢体末端,则功能障碍越轻。根据其后遗功能障碍程度评定伤残等级。依据《工标》标准中相关条款规定进行。

六级伤残:单足全肌瘫肌力≤2 级;三肢瘫肌力 4 级;截瘫双下肢肌力 4 级伴轻度排尿障碍;双手全肌瘫肌力 4 级;一手全肌瘫肌力 3 级;双足部分肌瘫肌力≤2 级。

七级伤残:单手部分肌瘫肌力 3 级;双足部分肌瘫肌力 3 级;单足全肌瘫肌力 3 级;中毒性周围神经病重度感觉障碍。

八级伤残:单手全肌瘫肌力 4 级;双手部分肌瘫肌力 4 级;双足部分肌瘫肌力 4 级;单足部分肌瘫肌力≤3 级;脊髓神经周围神经损伤,或盆腔、会阴术术后遗留性功能障碍者。

九级伤残:中毒性周围神经病轻度感觉障碍。

(三)人体损伤致残程度评定

依据《人体损伤致残程度分级》标准,依照下列条款规定进行评定。

三级伤残:双手全肌瘫(肌力 2 级以下),伴双腕关节功能丧失均达 75%。

五级伤残:双手大部分肌瘫(肌力 2 级以下);双足全肌瘫(肌力 2 级以下)。

六级伤残:双手部分肌瘫(肌力 3 级以下);一手全肌瘫(肌力 2 级以下),伴相应腕关节功能丧失 75% 以上;双足全肌瘫(肌力 3 级以下)。

七级伤残:一手大部分肌瘫(肌力 2 级以下);一足全肌瘫(肌力 2 级以下)。

八级伤残:一手大部分肌瘫(肌力 3 级以下);一足全肌瘫(肌力 3 级以下)。

九级伤残:四肢重要神经损伤(上肢肘关节以上,下肢膝关节以上),遗留相应肌群肌力 3 级以下;一手部分肌瘫(肌力 3 级以下);一足大部分肌瘫(肌力 3 级以下)。

十级伤残:四肢重要神经损伤,遗留相应肌群肌力 4 级以下。

第五章　口腔颌面部及眼耳鼻喉损伤

第一节　口腔颌面部损伤

一、口腔颌面部解剖与生理简述

口腔颌面部是人体暴露部位，易受损伤。面部的范围，是指前额发际下、两耳根前与下颌下缘之间的区域，通常以瞳孔水平线和口裂水平线粗略划分为上、中、下3部分。口腔由上下颌骨、牙、唇、颊、腭、舌咽、口底和涎腺等构成，是消化道起始部分。口腔主要有咀嚼、吞咽、言语和感觉等功能。牙由牙冠、牙根、牙颈3部分组成。牙体由表及里分别为牙釉质、牙骨质、牙本质及牙髓。牙槽骨是上、下颌骨包绕牙根的突起部分。成人为恒牙，共28～32枚。口腔颌面部支配神经，有第Ⅲ、第Ⅳ、第Ⅴ、第Ⅵ、第Ⅶ、第Ⅸ、第Ⅻ脑神经，其中以三叉神经及面神经的影响较大。颞下颌关节由下颌骨的髁突、颞骨的下颌窝、关节结节，以及居于二者之间的关节盘、关节周围的关节囊和关节韧带共同组成。

二、口腔颌面部损伤常见类型

（一）软组织损伤

1. 闭合性损伤

皮肤、黏膜保持完整，而深层组织受到损伤。(1)擦伤。由钝性暴力撞击面部形成，多分布于颜面部突出部位。可遗留局部色素沉着，对容貌产生一定的影响。(2)挫伤。颌面部遭受钝性暴力作用致皮下软组织损伤。颞下颌关节区挫伤后，可致张口受限。可因血肿机化导致关节强直。

2. 开放性损伤

暴力形成的各种创，如挫裂创、切创、砍创、刺创、咬伤、剪创、枪弹创等导致体表皮肤、黏膜的完整性破坏，形成颌面开放性损伤。异物存留或组织缺损，愈合后遗留瘢痕。

3. 烧伤

烧伤包括火焰烧伤，沸水、沸油或蒸气烫伤，强酸、强碱灼伤及电流烧伤等。常与身体其他部位烧伤同时发生。伤及鼻部致鼻孔闭塞，影响呼吸。伤及唇部可引起唇外翻或小口畸形,出现张口困难、闭口困难和流涎等功能障碍。伤及颊部及颧部后由于瘢痕挛缩,可引起下睑外翻及口角畸形。伤及皮下浅表的表情肌及相应神经,可影响面容。

(二)舌损伤

单纯性舌损伤常见于咬伤、刺伤。舌前1/3或2/3缺失,会严重影响舌的功能。舌系带损伤可影响发音。

(三)涎腺损伤

涎腺开放性形成外伤性涎瘘,除影响面部外观外,涎液的流失还会对咀嚼、吞咽形成一定的影响。

(四)牙与牙槽骨损伤

牙齿损伤,可因碰撞、打击、摔跌等引起。可导致牙体、牙周组织、牙髓的损伤,几种损伤可同时也可单独发生。(见图5－1)

1. 牙挫伤

牙挫伤,是指牙周膜的轻度损伤。损伤较轻,可自行恢复;损伤重时,可造成牙髓无菌性坏死并发展为根尖脓肿。

2. 牙脱位

牙脱位,是指牙周膜撕裂,牙齿的相应部分与牙槽骨脱离,常伴有牙槽骨骨折。(1)挫入性脱位。较正常邻牙低,嵌入牙槽窝中,伴有牙槽骨壁的折断。(2)突出性脱位。Ⅲ度松动,较正常邻牙高。(3)侧向脱位。向唇侧、舌侧或远中方向移位,常伴有牙槽窝侧壁折断和牙龈的损伤。

3. 牙折断

牙折断分为冠折、根折、冠根联合折3种类型。(1)冠折。分为不全冠折、未露髓冠折、露髓冠折。(2)根折。中1/3或近龈1/3折断,叩痛与松动明显。(3)冠根联合折。冠根联合折时,折线累及牙冠和牙根,均与口腔相通,牙髓暴露,断牙松动,疼痛明显。

4. 牙槽骨骨折

牙槽骨骨折,常伴有牙损伤和相邻软组织损伤。

5. 牙外伤的并发症

(1)牙髓坏死。牙脱位、根折、牙挫伤均可并发牙髓坏死。(2)牙根吸收。牙根吸收多见于脱位和根折患者后期出现的牙根外吸收和牙内吸收。

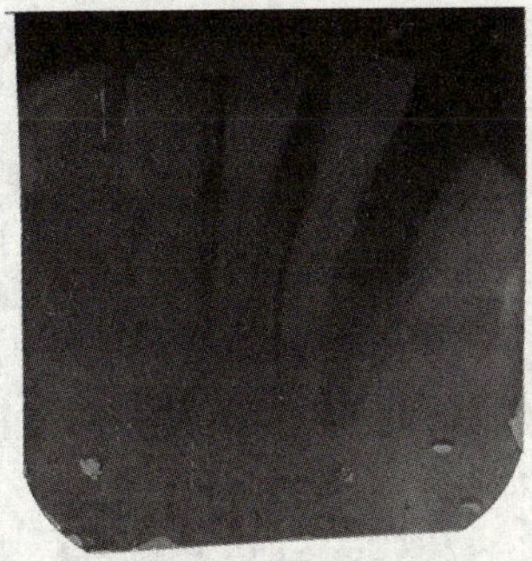

图 5－1　牙缺失

(五)颌面骨损伤

1. 下颌骨损伤

下颌骨损伤可分为下颌骨骨折、颞下颌关节脱位和颞下颌关节强直。(1)下颌骨骨折。骨折好发于解剖薄弱区,并多由间接暴力所致。咬合关系的错乱是判断骨折移位的重要体征。(2)颞下颌关节脱位。是指下颌骨髁突滑出关节窝外不能自行回复正常位置。分为前方、后方、上方、侧方脱位,以前方脱位常见。(3)颞下颌关节强直。是指由于各种原因使颞下颌关节及其周围组织发生器质性的病变,导致进行性张口受限。分为关节内强直、关节外强直、混合性强直。

2. 上颌骨骨折

(1)水平骨折骨折线沿梨状窝下缘水平向两侧以及后方延伸,经过牙槽突底部、上颌结节上方,延伸至蝶骨翼突,可累及鼻中隔、上颌窦。(2)上颌锥形骨折骨折线自鼻额缝向两侧、后下延伸,经过鼻根、泪骨、眶内侧壁、眶底、颧上颌缝、上颌骨侧壁到达蝶骨翼突,可波及筛窦达颅前窝,出现脑脊液鼻漏。(3)上颌横向骨折骨折线自鼻额缝水平向两侧延伸,经过鼻根部、眶部、颧额缝达蝶骨翼突,常伴颅底骨折。

3. 颧骨骨折和颧弓骨折

颧骨是暴力作用的常见部位。骨折使颧骨与邻接骨分离。颧弓位于面部突出部位,易遭受暴力作用而骨折。骨折常向后、向下移位。

4. 眶底骨折

眼部和面中部遭受暴力作用,此部位易发生骨折。(见图 5－2)

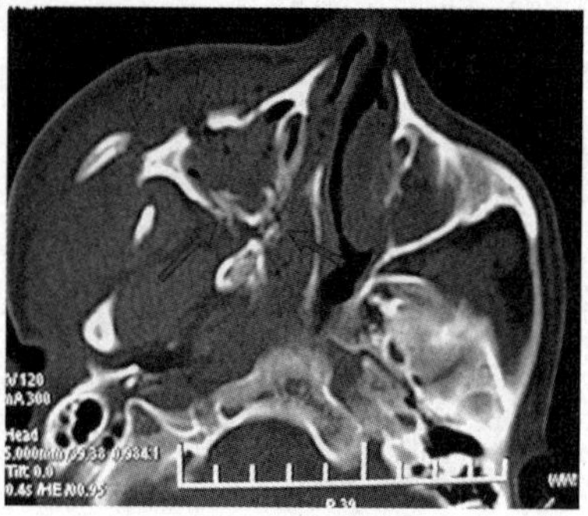

图5-2 眶底骨折

(六)面神经损伤

面部的外伤及并发症可引起面神经损伤,导致面神经麻痹,引起面部表情肌随意运动障碍。上部面肌运动障碍表现为额纹消失,不能颦额、抬眉、眼睑闭合不全。下部面肌麻痹表现为鼻唇沟变浅或消失,口角下垂并向健侧偏斜,鼓腮障碍,发音不清。还可以出现味觉障碍和泪腺及涎腺分泌功能障碍。

(七)颌面损伤后遗症

1. 咀嚼功能障碍

咬合关系异常会影响咀嚼周期及牙齿功能性接触面积,影响咀嚼效率。上下颌骨骨折畸形愈合或缺损会影响张开口度、咀嚼肌运动等,从而影响咀嚼功能。牙齿的折断、脱落等,经修复、义齿治疗后,均不能完全恢复正常活髓牙在咀嚼运动中的功能。

2. 言语功能障碍

口腔是语言产生的重要共鸣器官。口腔的缺损、畸形与口咽部肌肉运动障碍,对言语功能造成的影响属于器质性构音障碍的范畴。口腔的缺损、畸形所产生的发音障碍,通过矫治、恢复和训练,可使健存的组织进行一定的代偿,让发音接近正常。

3. 吞咽功能障碍

吞咽运动是在中枢神经系统支配下,由口、咽、喉、颌面、颈部诸肌共同参与完成的协调运动。口内器官严重缺损或运动障碍,会影响食团的形成及其由口内向咽喉部的传送,影响吞咽功能。

(八)容貌损伤

容貌是面貌与面容的总称。容貌的维持,依赖口腔颌面部外观形态与颌面骨的完整、对称,同时,还依赖表情肌、神经功能的完整。颜面部各种组织、器官的损伤均有可能影响容貌，造成容貌损伤。容貌损伤的原因有机械性损伤、化学性损伤、高低温损伤、电流损伤等。按照损伤形态分为皮肤瘢痕、五官缺损、神经麻痹、骨畸形和关节功能障碍等。

三、口腔颌面部损伤的法医学鉴定

（一）口腔颌面部损伤的检查

1. 一般检查

面部检查应仔细观察和记录损伤牙的位置、数目、大小、形态、色泽、动度及牙列咬合关系特征，并拍摄损伤照片。

2. 牙齿松动

牙齿松动分三度：Ⅰ度为牙齿动度稍微大于生理动度，颊舌向活动度小于1mm；Ⅱ度为牙齿颊舌向或近远中活动度1～2mm；Ⅲ度为牙齿颊舌向或近远中活动度大于2mm，并伴有垂直向松动。

3. 张口度检查

张口度指大张口时，上、下中切牙之间的垂直距离。张口受限分为轻、中、重三度：（1）轻度张口受限为上下切牙间距仅可置入2横指，2～3cm；（2）中度张口受限为上下切牙间距仅可置入1横指，1～2cm；（3）重度张口受限为上下切牙间距不到1横指，小于1cm。口腔开放性创伤应检查深处组织损伤情况。同时应检查舌的运动有无异常。牙齿、牙周、上下颌骨及颜面诸骨应摄X线片，根据检查的部位和目的，选用不同的拍摄方式和方位。必要时做CT检查。若有面神经损伤征象者，还应进行神经电生理检查。

4. 容貌毁损

（1）重度是指面部瘢痕畸形，并有眉毛缺失、双睑外翻或缺失、外耳缺失、鼻缺失、上下唇外翻、缺失或小口畸形、颈颌粘连6项中任意4项者。

（2）中度是指眉毛部分缺失、双睑外翻或部分缺失、耳廓部分缺失、鼻部分缺失、唇外翻或小口畸形、颈部瘢痕粘连6项中任意3项者。

（3）轻度是指中度畸形6项中任意2项者。

5. 面瘫的分类与评价

（1）根据损伤部位的不同，可以分为：中枢性面瘫，即由面神经核以上（不含面神经核）部位病变所致；周围性面瘫，即由面神经核以上（含面神经核）部位病变所致。

（2）根据面神经损伤的程度，可以分为：完全性面瘫，即一侧上部、下部面肌均出现麻痹，多由面神经主干完全性损伤所致；不完全性面瘫，即患侧一组或几组面部肌群出现麻痹，可由面神经不完全损伤或者面神经分支损伤引起，中枢性面瘫亦表现为对侧下部面肌的麻痹。无论是损伤程度还是伤残等级鉴定,均以治疗结局为依据。损伤程度的鉴定,一般在伤后3~6个月进行。

6. 伤病关系

伤病关系常见于已有病变的器官受到暴力损伤,产生不良后果时,评估暴力损伤对不良后果应当分担的责任程度,即损伤参与度。口腔颌面部损伤的法医学鉴定中,往往由于缺乏被检人口腔保健记录与以往口腔科病史,同时伤后就诊医生检查欠详细、记录简略等因素,使伤病关系的鉴定变得困难和容易引起争议。在各种伤病关系的鉴定中,最常见的是对牙损伤的法医学鉴定。

外伤后牙折或脱位的伤者如有牙周炎、龋病等影响牙稳固性的疾病,损伤参与度的认定大致有如下几种情况:

(1)颌面部遭受强大暴力直接作用,外伤与牙折或脱位之间为直接的因果关系,损伤参与度为100%。

(2)牙脱位,伤牙有龋病或牙周炎,口腔X线照片确诊脱位或折断牙的牙槽骨正常或牙槽嵴轻度吸收,损伤参与度为100%。

(3)牙脱位,伤者有严重牙周炎,口腔X线照片伤牙的牙槽嵴完全吸收变平,则损伤为病牙脱位的诱因,损伤参与度为25%,不宜根据脱落牙齿枚数评定损伤程度,评定伤残等级时需要同时评定出外伤参与度。

(4)嵌入性牙脱位,即暴力致病牙脱位、陷入牙槽骨内。无论有无牙周疾病,损伤参与度为100%。

(5)外伤致多枚牙损伤,依据损伤牙的具体情况评定参与度。若4枚健齿牙脱落,3枚健牙松动,临床诊治无法保留松动牙,而在伤后短期(1个月内)不得不拔除者,则松动牙的损伤参与度为100%;若3枚松动牙,经临床检查有明显牙周炎,牙槽嵴吸收,有3度牙松动,则只按损伤时脱落健牙的枚数评为轻伤。

(6)牙的增龄性变化主要是牙磨耗度增加与牙髓腔改变。老年人的牙脱落与牙周炎有关,个体差异极大,因此不宜以年龄大小来评估损伤参与度。应通过X线照片检查患牙根尖有无感染、感染范围小者属于可治疗保留的牙。牙周炎轻者只部分牙有1度松动,X线照片牙槽骨轻度吸收。牙周炎重者则多数牙有2~3度松动,轻度暴力打击,易致牙脱位。

(二)损伤程度鉴定

口腔颌面部损伤程度的鉴定应该依据损伤当时的伤情、损伤的后果或结局,对损伤所致的原发性病变、与损伤有直接联系的并发症以及损伤引起的后遗症进行全面分析,综合评定。

依据2014年1月1日施行的《人体损伤程度鉴定标准》相关规定进行鉴定。

1. 重伤一级：重度容貌毁损。

2. 重伤二级：面部条状瘢痕（50%以上位于中心区），单条长度10.0cm以上，或者两条以上长度累计15.0cm以上；面部块状瘢痕（50%以上位于中心区），单块面积6.0cm^{2}以上，或者两块以上面积累计10.0cm^{2}以上；面部片状细小瘢痕或者显著色素异常，面积累计达面部30%；口唇离断或者缺损致牙齿外露3枚以上；舌体离断或者缺损达舌系带；牙齿脱落或者牙折共7枚以上；损伤致张口困难Ⅲ度；面神经损伤致一侧面肌大部分瘫痪，遗留眼睑闭合不全和口角歪斜；轻度容貌毁损。

3. 轻伤一级：面部单个创口或者瘢痕长度6.0cm以上；多个创口或者瘢痕长度累计10.0cm以上；面部块状瘢痕，单块面积4.0cm^{2}以上；多块面积累计7.0cm^{2}以上；面部片状细小瘢痕或者明显色素异常，面积累计30.0cm^{2}以上；口唇离断或者缺损致牙齿外露1枚以上；牙齿脱落或者牙折共4枚以上；损伤致张口困难Ⅱ度；腮腺总导管完全断裂；面神经损伤致一侧面肌部分瘫痪，遗留眼睑闭合不全或者口角歪斜。

4. 轻伤二级：面部单个创口或者瘢痕长度4.5cm以上；多个创口或者瘢痕长度累计6.0cm以上；面颊穿透创，皮肤创口或者瘢痕长度1.0cm以上；口唇全层裂创，皮肤创口或者瘢痕长度1.0cm以上；面部块状瘢痕，单块面积3.0cm^{2}以上或多块面积累计5.0cm^{2}以上；面部片状细小瘢痕或者色素异常，面积累计8.0cm^{2}以上；舌缺损；牙齿脱落或者牙折2枚以上；腮腺、颌下腺或者舌下腺实质性损伤；损伤致张口困难Ⅰ度；颌骨骨折（牙槽突骨折及一侧上颌骨额突骨折除外）；颧骨骨折；面部异物存留。

5. 轻微伤：面部软组织创；面部损伤留有瘢痕或者色素改变；面部皮肤擦伤，面积2.0cm^{2}以上；面部软组织挫伤；面部划伤4.0cm以上；上颌骨额突骨折；口腔黏膜破损；舌损伤；牙齿脱落或者缺损；牙槽突骨折；牙齿松动2枚以上或者Ⅲ度松动1枚以上；面部Ⅰ°烧烫伤面积10.0cm^{2}以上；浅Ⅱ°烧烫伤；舌骨骨折。

（三）伤残程度评定

1. 工伤伤残程度依据《工标》标准进行评定。

一级伤残：面部重度毁容。

二级伤残：全面部瘢痕痕或植皮伴有重度毁容；无吞咽功能，完全依赖胃管进食；双侧上颌骨或双侧下颌骨完全缺损；一侧上颌骨及对侧下颌骨完全缺损，并伴有颜面软组织损伤 $>30cm^2$。

三级伤残：面部瘢痕或植皮≥2/3并有中度毁容；同侧上、下颌骨完全缺损；一侧上颌骨或下颌骨完全缺损，伴颜面部软组织损伤 $>30cm^2$；舌缺损 > 全舌的

2/3。

四级伤残：面部中度毁容；面部瘢痕或植皮≥1/2并有轻度毁容；一侧上颌骨缺损1/2，伴颜面部软组织损伤>20cm²；下颌骨缺损长6cm以上的区段，伴口腔、颜面软组织损伤>20cm²；双侧颞下颌关节骨性强直，完全不能张口；面颊部洞穿性缺损>20cm²；双侧完全性面瘫。

五级伤残：面部瘢痕或植皮≥1/3并有毁容标准之一项；一侧上颌骨缺损>1/4，但<1/2，伴软组织损伤>10cm²，但<20cm²；下颌骨缺损长4cm以上的区段，伴口腔、颜面软组织损伤>10cm²；一侧完全面瘫，另一侧不完全面瘫。

六级伤残：面部重度异物色素沉着或脱失；面部瘢痕或植皮≥1/3；单侧或双侧颞下颌关节强直，张口困难Ⅲ度；一侧上颌骨缺损1/4，伴口腔、颜面软组织损伤>10cm²；面部软组织缺损>20cm²，伴发涎瘘；舌缺损>1/3，但<2/3；双侧颧骨并颧弓骨折，伴有开口困难Ⅱ度以上及颜面部畸形经手术复位者；双侧下颌骨髁状突颈部骨折，伴有开口困难Ⅱ度以上及咬合关系改变，经手术治疗者；一侧完全性面瘫。

七级伤残：符合重度毁容标准之二项者；面部瘢痕、异物或植皮伴色素改变占面部的10%以上；牙槽骨损伤长度≥8cm，牙齿脱落10个及以上；单侧颧骨并颧弓骨折，伴有开口困难Ⅱ度以上及颜面部畸形经手术复位者。

八级伤残：面部烧伤植皮≥1/5；面部轻度异物沉着或色素脱失；牙槽骨损伤长度≥6cm，牙齿脱落8个及以上；舌缺损<舌的1/3；双侧颞下颌关节强直，张口困难Ⅱ度；上、下颌骨骨折，经牵引、固定治疗后有功能障碍者；双侧颧骨并颧弓骨折，无开口困难，颜面部凹陷畸形不明显，不需手术复位。

九级伤残：符合中度毁容标准之两项或轻度毁容者；面部有≥8cm²或三处以上≥1cm²的瘢痕；牙槽骨损伤长度>4cm，牙脱落4个及以上；上、下颌骨骨折，经牵引、固定治疗后无功能障碍者；一侧下颌骨髁状突颈部骨折；一侧颧骨并颧弓骨折。

十级伤残：面部有瘢痕，植皮，异物色素沉着或脱失>2cm²；牙齿除智齿以外，切牙脱落1个以上或其他牙脱落2个以上；一侧颞下颌关节强直，张口困难Ⅰ度；一侧不完全性面瘫。

2. 人体损伤致残程度评定

依据《人体损伤致残程度分级》标准相关条款规定进行评定。

二级伤残：上颌骨或者下颌骨完全缺；容貌毁损(重度)。

四级伤残：上颌骨或者下颌骨缺损达1/2；符合容貌毁损(重度)标准之三项。

五级伤残：符合容貌毁损（重度）标准之二项者；舌根大部分缺损。

六级伤残：面部中心区条状瘢痕形成（宽度达 0.3cm），累计长度达 20.0cm；面部片状细小瘢痕形成或者色素显著异常，累计达面部面积的 80%；符合容貌毁损（中度）标准之四项者；唇缺损或者畸形，累计相当于上唇 2/3 以上。

七级伤残：上颌骨或者下颌骨缺损达 1/4；面部中心区条状瘢痕形成（宽度达 0.3cm），累计长度达 15.0cm；面部片状细小瘢痕形成或者色素显著异常，累计达面部面积的 50%；上颌骨或者下颌骨部分缺损伴牙齿缺失 14 枚以上；颌面部软组织缺损，伴发涎漏。

八级伤残：头皮完全缺损，难以修复；面部条状瘢痕形成，累计长度达 30.0cm；面部中心区条状瘢痕形成（宽度达 0.2cm），累计长度达 15.0cm；面部块状增生性瘢痕形成，累计面积达 15.0cm^2；面部中心区块状增生性瘢痕形成，单块面积达 7.0cm^2 或者多块累计面积达 9.0cm^2；面部片状细小瘢痕形成或者色素异常，累计面积达 100.0cm^2；容貌毁损（中度）；符合容貌毁损（重度）标准之一项者；舌体缺损达舌系带；唇缺损或者畸形，累计相当于上唇 1/2 以上；张口受限Ⅲ度。

九级伤残：头皮瘢痕形成或者无毛发，达头皮面积 50%；颅骨缺损 25.0cm^2 以上，不宜或者无法手术修补；面部条状瘢痕形成，累计长度达 20.0cm；面部条状瘢痕形成（宽度达 0.2cm），累计长度达 10.0cm，其中至少 5.0cm 以上位于面部中心区；面部块状瘢痕形成，单块面积达 7.0cm^2，或者多块累计面积达 9.0cm^2；面部片状细小瘢痕形成或者色素异常，累计面积达 30.0cm^2；容貌毁损（轻度）；唇缺损或者畸形，露齿 3 枚以上（其中 1 枚露齿达 1/2）；颌骨骨折，经牵引或者固定治疗后遗留功能障碍；上颌骨或者下颌骨部分缺损伴牙齿缺失或者折断 7 枚以上；颌骨骨折，经牵引或者固定治疗后遗留功能障碍；张口受限Ⅱ度。

十级伤残：面颅骨部分缺损或者畸形，影响面容；头皮瘢痕形成或者无毛发，面积达 40.0cm^2；面部条状瘢痕形成（宽度达 0.2cm），累计长度达 6.0cm，其中至少 3.0cm 位于面部中心区；面部条状瘢痕形成，累计长度达 10.0cm；面部块状瘢痕形成，单块面积达 3.0cm^2，或者多块累计面积达 5.0cm^2；面部片状细小瘢痕形成或者色素异常，累计面积达 10.0cm^2；舌部分缺损；唇外翻或者小口畸形；唇缺损或者畸形，致露齿；牙齿缺失或者折断 7 枚以上；牙槽骨部分缺损，合并牙齿缺失或者折断 4 枚以上；张口受限Ⅰ度。

第二节　眼耳鼻喉损伤

一、眼损伤

(一)眼的解剖生理简述

眼是人体的视觉器官,包括眼球、视路和附属器。眼球壁由外向内分为纤维膜、色素膜、视网膜三层。纤维膜由纤维组织构成,对眼球有保护作用,并维持眼球的形状,分为角膜、巩膜、角巩膜缘。色素膜又叫葡萄膜,具有营养眼内组织及遮光作用,自前向后又分为虹膜、睫状体、脉络膜三部分,虹膜中间有瞳孔。眼内容物包括房水、晶状体和玻璃体,这三部分加角膜,构成眼的屈光系统。房水为无色透明的液体,充满前房、后房,具有营养和维持眼内压力的作用。晶状体为富有弹性的透明组织,位于虹膜后面,玻璃体前面,借助悬韧带与睫状体相联系。玻璃体为无色透明胶状体,充满晶状体后面的空腔里,具有屈光、固定视网膜的作用。眼底包括视网膜、视神经乳头和视网膜中央血管。视路是指从视网膜接受视信息直到在大脑视皮质形成视觉的整个神经冲动传递的径路,包括视神经、视交叉、视束、外侧膝状体、视放射和皮质视中枢六部分。眼接受外界刺激后转变为神经冲动,由视路向大脑皮质视中枢传递,产生视觉。眼的附属器包括眼眶、眼睑、结膜、泪器、眼外肌。眼外肌分为上、下、内、外直肌和上、下斜肌。

(二)眼损伤的常见类型

1. 眼睑损伤

眼睑位于眼球前面,受伤机会较多。眼睑皮下组织疏松、血运丰富,易形成眼睑肿胀及皮下出血,钝物打击如拳击引起挫伤,如伤及眶骨组织,局部皮肤容易发生破裂形成钝器创。锐器如刀、剪的切、刺可造成眼睑切创、刺创。

(1)挫伤:表现为眼睑水肿、皮下出血或血肿形成,可伴有表皮剥脱。

(2)创:与眼线平行创口较易愈合,瘢痕一般不明显;垂直裂口、深达整个眼睑则不规则哆开,易形成瘢痕。损伤累及提上睑肌时能引起上睑下垂;累及眉毛或额肌可造成眉毛缺损或移位畸形;部分内眦部的损伤,可伤及泪小管。

2. 结膜损伤

球结膜损伤多发,常合并眼球或眼眶损伤,包括挫伤、撕裂伤和异物嵌顿,表现为充血、水肿及球结膜下出血。

3.泪器损伤

钝器或锐器作用,均可致泪器损伤。泪小管、泪囊及鼻泪管等泪道损伤多见,泪小管断裂最常见。常合并眼眶损伤、眼睑伤或/和颅面部损伤。表现为溢泪,可伴有眼睑肿胀、瘀血,睑皮下气肿,鼻背塌陷,外伤性内眦畸形等。

4.眶骨骨折及眼外肌损伤

头面部遭受直接和间接暴力均可形成眶骨骨折,见于交通事故、坠落、拳击、棍棒打击及爆炸,表现为受伤部位瘀血、肿胀。常合并神经、肌肉或相应眼结构损伤。如伤及视神经则引起视力骤降、瞳孔散大、对光反射减弱或消失。如伤及面神经颧支时则致患侧眼睑闭合不全。如伤及提上睑肌和额肌,可出现上睑下垂。

5.眼球挫伤

钝性暴力作用于眼球时可造成眼球挫伤,表现为神经血管性反应、组织撕裂和断裂。

(1)角膜挫伤

角膜挫伤,常见于拳击伤、石块击伤、头部碰撞等。外力直接作用于角膜形成或眼眶内组织的反作用力伤及角膜,表现为视力下降、疼痛、畏光、流泪、睫状充血及挫伤性角膜水肿。轻度挫伤多于数日至数周内消退,角膜恢复透明。严重挫伤可致角膜层间断裂甚至全层破裂,此时房水进入角膜基质而出现角膜水肿、混浊,造成视力下降、虹膜嵌顿或脱出、前房变浅或消失、瞳孔变形、高眼压等后果。

(2)虹膜睫状体挫伤

眼球前段的挫伤可伤及虹膜睫状体,造成瞳孔改变、组织破坏和炎症反应等,多伴有前房出血。

①外伤性前房出血:眼球前后径受压、眼球赤道部扩张、瞳孔括约肌反射、晶状体受压均可导致虹膜及睫状体撕裂、移位、血管破裂,出血积存于前房,形成外伤性前房出血。

②外伤性瞳孔散大:眼球挫伤后,瞳孔括约肌、睫状肌或支配神经麻痹而形成,对光反射及调节反射均迟钝或消失。

③虹膜括约肌撕裂:较重的挫伤引起,表现为双侧瞳孔不等大,对光反射存在;严重的撕裂伤则有明显的瞳孔散大,瞳孔变形。

④虹膜根部离断:虹膜根部与睫状体连接处较薄弱,张力较高,眼球受钝力打击时,房水向后挤压引起虹膜根部离断。

⑤挫伤性虹膜睫状体炎:眼球受钝性外力打击致虹膜睫状体损伤后,释放组胺类、前列腺素等物质,致血管通性增加及血管扩张、炎症反应,房水中蛋白质含

量增高、炎性细胞浸润,导致挫伤性虹膜睫状体炎。可引起视力下降、畏光、流泪、瞳孔缩小及反应迟钝,甚至前房角粘连、瞳孔闭锁等。

(3)晶状体损伤

①挫伤性白内障:外力间接通过房水传导作用,或通过玻璃体的反作用力冲击晶状体,造成晶状体囊及上皮细胞代谢紊乱,引发晶状体混浊;如外力较大时可导致晶状体囊膜破裂而致混浊。

②晶状体脱位:机械性外力作用于眼部,导致晶状体悬韧带部分或全部断离,晶状体脱离原来的正常位置,即为晶状体脱位,可分为半脱位和全脱位。

(4)玻璃体积血

眼球挫伤后,视网膜、脉络膜、睫状体血管破裂出血,经玻璃体后界膜进入玻璃体内而形成玻璃体积血。血量大时视力下降严重。

(5)脉络膜损伤

①脉络膜出血钝性力传至眼球后极部,引起脉络膜血管扩张、通透性增加或血管破裂而造成出血。

②脉络膜破裂外力作用于眼球壁并使之内陷,或玻璃体将外力传导致眼球壁造成。脉络膜出血和破裂常并存。

(6)视网膜损伤

①视网膜震荡:眼球受到挫伤时产生的冲击力对视网膜造成的损害,视网膜水肿。

②视网膜挫伤性坏死:又称外伤性黄斑变性。眼球重度挫伤时,视网膜变性萎缩,形成视功能永久损害。

③外伤性黄斑裂孔:眼球严重挫伤时,无论水肿消退与否,均可导致黄斑囊样水肿、囊样变性,进而产生黄斑裂孔。表现为中心视力减退或丧失,视野检查可出现绝对性中心暗点。

④外伤性视网膜出血:钝力作用致视网膜中央血管破裂或层间毛细血管破裂,形成视网膜出血。出血破入玻璃体内,轻者导致玻璃体混浊,重则形成玻璃体内大量致密的积血,严重影响视力,还可因机化造成视网膜脱离。

⑤外伤性视网膜脱离:挫伤引起眼球变形,产生的牵张引力致周边视网膜撕裂或裂孔,从而导致视网膜脱离。表现为眼前漂浮物或闪光感,视物模糊,出现视野缺损,视力下降或丧失。

6. 神经损伤

(1)视神经损伤

视神经损伤分为原发性损伤和继发性损伤。原发性损伤包括视神经撕裂、鞘膜腔出血、视神经挫伤性坏死等，继发性损伤为组织水肿及局部血液循环不良造成。原发性损伤时，视力显著下降甚至失明；伤后数小时视力迅速下降，属继发性损伤；损伤较轻者双侧瞳孔等大，伤眼直接对光反射迟钝，视野呈不典型缺损；损伤严重时瞳孔散大、固定，直接光反射消失，视野测不出。

(2)外展神经损伤

当眶上裂、眶外侧壁损伤，特别是骨折，常常会导致外展神经损伤。表现为眼球呈内斜状态，不能外转，有水平同侧复视。

(3)滑车神经损伤

头部外伤可伴滑车神经损伤，引起上斜肌麻痹，眼位呈外旋位。

(4)动眼神经损伤

眼内侧壁或眶底骨折，会造成动眼神经损伤。一侧动眼神经完全损伤，将会出现眼睑下垂，眼外斜视，眼球不能向内、上、下方运动以及瞳孔反射和调节反射消失，瞳孔散大等症状。

7. 眼球裂孔伤及眼内异物

致伤物穿入或穿破眼球壁纤维组织层而形成的损伤，包括穿通伤和贯通伤两类。眼球穿孔伤除造成直接的眼损伤外，尚可继发眼内炎、异物反应及交感性眼炎等损害。眼球裂孔伤中以角膜穿孔最常见。此外，还可引起眼内容脱出，并伤及虹膜、玻璃体、视网膜。有时造成眼球内异物存留，异物的存留增加眼内感染的危险和发生交感性眼炎的可能，同时金属性异物所造成的化学损害对眼球有更大的破坏作用，形成难以治疗的金属沉着症。

8. 眼烧伤

化学性眼烧伤和热烧伤，主要见于工伤事故、故意或意外伤害。烧伤后遗瘢痕性睑裂闭合不全、睑球粘连、角膜混浊、溃疡或穿孔、角膜大片瘢痕、全眼球炎、眼球萎缩等严重并发症。面部、颈部、双手及身体其他部位的烧烫伤可波及眼，造成眼的热烧伤。表现为结膜充血、水肿，角膜混浊等。

9. 辐射性眼损伤

辐射性眼损伤，包括电离辐射性眼损伤和非电离辐射性眼损伤。红外线可伤及虹膜、晶状体和视网膜，导致虹膜萎缩、红外线性白内障及视网膜灼伤。可见光引起灼伤轻者数日内恢复，较重者将遗留视力障碍，严重者出现黄斑水肿、出血甚至黄斑穿孔，导致中心视力永久丧失，称为日蚀盲。紫外线可伤及结膜和角膜，引起角膜结膜炎，即电光性眼炎；微波主要导致晶状体混浊，形成白内障。电离辐射损伤可造成电离辐射性白内障及结膜炎、角膜炎、虹膜睫状体炎等。

10. 眼损伤的并发症与后遗症

(1)外伤性青光眼:眼球外伤引起的眼压增高,称为外伤性青光眼。眼外伤后前房出血、晶状体脱位、玻璃体出血、房角后退、虹膜粘连、瞳孔闭锁等可继发青光眼。

(2)交感性眼炎:伤眼遭受穿孔性外伤或内眼手术后发生非化脓性葡萄膜炎,经过一定潜伏期后,另一眼(交感眼)也发生同样性质的炎症。有理论认为,交感性眼炎系外伤后伤眼色素膜作为自身抗原,引发的自身免疫反应。交感眼可出现畏光、流泪、视力下降、睫状充血、玻璃体混浊、继发性青光眼、并发性白内障甚至眼球萎缩、失明等后果。

(3)视功能障碍

①盲目及低视力:视力低于0.05者为盲目,视力<0.3者为低视力。

②复视:单眼复视:是指一个物像同时落在一眼视网膜上的两个不同部位所引起。虹膜离断或双瞳、晶体脱位或半脱位可引起外伤性单眼复视。双眼复视:是指一眼眼位偏斜,同一物像同时落在两眼视网膜的非对应点上,即一个在注视眼的黄斑中心凹上,而另一个则落在偏斜眼中心凹周围的视网膜上所引起。眼球偏斜、视网膜异常对应、融合障碍、眼肌病变和眼眶骨折或其他眶内结构损伤可引起双眼复视。

③夜盲:是指暗适应能力降低,在昏暗处表现为视觉障碍、行动困难,而在明亮环境中,视力仍然较好或可以保持正常。创伤后进行性青光眼、视神经萎缩和视网膜脱离,以及玻璃体出血及混浊、视网膜铁锈症或铜质沉着症均可出现夜盲。

④视野缺损与盲点中心视野缺损:表现为中心及旁中心暗点,中心视力减退,周边视野比较正常。周边视野缺损:分为全周边部、部分扇形、水平偏盲、垂直偏盲等。

(4)外伤性眼球萎缩

眼部外伤致眼球破裂并使球内物脱垂,或因角膜巩膜外伤,并发化脓性眼内炎合并玻璃体混浊,使眼内组织结构完全破坏,最终导致眼球内组织萎缩,进而眼球全面缩小,当眼内压极低时,称为眼球萎缩。

(5)外伤性屈光不正

分为外伤性近视、外伤性远视和外伤性散光。①晶体前脱位、悬韧带断裂、眶骨骨折、角膜后弹力层断裂、人工晶体可引起外伤性近视;②外伤造成眼前后轴变短、眼球后极血肿、视网膜剥离、晶体缺失均可形成远视;③外伤致角膜裂伤造成角膜变形、角膜后弹力膜破裂、晶体半脱位,进入眼球的光不能在视网膜上形成焦点,形成散光。

(6)外伤后无晶体眼

损伤造成晶状体完全脱位或摘除。眼屈光系统中丧失了晶体的屈光度及调节作用。

(三)法医学鉴定

1.眼损伤检查方法

(1)案情及病史采集

全面了解案情和伤者的诊治经过,即眼受伤的具体时间、地点和周围环境,以及致伤物形态、大小、质地、数目和作用的次数及力量。还需要了解伤者创伤前后视力状况、伤前眼疾史,以及既往眼外伤史、眼部手术史等。调阅外伤后诊疗全部医疗档案,各种辅助检查结果,诊治中用药情况,外伤治愈后视功能状况。

(2)眼科检查

1)视功能检查:①远视力检查以国际标准视力表和对数视力表记录来作为标准视力记录。视力不能辨认0.1者,让被检人逐步走近视力表,直至认出0.1视标为止,并根据走近后的距离换算视力。按公式 $V=0.1\times d/D$ 计算,V为视力,D为正常眼看清该行的距离,d为被检人看清该行的距离。指数(CF):走近1m不能辨认0.1者,则改用数手指。手动(HM):手指近到眼前5cm分不清者,则改为手在被检人眼前左右摆动。记录能看到的距离,如手动/20cm(V=HM/20cm)。光感(LP):不能看到眼前手动者,应在暗室内用烛光或手电筒照射眼睛,记录看到光亮为有光感,不能看到者为无光感。②近视力检查。在充足的照明下距离眼30cm,分别检查右眼、左眼。③视野检查。正常视野分中心视野与周边视野。中心视野是指视网膜黄斑部注视的视野,即视野中央0~25°;周边视野是指黄斑部注视点以外的视野,即25°以外的视野。

2)斜视及复视检查斜视复视:大脑中枢失调,眼外肌力量失衡,两眼不能同时注视目标时,视轴呈分离状态,其中一眼注视目标,另一眼则偏离目标,这一情形称为斜视。复视检查:方法有红玻璃试验和同视机检查。

3)视觉电生理学检查:包括眼电图(EOG)、视网膜电流图(ERG)、视觉诱发电位(VEP)等。①ERG是综合电位反应,用于视网膜层功能状态的判断。眼外伤,特别是眼球钝挫伤后,视网膜震荡、出血、变性、穿孔、脱离,都会引起ERG的改变。表现为a、b波潜伏时间延长,幅值降低,振荡电位降低甚至消失;严重者无a、b波,呈熄灭型。②EOG主要反映视网膜色素上皮—光感受器复合体功能状况。眼外伤时,EOG主要表现为光峰电位降低、光峰时间延长、Arden比降低。③VEP的主要观测指标是P100波的波幅、潜伏时间及P100波空间频率阈值。眼损伤后,VEP主要表现为P100波潜伏时间延长、波幅降低,甚至消失,可以较客观地反映眼底及视神经的功能。

(3)其他辅助检查

①X线检查诊断眶骨骨折、眶内及眼内异物的基本检查法，对非金属异物则难以检见。

②CT及MRI检查CT及MRI分辨率高，用于检查眶骨骨折、眶内及眼球内异物、眶内出血、眼球结构有无损害、眼球萎缩、视神经管骨折及视神经创伤等。

③超声检查能清晰显示眼的各层结构，主要用于检查有无眼球破裂、玻璃体积血、晶状体脱位、视网膜和脉络膜脱离等。

④利用眼底荧光血管造影，可以发现脉络膜、视网膜、黄斑及现神经乳头的损伤。

2. 损伤程度鉴定

按照2014年1月1日起施行的《人体损伤程度鉴定标准》，将眼损伤程度分为重伤一级、重伤二级、轻伤一级、轻伤二级及轻微伤。

(1)重伤一级

一眼眼球萎缩或者缺失，另一眼盲目3级；一眼视野完全缺损，另一眼视野半径20°以下(视野有效值32%以下)；双眼盲目4级。

(2)重伤二级

一侧眼球萎缩或者缺失；眼睑缺失相当于一侧上眼睑1/2以上；一侧眼睑重度外翻或者双侧眼睑中度外翻；一侧上睑下垂完全覆盖瞳孔；一侧眼眶骨折致眼球内陷0.5cm以上；一眼盲目3级；一眼重度视力损害，另一眼中度视力损害；一眼视野半径10°以下(视野有效值16%以下)；双眼偏盲；双眼残留视野半径30°以下(视野有效值48%以下)。

(3)轻伤一级

眼睑缺失相当于一侧上眼睑1/4以上；一侧眼睑中度外翻；双侧眼睑轻度外翻；一侧上眼睑下垂覆盖瞳孔超过1/2；两处以上不同眶壁骨折；一侧眶壁骨折致眼球内陷0.2cm以上；双侧泪器损伤伴溢泪；一侧鼻泪管断裂；一侧内眦韧带断裂；外伤性青光眼，经治疗难以控制眼压；一眼虹膜完全缺损；一眼重度视力损害；双眼中度视力损害；一眼视野半径30°以下(视野有效值48%以下)；双眼视野半径50°以下(视野有效值80%以下)。

(4)轻伤二级

眶壁骨折(单纯眶内壁骨折除外)；眼睑缺损；一侧眼睑轻度外翻；一侧上眼睑下垂覆盖瞳孔；一侧眼睑闭合不全；一侧泪器损伤伴溢泪；眼球穿通伤或者眼球破裂伤；前房出血须手术治疗；房角后退；虹膜根部离断或者虹膜缺损超过1

个象限；睫状体脱离；晶状体脱位；玻璃体积血；外伤性视网膜脱离；外伤性视网膜出血；外伤性黄斑裂孔；外伤性脉络膜脱离；角膜斑翳或者血管翳；外伤性白内障；外伤性低眼压；外伤性青光眼；瞳孔括约肌损伤致瞳孔显著变形或者瞳孔散大（直径0.6cm以上）；斜视；复视；睑球粘连；一眼矫正视力减退至0.5以下（或者较伤前视力下降0.3以上）；双眼矫正视力减退至0.7以下（或者较伤前视力下降0.2以上）；原单眼中度以上视力损害者，伤后视力降低一个级别；一眼视野半径50°以下（视野有效值80%以下）；眶内异物存留；各种置入式假体装置损坏需要手术更换或者修复（人工晶体）。

（5）轻微伤

眶内壁骨折；眼部挫伤；眼部外伤后影响外观；眼球损伤影响视力。

3.工伤伤残程度评定

依据《工标》标准进行评定。

一级伤残：双眼无光感或仅有光感但光定位不准者。

二级伤残：一眼有或无光感，另一眼矫正视力≤0.02，或视野≤8%（或半径≤5°）。

三级伤残：一眼有或无光感，另一眼矫正视力≤0.05或视野≤16%（半径≤10°）；双眼矫正视力<0.05或视野≤16%（半径≤10°）；一侧眼球摘除或眼内容物剜出，另一眼矫正视力<0.1或视野≤24%（或半径≤15°）。

四级伤残：一眼有或无光感，另一眼矫正视力<0.2或视野≤32%（或半径≤20°）；一眼矫正视力<0.05，另一眼矫正视力≤0.1；双眼矫正视力<0.1或视野≤32%（或半径≤20°）。

五级伤残：双眼外伤性青光眼术后，需用药物维持眼压者；一眼有或无光感；另一眼矫正视力≤0.3或视野≤40%（或半径≤25°）；一眼矫正视力<0.05，另一眼矫正视力≤0.2；一眼矫正视力<0.1，另一眼矫正视力等于0.1；双眼视野≤40%（或半径≤25°）。

六级伤残：一侧眼球摘除；或一侧眼球明显萎缩，无光感；一眼有或无光感，另一眼矫正视力≥0.4；一眼矫正视力≤0.05，另一眼矫正视力≥0.3；一眼矫正视力≤0.1，另一眼矫正视力≥0.2；双眼矫正视力≤0.2或视野≤48%（或半径≤30°）；第Ⅳ或第Ⅵ对脑神经麻痹，或眼外肌损伤致复视的。

七级伤残：一眼有或无光感，另一眼矫正视力≥0.8；一眼有或无光感，另一眼各种客观检查正常；一眼矫正视力≤0.05，另一眼矫正视力≥0.6；一眼矫正视力≤0.1，另一眼矫正视力≥0.4；双眼矫正视力≤0.3或视野≤64%（或半径≤40°）；单眼外伤性青光眼术后，需用药物维持眼压者。

八级伤残:一眼矫正视力≤0.2,另眼矫正视力≥0.5;双眼矫正视力等于0.4;双眼视野≤80%(或半径≤50°);一侧或双侧睑外翻或睑闭合不全者;上睑下垂盖及瞳孔1/3者;睑球粘连影响眼球转动者;外伤性青光眼行抗青光眼手术后眼压控制正常者。

九级伤残:第V对脑神经眼支麻痹;眶壁骨折致眼球内陷、两眼球突出度相差>2mm或错位变形影响外观者;一眼矫正视力≤0.3,另一眼矫正视力>0.6;双眼矫正视力等于0.5。

十级伤残:一眼矫正视力≤0.5,另一眼矫正视力≥0.8;双眼矫正视力≤0.8;一侧或双侧睑外翻或睑闭合不全行成形手术后矫正者;上睑下垂盖及瞳孔1/3行成形手术后矫正者;睑球粘连影响眼球转动行成形手术后矫正者;职业性及外伤性白内障术后人工晶状体眼,矫正视力正常者;职业性及外伤性白内障Ⅰ度~Ⅱ度(或轻度、中度),矫正视力正常者;晶状体部分脱位;眶内异物未取出者;眼球内异物未取出者;外伤性瞳孔放大;角巩膜穿通伤治愈者。

4. 人体损伤致残程度评定

依据《人体损伤致残程度分级》标准相关条款规定进行评定。

二级伤残:双侧眼睑严重畸形(或者眼睑重度下垂,遮盖全部瞳孔),伴双眼盲目3级以上;双眼球缺失或者萎缩;双眼盲目5级。

三级伤残:一眼球缺失、萎缩或者盲目5级,另一眼盲目3级;双眼盲目4级;双眼视野接近完全缺损,视野有效值≤4%(直径≤5°)。

四级伤残:一眼球缺失、萎缩或者盲目5级,另一眼重度视力损害;双眼盲目4级;双眼视野极度缺损,视野有效值≤8%(直径≤10°)。

五级伤残:一侧眼睑严重畸形(或者眼睑重度下垂,遮盖全部瞳孔),伴另一眼盲目3级以上;一眼球缺失、萎缩或者盲目5级,另一眼中度视力损害;双眼重度视力损害;双眼视野重度缺损,视野有效值≤16%(直径≤20°)。

六级伤残:双侧眼睑严重畸形;一眼球缺失、萎缩或者盲目5级,另一眼视力≤0.5;一眼重度视力损害,另一眼中度视力损害;双眼视野中度缺损,视野有效值≤48%(直径≤60°)。

七级伤残:双侧眼睑重度下垂,遮盖全部瞳孔;一侧眼睑严重畸形(或者眼睑重度下垂,遮盖全部瞳孔)合并该眼盲目3级以上;一眼球缺失或者萎缩;双眼中度视力损害;一眼盲目3级,另一眼视力≤0.5;双眼偏盲。

八级伤残:一侧眼睑严重畸形(或者眼睑重度下垂,遮盖全部瞳孔)合并该眼重度视力损害;双眼外伤性青光眼,经手术治疗;一眼盲目4级;一眼视野接近完全缺损,视野有效值≤4%(直径≤5°)。

九级伤残：一侧眼睑严重畸形；一侧眼睑重度下垂，遮盖全部瞳孔；双侧眼睑轻度畸形；双侧眼睑下垂，遮盖部分瞳孔；双眼泪器损伤均后遗溢泪；一侧眼睑轻度畸形（或者眼睑下垂，遮盖部分瞳孔）合并该眼中度视力损害；一眼眶骨折后遗眼球内陷5mm以上；双眼角膜斑翳或者血管翳，累及瞳孔区；双眼角膜移植术后；双眼外伤性白内障；儿童人工晶体植入术后；一眼盲目3级；一眼重度视力损害，另一眼视力≤0.5；一眼视野极度缺损，视野有效值≤8%（直径≤10°）；双眼象限性视野缺损。

十级伤残：一侧眼睑下垂，遮盖部分瞳孔；一侧眼睑轻度畸形；一侧睑球粘连影响眼球运动；一眼泪器损伤后遗溢泪；一眼眶骨折后遗眼球内陷2mm以上；复视或者斜视；一眼角膜斑翳或者血管翳，累及瞳孔区；一眼角膜移植术后；一眼外伤性青光眼，经手术治疗；一眼外伤性低眼压；一眼外伤后无虹膜；一眼外伤性白内障；一眼无晶体或者人工晶体植入术后；一眼中度视力损害；双眼视力≤0.5；一眼视野中度缺损，视野有效值≤48%（直径≤60°）。

二、耳损伤

（一）耳的解剖生理简述

耳是接受声音刺激的听觉器官，分为外耳、中耳和内耳3部分。外耳由耳廓和外耳道组成。耳廓皮肤薄，皮下结缔组织少，血管分布浅表，血流缓慢，软骨抗感染力差，耳部外伤或手术后易遗留畸形。外耳道是被覆皮肤的盲管，止于鼓膜。中耳包括鼓室、咽鼓管、鼓窦及乳突气房4部分，是位于颞骨中的含气空腔。鼓室位于鼓膜与内耳外侧壁之间，鼓室内有听骨链及韧带、肌肉、血管和神经。外侧壁大部分由鼓膜构成。鼓膜为椭圆形的半透明薄膜，介于鼓室与外耳道之间，鼓膜穿孔后，仅外层和内层能够再生，故新生的鼓膜比正常鼓膜薄。鼓膜紧张部位于鼓膜下4/5处，附着于颞骨鳞部为鼓膜松弛部。内耳居颞骨岩部，由骨迷路和膜迷路组成。骨迷路包括耳蜗、前庭和半规管3部分。膜迷路膜包裹在骨迷路内，由椭圆囊、球囊、3个膜半规管、膜蜗管等组成。

听神经偕同面神经进入内耳后分为蜗神经和前庭神经。基底膜上Corti器为耳蜗神经末梢感受器。椭圆囊内的椭圆囊斑及球囊内球囊斑为前庭神经末梢感受器。

声波振动的能量通过鼓膜、听骨链传至内耳，引起Corti器的毛细胞兴奋，当电兴奋传入大脑听觉中枢时便产生听觉。人耳能感觉的声波频率在20Hz～20000Hz，其中以1000Hz～3000Hz最为敏感。声强即声音的强度，单位为分贝（dB）。响度是指一定强度的声波作用于人耳而引起的一种识别声音强弱的感觉。

外耳主要功能,是将自由声场的声波传至鼓膜。中耳的主要功能是变压增益,使空气中的声波振动能量高效且顺利地传入内耳。耳蜗的主要功能有传音功能和感音功能。传音功能是将前庭窗感受的声能传送到毛细胞。感音功能是螺旋器将声能转换成生物电,使附着在毛细胞底部的神经末梢产生神经冲动,经神经纤维传导到大脑皮层的听觉中枢。

人体维持平衡主要依靠前庭、视觉和本体感觉3个系统的相互协调完成,其中前庭系统最为重要。前庭主要感知头位及其变化。半规管主要感受角加速度的刺激。球囊斑与椭圆囊斑主要感受直线加(减)速度,维持人体静态平衡。

(二)耳损伤的常见类型

1. 外耳损伤

外耳损伤,包括耳廓和外耳道损伤。(1)耳廓损伤:①耳廓完全断离,多由切割或撕脱等所致。②耳廓裂伤、缺损,多由外伤、烧伤及感染引起,尤以烧伤者最严重。耳廓皮肤是增生瘢痕的好发部位,外伤后可形成条索状或片块状瘢痕,影响耳廓外形。③耳廓挫伤、血肿,多由钝性暴力撞击所致。挫伤常造成皮下或软骨膜下出血,轻者多可自行愈合;重者皮下或软骨膜下出血形成血肿。小血肿可逐渐吸收消失,亦可机化致耳廓增厚或变形;大血肿继发化脓性耳廓软骨膜炎,可致耳廓蜷缩、畸形、萎陷。(2)外耳道损伤。单独的外耳道损伤较少。挖耳或器械操作不慎时,易造成外耳道损伤。严重者可致外耳道断裂,甚至骨性外耳道骨折。外耳道皮肤纤维肉芽组织增生、瘢痕收缩,或骨组织增生,最终造成外耳道狭窄,甚至闭锁。此外,损伤后外耳道慢性炎症也会导致狭窄或闭锁。

2. 中耳损伤

中耳损伤,包括鼓膜、听骨链及乳突部损伤。(1)鼓膜穿孔(见图5-3)。直接暴力或间接暴力均可致鼓膜穿孔。异物刺或戳伤、摘取异物或掏耳时创伤、电焊火花溅入、腐蚀性药物滴入及颅骨骨折等可致鼓膜直接损伤;间接损伤一般多见掌掴或拍击伤、爆炸伤、跳水时压力冲击等情况,这些损伤可因气压急剧改变造成鼓膜损伤。(2)听骨链损伤。多见于颅脑外伤中的颅骨骨折。少数可因严重的外耳道损伤所致。在听骨链损伤中,常因听骨脱位造成听骨链中断。(3)乳突部损伤。多因棍棒、石块等钝性物体打击或者遭到撞击(如交通事故)所致,有时火器和锐器也可导致乳突部损伤。

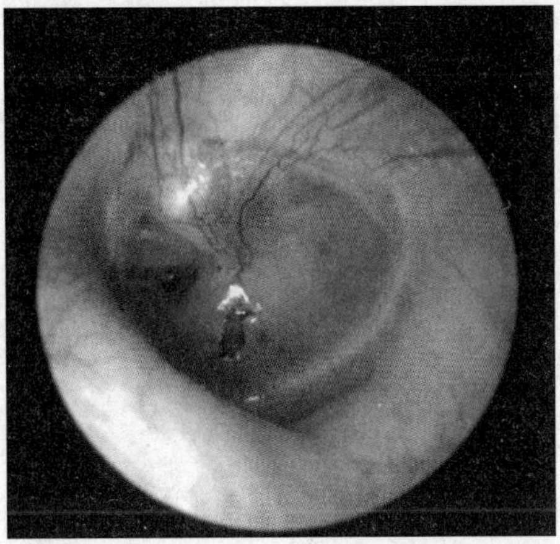

图 5-3　鼓膜穿孔

3. 内耳损伤

内耳损伤极少单独发生，常与颅底骨折伴发。此外，颅脑外伤、脑震荡常易发生迷路损伤。脑震荡常伴发中枢性迷路震荡。强烈的爆震或外伤，造成迷路末梢器损伤时，出现周围性迷路震荡。

4. 耳损伤常见并发症及后遗症

(1)耳漏。耳漏，是指外耳道积聚或流出液体，是耳部疾病的常见症状。外耳道、中耳或其邻近周围组织炎症、创伤、肿瘤等均可引起耳漏。耳及颅脑外伤或手术后出现多量水样溢液者，多为脑脊液耳漏。脑脊液耳漏病程超过 2 周时，为持久性脑脊液漏。

(2)耳聋。①传音性聋。病变主要在外耳与中耳，由于降低中耳的传音增益效能，致声波传入内耳受阻。传音性聋的气导听力损失一般不超过 60dB，骨导听力基本正常。②感音神经性聋。病变位于螺旋器的毛细胞、听神经或各级听中枢。其中，耳蜗毛细胞病变引起者为感音性聋；病变位于听神经及传导径路者为神经性聋。此类耳聋特点为语言辨别率明显下降。当病变发生于大脑皮层听中枢性聋，高频听力首先减退，然后逐渐向中、低频扩展。感音性聋进一步发展，听力损失程度可比传音性聋严重，且可致全聋。

(3)耳鸣。耳鸣，是听觉功能紊乱所致的常见症状。耳鸣的性质多与病变部位、耳聋程度有关，同时与听力损失最大的频率相近似。

(4)眩晕。眩晕，是平衡系统(视觉、本体感觉、前庭系统)功能障碍所出现的一类复杂症状，是人体与环境空间关系的错觉。按发病部位可分为耳源性眩晕、中枢性眩晕、全身性疾病。

(5)前庭功能障碍。前庭功能障碍为运动传出障碍,也是一种姿势调节障碍,属空间定位障碍的范围。

(6)面瘫。面瘫多为颞骨骨折及侧面部暴力所致的周围性面瘫,颞骨骨折合并脑外伤、脑干损伤时,面神经中枢受损,出现中枢性面瘫。

(三)耳损伤的法医学鉴定

1.耳损伤检查方法

(1)案情及病史采集

了解耳部或头部外伤的时间、地点和致伤物及损伤性质,耳部损伤后治疗情况,是否存在先天发育异常。了解伤前的听力状况。

(2)耳检查

①观察耳廓的形态、大小及位置,有无缺失畸形和局限性增厚变形,解剖标志是否清楚或消失。

②检查外耳道有无异物、溢液、感染以及有无闭锁;观察鼓膜穿孔的部位、形态、边缘情况等。

(3)听力检查。

①纯音听阈测定,又称电测听法,是目前唯一能准确反映听敏度的行为测听法,包括气导和骨导测听。

②声导抗测试法,检测反映中耳传音装置功能状况,对出现的鼓膜穿孔、听骨链中断、听骨缺失、鼓室压增高或降低均可显示。声导抗测试结果须与其他听力学检查一起综合分析才有意义。

③听觉脑干反应测听(ABR),又称脑干听觉诱发电位,其反应潜伏期对应着从听神经到下丘的听通路。该电位的突出特点是结果可靠,可重复测试便于验证,具有较高的准确性和可重复性,不易受外界因素干扰。

(4)前庭功能障碍检查

①闭目直立试验,被检人双足并立,先睁眼后闭眼,能闭眼站稳60s,改单足站立,对侧大腿平举小腿下垂,闭目站立30s,产生代偿后,睁眼可站立,闭眼仍不稳。如果闭眼单足能站稳30s,可考虑前庭正常。

②动平衡试验,分步行试验与指鼻试验。

2.损伤程度鉴定

依据2014年1月1日起施行的《人体损伤程度鉴定标准》进行鉴定。

(1)重伤一级

双耳听力障碍(≥91dB HL)。

(2)重伤二级

耳廓离断、缺损或者挛缩畸形累计相当于一侧耳廓面积 50% 以上;一耳听力障碍(≥91dB HL);一耳听力障碍(≥81dB HL),另一耳听力障碍(≥41dB HL);一耳听力障碍(≥81dB HL),伴同侧前庭平衡功能障碍;双耳听力障碍(≥61dB HL);双侧前庭平衡功能丧失,睁眼行走困难,不能并足站立。

(3)轻伤一级

耳廓离断、缺损或者挛缩畸形累计相当于一侧耳廓面积 30% 以上;双耳听力障碍(≥41dB HL);双耳外耳道闭锁。

(4)轻伤二级

耳廓创口或者瘢痕长度累计 6.0cm 以上;耳廓离断、缺损或者挛缩畸形累计相当于一侧耳廓面积 15% 以上;外伤性鼓膜穿孔 6 周不能自行愈合;听骨骨折或者脱位;听骨链固定;一耳听力障碍(≥41dB HL);一侧前庭平衡功能障碍,伴同侧听力减退;一耳外耳道横截面 1/2 以上狭窄。

(5)轻微伤

外伤性鼓膜穿孔;鼓室积血;外伤后听力减退。

3. 工伤伤残程度评定

依据《工标》进行评定。

四级伤残:双耳听力损失≥91dB。

五级伤残:双耳听力损失≥81dB。

六级伤残:双耳听力损失≥71dB;双侧前庭功能丧失,睁眼行走困难,不能并足站立。

七级伤残:双耳听力损失≥56dB。

八级伤残:双耳听力损失≥41dB 或一耳≥91dB。

九级伤残:双耳听力损失≥31dB 或一耳损失≥71dB。

十级伤残:双耳听力损失≥26dB,或一耳≥56dB;双侧前庭功能丧失,闭眼不能并足站立。耳廓缺损或畸形依据该标准相应条款评定。

4. 人体损伤致残程度评定

依据《人体损伤致残程度分级》标准相关条款规定进行评定。

四级伤残:双耳听力障碍≥91dB HL。

五级伤残:双耳听力障碍≥81dB HL;一耳听力障碍≥91dB HL,另一耳听力障碍≥61dB HL。

六级伤残:双侧前庭平衡功能丧失,睁眼行走困难,不能并足站立。

七级伤残:一耳听力障碍≥81dB HL,另一耳听力障碍≥61dB HL。

八级伤残:符合容貌毁损(重度)标准之一项者(双侧耳廓完全缺失);一耳听力障碍≥91dB HL;双耳听力障碍≥61dB HL。

九级伤残:耳廓缺损或者畸形,累计相当于一侧耳廓;一耳听力障碍≥81dB HL;一耳听力障碍≥61dB HL,另一耳听力障碍≥41dB HL。

十级伤残:耳廓缺损或者畸形,累计相当于一侧耳廓的30%;一耳听力障碍≥61dB HL;双耳听力障碍≥41dB HL;一侧前庭平衡功能丧失,伴听力减退。

三、鼻损伤

(一)鼻的解剖生理简述

鼻分为外鼻、鼻腔、鼻窦3部分。外鼻突出于颜面中央,易受外伤。鼻腔和鼻窦位于颅前窝、颅中窝、口腔及眼眶之间,相互之间仅由一层薄骨板相隔。严重鼻外伤可伴发其邻近周围结构的破坏。

外鼻由骨和软骨构成支架,外覆皮肤及软组织,上端为鼻根;前下端为鼻尖。鼻根与鼻尖的前缘,称为鼻梁。鼻梁两侧,称为鼻背。前鼻孔外侧部成圆形隆起,称为鼻翼。鼻翼与面颊交界处为鼻唇沟。外鼻的骨性支架由鼻骨、上颌骨额突和额骨鼻部组成。软骨支架主要由左右成对称的鼻外侧软骨及大翼软骨等组成。鼻骨左右各一,上与额骨鼻部相接,外缘接左右两侧上颌骨额突,后面以鼻骨嵴与筛骨正中板相接,下以软组织与鼻外侧软骨相接。鼻骨上部窄厚、下部宽薄,易受外伤导致骨折。鼻部皮下有纤细的肌肉,调节鼻孔处运动和参与面部表情。

鼻腔由鼻中隔分为左右,每侧鼻腔为一前后开放、狭小的腔隙,前始于前鼻孔,后止于后鼻孔,分为鼻前庭和固有鼻腔。通常将固有鼻腔简称鼻腔。鼻腔中3个骨性鼻甲,分别称为上鼻甲、中鼻甲和下鼻甲。鼻窦包括上颌窦、筛窦、额窦和蝶窦。外鼻的外形轮廓高低均衡及其与面部各结构或器官之间的匀称关系,对人的容貌十分重要。鼻腔的主要功能为呼吸、嗅觉与共鸣。此外,还有反射、腺体分泌、免疫、吸收和排泄泪液等功能。嗅神经由嗅丝组成,通过筛板进入嗅球。鼻腔顶壁即筛骨筛板,筛骨骨折时损伤嗅神经、嗅球或嗅束,可引起嗅觉障碍。

(二)鼻损伤的常见类型

1. 外鼻擦挫伤

外鼻突出于面部中央,可因拳击及钝器打击、碰撞等造成鼻部皮肤、皮下软组织挫伤。

2. 外鼻创伤

切割伤创缘整齐,出血较多,多在鼻背、鼻翼、鼻尖处出现开放性损伤;咬伤常致鼻尖部或两侧鼻翼组织缺损;刺创的创口小、创道深;挫裂创的创缘不整齐,组织受损面积宽。

3. 鼻骨骨折

鼻骨骨折多因直接暴力引起,塌陷性骨折造成鼻梁塌陷或歪斜。伤后数小时因软组织肿胀或血肿,畸形反而不明显,待肿胀消退以后复现畸形。重度暴力打击可造成鼻骨粉碎性骨折。严重的鼻骨骨折常伴有鼻中隔骨折、脱位。(见图5-4)

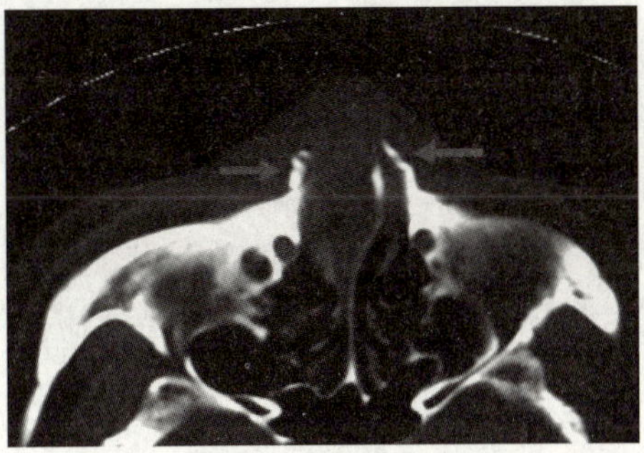

图5-4　鼻骨骨折

4. 鼻窦损伤

(1)上颌窦骨折

颜面正面受较大暴力作用时,上颌骨额突、上颌窦前壁及筛骨发生骨折移位;当侧面受暴力作用时,颧骨发生骨折,上颌窦外侧壁及眶底向后下骨折移位。上颌窦顶后部发生骨折错位,可致眼球内陷及复视。上颌窦底壁骨折可出现错位咬合或咀嚼时患侧上列牙齿疼痛,影响咀嚼功能。

(2)额窦骨折

额窦骨折可分为前壁骨折、后壁骨折和鼻额管骨折,并以额窦前壁线性或凹陷状骨折最为常见。额窦骨折可并发硬脑膜外血肿、脑脊液鼻漏、气颅等,还可发生视神经管骨折而致盲目。

(3)筛窦骨折

单纯筛窦骨折较少见,常与面部中1/3处骨折、颅底骨折、严重鼻骨骨折并存。筛窦骨折可并发脑脊液鼻漏、眶内瘀血或鼻出血或损伤视神经管而致失明。

(4)蝶窦骨折

单纯蝶窦骨折较少见,常与颅中窝骨折同时存在。伤者出现严重出血、枕部疼痛、视力减退。伤及脑垂体时可出现创伤性尿崩症。

(5)嗅神经损伤

头部外伤损伤嗅神经或嗅球,是造成嗅觉障碍的主要原因。嗅觉障碍的特点是外伤后立即出现嗅觉减退或丧失。以面部或额部外伤最容易引起嗅觉障碍,少数病人可出现嗅觉倒错。

(6)鼻中隔外伤

鼻部损伤累及鼻中隔,可引起鼻中隔黏膜撕裂、鼻中隔软骨骨折、鼻中隔软骨脱位、鼻中隔血肿等。自觉症状包括鼻出血、鼻塞。若外鼻挫伤或鼻骨骨折,则还可有鼻部疼痛。

①鼻中隔血肿

鼻骨及鼻中隔骨折或鼻中隔软骨脱位,伴有血管断裂而黏膜—软骨膜或骨膜未破损,常形成鼻中隔血肿。较少的血肿可自行吸收消散或轻度纤维化致鼻中隔增厚。若血肿扩展至鼻腔底和鼻腔外侧壁,可引起全鼻软骨收缩变形妨碍呼吸;若血肿过大或压迫营养血管时间过长,可造成鼻中隔软骨供血不足,发生无菌性坏死,最终形成塌鼻。

②鼻中隔穿孔

鼻中隔穿孔多为严重鼻面部外伤或鼻中隔贯通伤后,遗留的鼻中隔穿孔。

③鼻中隔偏曲

鼻中隔偏离中线向一侧或两侧偏斜弯曲,或局部形成突出并影响鼻腔生理功能时,称为鼻中隔偏曲。由鼻外伤致鼻中隔骨折、鼻中隔软骨脱位造成鼻中隔偏曲的,称为外伤性鼻中隔偏曲。

(7)鼻损伤的并发症与后遗症

1)外鼻畸形

①歪鼻。分为软骨性歪鼻、骨性歪鼻和骨软骨性歪鼻。表现为鼻梁弯曲,鼻尖扭向一侧,多由外伤所致。②塌鼻。鼻部软骨或骨损坏,鼻梁失去支架而下塌形成。分为:Ⅰ度,鼻梁轻度凹陷,鼻腔黏膜正常;Ⅱ度,鼻梁明显塌陷,前鼻孔微向上仰;Ⅲ度,鼻梁塌陷极为明显,鼻尖上翘,前鼻孔朝向前方。③外鼻缺损。分为鼻尖缺失、鼻翼缺失、下半鼻缺损、鼻侧缺损、鼻背皮肤缺损、半侧鼻或全鼻缺损。

2)脑脊液鼻漏

颅底骨折时,骨折累及额窦后壁、筛窦顶壁、筛状板、蝶鞍、蝶窦气房或蝶窦后壁,可致硬脑膜撕裂,发生脑脊液鼻漏。

3)外伤后鼻功能障碍

鼻腔结构的破坏,如前鼻孔瘢痕闭锁,鼻腔支架、鼻甲和鼻中隔骨质改变引起的鼻道狭窄或鼻腔粘连肉芽组织增生都会造成鼻阻塞；鼻腔损伤造成鼻腔黏膜或鼻甲破坏造成鼻通气障碍。

4)外伤后嗅觉功能障碍

嗅觉功能障碍，按表现形式分为：①嗅觉丧失；②嗅觉减退；③嗅觉过敏；④嗅觉倒错；⑤幻嗅。嗅区黏膜损伤或嗅神经断裂是引起嗅觉丧失的常见原因。如3个月后仍有嗅觉障碍，则往往是完全性嗅觉丧失且不可逆。

(三)鼻损伤的法医学鉴定

1. 鼻损伤检查方法

(1)案情及病史采集

了解鼻或头部外伤的时间、地点和致伤物及损伤性质。鼻损伤后治疗情况。是否存在先天发育异常。

(2)鼻检查

①观察鼻的外形，有无缺失、畸形。②检查鼻腔有无异物、溢液以及有无狭窄；观察鼻中隔有无偏曲。

(3)嗅觉检查

有吡啶试验、静脉注射药物检查法、嗅觉诱发电位测定(OEP)。用于人嗅觉功能检查还有待于进一步完善。

2. 损伤程度鉴定

2014年1月1日起施行的《人体损伤程度鉴定标准》有关鼻损伤的相关规定如下。

(1)重伤二级：颅底骨折，伴脑脊液漏持续4周以上；鼻部离断或者缺损30%以上。

(2)轻伤一级：颅底骨折伴脑脊液漏；鼻部离断或者缺损15%以上。

(3)轻伤二级：鼻尖或者一侧鼻翼缺损；鼻骨粉碎性骨折；双侧鼻骨骨折；鼻骨骨折合并上颌骨额突骨折；鼻骨骨折合并鼻中隔骨折；双侧上颌骨额突骨折；鼻窦异物存留。

(4)轻微伤：鼻骨骨折；鼻出血。

3. 工伤伤残程度评定

依据《工标》，对鼻损伤的具体条款为：

八级伤残：双侧鼻腔或鼻咽部闭锁；

九级伤残：因职业原因造成的铬鼻病有医疗依赖；

十级伤残：因职业原因造成的铬鼻病(无症状者)；单侧鼻腔或鼻孔闭锁及鼻中隔穿孔。

4. 人体损伤致残程度评定

依据《人体损伤致残程度分级》标准相关条款规定进行评定。

八级伤残:双侧鼻翼大部分缺损,或者鼻尖大部分缺损合并一侧鼻翼大部分缺损;脑脊液漏经手术治疗后持续不愈。

九级伤残:一侧鼻翼或者鼻尖大部分缺损或者严重畸形。

十级伤残:鼻尖或者鼻翼部分缺损深达软骨。

四、咽喉损伤

(一)咽喉的解剖生理简述

咽为呼吸道和消化道的共同通道,分为鼻咽、口咽、喉咽 3 部分。整个咽壁从内向外有四层,即黏膜层、黏膜下层、肌层和外膜层。咽具有吞咽、呼吸、言语形成和防御保护等功能。喉由软骨、肌肉、韧带、纤维组织及黏膜等构成,上通喉咽,下接气管。喉既是发声器官又是呼吸道的门户,其主要功能有呼吸、发声、保护和吞咽。

(二)咽喉损伤的常见类型

咽喉部损伤可分为单纯性咽喉损伤、开放性咽喉损伤和咽喉腔内部损伤。

1. 单纯性咽喉损伤

单纯性咽喉损伤多为暴力直接打击,如撞击、挤压、扼勒颈部等形成。

2. 开放性咽喉损伤

开放性咽喉损失多见于颈部被锐器切割、砍、刺等暴力作用以及火器伤。

3. 咽喉部内部损伤

致伤物经口鼻直接作用于咽喉部黏膜造成的损伤,称为咽喉部内部损伤。

4. 喉返神经损伤

喉返神经损伤或伤后血肿、瘢痕压迫神经,均可造成声带麻痹。

5. 咽喉部损伤并发症和后遗症

(1)呼吸困难及喉部阻塞。当喉部严重外伤、水肿或损伤双侧喉返神经时,可引起喉源性呼吸困难。

(2)吞咽困难。①咽麻痹。支配吞咽功能的神经肌肉发生病损。②咽部狭窄与闭锁。

(3)声音嘶哑。喉部机械性损伤致喉内结构破坏,各种原因的声带麻痹等均可引起声嘶。

(三)咽喉损伤的法医学鉴定

1. 损伤程度鉴定

(1)重伤一级:咽喉部广泛毁损,呼吸完全依赖气管套管或者造口;咽或者食管广泛毁损,进食完全依赖胃管或者造口。

(2)重伤二级:咽部、咽后区、喉或者气管穿孔;咽喉或者颈部气管损伤,遗留呼吸困难(3级);咽或者食管损伤,遗留吞咽功能障碍(只能进流食);喉损伤遗留发声障碍(重度)。

(3)轻伤一级:咽喉部损伤遗留发声或者构音障碍;咽或者食管损伤,遗留吞咽功能障碍(只能进半流食)。

(4)轻伤二级:咽喉软骨骨折;喉或者气管损伤;舌骨骨折;颈部损伤出现窒息征象;呼吸功能障碍,出现窒息征象。

2. 工伤伤残程度评定

依据《工标》评定。

三级伤残:呼吸完全依赖气管套管或造口;喉或气管损伤导致静止状态下或仅轻微活动即有呼吸困难。

五级伤残:喉或气管损伤导致一般活动及轻工作时有呼吸困难;吞咽困难,仅能进半流食;双侧喉返神经损伤,喉保护功能丧失致饮食呛咳、误吸。

七级伤残:咽成形术后,咽下运动不正常。

八级伤残:喉或气管损伤导致体力劳动时有呼吸困难,喉源性损伤导致发声及言语困难。

九级伤残:喉源性损伤导致发声及言语不畅。

3. 人体损伤致残程度评定

依据《人体损伤致残程度分级》标准相关条款规定进行评定。

三级伤残:吞咽功能障碍,完全依赖胃管进食。

五级伤残:咽或者咽后区损伤遗留吞咽功能障碍,只能吞咽流质食物。

七级伤残:咽或者咽后区损伤遗留吞咽功能障碍,只能吞咽半流质食物。

八级伤残:发声功能或者构音功能障碍(重度);咽成形术后咽下运动异常。

九级伤残:发声功能或者构音功能障碍(轻度)。

十级伤残:咽或者咽后区损伤影响吞咽功能。

第六章　胸腹部损伤

第一节　胸 部 损 伤

一、胸部解剖生理简述

胸部包括胸壁和胸内器官。皮肤、筋膜、肌肉、神经和血管等胸壁软组织及胸骨、脊柱胸段和12对肋骨骨性胸廓组成胸壁。胸腔容纳左右肺及纵隔,纵隔内有气管、左右主支气管、食管、心脏和出入心脏的大血管等。肺的表面和胸壁的内面覆盖有胸膜。肺通过气管从外界吸取氧,并将新陈代谢中产生的二氧化碳排出体外。胸廓和肺的扩张与收缩来完成呼吸运动。心脏收缩和舒张将血液运送至全身器官与组织。

二、常见胸部损伤类型

胸部损伤,多见于交通事故、工伤以及打架斗殴。钝器、锐器、火器均可造成胸部损伤,直接暴力如外力打击或间接暴力如坠落等均可引起胸部不同程度的损伤。

(一)皮肤、肌肉软组织及神经损伤

各种暴力作用于胸背部均可引起该皮肤软组织或神经损伤。例如,钝性暴力引起的胸部闭合伤,锐器、火器穿通伤可伤及创道处的肌肉和神经,而脊柱损伤合并的脊髓或神经损伤可造成肋间肌或胸壁肌肉的瘫痪。肋骨断端在胸部受挤压或伤者翻身时可损伤附近的肌肉和神经。

(二)乳房损伤

胸前壁的机械性损伤、烧伤和化学性损伤均可能累及乳房。女性乳房是副性器官,相关法医学鉴定见泌尿生殖系统损伤相关内容。

(三)肋骨和胸骨骨折

肋骨骨折多见于钝性暴力打击或挤压。直接打击多在着力点部位引起骨折。胸廓受挤压变形,骨折远离着力。胸骨骨折源于直接暴力。如方向盘撞击、高坠、膝顶、脚踢胸部等均可造成胸骨骨折,骨折多见于胸骨柄与胸骨体交界部位的横向骨折。胸骨骨折可合并皮下或纵隔血肿、心脏伤、肺挫裂伤、气管、主支气管伤或主动脉伤。

(四)肺损伤

作用于胸部的钝性暴力传导至肺,造成局部肺组织充血、水肿和灶性出血,形成肺挫伤。肺组织在外力作用下发生破裂形成肺裂伤。剧烈爆炸释放的巨大能量,借助于周围的介质(如空气)形成高压高速冲击波。冲击波通过密度不同的组织时产生折射和撕裂作用,使肺泡壁破裂形成肺爆震伤。

(五)纵隔器官损伤

锐器、枪弹可致心脏穿透伤,胸部受直接暴力或减速性损伤可致心脏闭合性损伤。胸部闭合性损伤和穿透性暴力均可引起心包破裂或穿孔。钝性暴力撞击胸前部、上腹部,以及交通事故和高坠等情形均可引起心肌挫伤。枪弹所致的心脏穿透伤可立即引起心脏穿孔或心脏破裂。而在闭合性损伤中,心脏破裂可在伤后立即出现,也可因挫伤区软化坏死形成室壁瘤而引起延迟性或继发性心脏破裂。闭合性和穿透性心脏创伤均可造成心间隔、心瓣膜、冠状血管和心脏传导系统损伤,即心内结构损伤。

胸部受撞击、挤压或穿透性暴力均可引起胸内气管、支气管损伤。进食干硬粗糙的食物,误咽异物、化学药品,进食过快和食物过热等,均可引起食管黏膜损伤。

闭合性和穿透性胸部创伤均可引起胸主动脉损伤,包括主动脉及其分支、肺动脉、上下腔静脉等。多见于高坠和车祸伤。

三、胸部损伤合并症

(一)创伤性气胸、血胸

外伤引起胸腔积气或积血,称为创伤性气胸、血胸。有时气胸、血胸同时发生。

(二)创伤性膈肌破裂

上腹部的穿透性暴力可穿破膈肌。胸部或上腹部遭受钝性暴力打击、挤压时,胸腔处于负压状态,腹腔脏器在暴力作用下产生的应力作用于膈肌致其破裂。

(三)创伤性窒息

创伤性窒息,多见于胸廓弹性较好的青少年和儿童。当胸部和上腹部突然遭受强大暴力挤压时,声门下意识紧闭,气管和肺内气体不能外流,致使胸膜腔内压骤升,压迫心脏和大静脉,右心及上腔静脉中的血液发生逆流和过度充盈,引起毛细血管和微静脉破裂,发生点状出血。这种出血征象与机械性窒息相似,但并无典型的呼吸困难和缺氧性损害。

四、法医学鉴定

(一)损伤程度鉴定

胸部损伤程度鉴定,依据2014年1月1日起施行的《人体损伤程度鉴定标准》相关规定进行鉴定。

1. 重伤一级:(1)心脏损伤,遗留心功能不全(心功能Ⅳ级);(2)肺损伤致一侧全肺切除或者双肺三肺叶切除。

2. 重伤二级:(1)心脏损伤,遗留心功能不全(心功能Ⅲ级);(2)心脏破裂;心包破裂;(3)女性双侧乳房损伤,完全丧失哺乳功能;女性一侧乳房大部分缺失;(4)纵隔血肿或者气肿,须手术治疗;(5)气管或者支气管破裂,须手术治疗;(6)肺破裂,须手术治疗;(7)血胸、气胸或者血气胸,伴一侧肺萎陷70%以上,或者双侧肺萎陷均在50%以上;(8)食管穿孔或者全层破裂,须手术治疗;(9)脓胸或者肺脓肿;乳糜胸;支气管胸膜瘘;食管胸膜瘘;食管支气管瘘;(10)胸腔大血管破裂;(11)膈肌破裂。

3. 轻伤一级:(1)心脏挫伤致心包积血;(2)女性一侧乳房损伤,丧失哺乳功能;(3)肋骨骨折6处以上;(4)纵隔血肿;纵隔气肿;(5)血胸、气胸或者血气胸,伴一侧肺萎陷30%以上,或者双侧肺萎陷均在20%以上;(6)食管挫裂伤。

4. 轻伤二级:(1)女性一侧乳房部分缺失或者乳腺导管损伤;(2)肋骨骨折2处以上;(3)胸骨骨折;锁骨骨折;肩胛骨骨折;(4)胸锁关节脱位;肩锁关节脱位;(5)胸部损伤致皮下气肿1周不能自行吸收;(6)胸腔积血;胸腔积气;(7)胸壁穿透创;(8)胸部挤压出现窒息征象。

5. 轻微伤:(1)肋骨骨折;肋软骨骨折;(2)女性乳房擦挫伤。

(二)工伤伤残评定

依据《工标》标准进行评定。

一级伤残:肺功能重度损伤和呼吸困难Ⅳ级,需终生依赖机械通气;双肺或心肺联合移植术;尘肺叁期伴肺功能重度损伤及(或)重度低氧血症[PO_2 <5.3kPa(40mmHg)];其他职业性肺部疾患,伴肺功能重度损伤及(或)重度低氧血症;放射性肺炎后,两叶以上肺纤维化伴重度低氧血症;职业性肺癌伴肺功能重度损伤。

二级伤残:一侧全肺切除并胸廓成形术,呼吸困难Ⅲ级;心功能不全三级;食管闭锁或损伤后无法行食管重建术,依赖胃造瘘或空肠造瘘进食;肺功能重度损伤及(或)重度低氧血症;尘肺叁期伴肺功能中度损伤及(或)中度低氧血症[PO_2为7.9kPa~5.3kPa(59~40mmHg)];尘肺贰期伴肺功能重度损伤及/或重度低氧血症;尘肺叁期伴活动性肺结核;职业性肺癌或胸膜间皮瘤。

三级伤残:一侧全肺切除并胸廓成形术;一侧胸廓成形术,肋骨切除6根以上;一侧全肺切除并隆凸切除成形术;一侧全肺切除并大血管重建术;Ⅲ度房室传导阻滞;尘肺叁期;尘肺贰期伴肺功能中度损伤及(或)中度低氧血症;尘肺贰期合并活动性肺结核;放射性肺炎后两叶肺纤维化,伴肺功能中度损伤及(或)中度低氧血症。

四级伤残:一侧全肺切除术;双侧肺叶切除术;肺叶切除后并胸廓成形术后;肺叶切除并隆凸切除成形术后;一侧肺移植术;心瓣膜置换术后;心功能不全Ⅱ级;食管重建术后吻合口狭窄,仅能进流食者;尘肺贰期;尘肺壹期伴肺功能中度损伤或中度低氧血症;尘肺壹期伴活动性肺结核;病态窦房结综合征(需安装起搏器者)。

五级伤残:双肺叶切除术;肺叶切除术并大血管重建术;隆凸切除成形术;食管重建术后吻合口狭窄,仅能进半流食者;食管气管(或支气管)瘘;食管胸膜瘘;肺功能中度损伤;莫氏Ⅱ型Ⅱ度房室传导阻滞;病态窦房结综合征(不需安起搏器者)。

六级伤残:肺叶切除并肺段或楔形切除术;肺叶切除并支气管成形术后;支气管(或气管)胸膜瘘;冠状动脉旁路移植术;大血管重建术;尘肺壹期伴肺功能轻度损伤及(或)轻度低氧血症[PO_2为10.5kPa~8.0kPa(79~60mmHg)];放射性肺炎后肺纤维化(<两叶),伴肺功能轻度损伤及(或)轻度低氧血症;其他职业性肺部疾患,伴肺功能轻度损伤。

七级伤残:肺叶切除术;限局性脓胸行部分胸廓成形术;气管部分切除术;食管重建术后伴返流性食管炎;食管外伤或成形术后咽下运动不正常;尘肺壹期,肺功能正常;放射性肺炎后肺纤维化(<两叶),肺功能正常;轻度低氧血症;心功能不全Ⅰ级。

八级伤残:肺段切除术;支气管成形术;双侧≥3根肋骨骨折致胸廓畸形;膈肌破裂修补术后,伴膈神经麻痹;心脏、大血管修补术;心脏异物滞留或异物摘除术;肺功能轻度损伤;食管重建术后,进食正常者;其他职业性肺疾患,肺功能正常。

九级伤残:肺内异物滞留或异物摘除术;限局性脓胸行胸膜剥脱术;胸腔脏器探查术或修补术后。

十级伤残:血、气胸行单纯闭式引流术后,胸膜粘连增厚。

(三)人体损伤致残程度评定

依据《人体损伤致残程度分级》标准相关条款规定进行评定。

一级伤残:心肺联合移植术后;肺移植术后呼吸困难(极重度);心功能不全,心功能Ⅳ级;严重器质性心律失常,心功能Ⅲ级;心脏移植术后,心功能Ⅲ级。

二级伤残:呼吸困难(极重度);肺移植术后;心脏移植术后。

三级伤残:食管闭锁或者切除术后,摄食依赖胃造口或者空肠造口;心功能不全,心功能Ⅲ级。

四级伤残:一侧全肺切除术后;呼吸困难(重度);严重器质性心律失常,心功能Ⅱ级。

五级伤残:食管狭窄,仅能进流质食物;食管损伤,肠代食管术后。

六级伤残:一侧胸廓成形术后,切除6根以上肋骨;两肺叶切除术后;心脏瓣膜置换术后,心功能不全;心功能不全,心功能Ⅱ级;器质性心律失常安装永久性起搏器后;严重器质性心律失常;女性双侧乳房完全缺失;双侧喉返神经损伤,影响功能。

七级伤残:胸廓畸形,胸式呼吸受限;一肺叶切除,并肺段或者肺组织楔形切除术后;食管狭窄,仅能进半流质食物;食管重建术后并发反流性食管炎;女性双侧乳房大部分缺失或者严重畸形;未成年或者育龄女性双侧乳头完全缺。

八级伤残:肋骨骨折12根以上并后遗6处畸形愈合;胸廓成形术后,影响呼吸功能;一肺叶切除术后;呼吸困难(中度);食管部分切除术后,并后遗胸腔胃;心脏或者大血管修补术后;女性一侧乳房完全缺失;女性双侧乳房缺失或者毁损,累计范围相当于一侧乳房3/4以上;女性双侧乳头完全缺失;颈总动脉或者颈内动脉严重狭窄支架置入或者血管移植术后。

九级伤残:肋骨骨折12根以上;肋骨部分缺失4根以上;肋骨骨折8根以上并后遗4处畸形愈合;气管或者支气管成形术后;食管吻合术后;肺段或者肺组织楔形切除术后;肺脏异物存留或者取出术后;食管吻合术后;食管腔内支架置入术后;食管损伤,影响吞咽功能;心功能不全,心功能Ⅰ级;冠状动脉移植术后;心脏室壁瘤;心脏异物存留或者取出术后;缩窄性心包炎;女性双侧乳房缺失或者毁损,累计范围相当于一侧乳房1/2以上;女性一侧乳房大部分缺失或者严重畸形;女性一侧乳头完全缺失或者双侧乳头部分缺失(或者畸形);胸导管损伤。

十级伤残:肋骨骨折6根以上;肋骨部分缺失2根以上;肋骨骨折4根以上并后遗2处畸形愈合;肺修补术后;呼吸困难(轻度);食管修补术后;女性一侧乳房部分缺失或者畸形;一侧喉返神经损伤,影响功能;器质性声音嘶哑。

第二节　腹部损伤

一、腹部解剖生理简述

腹部位于胸部与骨盆之间,腹腔内有胃、肠、肝、脾等重要的腹腔脏器。腹前壁及外侧壁,由多层肌肉及其腱膜构成。腹前壁及外侧壁依次为皮肤、皮下组织、肌层、腹横筋膜、腹膜外脂肪和腹膜。腹膜分为壁层和脏层,壁层覆盖腹腔内面,脏层覆盖内脏表面,并形成韧带、网膜和肠系膜。壁层和脏层之间的潜在间隙即腹膜腔,是体内最大的体腔。男性的腹腔呈封闭状态,女性的腹腔则因输卵管、子宫、阴道而与外界相通。腹腔脏器按其基本构成可分成实质性脏器和空腔脏器两大类。腹腔内实质性脏器主要为肝脏、脾脏及胰腺。肝脏的功能主要有:(1)参与物质代谢如糖代谢、蛋白质代谢、脂肪代谢及维生素、激素代谢。(2)分泌与排泄胆汁。(3)解毒。脾脏主要有储血及免疫功能。胰腺的功能主要是参与三大物质代谢。腹部空腔脏器有胃、十二指肠、小肠、结肠、肝外胆管系统、输尿管和膀胱等。空腔脏器一般由黏膜、黏膜下层、肌层和浆膜构成。胃的主要功能是储存食物、分泌胃液、搅拌及排空运动。小肠是食物消化与吸收的主要部位。结肠的功能主要是吸收水分及储存粪便。

二、常见腹部损伤类型

腹部损伤常为多脏器损伤,可能为2~3个脏器同时损伤。腹部皮肤完整性受到破坏并穿破腹壁称开放性损伤。开放性损伤中既有入口也有出口时称为贯通伤。没有穿透腹壁的损伤只有入口没有出口,称为盲管伤,此时腹壁未穿破,也称非穿透伤。发生穿透伤及非穿透伤时均可引起腹腔内脏器破裂。

钝性暴力作用于腹部,腹壁皮肤组织完整性未受破坏所形成的损伤称闭合性腹部伤。按有无脏器损伤分为单纯腹壁伤、腹腔脏器伤。

(一)皮肤及皮下组织损伤

无论是钝器所致的闭合性损伤还是锐器所致的开放性损伤,都可能造成腹部内脏器损伤。极度伸屈活动,肌肉突然收缩,可引起腹部肌肉的撕裂伤。

(二)腹膜后血肿

累及腹膜后的肌肉、蜂窝组织、腹膜后脏器(胰腺、肾脏、十二指肠等),以及血管(腹主动脉、髂动脉、腔静脉等血管及其分支)的损伤、脊柱及骨盆骨折均可引起腹膜后血肿。

(三)腹壁缺损与腹壁疝

腹壁肌肉断裂及腹壁内血肿经清创治疗,或腹壁的开放性损伤,可直接导致腹壁组织缺损。腹壁外伤后继发感染也可引起腹壁缺损,缺损导致腹壁薄弱可形成腹壁疝。

(四)空腔脏器损伤

1. 胃损伤

胃的损伤常见的有穿入性创伤和钝性损伤。枪弹伤、弹片伤、刀刃伤可引起胃壁挫伤、穿孔、破裂开成穿入性损伤。钝物打击、挤压、跌倒、高坠、车祸撞击、爆炸时的气浪或水浪冲击等直接或间接暴力造成胃损伤属钝性损伤。轻度胃损伤时可能仅造成胃壁的挫伤和黏膜裂伤;重度胃损伤可引起胃破裂或断裂。另吞入异物或腐蚀性物质也可引起胃损伤。

2. 十二指肠损伤

猛烈暴力如交通事故、坠落、暴力打击可造成十二指肠钝挫伤;锐性物体直接刺入腹部可引起十二指肠穿透性损伤;腹部手术,尤其是再次胆道手术,可引起十二指肠医源性损伤。

3. 小肠损伤

小肠损伤,在腹部的开放性或闭合性损伤中居首位。损伤造成体表伤口与腹腔相通并伤及小肠及其系膜者,称为开放性小肠损伤。腹壁表层完整或局部有挫伤痕迹,腹腔内小肠已有损伤的情形属闭合性小肠损伤。腹部手术或内镜检查,有时可引起小肠医源性损伤。

4. 结肠与直肠损伤

开放性损伤多为锐器所致。闭合性损伤多为钝性暴力所致,见于交通事故伤以及摔伤、打击伤、坠落伤、腹部挤压伤、爆炸伤。纤维结肠镜检、息肉摘除或电灼、钡剂灌肠等有时可引起医源性损伤。

5. 胆道、胆囊损伤

一般不易单独受到损伤,单纯的肝外胆管损伤可因手术不慎所致。腹部闭合性损伤所致的肝外胆道系统受伤,多为钝性暴力所致,如车辆的碰撞、辗压或高处坠落等。腹部开放性损伤所致的肝外胆道系统受伤,多见于刀刺伤、枪弹伤等。常有邻近腹腔脏器的损伤,如肝损伤,其次为胰腺及十二指肠损伤。

(五)腹部实质性脏器损伤

1. 肝损伤

肝脏损伤的发生率仅次于小肠、结肠损伤而居第三位。锐器刀刃、枪弹或弹片贯穿胸腹壁而损伤肝脏,形成开放性肝损伤。钝性暴力撞击、挤压、车祸、爆震伤或高处跌伤等原因造成肝损伤,胸壁无开放伤口时称闭合性肝脏损伤,此时,肝损伤可分为肝被膜下损伤、中央型肝损伤和真性肝损伤。

2. 脾损伤

脾脏是闭合性腹部外伤中,最容易被损伤的脏器。直接暴力作用于脾脏某一部位,该部位发生急剧应力变形,而发生破裂。间接暴力作用腹部时,脾脏因周围韧带固定于脾窝内,移动受到限制,也可发生脾脏损伤。病理性脾,如疟疾、伤寒、黑热病、白血病、单核细胞增多症、充血性脾肿大等可出现自发性脾破裂。

胸、腹部及腰背部各种开放性损伤和闭合性损伤，如刀伤、枪弹伤、肋骨骨刺伤、挤压伤等导致外伤性脾破裂。脾脏邻近器官组织手术时误伤脾脏致医源性脾破裂。脾损伤在病理上分为中央型破裂、被膜下破裂、真性破裂。

3. 胰腺损伤

胰腺位于腹膜后，受损伤时常合并周围脏器损伤。胰腺损伤可分为：①钝性损伤如受到汽车撞击、挤压、拳打脚踢及高处坠落等；②穿通性损伤如刀刺、枪弹、弹片等穿透腹壁或腰部而造成胰腺损伤。

三、腹部损伤的并发症和后遗症

（一）腹膜炎

腹膜炎表现为腹部疼痛、压痛和腹肌紧张以及全身性感染，多数伴有恶心、呕吐、发热、肠鸣音减弱或消失等症状和体征。按其发生的范围，可分为弥漫性腹膜炎和局限性腹膜炎。

（二）肠粘连与肠梗阻

肠粘连多数发生在腹部内脏器创伤后，尤其是肠壁挫伤并发化脓性感染后，脓性纤维性渗出物吸收不全，机化形成的结缔组织，使肠壁与肠系膜或肠壁与腹壁间互相粘连，肠内容物通过不畅或完全不能通过，表现为不全性或完全性的肠梗阻。

（三）肛门狭窄与失禁

因直肠、肛管损伤导致肛门括约肌损伤，括约肌及肛周组织瘢痕形成，易导致肛门狭窄。若损伤严重，肛管括约肌完全断裂，会出现在排便时失禁。

（四）消化吸收功能障碍

小肠广泛切除（成人保留小肠小于 100 cm）术后，残留的功能性肠管不能维持病人营养的需要，而出现一个临床症候群，临床上又称为短肠综合征。表现为不同程度的腹泻、食欲减退、消瘦，甚至严重营养不良，同时还可出现胃酸高分泌状态及消化性溃疡、肠道高草酸、肾结石、胆结石等。

四、法医学鉴定

详细了解腹部外伤的部位、致伤物、暴力的来源、方向、速度和力量等，结合伤后病史，根据有关鉴定标准规定，作出鉴定结论。

（一）损伤程度鉴定

腹部损伤程度鉴定，依据 2014 年 1 月 1 日起施行的《人体损伤程度鉴定标准》相关规定进行。

1. 重伤一级：肝功能损害（重度）；胃肠道损伤致消化吸收功能严重障碍，依赖肠外营养。

2. 重伤二级:腹腔大血管破裂;胃、肠、胆囊或者胆道全层破裂,须手术治疗;肝、脾、胰或者肾破裂,须手术治疗;输尿管损伤致尿外渗,须手术治疗;腹部损伤致肠瘘或者尿瘘;腹部损伤引起弥漫性腹膜炎或者感染性休克;腹腔积血或者腹膜后血肿,须手术治疗。

3. 轻伤一级:胃、肠、胆囊或者胆道非全层破裂;肝包膜破裂;肝脏实质内血肿直径2.0cm以上;脾包膜破裂;脾实质内血肿直径2.0cm以上;胰腺包膜破裂。

4. 轻伤二级:胃、肠、胆囊或者胆道挫伤;肝包膜下或者实质内出血;脾包膜下或者实质内出血;胰腺挫伤;肝功能损害(轻度);腹腔积血或者腹膜后血肿;腹壁穿透创。

(二)工伤伤残评定

依据《工标》标准进行评定。

一级伤残:小肠切除≥90%;肝切除后原位肝移植;胆道损伤原位肝移植;全胰切除;职业性肝血管肉瘤,重度肝功能损害;肝硬化伴食道静脉破裂出血,肝功能重度损害。

二级伤残:小肠切除3/4,合并短肠综合征;肝切除3/4,并肝功能重度损害;肝外伤后发生门脉高压三联症或发生Budd－chiari综合征;胆道损伤致肝功能重度损害;胰次全切除,胰腺移植术后;慢性重度中毒性肝病;肝血管瘤。

三级伤残:肝切除2/3,并肝功能中度损害;胰次全切除,胰岛素依赖。

四级伤残:全胃切除;胰头、十二指肠切除;小肠切除3/4;小肠切除2/3,包括回盲部切除;全结肠、直肠、肛门切除,回肠造瘘;外伤后肛门排便重度障碍或失禁;肝切除2/3;肝切除1/2,肝功能轻度损害;胆道损伤致肝功能中度损害。

五级伤残:胃切除3/4;小肠切除2/3,包括回肠大部;直肠、肛门切除,结肠部分切除,结肠造瘘;肝切除1/2;胰切除2/3。

六级伤残:胃切除2/3;小肠切除1/2,包括回盲部;肛门外伤后排便轻度障碍或失禁;肝切除1/3;胆道损伤致肝功能轻度损伤;腹壁缺损面积≥腹壁的1/4;胰切除1/2。

七级伤残:胃切除1/2;小肠切除1/2;结肠大部分切除;肝切除1/4;胆道损伤,胆肠吻合术后;脾切除;胰切除1/3。

八级伤残:胃部分切除;小肠部分切除;结肠部分切除;肝部分切除;腹壁缺损面积＜腹壁的1/4;脾部分切除;胰部分切除。

九级伤残:胆囊切除;腹腔脏器探查术或修补术后。

十级伤残:腹腔脏器挫裂伤保守治疗后。

(三)人体损伤致残程度评定

依据《人体损伤致残程度分级》标准相关条款规定进行评定。

一级伤残：原位肝移植术后肝衰竭晚期。

二级伤残：肝衰竭晚期；小肠大部分切除术后，消化吸收功能丧失，完全依赖肠外营养。

三级伤残：全胰缺失；小肠大部分切除术后，消化吸收功能严重障碍，大部分依赖肠外营养。

四级伤残：肝切除 2/3 以上；肝衰竭中期；胰腺大部分切除，胰岛素依赖；永久性回肠造口。

五级伤残：胰头合并十二指肠切除术后；全胃切除术后；小肠部分切除术后，消化吸收功能障碍，部分依赖肠外营养；全结肠缺失。

六级伤残：肝切除 1/2 以上；肝衰竭早期；胰腺部分切除术后伴功能障碍，需药物治疗；小肠部分切除术后，影响消化吸收功能，完全依赖肠内营养。

七级伤残：肝切除 1/3 以上；胆道损伤胆肠吻合术后，反复发作逆行性胆道感染；未成年人脾切除术后；小肠部分（包括回盲部）切除术后；永久性结肠造口；肠瘘长期不愈（1 年以上）；肛管或者直肠损伤，排便功能重度障碍或者肛门失禁（重度）；会阴部瘢痕挛缩致肛门闭锁，结肠造口术后。

八级伤残：成年人脾切除术后；胰腺部分切除术后；腹壁缺损≥腹壁的 1/4；胃大部分切除术后；肠部分切除术后，影响消化吸收功能；胆道损伤，胆肠吻合术后。

九级伤残：肝部分切除术后；脾部分切除术后；外伤性胰腺假性囊肿术后；膈肌修补术后遗留功能障碍（如膈肌麻痹或者膈疝）；胃部分切除术后；肠部分切除术后；肠梗阻反复发作；胆道损伤胆管外引流术后；胆囊切除术后；肛管或者直肠损伤，排便功能轻度障碍或者肛门失禁（轻度）。

十级伤残：肝、脾或者胰腺修补术后；肝、脾或者胰腺修补术后；胃、肠或者胆道修补术后；腹壁疝，难以手术修补；膈肌修补术后；胃、肠或者胆道修补术后；胃、肠或者胆道修补术后；会阴部瘢痕挛缩，肛管狭窄。

第七章　泌尿生殖系统损伤

第一节　泌尿系统损伤

一、泌尿系统解剖生理简述

泌尿系统,由肾脏、输尿管、膀胱及尿道组成。肾脏位于腹膜后脊柱两侧。肾脏功能,是分泌尿液、产生激素及某些生物活性物质。正常人的排尿量24小时内在1000~2000ml。若24小时尿量长期超过2500 ml为多尿;若24小时尿量减少至100~500ml为少尿;若24小时低于100ml为无尿。尿量过多或过少都将给机体带来不利影响。24小时尿液中蛋白含量超过1.0g称蛋白尿。正常尿液中无葡萄糖。输尿管是富有弹性的肌性管道,位于腹膜后,上端起自肾盂末端,下端止于膀胱三角。尿液通过输尿管蠕动自肾脏输入膀胱。膀胱位于盆腔前部。膀胱在储尿期是尿液的容器,在排尿期是产生排尿动力的器官。男性尿道是排尿及排精的共同管道,起于膀胱颈的尿道内口,终于阴茎龟头的尿道外口。尿道分为前列腺部、膜部和海绵体部,前两者合称为后尿道,后者称为前尿道。尿道膜部被尿生殖膈固定而无活动度。女性尿道位于耻骨联合之后,阴道前壁下部之前,周围有筋膜固定。上端接膀胱颈尿道内口,穿过尿生殖膈,开口于阴道前庭。

二、常见的泌尿系统损伤类型

(一)肾损伤

肾损伤,可分为闭合性损伤和开放性损伤两大类。肾损伤处与体表皮肤破口相通称开放性肾损伤,多见于锐器,肾穿刺、外科手术有时可引起医源性肾损伤。损伤与体表不相通称闭合性损伤,直接或间接暴力均可引起。肾实质损伤分为肾挫伤和肾裂伤两种情况。肾挫伤表现为肾包膜下血肿或局部灶性出血,肾包膜及肾盂肾盏系统完整,无尿外渗或肾周血肿。肾裂伤表现为肾包膜破裂,肾实质出现裂口和肾周血肿,肾盂肾盏系统破裂,出现血尿,血尿程度重而持续时间长者,尿内可有血块。肾包膜、肾实质和肾盂肾盏系统破裂且贯穿者,称为全层肾裂伤。

(二)输尿管损伤

单纯外伤性输尿管损伤较少见,常合并有其他脏器损伤,如车祸、高坠和腹部钝性暴力损伤,或锐器、枪弹形成的开放性腹盆腔损伤。因手术而发生的医源性损伤为输尿管损伤较常见原因。

(三)膀胱损伤

膀胱充盈时易发生。直接暴力,如拳击、脚踢、挤压、高坠、撞击等,使膀胱内压骤然升高或剧烈震动,造成腹膜内膀胱破裂。间接暴力,如骨盆骨折时骨折断端或游离骨片刺破膀胱,或由于骨盆环断裂移位、剧烈牵扯而致膀胱撕裂。手术操作可引起医源性膀胱损伤。

(四)尿道损伤

男性尿道损伤是泌尿系统最常见的损伤,多发生于青壮年和儿童。会阴骑跨伤和骨盆骨折可致尿道闭合性损伤。锐器伤或火器伤可致尿道外开放性损伤。尿道内器械操作不当可致医源性损伤。女性尿道损伤主要见于骨盆骨折伤、锐器伤、分娩损伤等,常合并有女性生殖器官损伤和肛门直肠损伤。

(五)泌尿系统损伤后遗症

1. 肾功能障碍

外伤引起肾功能障碍可见于全身性损伤,如大出血、挤压综合征,也见于泌尿系统损伤如尿道狭窄、肾积水等。

2. 尿道狭窄

尿道管腔狭小,使排尿时尿道内阻力增加而产生的排尿障碍。严重尿道损伤可导致尿道狭窄,狭窄部位常与损伤部位一致。

3. 尿失禁

因各种病因导致膀胱不能正常地控制排尿功能,尿液不自主地由尿道口溢出或流出,称为尿失禁。

尿失禁的分类:

(1)真性尿失禁:是指尿道括约肌损伤或与排尿有关的神经系统功能失常,如各种原因引起的尿道括约肌解剖缺损和迟缓或麻痹(先天性疾病、后尿道损伤、难产、子宫脱垂、手术损伤等);逼尿肌强直性痉挛,又称为神经性尿失禁,见于神经系统损伤或疾病,如脑脊髓外伤、脑血管意外、脑脊髓肿瘤或炎症、脊柱裂、脑脊膜膨出等,统称为神经元性膀胱(包括无抑制性膀胱、反射性膀胱、自主性膀胱和运动麻痹性膀胱等);其他,如昏迷、先天性痴呆、多发性硬化症、膀胱急性或严重炎症等亦可引起。

(2)压力性尿失禁:又称为张力性尿失禁,是指腹压突然增加如咳嗽、大笑、用力时,排尿失去控制而致尿液不自主流出,多见于经产女性、男性前列腺手术后。

(3)充盈性尿失禁:又称为假性尿失禁,是指因尿潴留,膀胱内尿液过度充盈但不能自行排出,膀胱内压超过尿道阻力,使尿液不自主流出,主要见于下尿路梗阻性疾病和外伤以及某些神经系统疾病(如脊髓肿瘤、损伤等)。

(4)其他:如逼尿肌运动失调、急迫性尿失禁等。

4. 永久性尿瘘

尿液不经尿道口而是由泌尿系统的漏口以滴状流出的,称为漏尿。尿瘘,是指泌尿系统与其他系统或部位之间有异常通道形成,主要为泌尿生殖道瘘。常见的外伤为骨盆骨折、外阴骑跨伤、粗暴性交和会阴局部损伤等。

三、法医学鉴定

血、尿液检查,是诊断肾损伤的重要依据。X线片可显示有无骨折、血气胸、膈下气体等。尿路造影对损伤分类有较大帮助。B超检查对肾损伤的形态改变和血肿判断,尤其是肾周血肿和尿外渗的诊断价值最大。CT扫描,该检查使用方便、结果准确,对肾损伤的诊断和分类准确性高。MRI可显示肾周积液(血)、尿囊肿等。

(一)损伤程度鉴定

依据2014年1月1日起施行的《人体损伤程度鉴定标准》相关规定进行鉴定,部分条款与腹部损伤或神经系统损伤相同或有交叉,可参照应用。

1. 重伤一级:肾功能不全(尿毒症期)。

2. 重伤二级:输尿管损伤致尿外渗,须手术治疗;腹部损伤致肠瘘或者尿瘘;肾周血肿或者肾包膜下血肿,须手术治疗;肾功能不全(失代偿期);肾损伤致肾性高血压;外伤性肾积水;外伤性肾动脉瘤;外伤性肾动静脉瘘;膀胱破裂,须手术治疗;后尿道破裂,须手术治疗;尿道损伤致重度狭窄;直肠阴道瘘;膀胱阴道瘘;直肠膀胱瘘;重度排尿障碍。

3. 轻伤一级:肾功能不全(代偿期);前尿道破裂,须手术治疗;输尿管狭窄。

4. 轻伤二级:肾包膜下或者实质内出血;急性肾功能障碍(可恢复);一侧输尿管挫裂伤;膀胱挫裂伤;尿道挫裂伤;轻度排尿障碍。

5. 轻微伤:外伤性血尿。

(二)伤残等级评定

1. 工伤伤残评定

依据《工标》进行评定。

一级伤残:双侧肾切除或孤肾切除术后,用透析维持或同种肾移植术后肾功能不全尿毒症期；肾功能不全尿毒症期，内生肌酐清除率持续 <10mL/min，或血浆肌酐水平持续 >707μmol/L（8mg/dL）。

二级伤残：孤肾部分切除后，肾功能不全失代偿期；肾功能不全尿毒症期，内生肌酐清除率 <25mL/min 或血浆肌酐水平持续 >450μmol/L（5mg/dL）；职业性膀胱癌。

三级伤残：一侧肾切除，对侧肾功能不全失代偿期；双侧输尿管狭窄，肾功能不全失代偿期；永久性输尿管腹壁造瘘；膀胱全切除。

四级伤残：肾修补术后，肾功能不全失代偿期；输尿管修补术后，肾功能不全失代偿期；永久性膀胱造瘘；重度排尿障碍；神经原性膀胱，残余尿≥50mL。

五级伤残：一侧肾切除，对侧肾功能不全代偿期；一侧输尿管狭窄，肾功能不全代偿期；尿道瘘不能修复者；肾功能不全失代偿期，内生肌酐清除率持续 <50mL/min 或血浆肌酐水平持续 >177μmol/L（>2mg/dL）。

六级伤残：肾损伤性高血压；尿道狭窄经系统治疗 1 年后仍需定期行扩张术；膀胱部分切除合并轻度排尿障碍；中毒性肾病，持续性低分子蛋白尿伴白蛋白尿；中毒性肾病，肾小管浓缩功能减退。

七级伤残：一侧肾切除；膀胱部分切除；轻度排尿障碍；肾功能不全代偿期，内生肌酐清除率 <70mL/min。

八级伤残：尿道修补术；中毒性肾病，持续低分子蛋白尿。

2. 人体损伤致残程度评定

依据《人体损伤致残程度分级》标准相关条款规定进行评定。

一级伤残：双肾切除术后或者孤肾切除术后，需透析治疗维持生命；肾移植术后肾衰竭。

二级伤残：肾衰竭。

三级伤残：一侧肾切除术后，另一侧肾功能重度下降。

四级伤残：肾功能重度下降；双侧肾上腺缺失；膀胱完全缺失或者切除术后，行永久性输尿管腹壁造瘘或者肠代膀胱并永久性造口。

五级伤残：一侧肾切除术后，另一侧肾功能中度下降；肾移植术后，肾功能基本正常；肾上腺皮质功能明显减退；永久性输尿管腹壁造口；尿瘘难以修复。

六级伤残：肾功能中度下降。

七级伤残：一侧肾切除术后；永久性膀胱造口；膀胱部分切除术后合并轻度排尿功能障碍；原位肠代膀胱术后；尿道狭窄（重度）或者成形术后。

八级伤残：损伤致肾性高血压；肾功能轻度下降；一侧肾上腺缺失；肾上腺皮质功能轻度减退；输尿管损伤行代替术或者改道术后；膀胱大部分切除术后。

九级伤残:一侧肾部分切除术后;膀胱部分切除术后;输尿管狭窄成形术后;输尿管狭窄行腔内扩张术或者腔内支架置入术后;尿道狭窄(轻度)。

十级伤残:肾、输尿管或者膀胱修补术后;肾、输尿管或者膀胱修补术后;尿道修补术后。

第二节　男性生殖系统损伤

一、男性生殖系统解剖生理简述

男性性器官可分为外性器官及内性器官两部分。外性器官包括阴茎及阴囊,内性器官包括睾丸、附睾、输精管、射精管,以及附属腺如前列腺、精囊、尿道球腺。

(一)阴茎

阴茎由2个阴茎海绵体(位于背侧)和1个尿道海绵体(位于腹侧)组成。阴茎海绵体是阴茎的勃起组织,当损伤或病变累及海绵体组织时,可以引起阴茎勃起功能障碍。阴茎有三层筋膜,即白膜、深筋膜和浅筋膜。阴茎海绵体白膜较坚实,在阴茎勃起时,白膜一方面限制阴茎的过分膨胀,另一方面在阴茎勃起状态下,白膜的牵拉和挤压可以限制静脉血液的回流,对于维持和发展阴茎的勃起硬度是非常重要的。当白膜损伤或病变时,阴茎虽能膨胀,但无硬度,形成所谓的无效勃起。阴茎深动脉、阴茎背动脉、尿道动脉及球动脉均发自阴部内动脉。阴茎深动脉是阴茎的主要供血管。阴茎深动脉与阴茎勃起关系密切。而过量的静脉血液流出也影响海绵内压力,致使阴茎不能勃起或虽能勃起,但难以维持足够的硬度。阴茎的神经,有阴茎背神经、副交感神经、交感神经和躯体感觉—运动神经。副交感神经是阴茎勃起兴奋的主要传导通路。副交感神经兴奋时,阴茎血管扩张,注入海绵体的血流增加,而致阴茎膨胀。

阴茎勃起是复杂的神经生理反射,需要具备正常解剖结构的阴茎勃起组织、健全的血管分布和神经反射,以及有适当的性刺激与性兴奋,并受内分泌激素水平、心理因素、全身健康状态、环境等多种条件的影响和制约。以适当的雄激素水平为基础,当性兴奋和生殖器感觉神经感受器受刺激后,冲动传入脊髓初级兴奋中枢和皮层高级中枢,激活达一定程度后释放冲动,再传导至阴茎勃起中枢,使之兴奋并导致阴茎勃起,进入兴奋期;经过性交过程,并接受心因性或反射性刺激,经持续期,性刺激和性兴奋达到射精中枢的阈值时引起射精,进入性高潮;

再后进入消退期，阴茎疲软，完成性反应周期。

当副交感神经纤维损伤或病变时，将影响阴茎勃起的“血管相”，而引起阴茎勃起障碍。交感神经兴奋对阴茎勃起有双向调节作用，即既能发动阴茎小动脉及海绵体腔隙平滑肌的舒张诱导阴茎勃起，亦能诱导血管收缩而使阴茎松软。躯体感觉—运动神经包括阴部骶髓反射通路和阴部皮层反射通路。阴部骶髓反射的意义在于性交时来自阴茎体、龟头和包皮等处的刺激能够反射性地引起阴茎勃起，同时兴奋阴部神经的运动神经传出纤维引起海绵体肌及盆底肌反射性收缩，因而能够发展并保持阴茎勃起时具有足够的硬度和时间，以保证性交顺利完成。如果仅运动纤维受损或病变，阴茎可以膨胀，但缺乏足够的硬度和时间，而出现所谓的“肌肉相”阴茎勃起障碍。

一般认为，与性有关的体感和视觉信息处理与丘脑有关；与性有关的嗅觉信息处理与扣带回、隔区及海马回有关；与性有关的情感及记忆等与边缘系统、颞叶和前叶皮质有关。这些结构将有关处理后的信息经不同的传导通路下传至脊髓的交感和副交感中枢，从而调节阴茎勃起。凡是累及上述结构的损伤或病变，如颞叶损伤、脑血管意外的人，常会出现阴茎勃起功能障碍。影响阴茎勃起的常见原因有：(1)阴茎海绵体平滑肌细胞数量减少；(2)神经介质分泌不足；(3)手术和外伤；(4)阴茎病变；(5)血管功能下降，如动脉硬化、狭窄、闭塞等致阴茎血流充盈不足；(6)心理、精神、全身性疾病等。射精与勃起是性兴奋过程中两个完全独立的组成部分，需要通过泌尿生殖系统各部分的协调动作来完成。

当性刺激和性兴奋达到射精中枢的阈值时，才能引起射精。首先是附睾、输精管、前列腺、精囊的平滑肌渐次收缩，将精液输送至后尿道，同时膀胱颈部和尿道括约肌收缩以防止精液逆流进入膀胱或尿液进入后尿道；其次是会阴部肌肉，包括坐骨海绵体肌、球海绵体肌等肌肉反射性节律性收缩，将精液从尿道外口排出。大脑皮层的高度兴奋、阴茎的高敏感性和过度疲劳等，可使射精过程缩短，发生早泄；膀胱颈部关闭障碍或局部神经损伤等，可导致逆行射精；内分泌疾病、性腺功能低下、生殖系统发育异常或损伤、脊髓损伤、药物作用、心理及精神因素等，均可导致不射精。

(二)阴囊

阴囊位于阴茎根部下后方和两侧大腿根部之间，呈囊袋状。阴囊正中有一纵向中膈(阴囊隔)，将阴囊内腔分隔成左右两腔，各容纳一个睾丸、附睾及下段精索。阴囊有易于收缩和伸展的特点，且血液循环极为丰富，阴囊皮肤富有汗腺和皮脂腺，均有利于局部温度的升降，维持阴囊相对较低的温度。

阴囊的动脉阴部外动脉、阴囊后动脉和精索外动脉，各分支在阴囊壁内互有吻合。回流血管形成静脉网,汇合成静脉后与同名动脉伴行,除阴部外静脉注入大隐静脉外,其余注入阴部内静脉或阴部静脉丛。由于阴囊的局部解剖特点,当发生外伤或手术止血不彻底时容易形成巨大的血肿。支配阴囊的神经有髂腹股沟神经、股神经阴囊支、阴囊后神经和股后皮神经会阴支。阴囊的生理功能是保护阴囊内容物,除可缓冲外力机械性撞击外,最重要的是能调节睾丸温度,以适于精子的生长和发育。阴囊温度低于体温3℃以上,而睾丸温度和体温之间的温差是保证精子发生的重要条件之一。

(三)睾丸

睾丸具有产生精子及男性激素的双重功能,单个睾丸重10~15g。睾丸上端由精索、附睾头悬吊,并有分布于睾丸的血管、神经和淋巴管出入,下端游离,后缘与附睾相连。

睾丸表面除了与附睾连接外,其余全部由睾丸鞘膜脏层覆盖,之下是坚韧的白膜。在支持细胞的营养和分泌功能作用下,精原细胞在曲细精管内发育成长,经过一系列连续分化发育,最终成为精子,经睾丸网及输出小管进入附睾。间质细胞位于睾丸间质内,能分泌雄激素——睾酮和少量雌激素。睾酮对于性别的分化、第二性征及附属性腺器官的发育与维持、精子的发生与成熟、性欲的唤起与维持、阴茎的勃起功能等具有重要作用。

睾丸损伤后,由于生精及内分泌功能障碍,有可能引起生育能力低下或不育以及性功能障碍,如性欲下降和阴茎勃起功能障碍等。

(四)附睾

附睾为一对细长的扁平器官,主要由附睾管构成。附睾有贮存精子及吸收、分泌、浓缩等功能,供给精子营养,并促进其继续分化成熟。睾丸内的精子并不成熟,无运动能力。精子在附睾内完成其全部成熟过程约需要14天。

附睾损伤后主要影响精子的成熟,从而影响生殖能力。

(五)精索、输精管与射精管

精索始于腹股沟管腹环,经腹股沟管及皮下环入阴囊,终于睾丸后缘,全长11.5~15cm。精索由进出睾丸的血管、淋巴管、神经、输精管、部分提睾肌及包裹上述组织的筋膜组成。输精管是精索内主要结构,是附睾与后尿道之间输送精子的唯一通道,全长约40cm。射精管是由输精管壶腹与精囊管汇合而成,长约2cm。射精管穿过前列腺,开口于精阜两侧尿道前列腺部。精液经射精管射入后尿道。

输精管和射精管损伤可引起射精障碍,单侧损伤时,有可能引起生育能力低下或不育;双侧损伤时,则引起不育。

(六)精囊腺、前列腺与尿道球腺

精囊腺为成对的腺性囊状器官,位于输精管壶腹的外侧、前列腺与膀胱颈的后上方。精囊腺分泌物是精浆的重要成分,富有果糖,对精子在生殖道外面的生存至关重要。前列腺是肌性腺体组织器官,重约18g,分泌前列腺液,组成精液中精浆的一部分。尿道球腺位于尿道膜部两侧,分泌一种透明黏液性的液体,排入尿道球部。此种液体往往在射精之前排出,使尿道和阴茎头滑润,便于性交和精液的输出,并且还中和尿道内的酸性环境,以利于精子的活动。

二、男性生殖系统损伤类型

(一)阴茎损伤

阴茎损伤多见于枪弹伤、刺伤、挤压伤、咬伤、切割伤和绞轧伤,交通事故、工伤事故中复合伤也可损伤阴茎。(1)阴茎挫伤。受伤部位皮肤与皮下组织发生瘀血、血肿,疼痛并有明显触痛。(2)阴茎撕裂伤。皮肤、皮下组织或阴茎海绵体被撕裂或挫裂,伤口边缘不齐,周围组织损伤较重,出血多,疼痛。(3)阴茎横断伤。锐器切割阴茎或直接钝性暴力所造成,可部分、完全性横断。(4)阴茎折断伤。阴茎勃起时遭受钝性暴力作用(如撞击、弯折、粗暴性交等)可致阴茎海绵体折断。因海绵体出血及白膜破裂而形成皮下血肿,血肿范围有时较广,甚至伴有休克。(5)阴茎脱位。在暴力的作用下,阴茎头部周围的包皮呈环形裂开,阴茎脱离其覆盖的皮肤而被推挤到阴囊根部、腹下部或大腿根部的皮下。如果合并尿道损伤,则有尿外渗。(6)阴茎皮肤撕脱。阴茎皮肤可连同衣着一起,被转动的机器或车轮等绞缠而撕脱,常累及阴囊。(7)阴茎绞轧。如阴茎勃起功能障碍使用环形助勃器方法不当,将金属环或弹性线圈等套扎在阴茎上,因绞轧引起阴茎的血液循环障碍,绞轧远端发生水肿和变色,缺血病变的深度和范围取决于绞轧的程度。绞轧物常嵌入肿胀的组织,使血液循环障碍更趋严重,甚至可使绞轧处及阴茎远段坏死。

(二)阴囊损伤

阴囊损伤多见于斗殴过程中拳脚、物体直接打击或抓捏所致,也见于交通事故、工伤事故中的损伤或骑跨伤等。阴囊损伤可分闭合性和开放性损伤两类,包括挫伤、裂伤、切割伤、撕脱伤、挤压伤、穿通伤、火器伤等。损伤严重时多合并睾丸、精索,甚至阴茎、尿道、直肠及会阴部的损伤。因其解剖组织学结构特点,阴囊损伤后局部容易形成明显的水肿或血肿。撕脱伤在阴囊损伤中所占比例较大,可形成阴囊部分或全部皮肤撕脱、缺失,甚至可波及阴茎和股部的皮肤。

(三)睾丸、附睾、输精管损伤

睾丸闭合性损伤多因直接暴力所致,见于打架斗殴时被脚踢、抓捏或挤压、骑跨致伤,造成睾丸间质出血灶、曲细精管破裂和睾丸肿胀或破裂,并有阴囊瘀血斑等。睾丸开放性损伤包括枪弹伤、刺伤、撕裂伤等,易致睾丸破裂,均会合并有阴囊损伤,可致睾丸组织外露或缺损。睾丸扭转多发生于青少年,因外伤、剧烈运动时睾丸活动过度、提睾肌痉挛等引起。单纯的附睾和输精管损伤极罕见,多伴随有睾丸损伤。

(四)前列腺损伤

直接或间接的外界暴力损伤可导致前列腺受损,常合并膀胱、骨盆与尿道的损伤。临床检查或手术时,有时也可损伤前列腺。前列腺损伤可出现血尿、尿潴留、尿道疼痛、尿外渗、尿失禁等症状。

(五)创伤后性功能障碍

男性性功能障碍,是指性生活有关环节的功能发生改变,影响正常性生活的总称,包括性欲异常(性欲低下或亢进)、勃起障碍(阳痿或异常勃起)、性交疼痛、射精障碍(早泄、不射精、逆行射精等),并以勃起障碍中的阳痿最为常见。

外伤后阳痿常见于阴茎外伤、睾丸及输精管道损伤、颅脑损伤、脊髓损伤、骨盆骨折、尿道损伤和医源性损伤等。

当双侧睾丸严重损伤、机化、萎缩而切除后而丧失功能时,循环血液中睾酮水平严重下降,将有可能引起不同程度的性欲低下、阴茎勃起功能障碍等。

脊髓损伤后,因可能影响阴茎勃起的脊髓中枢,同时也可影响阴部感觉和运动神经与大脑皮层高级中枢的联系,引起神经性阴茎勃起功能障碍;脊椎关节脱位、外伤性椎间盘突出、椎体骨折等可引起脊髓压迫或断离、脊神经根压迫等而影响神经传导,引起阴茎勃起功能障碍。骨盆骨折亦可伤及盆腔或阴部神经,引起阴茎勃起功能障碍。

医源性损伤,如前列腺摘除术、膀胱全切术、直肠癌根治术、后尿道手术、交感神经切除术、腹膜后淋巴清扫术等,均可伤及勃起神经和血管等而造成术后阳痿。

三、法医学鉴定

(一)男性生殖系统损伤的检查

法医学鉴定应详细了解健康史,结合损伤情况、治疗经过、法医学检查及特殊检查作出判断,必要时应会同有关泌尿外科、男性科专家等进行会诊。

阴茎勃起功能障碍(ED)相关检查主要有以下几种。

(1)实验室检查。①常规检查包括:血、尿常规,肝、肾功能,空腹血糖,餐后血糖,糖耐量试验,血胆固醇,甘油三酯,低密度和高密度脂蛋白等,以除外慢性肝肾疾病、糖尿病、动脉粥样硬化等疾病。②激素序列测定,包括血浆睾酮(T)、促黄体激素已(LH)、促卵泡激素(FSH)、促乳激素(PRI)、雌二醇(E_2)、甲状腺素(T_3T_4)等。此外,还可选做刺激试验,如HCG和氯米芬刺激试验。

(2)夜间阴茎勃起试验(NPT)。夜间阴茎勃起试验,是指正常男性在夜间睡眠快速动眼期发生的自然勃起现象,从婴儿到老年人都可发生,每夜可有2~3次。

(3)视听觉性刺激试验(AVSS)。让被检人在专门的实验室内,观看艳情影像,通过视听觉刺激大脑皮层中枢引起心理性勃起,同时记录测量阴茎皮肤温度、阴茎周径增大值、阴茎硬度,描绘3条曲线,比较试验前后的变化。

(4)阴茎血管功能检查。①阴茎海绵体血管活性药物注射试验(ICI)。目前常用药物有罂粟碱、酚妥拉明、前列腺素E_1。其机制是这些血管活性药物都具有类似内源性神经递质的作用,可以使阴茎动脉扩张,海绵窦平滑肌松弛,压迫回流静脉使其回流受阻,继而使阴茎海绵体内血量增加,压力升高,使阴茎充分勃起。②阴茎肱动脉血压指数测定(PBI)。采用多普勒超声监听仪测量阴茎两侧背动脉收缩血压,计算其与肱动脉收缩血压的比值,若比值>075提示阴茎动脉供血正常,若PBI<0.6提示阴茎动脉供血障碍。③阴茎彩色双功能多普勒超声检查(PCDDU)。可以显示阴茎海绵体、尿道海绵体及白膜的结构,提实时图像,同时可获得高分辨率的阴茎血管图像,测定血流流率。结合ICI,观察注射前后阴茎血流情况,对了解阴茎动脉供血和静脉闭合情况均有帮助。④其他。除上述检查外,还可选做阴茎海绵体测压/造影术,选择性阴茎动脉造影术,阴茎海绵体穿刺活检术等。

(5)神经电生理学检测。①球海绵体肌反射潜伏期(BCR)。刺激阴茎头引起球海绵体肌及肛周其他肌群收缩并通过肌电图记录。正常BCR传导时间25~42ms。若BCR>50ms时考虑神经源性ED及下神经原病变。②阴茎背神经—躯体感觉神经诱发电位(DSEP)。可用来对全部阴部传入神经通路做客观的神经电生理学评价。

(二)损伤程度鉴定

依据2014年1月1日起施行的《人体损伤程度鉴定标准》进行鉴定。

1.重伤一级:阴茎及睾丸全部缺失。

2.重伤二级:龟头缺失达冠状沟双侧睾丸损伤,丧失生育能力;双侧附睾或者输精管损伤,丧失生育能力;器质性阴茎勃起障碍(重度)。

3.轻伤一级:龟头缺失1/2以上;一侧睾丸或者附睾缺失;一侧睾丸或者附睾萎缩;器质性阴茎勃起障碍(中度)。

4.轻伤二级:龟头部分缺损;阴茎撕脱伤;阴茎皮肤创口或者瘢痕长度2.0cm以上;阴茎海绵体出血并形成硬结;阴囊壁贯通创;阴囊皮肤创口或者瘢

痕长度累计4.0cm以上;阴囊内积血,2周内未完全吸收;一侧睾丸破裂、血肿、脱位或者扭转;一侧输精管破裂;器质性阴茎勃起障碍(轻度)。

5.轻微伤:会阴创;阴囊创;阴茎创;阴囊皮肤挫伤;睾丸或者阴茎挫伤。

(三)伤残等级评定

1.工伤伤残评定

依据《工标》标准进行评定。

五级伤残:两侧睾丸、副睾丸缺损;放射性损伤致生殖功能重度损伤;阴茎全缺损;放射性损伤致睾丸萎缩。

六级伤残:两侧睾丸创伤后萎缩,血睾酮低于正常值;放射性损伤致生殖功能轻度损伤;双侧输精管缺损,不能修复;阴茎部分缺损。

八级伤残:一侧睾丸、副睾丸切除;一侧输精管缺损,不能修复;脊髓神经周围神经损伤,或盆腔、会阴术术后遗留性功能障碍者。

2.人体损伤致残程度评定

依据《人体损伤致残程度分级》标准相关条款规定进行评定。

三级伤残:阴茎接近完全缺失(残留长度≤1.0cm);未成年人双侧睾丸缺失或者萎缩,完全丧失功能。

五级伤残:双侧睾丸缺失或者完全萎缩,丧失生殖功能;双侧睾丸缺失或者完全萎缩,丧失生殖功能;阴茎大部分缺失(残留长度≤3.0cm)。

六级伤残:未成年人双侧睾丸萎缩,部分丧失功能;睾丸或者附睾损伤,生殖功能重度损害;双侧输精管损伤难以修复;阴茎严重畸形,不能实施性交行为。

七级伤残:未成年人一侧睾丸缺失或者严重萎缩;睾丸损伤,血睾酮降低,需药物替代治疗;未成年人一侧睾丸缺失或者严重萎缩;阴茎畸形,难以实施性交行为。

八级伤残:一侧睾丸缺失;阴茎冠状沟以上缺失;睾丸或者附睾损伤,生殖功能轻度损害;阴茎皮肤瘢痕形成,严重影响性交行为。

九级伤残:一侧附睾缺失;一侧输精管损伤难以修复。

十级伤残:阴茎头部分缺失;睾丸破裂修补术后;一侧输精管破裂修复术后。

第三节 女性生殖系统损伤

一、女性生殖系统解剖生理简述

女性生殖系统包括女性内、外生殖器官及其相关邻近组织。

女性外生殖器又称外阴,包括耻骨联合至会阴及两股内侧之间的组织,有阴阜、大小阴唇、阴蒂及阴道前庭。大阴唇为靠近两股内侧的一对纵长的皮肤隆起,皮下脂肪含有丰富的血管、淋巴管和神经。小阴唇为位于大阴唇内侧的一对较薄的皮肤皱襞,含有丰富的神经末梢。两侧小阴唇前端融合形成阴蒂包皮,后叶与对侧结合形成阴蒂系带。阴蒂位于两小阴唇顶端的联合处,与男性阴茎海绵体相似,具有勃起性。阴道口覆有一层较薄的黏膜称为处女膜,膜的两面均为鳞状上皮所覆盖,其中央有一小孔,形状因人而异。处女膜多在初次性交时破裂,受分娩影响产后仅残留处女膜痕。处女膜也可因非性交原因破裂。

女性内生殖器包括阴道、子宫、输卵管和卵巢。阴道位于真骨盆的中央,是由肌肉、黏膜组成的管道,为性交器官,也是经血排出与胎儿娩出之通道。阴道有丰富的血管供应,损伤后易发生血肿。子宫是以肌肉为主组成的器官。子宫壁由三层组成,即浆膜层、肌层和黏膜层。输卵管分为间质、峡、壶腹和漏斗部分,输卵管肌肉具有节律性运动,与输卵管纤毛共同输送受精卵至宫腔,并受性激素的影响而有周期性变化。卵巢为一对扁椭圆形的性腺,具有生殖和内分泌功能,产生和排出卵细胞及分泌性激素。

女性乳房是副性器官,是女性形体美的重要组成部分,在性活动中占有重要位置,也列入女性生殖系统范畴。

二、女性生殖系统常见损伤

(一)外阴血肿

骑跨、暴力踢打外阴或性交不当,致外阴局部血管破裂并在皮下潜行出血形成外阴血肿。血肿较大时甚至可以压迫尿道而致尿潴留。外阴血肿术后可留下疤痕影响性功能及生育。

(二)外阴裂伤

外阴裂伤,分为处女膜裂伤及外阴其他部位裂伤。处女膜破裂一般在第一次性交时发生。强奸或暴力性交,偶尔可导致处女膜过度裂伤,甚至导致阴道下段的撕裂伤;幼女因处女膜及阴道狭小,强奸时一般仅见阴道前庭部擦伤,但如用暴力强行插入阴茎,则可引起外阴、阴道、会阴的广泛撕裂伤。处女膜裂伤偶尔可见于骑跨伤、异物插入或运动时,因此法医鉴定时应慎重鉴别。

(三)阴道裂伤

阴道裂伤常见原因有暴力性交、异物和药物所致。哺乳期、阴道痉挛、绝经期或粗暴性交时可导致阴道裂伤,幼女或强奸案中也有发生。阴道用药剂量过大,浓度过高,或误将腐蚀性药物放入阴道均可导致损伤。异物损伤常发生于幼女、精神失常患者、性虐待者或手术后。

(四)子宫破裂或穿孔

妊娠子宫较大时,由于外力作用于腹壁,如交通事故、跌倒或刀伤,均可使子宫发生破裂或形成贯通伤。异物插入可以导致子宫穿孔,甚至损伤腹腔内肠管和膀胱。人流、安环等操作不当可致子宫穿孔。妊娠中期引产药物使用不当导致子宫收缩过强、梗阻性分娩也可能发生自发性破裂。子宫破裂分为子宫完全破裂和不完全性破裂。子宫完全破裂是指宫壁全层破裂,使宫腔与腹腔相通。子宫不完全性破裂是指子宫肌层全部或部分破裂,浆膜层尚未穿破,宫腔与腹壁未相通。

(五)乳房损伤

乳房是胸前壁的一部分,胸前壁的机械性损伤、烧伤和化学性损伤均可能累及乳房。女性乳房的损伤除上述一般损伤外,多与性侵犯和性报复有关。性暴力驱使下形成的乳房损伤包括擦挫伤、裂伤、咬伤、切割伤、灼伤、电击伤、化学性损伤、部分或全部缺失等。

(六)外伤并发症与后遗症

女性生殖系统损伤后导致一系列并发症和后遗症,引起女性生殖功能及性功能发生障碍,从而造成性功能丧失、生育功能丧失或致残等后果。强奸或性暴力犯罪,非法引产造成的损伤还会给被害人留下严重的精神创伤。

1. 直肠阴道瘘

分娩或异物外伤可导致直肠阴道瘘,会阴Ⅲ度撕裂伤,修补不及时和愈合不良也可导致直肠阴道瘘。

2. 膀胱或尿道阴道瘘

分娩、妇科手术等导致阴道损伤所致,患者感觉长期有尿液自阴道溢出。

3. 生育功能丧失

子宫破裂穿孔导致子宫全切者将丧失生育能力、子宫颈口撕裂伤或子宫颈、宫腔严重粘连者可致不孕、子宫及盆腔内生殖器严重外伤损伤输卵管和卵巢可致女性内分泌和排卵功能障碍,阴道严重粘连、狭窄、闭锁,可导致分娩发生困难。

4. 性功能障碍

女性外阴、阴道严重损伤后可形成瘢痕、粘连、狭窄、闭锁,导致女性性交障碍。阴道瘘者常因泌尿生殖系统感染而影响性交能力。

三、法医学鉴定

对女性生殖系统检查,尤其是女性性功能障碍的鉴定应包括详细的病史资料、系统的体格检查和必要的实验室检查。详细询问有无精神创伤史、有无创伤性性经历、有无外伤史、手术史。了解有无全身慢性疾病史及妇科病史等。除常规检查心、肺、肝、脾、肾等有无异常外，应重点检查第二性征发育及生殖器官有无异常。对生殖器官的检查应注意有无先天性畸形、有无外伤后遗留的瘢痕、有无炎症和妇科疾病及性传播疾病等。常规检查血尿常规、肝肾功能、空腹血糖、餐后血糖、糖耐量试验、血胆固醇、甘油三酯、低密度和高密度脂蛋白等，以除外慢性肝肾疾病、糖尿病和动脉粥样硬化等。激素测定应包括促黄体激素（LH）、促卵泡激素（FSH）、促乳激素（PRL）、雌激素（E_2）、甲状腺激素（T_3；T_4）、孕酮（P）、睾酮（T）等。

根据有确切的外伤史、伤前及伤后性生活改变情况、详细的病史资料、结合系统全面的体格检查及必要的实验室检查，一般均能作出正确的诊断。

（一）损伤程度鉴定

依据2014年1月1日施行的《人体损伤程度鉴定标准》进行鉴定。

1. 重伤一级：子宫及卵巢全部缺失。

2. 重伤二级：女性双侧乳房损伤，完全丧失哺乳功能；女性一侧乳房大部分缺失；损伤致早产或者死胎；损伤致胎盘早期剥离或者流产，合并轻度休克；子宫破裂，须手术治疗；卵巢或者输卵管破裂，须手术治疗；阴道重度狭窄；幼女阴道Ⅱ度撕裂伤；女性会阴或者阴道Ⅲ度撕裂伤；膀胱阴道瘘。

3. 轻伤一级：女性一侧乳房损伤，丧失哺乳功能；一侧卵巢缺失或者萎缩；阴道轻度狭窄。

4. 轻伤二级：女性一侧乳房部分缺失或者乳腺导管损伤；子宫挫裂伤；一侧卵巢或者输卵管挫裂伤；阴道撕裂伤；女性外阴皮肤创口或者瘢痕长度累计4.0cm以上；外伤性难免流产；外伤性胎盘早剥。

5. 轻微伤：女性乳房擦挫伤；会阴部软组织挫伤；外伤性先兆流产。

（二）伤残等级评定

1. 工伤伤残评定

依据《工标》标准进行评定。

五级伤残：双侧卵巢切除；阴道闭锁；会阴部瘢痕挛缩伴有阴道或尿道或肛门狭窄。

六级伤残：放射性损伤致生殖功能轻度损伤；女性双侧乳房完全缺损或严重瘢痕畸形；子宫切除；双侧输卵管切除。

七级伤残：女性双侧乳房部分缺损；阴道狭窄。

八级伤残：脊髓神经周围神经损伤，或盆腔、会阴术术后遗留性功能障碍者；单侧输卵管切除；单侧卵巢切除；女性单侧乳房切除或严重瘢痕畸形。

九级伤残：一侧卵巢部分切除；乳腺成形术后。

十级伤残:乳腺修补术后。

2. 人体损伤致残程度评定

依据《人体损伤致残程度分级》标准相关条款规定进行评定。

三级伤残:未成年人双侧卵巢缺失或者萎缩,完全丧失功能。

五级伤残:直肠阴道瘘难以修复;阴道严重狭窄(仅可容纳一中指)。

六级伤残:双侧卵巢缺失或者萎缩,完全丧失功能;双侧卵巢缺失或者萎缩,完全丧失功能;未成年人双侧卵巢萎缩,部分丧失功能;会阴部瘢痕挛缩伴阴道狭窄。

七级伤残:子宫大部分切除术后。

八级伤残:一侧输卵管和卵巢缺失;阴道狭窄。

九级伤残:一侧卵巢缺失或者丧失功能;一侧输卵管缺失或者丧失功能;子宫部分切除术后。

十级伤残:子宫或者卵巢修补术后;外阴或者阴道修补术后。

第八章　脊柱与四肢损伤

第一节　脊 柱 损 伤

一、概述

脊柱由椎骨、椎间盘、关节和韧带等组成。人体共有 33 块椎骨，椎骨由椎体、椎弓根、椎板、关节突、横突和棘突组成。椎体主要为松质骨，易受挤压变形。椎间盘由软骨板、纤维环和髓核 3 部分组成。脊柱韧带包括前纵韧带、后纵韧带、黄韧带、棘间韧带、横突间韧带等。脊柱的稳定取决于椎骨、椎间盘、韧带结构及附着在脊柱四周的肌肉。

脊柱起支持体重、传递重力和保护脊髓、脊神经根等作用，并参与胸腔、腹腔和盆腔的构成。（见图 8－1）

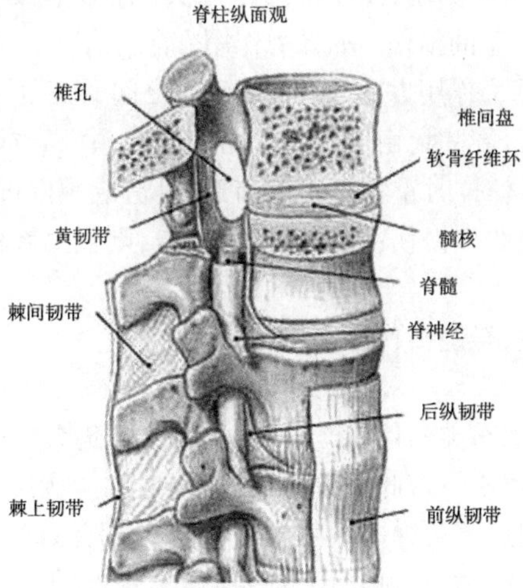

图 8－1　正常脊柱解剖

正常脊柱有颈、胸、腰和骶 4 个生理弧度，颈段和腰段前凸，胸段和骶段后凸,故脊柱侧面观呈“S”形。颈段、腰段可以作屈、伸、左右侧偏及旋转活动。椎骨、椎间盘及韧带组成的运动节段可纵向分为3条柱状结构,前纵韧带、椎体和椎间盘的前2/3为前柱,后纵韧带、椎体和相应椎间盘的后1/3为中柱,所有的附件及其间的韧带结构为后柱。

二、损伤原因和类型

多为间接暴力,常见车祸、高坠及重物打击,是脊柱及脊髓损伤的主要原因;直接暴力,如枪弹、刺划等,常致局部骨折,而脊柱的稳定性一般无严重影响,但相对较为少见。

(一)损伤原因

1. 高坠

可为足、臀、背、头等部着地,与地面的撞击力可传导至脊柱,此时若胸、腰段因保护反射处于屈曲状态,则会进一步猛烈的屈曲,致椎体压缩骨折。若垂直坠落,纵向垂直暴力常致腰椎或颈椎爆裂骨折。若背部被空中、地面凸起物阻挡则可造成伸展性损伤。

头部着地可因部位不同引起颈椎不同轴向的过度运动,造成不同类型颈椎损伤,从头面部皮肤损伤的部位可分析推断损伤类型。

2. 重物打击

常见矿井塌方、房屋倒塌,钝性暴力作用头、肩部、背部时,此时因脊柱的姿势不同,可造成不同类型的损伤。如暴力作用方向与脊柱纵轴线之间的夹角小,则易发生椎体压缩;如暴力作用方向与脊柱纵轴线之间的夹角大,更易发生脱位。

钝性重物打击头颈部时,由于传导暴力和引起颈椎异常活动,其损伤类型不一。如头颈部处于后伸位时重物打击额前部,可造成颈椎过伸型损伤;重物落在枕部时将引起颈椎屈曲型损伤;头颅侧方受打击,则发生旋转型损伤。

3. 车祸

车祸是引起脊柱、脊髓损伤最常见的原因。

(1)挥鞭样损伤

当撞车时,躯干随车突然停止运动,而此时头颈仍会保持原有的速度向前运动,造成颈椎屈曲性损伤。若此时头部继续向前撞击到硬物上,又导致颈椎的过伸性损伤。头部前屈后再反弹向后发生过伸,此种突然而猛烈的屈伸交替活动可造成颈部椎体、脊髓、神经、血管韧带等损伤称颈椎的挥鞭样损伤。多见于高速行驶的车辆急刹车或撞车时。

在正常颈椎仰伸时,椎管内硬膜脊髓呈折叠样被压缩变短;而当前纵韧带断裂、椎间隙分离,可使脊髓反被拉长。在此情况下,如该伤者患有颈椎椎管狭窄,则易使脊髓嵌夹于突然前凸、内陷的黄韧带与前方的骨性管壁之中;尤其是椎管前方有髓核后突或骨刺形成的前提下,此种对冲性压力,最后易集中到脊髓中央管处,造成相应的损伤。

(2)安全带损伤

多见于乘坐高速汽车腰系安全带,在撞车的瞬间,躯体上部急剧前移并前屈,并以前柱为枢纽,后柱与中柱受到张力而破损。骨折线横行经过伤椎棘突、椎板、椎弓根与椎体,棘上韧带、棘间韧带及黄韧带断裂,暴力大者可同时伴有后纵韧带及椎间盘纤维环断裂,甚至椎体后柱的撕脱性骨折。典型表现椎体后缘高度增加,椎间隙后部张开。轻者可无神经症状,但严重骨折脱位伴有神经损伤。

(二)损伤类型

多为传导暴力引起脊柱超常活动而致损伤。以屈曲、压缩、旋转等暴力多见,一般由多种暴力联合作用。

1. 脊柱骨折、脱位

(1)屈曲压缩型骨折

最常见,脊柱前柱在压力下崩溃,后柱受牵张,中柱为活动枢纽,因此推体后缘高度可正常。可把此型骨折分为 3 度:①I 度:椎体前方楔形变,压缩小于 50%,中柱、后柱完好,脊柱稳定性好。②Ⅱ度:椎体楔形变伴椎体韧带复合结构损伤。X 线示棘突间距增大,可有关节突骨折或半脱位,日后可后遗腰痛。③Ⅲ度:前、中、后三柱均破裂。椎体后壁虽未受压缩,但后上缀破裂,骨折片可进入椎管内,致脊髓损伤。X 线可见骨折片位于骨折椎体与上位椎体的推弓根之间。当椎体前缘压缩超过 1/2 时,该节段可出现约 18°成角畸形;压缩 2/3 时,成角达 25°;如椎体前缘完全压缩,则成角可达 40°,因此,被压缩的椎体数目越多,则畸形角度越大。

(2)爆裂型骨折

垂直压缩暴力作用瞬间,脊柱处于直立位,常致椎体碎裂,造成前、中柱崩溃,椎体后壁塌陷伴椎板纵行骨折。当后壁骨片膨出或进入椎管内,可致硬脊膜前方受压。

(3)屈曲拉伸型骨折

系安全带乘客在高速行驶撞车的瞬间,身体上部前移并前屈,以前柱为枢纽,前柱仅受轻度压缩,中、后柱因拉伸力而破裂。此类损伤还可见于高处坠落或站立时腹部受撞击。与屈曲压缩型骨折的区别在于前柱极少压缩,后柱破裂明显。

(4)屈曲旋转型骨折脱位

前柱受压缩与旋转力作用,同时中、后柱受拉伸与旋转力,造成椎体骨折伴有关节突骨折脱位。前纵韧带从下椎体前剥离,后纵韧带常发生断裂,椎体后方的骨折块可进入椎管。脊柱稳定性严重破坏,如脱位超过1/4均伴有脊髓或马尾神经损伤。

(5)剪力型脱位

剪力型脱位又称平移性损伤,由水平方向暴力造成,如极度弯腰时背部受重物打击,或站立时背部受车辆等撞击。根据暴力作用方向,椎体可向前后或侧方移位,常伴关节突骨折;亦可因腰椎极度过伸致前纵韧带断裂,椎间盘前方受损,发生脱位骨折,当椎体移位超过椎体前后径1/4,表明脊柱的所有韧带均断裂受损,脱位处椎管封闭,导致瘫痪,可无椎体、推板骨折。

2. 椎间盘及韧带损伤

15~30岁年轻人中腰椎间盘突出的发生与损伤有明显的关系,如背部受剧烈打击,以高处坠落、汽车撞倒,抬重物时使用爆发力等。椎间盘遭受外力引起髓核突出,压迫神经根,逐产生相应症状与体征。纤维环边缘性撕裂创常见于纤维环的前方。

三、临床表现

(一)上颈椎损伤

1. 寰椎爆裂骨折

当头顶部受打击或高坠头顶着地时,垂直暴力传至枕骨髁,致寰椎双侧块分离,寰椎前、后弓薄弱部骨折。因椎管变宽,一般不会出现脊髓损伤。

2. 枢椎椎弓骨折

枢椎椎弓骨折又称绞死者骨折,为颈2上下关节突之间的椎弓峡部骨折。多由车祸或高坠所致,或额面部着地或下颌遭受到打击,头颅向后使颈椎过伸而造成。由于枢椎椎弓根骨折后,椎体向前移位,椎管的前后径增大,脊髓损伤较少。

3. 枢椎齿状突骨折

枕部受到打击,由水平剪切与轴向压缩暴力共同作用造成。因齿状突基底部血供差,骨折后常不愈合,从而影响寰枢区域稳定性,日后可造成颈髓压迫。无移位者早期易漏诊,移位者常伴寰椎关节脱位。

4. 寰枢关节脱位

上颈椎最常见的损伤,多见于运动和车祸受伤,通常暴力不大,有时轻微的扭转力即可发生半脱位。包括合并齿状突骨折的脱位和单纯寰椎前脱位两类。若未及时治疗,其脱位程度可能进行性加重,导致高位颈髓受压。当寰枢椎存在先天性发育畸形或老年患各类退行性骨关节病时,外伤更易诱发脱位、关节不稳定。较轻暴力即可能造成脱位,也可能是其陈旧性脱位的复发。

(二)下颈椎损伤

下颈椎损伤,是指3~7颈椎的损伤,系颈椎最常见的损伤部位,包括伸、屈、旋转和剪切等各种暴力均可造成低位颈椎骨折或脱位,常伴不同程度的脊髓和神经根损伤。

1. 双侧关节突关节脱位

双侧关节突关节脱位多见于高坠头颈部撞击地面,或重物直接打击,致颈部受暴力作用。有时在突然刹车时,头颈部因惯性作用而猛烈屈曲导致。当屈曲暴力作用时,颈椎活动节段的支点位于椎间盘中央偏后部,骤然屈曲的外力,引起上位颈椎的下关节突将关节囊撕裂而向后上方翘起,使移位的下关节突继续向前滑动移位,整个上位椎体也随之前移。当作用力消失后颈部肌肉收缩而呈弹性固定状态。临床表现有颈部疼痛、头部呈强迫性固定并略有前倾畸形、颈部肌肉痉挛、压痛广泛,可合并有脊髓或神经根损伤。

损伤节段椎管的形态严重破坏、容积变小,脊髓受到挤压或剪切力作用,严重者可致脊髓横断。X线片上可见损伤节段椎体向前移位。上位颈椎的下关节突位于下位颈椎上关节突的顶部或前方,棘突间距增大。

2. 单侧关节突关节脱位

当头部撞击地面或重物打击头颈部时,颈部屈曲伴一侧旋转,如上位颈椎关节向后旋转,另一侧下关节突向前方滑动,并超越下位颈椎的上关节突至其前方,造成椎间孔变形或狭窄,神经根受压,主要表现为颈部局限性疼痛,强迫性头颈倾斜及屈伸受限。侧位X线片典型的征象为脱位椎体向前移位的距离为椎体前后径的1/3。

3. 颈椎前半脱位

颈椎前半脱位多发生在成年人,损伤较隐匿,易被漏诊、误诊。屈曲暴力相对较小,不足以引起双侧关节突关节脱位或交锁、椎体压缩性骨折,仅引起颈椎前半脱位。在头部屈伸外力作用下,受力节段的两个椎体前方为压应力,颈椎后部结构为张应力,以椎间盘中央偏后为轴心,椎体前部为支点,张应力关节囊、棘间韧带、黄韧带等撕裂,外力持续作用导致上位颈椎的两下关节突向前滑动并分离移位。外力中止后,因颈部肌肉收缩作用,使半脱位的关节收缩回原位。也有的因关节囊嵌顿或小骨折片阻碍,仍保持半脱位状态。

4. 单纯椎体压缩骨折

屈曲伴垂直压缩暴力同时作用,致颈椎节段的椎体相互挤压引起楔形骨折。

严重者可合并椎间盘损伤并向椎管方向突出,致脊髓受压。表现为颈部疼痛、头颈部呈前倾僵直状态,棘突和棘突间隙压痛。

5. 颈椎爆裂骨折

颈椎爆裂骨折,为高坠重物打击或高坠头顶部撞击地面,致下颈椎爆裂骨折。椎体后部结构,如椎弓根、椎板和棘突可伴有骨折,后缘骨折片易进入椎管。主要表现为颈部疼痛、头颈部活动受限、颈部压痛广泛,多合并较严重的脊髓损害。X线特征表现是诊断的重要依据,侧位片示椎体粉碎性骨折,骨折片向前突出,向后突进椎管,颈椎生理弧度消失。CT、MRI可清楚显示椎体爆裂的形态和移位情况。

6. 屈曲型骨折脱位

屈曲型骨折脱位,由强大的屈曲压缩和旋转暴力造成,既有椎体骨折和椎间盘破裂,又有关节突脱位和广泛的韧带损伤。此类颈椎骨折极不稳定,常伴脊髓损伤。

7. 伸展型骨折脱位

伸展型骨折脱位较常见,多合并脊髓损伤,损伤特点是前纵韧带断裂,表现为下椎体前上角或上椎体前下角的小片状撕脱骨折和椎间盘前方的高度改变,其后部结构受挤压,上下椎板和关节突相互撞击而发生两个节段的附件骨折。

(三)胸腰椎损伤

脊柱骨折或脱位最常发生在胸椎与腰椎交界处,以胸11至腰2脊椎为多见。胸腰段脊柱有较大的活动度,又是胸椎后凸和腰椎前凸的转折点,且脊柱屈曲时以胸腰段为弯曲的顶点,因此最易由传导暴力造成屈曲型和屈曲旋转型损伤。

胸腰段脊柱损伤原因主要有:(1)间接暴力。高坠时足臀部着地,躯干猛烈前屈;弯腰时重物打击背、肩部,胸腰椎突然屈曲。屈曲型损伤最常见。少数为伸展型损伤,如从高空落下,中途或坠落时背部因某物而使脊柱过伸,为伸直型损伤,极为少见。(2)直接暴力。如刺伤或枪弹伤直接伤及胸腰部。(3)肌肉拉力。肌肉突然收缩致横突或棘突撕脱性骨折。胸腰段脊柱骨折若合并脊髓损伤,常为脊髓圆锥和马尾神经的混合损伤。

(四)附件损伤

单纯附件损伤常误诊为软组织损伤,X片检查也易漏诊,部分病例后遗腰痛及脊柱不稳定。

1. 棘突骨折

棘突骨折为肌肉猛烈收缩所致的撕脱性骨折,早期疼痛明显,不会后遗脊椎不稳。着力点小但速度快的致伤物亦可造成棘突合并椎板骨折，骨折片内陷，可致脊髓神经损伤。

2. 横突骨折

横突骨折为腰方肌剧烈收缩引起，可有腰背筋膜的广泛撕裂而引起腹后壁血肿，当血肿机化形成粘连，后遗慢性腰痛。

3. 关节突骨折

关节突骨折最易漏诊，斜位X片易发现。胸椎受屈曲旋转暴力作用时致一侧上关节突骨折，当骨折片向椎管内移位时可压迫脊髓。过伸暴力时可造成下关节突骨折，以腰部疼痛为主要症状。若未能有效治疗，关节突骨折会影响伤者负重活动。

4. 关节突间部骨折

关节突间部骨折或称峡部骨折，常发生于第5腰椎。多为剧烈的纵向压力造成，见于腰部遭猛烈打击，可伴发脊椎滑脱，导致脊柱不稳定。

四、脊椎损伤的并发症与后遗症

（一）脊柱不稳定

通过观察脊柱某些结构的损伤，判断对脊柱稳定性的影响。前屈暴力主要影响前柱，纵向压缩暴力波及中柱。若同时伴发后柱的损伤才会导致脊柱不稳。脊柱不稳定大致分为3类。(1)机械性不稳定：是前柱和后柱损伤或中柱和后柱损伤。两柱损伤者多为屈曲型或压缩型损伤，将脊柱固定于过伸位即可获得稳定性，又称轻度不稳。(2)神经性不稳定：由于中柱骨折移位，在椎体移位或塌陷加重时可能继发椎管狭窄导致迟发性神经损害。(3)复合型不稳定：兼有机械性及神经性不稳定，见于三柱均遭受损伤。

一般而言，稳定性骨折包括单纯性横突骨折、棘突骨折、关节突骨折；若骨折压缩程度 $<50\%$，椎体后壁完整，成角畸形小于 $20°$，属稳定性骨折；若压缩程度 $>50\%$，椎体后壁破裂，属不稳定性骨折；若椎体压缩伴有后部附件骨折、脱位或旋转，属不稳定性骨折。

另外，脊椎有前凸畸形，且前凸成角 $>20°$；或损伤平面侧方成角 $>10°$，或椎间盘牵拉距离 $>2mm$，或椎体间水平移位 $>3mm$，则考虑为不稳定。慢性不稳定是指伤后数月或数年内发生畸形和驼背加重者，并可能出现迟发性神经受损症状。如粉碎骨折、骨折压缩达1/2，若修复不良则晚期发生压缩程度加重。

（二）晚期腰背痛

脊椎损伤后遗腰背痛原因主要有损伤节段脊柱不稳、损伤脊柱后凸畸形、骨折未融合，致该段小关节对合关系改变，背部韧带牵拉，背部肌肉疲劳。脊柱后凸畸形段骨性愈合,其上下节段发生代偿性前凸,致小关节劳损或退变。骨折畸形或椎间孔狭窄致神经根受压。

(三)脊髓迟发性损害

脊柱损伤经过数月甚至数年,逐渐出现脊髓受损症状。常见椎体不稳所致的椎间盘突出及骨赘形成,椎体压缩或粉碎骨折处有骨质往后移位,脊柱后突成角,椎体静力性或动力性移位,致脊柱活动过程中脊髓受慢性损害,也可由椎管骨折后过多骨质向椎管内生长压迫脊髓导致。

上位脊柱创伤后畸形正常脊柱侧面观有生理性弯曲,颈椎轻度前凸,胸椎后伸,腰椎前凸,椎骨前倾。若脊柱的轴线弯曲,显著偏离正常状态,即为脊柱畸形。由于压缩性骨折、骨折脱位或脊柱手术后未能恢复脊柱生理弧度,有的甚至出现反向屈曲,导致脊柱外观畸形。而长期卧床休息,出现骨质疏松,会加重畸形的程度。

1. 后凸畸形

后凸畸形有颈后凸、胸后凸及腰后凸 3 种情况。后凸畸形者,椎体前线变短、椎体后柱增高,造成椎体楔形变、小关节脱位,胸廓变形,甚至整个胸腔容积变小。

2. 侧凸畸形

脊柱侧凸是脊柱的一段或几段脊柱向侧方弯曲,从而形成一个弧度。畸形不单侵犯脊柱、胸廓、肋骨、骨盆,甚至会影响下肢活动度。严重患者会妨碍呼吸功能、心功能,甚至脊髓变形而伴有截瘫。椎体在凸侧增大,同侧椎弓根、横突、椎板也随之侧凸,椎间盘凸侧增厚,对侧变薄,凸侧胸腔变窄,肋间隙变宽。

3. 前凸畸形

胸椎正常后凸消失即为不正常,胸椎任何程度的前凸都会使胸廓前后径减小,严重影响心肺功能。

(四)外伤后椎管狭窄

椎管为纤维性管道,内有脊髓、神经根及马尾。如椎管发生变性或纤维性结构异常,可致一处或多处椎管狭窄,压迫上述内容物引起症状,导致椎管狭窄症。椎管内突出物除椎间盘外,结构性的突出物还有后纵韧带骨化、黄韧带增厚、椎板增厚、关节突骨质增生、椎体后缀骨质增生等,而这些又常继发于椎间盘退行性变或外伤。颈椎管狭窄引起疾病多呈隐匿性,发展缓慢,多在创伤或反复轻微外伤后出现症状或使症状加重。

立位 X 片上,除可显示颈椎迟行性改变外,还可了解椎管前后径。椎管矢状径测量对确诊是否有狭窄有诊断意义。

五、法医学鉴定

(一)了解案情

详细了解被鉴定人有无外伤史及伤后治疗情况。导致脊柱损伤一般都受到较严重外伤,如高坠,重物砸伤头、颈、肩部,或遭遇严重的车祸。但有时较轻微外伤也可引起严重后果,如老年人、脊柱存在疾病患者或先天性畸形等。

(二)脊柱检查

1. 一般检查

应考虑直接或间接暴力可能损伤的部位,有目的地进行检查。损伤局部有明显压痛、叩痛。局部僵硬、脊柱活动受限,可有局部肿胀和后凸畸形,伴有脊髓或神经损伤者,可查见感觉障碍、运动障碍以及异常神经反射体征。椎管狭窄常伤及脊神经,表现为感觉障碍、部分臀肌瘫痪和大小便功能障碍。

2. 脊椎活动度测量及稳定性检查

(1)脊椎活动度测量

①颈椎活动度测量

颈椎是脊柱中活动度最大的节段,测量时保持端坐直立位,两眼平视,下颌内收。颈椎正常活动范围:前屈35°~45°,后伸35°~45°,左右侧屈45°,左右旋转60°~80°。

②腰椎活动度测量

腰椎活动度测量为直立,腰部中立位,向前弯腰时中指指尖可达足尖,即前屈90°;后伸30°;左右侧屈30°;固定骨盆后脊柱左右旋转,依据旋转时两肩峰端连线与骨盆横径所成角度计算,正常为30°。

(2)脊柱稳定性检查

脊柱稳定性检查,有助于了解脊柱损伤的程度。棘突的后凸或驼背畸形表明椎体压缩或脊柱脱位;棘突周围肿胀和压痛表明韧带与肌肉断裂或椎板骨折;棘突间距离加大表明该处椎体严重压缩和棘突间韧带断裂。棘突排列不在一条直线上表明脊椎有旋转或侧方移位;若在伤后数月仍有脊柱活动受限,且活动时引起疼痛及椎旁肌肉保护性痉挛,均表明存在脊柱损伤后不稳定。

3. 影像学检查

(1)X线

显示脊柱异常弯曲,椎体附件骨折脱位。观察内容:损伤椎体的变化为前楔形、侧楔形或爆裂骨折;有无脱位及脱位程度;椎管矢状径的改变;脊椎后夹角度;有无棘间、棘上韧带损伤;有无椎板、关节突、横突或棘突等骨折。判断陈旧性脊柱损伤稳定性,应对损伤节段脊柱进行前屈与后伸位摄片。除选择正位、侧位和斜位外,有时需对脊柱在不同屈伸状态下拍片,以显示某些损伤与病变。

胸腰椎损伤者,常拍摄以损伤部位为中心的脊柱正侧位片。侧位片椎体前部有楔形改变或压缩,椎体前缘的连续性中断或有碎片。粉碎压缩骨折时,椎体后部可向后凸成弧形,合并脱位时,椎体间有前后移位,关节突的关系改变或有关节支骨折。

颈椎损伤在常规X线正侧摄片时常难下结论,应摄左右斜位片,以清楚显示关节突有无骨折或脱位、椎板有无骨折、椎间孔有无狭窄(见图8-2)。

(2)CT检查

CT可更清楚地显示骨折,如寰枢椎的骨折脱位,椎体附件的骨折和移位,椎体爆裂性骨折,椎管内的骨折片以及椎管骨性狭窄等均能准确地判断;也可发现和确定椎管内一些软组织异常改变,如硬膜外或髓内血肿、创伤性椎间盘突出、创伤后脊髓空洞、脊髓萎缩等。(见图8-3)

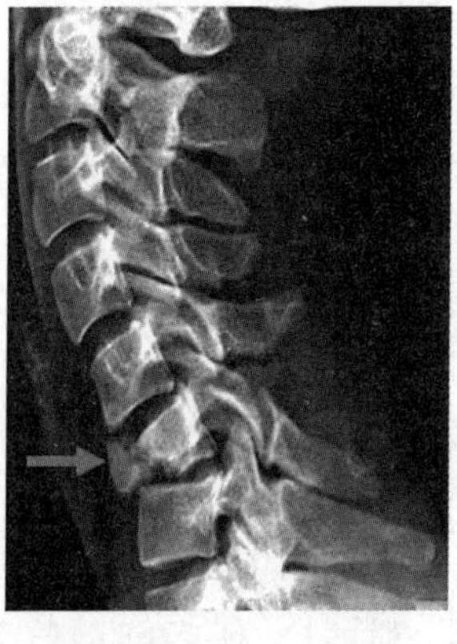

图8-2　脊柱骨折伴脱位

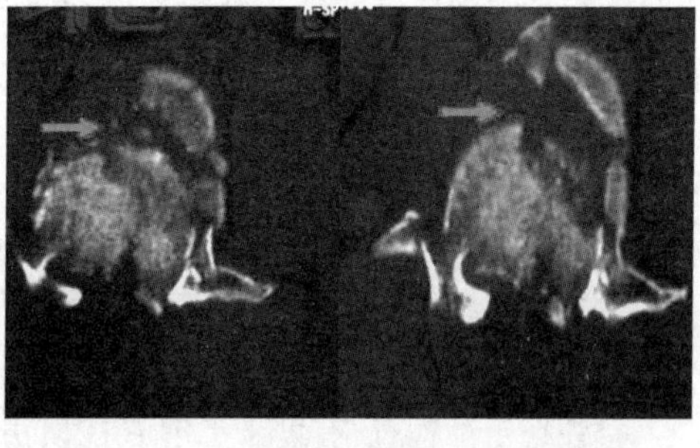

图8-3　CT断层扫描示椎体爆裂性骨折

(3)MRI检查

直接显示脊髓损伤和韧带的撕裂,目前是其他方法不能比拟的(见图8-4)。

(4)电生理检查

诱发电位无论对完全性脊髓损伤还是不完全性脊髓损伤的判定,均具有重要意义。

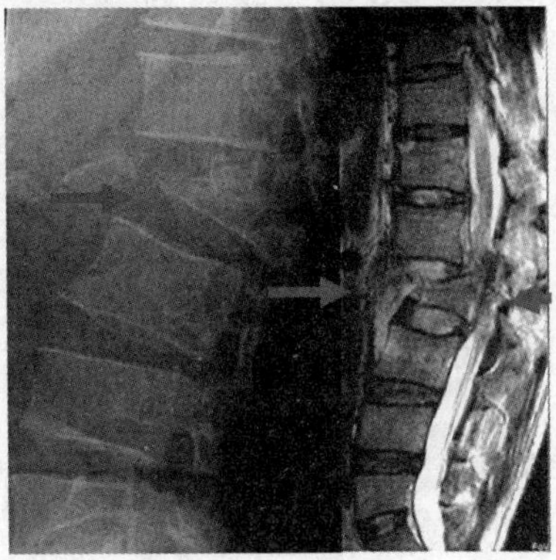

图 8-4　MRI 检查示脊椎骨折脊髓受压

(三)伤病关系判断定

常有严重的外伤史,如高坠、重物砸伤头、颈、肩或背部,塌方或车祸。老年妇女,即使轻微的坐跌也可能发生胸腰椎压缩骨折,暴力大者尾部着地,甚至引起颈部传导性损伤。突然刹车,可造成颈椎过伸或过屈损伤。有时轻微的"扭伤"也会引起原有病变加重,但外伤仅是诱因,见于脊椎结核、肿瘤或先天性畸形等。有时颈椎屈曲暴力伤后数月才出现迟发性神经症状,经 X 片证实为骨折脱位压迫神经根或脊髓,早期常误认为颈部软组织损伤。颈椎退行性变椎体不稳者,如有椎管狭窄会在遭受轻微外伤后出现症状,或症状加重。

1. 无颈椎骨折脱位的脊髓损伤

颈部损伤后发生出血,X 片显示脱位或病变轻微。截瘫状况不能用骨关节损伤程度来解释,致使鉴定中怀疑截瘫性质或程度。此类情况可发生在患颈椎病老年人的过伸伤。青壮年则可能为急性椎间盘突出或暂时性脱位后自然复位。

颈椎病患者的过伸性损伤,X 线片仅显示椎体上角撕脱或骨质撕脱骨折,有时见椎间盘前部破损。有明显颈椎病史,常不伴有附件骨折。在受伤瞬间发生颈椎过伸和暂时性向后半脱位,脊髓受前后挤压,前方压迫来自骨赘或暂时向后移位的椎体,后方则受增厚黄韧带在过伸位出现褶皱压迫。

2. 病理性骨折

老年性骨质疏松症、脊柱结核、脊柱肿瘤或肿瘤样病变。少年以嗜伊红细胞肉芽肿多见,青年人则以骨巨细胞瘤等多种良性肿瘤多见,老年人则常为转移瘤。伤前常有腰痛史,损伤相对轻微,且多为纵向传导暴力造成,跌坐、从较低的高度跳下、下楼滑倒,以及背部受不太严重的打击造成。表现为背痛,活动或直立加重,骨折脊柱处后凸畸形及压痛。

3. 压缩性骨折与伤病关系判断

轴向压缩最大应力集中在纤维环上的终板,中心松质骨以及椎体后壁皮质的中部随着应力的增加,椎体塌陷导致前柱压缩骨折,尤其是患骨质疏松的老年病人或有导致骨质疏松的内科疾患。脊椎压缩性骨折线呈致密带状影,椎体边缘骨碎片 3~6 个月即可骨性愈合,可形成唇状骨赘,CT、MRI 可对脊椎骨折愈合程度确定。

4. 椎体滑脱与伤病关系

椎体滑脱是指椎体向前滑脱,常见 L_4-L_5,其次是 L_5-S_1。以下腰痛和椎管狭窄为主要临床表现。当人体站立、行走或负重活动时,上半身体重量及负重总压力均集中通过腰部传达至双下肢。由于 L_4-L_5 向前下方倾斜,自上而下的重力在关节突关节分为两个分力:一为垂直的挤压力,二为滑向前方的脱位分力。若外伤发生脊柱严重过伸,以关节突间关节为支点引起峡部骨折,上述分力引起骨折不愈合,形成峡部不连接。因此,伤后患者拍摄 X 片以发现有峡部不连接或脊柱滑脱,除非影像学能证明是新鲜骨折所致,否则难以鉴别。

5. 椎间盘突出与伤病关系

造成椎间盘突出症的原因复杂,发病机制尚不完全阐明,鉴定椎间盘突出与外伤的关系是法医鉴定中的难题。椎间盘退行性变是椎间盘突出发生的基础,在鉴定过程中应根据椎间盘突出的病因,发病机制,被鉴定人的受伤方式,年龄和职业,伤后的症状和体征及影像学检查结果综合评定。多数腰椎间盘突出症患者为 30~50 岁,诱因常是不太严重的损伤或活动。15~30 岁腰椎间盘突出的发生和损伤常有明显的关系,如背部剧烈打击、高处坠落、汽车撞击、抬重物时使用爆发力等,表现为纤维环的突然撕裂,髓核突出且伴有软骨板的破裂和向椎管内的移位。大部分患者最先出现腰痛症状,如出现下腰部向臀部、大腿后方、小腿外侧直至足部放射的坐骨神经痛,部分可出现双侧坐骨神经痛,少许因马尾神经受压出现大小便障碍、鞍区感觉异常。此外,还可表现脊柱生理弯曲改变,局部压痛,臂丛神经牵拉试验,直腿抬高试验阳性等。单纯 X 线平片并不能直接显示椎间盘突出,仅可发现脊椎侧突,椎体边缘增生及椎间隙变窄等提示退行性变。CT 和 MRI 可显示变性椎管形态,椎间盘突出的大小、方向和程度等,如髓核脱出,游离髓核可进入椎管。MRI 还能显示,临近椎体结构退变以及脊髓受压情况。新鲜的椎间盘突出一般在伤后立即出现临床症状和体征,CT 可以较清楚显示突出的椎间盘,其密度与正常的椎间盘密度一致。陈旧的椎间盘突出由于脱水和钙化，MRI 信号逐渐减弱。

6. 损伤已修复的 X 线征象

(1)脊柱整体的排列和生理弧度基本正常；(2)压缩椎体高度已部分恢复，椎体内骨小梁结构正常；(3)附件的骨折线消失，有骨纹理通过；(4)损伤节段椎体间有连续性骨桥形成；(5)手术植骨已生长成活，并与受骨区融合成一片；(6)手术后 12 月内固定器无变形、松动、移位或断裂。以上 6 项中有 2 项存在，即认为脊柱恢复了稳定性。在脊柱损伤已修复后，即使残留一定程度移位或成角畸形，但不影响脊柱的负重功能。(见图 8-5)

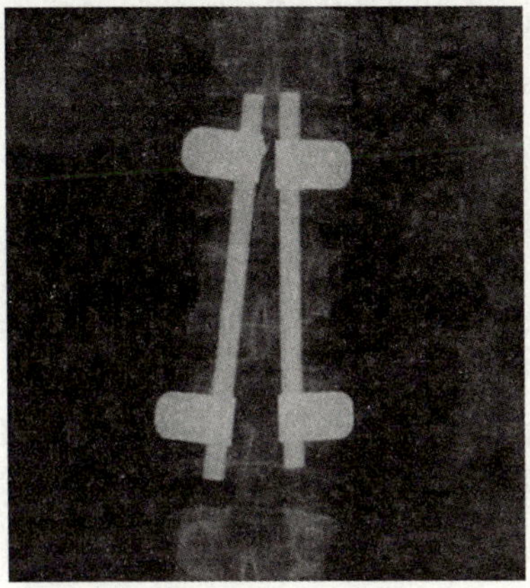

图 8-5　脊柱骨折内固定术后

(四)损伤程度鉴定

根据 2014 年 1 月 1 日实施的《人体损伤程度鉴定标准》，有关椎体骨折的伤情程度评定，主要涉及以下内容：

(1)重伤二级：脊髓损伤致重度肛门失禁或者重度排尿障碍；骶丛神经或者坐骨神经损伤，遗留肌瘫(肌力 3 级以下)。

(2)轻伤一级：一节椎体压缩骨折超过 1/3 以上；二节以上椎体骨折；三处以上横突、棘突或者椎弓骨折；脊髓损伤致排便或者排尿功能障碍(轻度)；脊髓挫裂伤。

(3)轻伤二级：椎骨骨折或者脊椎脱位(尾椎脱位不影响功能的除外)。

(4)轻微伤：尾椎脱位。

(五)残疾程度鉴定

脊柱损伤经治疗后无明显脊柱畸形，无后遗神经功能障碍，恢复活动或工作后无伤区疼痛，X 片显示脊柱骨折或脱位已基本整复或已骨性愈合，则可判断为临床治愈,即达到医疗终结。脊柱损伤本身的后遗症状表现为各类畸形愈合、伤区疼痛及晚发神经症状、脊柱不稳等。脊柱损伤治疗终结后,伤残程度评定参照标准不同,同一损伤的伤残程度评定结果也会不同。

1. 工伤致残

依据《工标》标准进行鉴定:

五级伤残:脊柱骨折后遗30°以上侧弯或后凸畸形,伴严重根性神经痛;

八级伤残:脊柱压缩骨折,椎体前缘高度减少1/2以上者或脊柱不稳定性骨折;

九级伤残:两个以上横突骨折;脊椎压缩骨折,椎体前缘高度减少小于1/2。

2. 人体损伤致残程度评定

依据《人体损伤致残程度分级》标准相关条款规定进行评定。

六级伤残:脊柱骨折后遗留30°以上侧弯或者后凸畸形。

八级伤残:二椎体压缩性骨折(压缩程度均达1/3);3个以上椎体骨折,经手术治疗后。

九级伤残:一椎体粉碎性骨折,椎管内骨性占位;一椎体并相应附件骨折,经手术治疗后;二椎体压缩性骨折。

十级伤残:枢椎齿状突骨折,影响功能;一椎体压缩性骨折(压缩程度达1/3)或者粉碎性骨折;一椎体骨折经手术治疗后;四处以上横突、棘突或者椎弓根骨折,影响功能。

第二节　椎间盘及韧带损伤

一、概述

椎间盘位于两个椎体间,由软骨终板、纤维环和髓核构成。脊椎外伤,必将致纤维环撕裂,并会引起椎体间脱位。腰椎间盘突出症,是指椎间盘的纤维环破裂、髓核突出、压迫和刺激神经根所引起的一系列症状和体征。腰椎间盘突出患者经保守治疗后,大部分症状可消失,少部分病例在轻微外伤或劳累后复发。

二、损伤原因和机制

多数椎间盘突出症的诱因为不太严重的损伤或日常活动,如弯腰扫地或洗衣,弯腰从地面拾起物体或端盆、跌坐、乘车的颠簸等。但年轻人中腰椎间盘突出的发生与损伤有明显的关系,如背部受剧烈打击、高处坠落、单杠跌下、汽车撞倒,抬重物时使用爆发力等。壮年成人与年轻人的病变也不完全相同,前者椎间盘退变,缓慢发生髓核和退变纤维环的突出,后者为纤维环的突然撕裂,髓核突出常伴有软骨板的破裂并向椎管内移位。椎间盘遭受外力作用引起髓核突出,压迫神经根,逐渐产生相应症状与体征,髓核突出常为外伤所致。纤维环边缘性撕裂常见于纤维环的前方,多为创伤所致,椎间盘突出与髓核退变无关。临床症状表现上的差异在于损伤的轻重及损伤后出现症状的早晚,严重者伤后立即发病,轻微损伤者多在伤后数月逐渐发病。

半数以上腰椎间盘突出患者有不同程度的腰部慢性损伤史,腰椎间盘突出症状地出现在原发椎间盘退变基础之上。脊椎畸形使脊柱生理弧度改变,从事重体力劳动的过度负荷,长期振荡等是潜在不利因素,长期前屈位活动或负重以及反复扭转都可造成软骨终板及纤维环外层的慢性损伤。

腰椎间盘突出症是因椎间盘变性,纤维环破裂,髓核突出刺激或压迫神经根、马尾神经所表现的一种综合征。椎间盘退行性变是基础因素,慢性累积性损伤是椎间盘变性的主要因素,一过性外力作用是椎间盘突出的诱因。

三、临床表现与检查

(一)症状和体征

多数患者最先出现腰痛症状,且出现下腰部向臀部、大腿后方、小腿外侧直至足部放射的坐骨神经痛,部分可出现双侧坐骨神经痛,少许因马尾神经受压出现大小便障碍、鞍区感觉异常。腰椎侧突是一种减轻疼痛的姿势性代偿,主要表现腰部活动受限。病程较长者,还可表现为脊柱生理弯曲改变,局部压痛,坐骨神经牵拉试验、直腿抬高试验阳性等。

(二)影像学检查

1. X 片

单纯 X 片不能直接显示椎间盘突出,仅可发现脊椎侧突,椎体边缘增生及椎间隙变窄等提示性的退行性改变。

2. CT 和 MRI

CT 可显示变性椎管形态,椎间盘突出的大小、方向和程度等,如髓核脱出,游离髓核可进入椎管,表现为椎管内等密度团块影,且密度与椎间盘一致;MRI 可从水平位,冠状位和矢状位 3 个方向全面地观察到突出髓核、脊髓、脊神经间的关系。另外,MRI 还能显示临近椎体结构退变以及脊髓受压情况。

四、法医学鉴定

(一)损伤认定

1. 椎间盘突出症认定

椎间盘突出症包括椎间盘突出、椎间盘脱出和椎间盘游离 3 种。椎间盘突出的症状与体征易受被鉴定人主观因素的影响,如直腿抬高试验,肌力及肢体感觉等可在检查者的暗示性问诊时表现异常。有些症状被鉴定人也易于伪装,在鉴定过程中,腱反射(包括肱二头肌反射、肱三头肌反射和踝反射)要给予特别的重视。同时,要注意被鉴定人的临床表现与病史记载是否一致。

椎间盘突出与膨出不分的现象较为多见,鉴定过程中要注意椎间盘膨出、突出、脱出的区别。椎间盘膨出是指椎间盘普遍向外"膨出",由椎间盘退行性变所致,与外伤无关,多见于成年人。椎间盘突出症的认定还须与椎间盘性疼痛、关节突关节及骶髂关节病变、梨状肌综合征及椎管内病变相鉴别。

2. 新鲜与陈旧椎间盘突出的鉴别

新鲜的椎间盘突出,一般在伤后立即出现临床症状和体征,CT 可以较清楚显示突出的椎间盘,其密度与正常的椎间盘密度一致。陈旧椎间盘突出脱水钙化,MRI 信号逐渐减弱。

3. 椎间盘突出与外伤的关系

造成椎间盘突出症的原因复杂,发病机制尚不完全明确,椎间盘突出与外伤的关系是法医鉴定中的难题。椎间盘退行性变是椎间盘突出发生的基础,在鉴定过程中应根据椎间盘突出的病因、发病机制、被鉴定人的受伤方式、年龄和职业、伤后的症状和体征以及影像学检查结果综合评定。

(二)损伤程度鉴定

椎间盘损伤的损伤程度主要依据损伤当时的情况,并结合损伤的并发症和后遗症状,依据 2014 年 1 月 1 日实施的《人体损伤程度鉴定标准》进行鉴定,该标准中,有关椎间盘及韧带损伤的损伤程度评定,涉及内容较少,主要条款为:外伤性椎间盘突出为轻伤二级。

(三)残疾程度鉴定

依据损伤原因不同,椎间盘损伤遗留的残疾程度评定,参照标准也不相同。实践中主要参照标准为:《工标》与《人体损伤致残程度分级》。

1.《工标》标准鉴定,该标准中涉及椎间盘损伤的残疾程度评定条款亦不多见,主要条款为:

九级伤残:椎间盘髓核切除术后;

十级伤残:急性外伤导致椎间盘髓核突出,并伴神经刺激征者。

2. 人体损伤致残程度评定

依据《人体损伤致残程度分级》标准相关条款规定进行评定。

本标准中对单纯椎间盘损伤未规定相应的伤残等级条款,对椎体骨折累及椎间盘及脊髓而出现相应的症状体征者,参照相应标准。

第三节 四肢骨关节损伤

一、概述

四肢骨关节是人体的重要组成部分，骨的完整性或连续性中断称为骨折。构成关节的各骨端关节面丧失正常对合关系称为脱位。骨折或脱位多伴有肌腱、韧带损伤，有时肌腱、韧带损伤的程度及造成的影响甚至重于骨关节损伤。

胸骨上端、锁骨、肩胛骨及肱骨上端构成胸锁关节、肩锁关节、肩关节的骨性结构，并与韧带、关节囊和肌肉相连接，由肌肉收缩作用进行肩部各种活动。肩部是上肢功能活动的基础，活动范围最大。肘关节连接前臂和上臂，前臂由尺、桡骨组成骨性结构，桡骨围绕着尺骨完成前臂的旋转活动。腕关节包括桡腕关节、腕骨中间关节和尺桡关节。手具有复杂、精细、灵巧的功能，能灵活而准确地完成捏、握、抓、夹、提、拧等动作。拇指在手的功能中居于重要地位。髋关节、膝关节、踝关节最重要的功能是负重与行走。足骨借关节和韧带的连接形成足弓，足弓有纵弓和横弓。维持足弓的三要素为足骨、韧带和肌肉。足弓的完整不仅与足弓的高低有关，而且与下肢的力线有关。

骨折线断面的X线投影呈边缘不规则细齿线状。但有些骨折，如腕舟骨、肋骨、肱骨外科颈、股骨颈嵌入骨折，早期可不显示骨折线，两周后再行摄片复查，此时断端骨质吸收，骨折线则清晰可见。除此之外，松质骨骨折并非以骨折线形式呈现，在损伤程度鉴定中，对于是否存在骨折常引起双方异议。即便复查确诊骨折，也会在骨折发生时间上出现异议。《人体损伤程度鉴定标准》规定，人体多部位的骨折均可能构成轻伤，因此，对于是否存在骨折，对判断案件性质极为重要。实践中，应注意鉴别易被误诊为骨折的X线影像：①先天变异，如枢椎齿状突不融合、椎弓根峡部裂等。其案情多无足以导致骨折的外伤史，相对应的两侧骨面呈硬化圆钝；②较小的骨易被误认为撕脱骨折，较大骨骺的骨线易被认为骨折线；③种子骨与副骨易被误诊为撕脱骨折；④病理改变，如将脊椎骨性炎引起的椎体楔形改变，误为压缩性骨折；⑤骨营养血管沟的阴影可被误诊为裂纹骨折；⑥两骨的影像重叠时，在重叠边缘上可形成一透明线，易被误诊为骨折，如颅骨基底互相重叠部分。

二、损伤机制

骨关节损伤鉴定应详细了解包括受伤时间、过程、方式、暴力性质等。否则有某些重要细节被遗漏时,可能会发生鉴定错误。例如,某人诉坐车因路面不平而颠簸,竟导致股骨骨折,而X线片所示也与普通骨折相似,由于受伤暴力轻微,反复询问外伤史,并行不同角度摄片,最后确诊为骨肿瘤导致病理性骨折。

对创伤机制的分析,需结合受伤原因与骨折特征分析,其中骨折类型、移位方向等是判断的主要依据。

受伤情况和创伤机制是相互联系的。直接暴力致伤,其受伤情况和创伤机制基本是同等概念,如重物砸在脚背造成趾骨骨折,这既是受伤情况又是创伤机制。间接暴力致伤,外力作用点和发生损伤的部位不一致,如某女诉右手被反扭,X线示小指骨中段螺旋形骨折,其骨折特征符合手臂被反扭所致。

同一受伤过程,可发生不同类型骨折,如同是跌倒时手撑地致伤.老年人多为Colle's骨折,而在儿童则多为伸展型肱骨髁上骨折。同是跌倒时手撑地致伤,但由于着地时上肢与地面接触的角度不同,即肘关节屈曲程度不一,既可产生前臂双骨折,也可造成肘关节脱位,或者肱骨骨折。

同一创伤机制,也可为不同的受伤情况或原因所引起。例如,传导暴力引起髋关节脱位既可是由于急刹车时,膝部顶在前座上所造成,也可由于弯腰工作时,重物落于腰背部所致。因为它们都具备同一的内在机制,即外界暴力作用时,髋关节均处于屈曲位。

人身伤害鉴定中造成骨折的原因不同,所承担的法律责任也不同。骨折是致伤物间接打击造成,还是双方扭打中自身跌伤造成,或是自身用力过猛肌肉强力收缩造成,或躲避被人打击过程中身体碰撞其他物体造成等。体格检查时或摄片资料上,仅能显示在伤后已形成的静态状况,法医鉴定需要在了解受伤情况和推断损伤机制的基础上,把静止的状况重建出损伤形成过程的动态情况。

(一)直接暴力

骨折发生在暴力直接作用的部位必然会伤及邻近软组织,通常导致粉碎或横断骨折。致伤物体积较大,如机动车保险杠撞击伤,或速度较高,如枪弹击伤,常造成粉碎性骨折;作用物接触面较小且作用力较大,如皮鞋底前缘踢伤、斧刃砍伤,常造成横断骨折;一定重量的锐器砍伤,可造成劈裂或裂纹骨折。法医实践中有受检人诉骨折系对方的致伤物直接打击所形成,实际属间接暴力所致的情况,除骨折特征外,还应从局部软组织损伤状况分析判断。

1. 枪弹伤:弹片等贯穿物穿破皮肤、软组织,击断骨骼,或再经对侧穿出,骨折多呈粉碎性。

2. 锐器伤:锐器砍伤局部,同时造成皮肤裂伤和骨折。

3. 重物压砸及高速撞击伤:重物压砸、高速撞击直接作用于局部,可造成开放性骨折。如直接暴力作用于前臂,能引起尺桡骨双骨折,其骨折线常在同一水平,骨折多横行、蝶形或粉碎形。

(二)间接暴力

通过传导、杠杆或旋转作用使远处发生骨折。间接暴力包括成角、扭转、传导等。如为杠杆力造成的骨折,则发生在支点处;扭转力则造成螺旋形骨折。传导性外力作用在松质骨如椎骨、跟骨、桡骨下端及胫骨上端可造成粉碎或压缩骨折。传导性外力作用在前臂,如跌倒手掌撑地,暴力传导至桡骨,并经骨间膜传导至尺骨,常造成尺桡骨斜行骨折。骨折部位常桡骨高于尺骨。间接暴力导致的开放性骨折,多系锐利的骨折断端由内向外刺破皮肤软组织造成。

(三)肌肉拉力

肌肉突然猛烈收缩,亦可拉断肌肉或肌腱附着处的骨质。在被他人猛力推倒或自身跌倒时,肌肉保护性收缩可致撕脱性骨折,如股骨大、小转子的撕脱性骨折。

三、四肢骨折分类

直接暴力,如撞击、压砸、砍、切;间接暴力,如成角、扭转、传导及撕脱暴力等均可造成外伤性骨折。

(一)按病因分

在法医鉴定实践中有时须鉴别骨折属外伤性骨折还是病理性骨折。

1. 外伤性骨折

外伤性骨折是由直接或间接暴力引起的健康骨骼骨折。

2. 病理性骨折

患有某种疾病骨骼如骨髓炎、骨肿瘤等,遭受轻微外力即可断裂,称为病理性骨折。病理性骨折的诊断主要依靠于X线,包括:(1)有骨质破坏;(2)骨质病变;(3)新生骨形成。轻微外力作用后即发生的病理性骨折,则不评定损伤程度,仅作民事赔偿中参与度评定。

3. 疲劳性骨折

长期、反复、轻微的直接或间接损伤力,集中于骨骼某一点而发生的骨折,称为疲劳性骨折。

(二)按程度分

1. 不完全骨折

不完全骨折包括裂纹骨折,骨折线未横贯整个骨块,呈裂纹状,如长骨干锐器砍伤。

2. 完全骨折

完全骨折常伴有骨折端的移位。

3. 青枝骨折

青枝骨折发生在儿童的长骨干。

(三)按形态分

1. 横断骨折

骨折线为横形或锯齿形,与骨纵轴垂直。

2. 斜形骨折

骨折线与骨纵轴斜交,常发生在长管状骨,为顺着骨纵轴的传导暴力造成。

3. 螺旋骨折

骨折线呈螺旋形,为旋转暴力造成。

4. 粉碎骨折

同一部位骨碎裂成3块以上,骨折线呈T形或Y形。

5. 嵌插骨折

皮质骨的骨干嵌插入松质骨断端之内。

6. 压缩骨折

松质骨骨块的压缩变形,如椎体的压缩骨折。

7. 骨骺分离

骨骺分离为儿童的特殊骨折类型。

8. 撕脱性骨

肌肉突然猛烈收缩,致使肌肉或肌腱附着处的骨质分离。

(四)按骨折愈合程度分

1. 新鲜骨折

骨折发生时间在3周以内称为新鲜骨折。X线特征是:(1)骨折线锐利;(2)骨折端的间隙清晰;(3)无骨膜下新生骨痂影像;(4)软组织肿胀。

2. 陈旧性骨折

骨折发生时间超过3周,且骨性愈合之前称为陈旧性骨折。X线特征是:(1)骨折线可见;(2)骨折端骨质吸收;(3)有骨膜下新骨形成且骨痂不断形成。

四、上肢常见损伤类型

(一)锁骨骨折

间接与直接暴力均可引起锁骨骨折,但间接暴力较多,如摔倒时手掌着地,外力通过前臂、上臂传导至肩,再传至锁骨,遭受间接外力和剪切应力也可造成骨折。因着力点不同而异,多为粉碎或横断。幼儿多为青枝骨折。锁骨骨折的典型移位多表现为:近端受胸锁乳突肌牵拉向上后移位,远端因肢体重量及胸大肌牵拉向前、下、内侧移位,形成断端短缩重叠移位。

锁骨骨折，主要表现为局部肿胀、皮下瘀血、压痛或有畸形，畸形处可触到移位的骨折断端，如骨折移位并有重叠，肩峰与胸骨柄间距离变短。伤侧肢体功能受限，肩部下垂，上臂贴胸不敢活动，并用健手托扶患肘，以缓解因胸锁乳突肌牵拉引起的疼痛。

（二）肩胛骨骨折

肩胛骨骨折多见于肩胛体部或肩胛颈，因肩胛位置表浅，易发生骨折。

（三）肱骨骨折

肱骨骨折，包括肱骨外科颈骨折、肱骨大结节骨折、肱骨干骨折、肱骨髁上骨折及骨骺分离等。肱骨外科颈为松质骨和皮质骨的邻界部位，易发生骨折，任何年龄均可发生。有时并发肩关节脱位，还可能合并腋神经损伤或生尺神经、正中神经损伤。肱骨大结节受直接外力打击可发生粉碎性骨折，受肩袖肌腱牵拉而导致撕脱性骨折。肱骨干骨折是发生在肱骨外科颈以下 1 ~ 2cm 至肱骨髁上 2cm 之间的骨折，最常见的两种类型是肱骨近端骨折和肱骨髁上骨折（见图 8－6、图 8－7）。肱骨近端骨折多因跌倒时手掌着地，暴力上传身体前倾或侧方倒地所致。青少年因骨强度较大，外伤后易发生肩关节脱位，而肱骨近端骨折较少见。若暴力过于强大，则间接与直接暴力均可引起肱骨头粉碎性骨折。肱骨髁上骨折又可以分为伸直型肱骨髁上骨折和屈曲型肱骨髁上骨折两例。伸直型肱骨髁上骨折多为间接暴力引起，当跌倒时手掌撑地，暴力经前臂向上传递，同时身体前倾产生剪切应力致肱骨干与肱骨髁交界处骨折。肱骨干中 1/3 或中、下 1/3 交界处骨折，有伤及桡神经的可能。肱骨髁上骨折多见于 10 岁以下儿童，易引起缺血或神经损伤。而 4 ~ 14 岁儿童受直接或间接暴力作用，可造成肱骨上端骨骺分离。

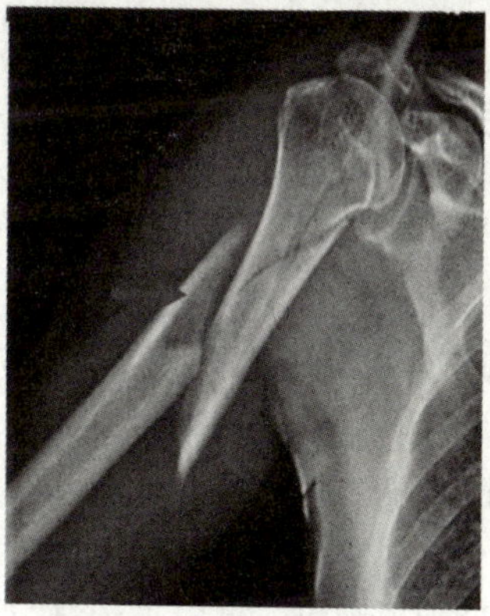

图 8－6　肱骨近端骨折

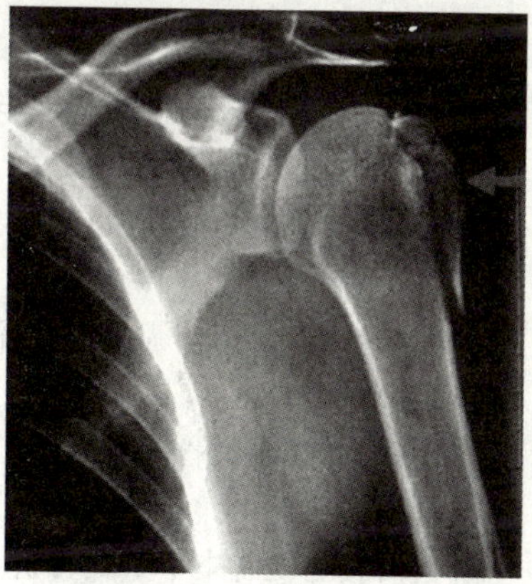

图 8－7　肱骨大结节骨折

(四)尺桡骨双骨折

尺桡骨骨折可由直接暴力、间接暴力、扭转暴力引起,有时导致骨折的暴力因素复杂,难以分析其确切的暴力因素。骨折平面多为横行或粉碎型骨折。受伤后,前臂出现疼痛,肿胀、畸形及功能障碍。检查可发现骨末残音及假关节活动,骨传导音减弱或消失,X 线拍片检查应包括肘关节或腕关节,可发现骨折的准确部位,骨折类型及移位方向,以及是否合并有桡骨头脱位或尺骨小头脱位,尺骨上 1/3 骨干骨折可合并桡骨小头脱位,成为孟氏骨折。

1. 尺桡骨干双骨折

直接暴力如重物砸伤、撞击伤和压轧伤或间接暴力,如跌倒手掌着地时传导暴力上以及扭转暴力均可造成。(见图 8－8)

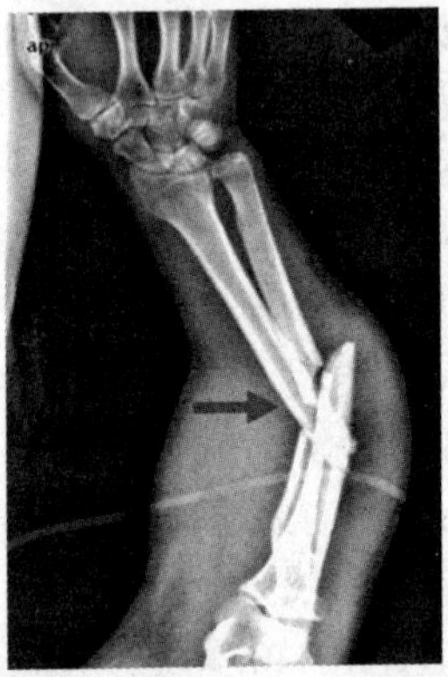

图 8－8 前臂尺桡骨双骨折

2. 桡骨头骨折

桡骨头骨折会造成前臂旋转功能障碍,或引起创伤性关节炎。

3. 桡骨干骨折

桡骨干骨折多由间接暴力造成。

4. 尺骨干骨折

尺骨干骨折多由直接暴力造成,偶尔由旋转应力引起。

5. 尺骨鹰嘴骨折

间接暴力形成撕脱骨折,直接暴力可造成粉碎性骨折。

6. 盖氏骨折

盖氏骨折,指桡骨中下 1/3 骨折合并下尺桡关节脱位。可因直接打击桡骨远段背侧引起,也可因跌倒时手撑地面传导应力引起。在儿童可以为成尺骨远端骨骺分离,而不发生下尺桡关节脱位。

7. 柯雷氏骨折

柯雷氏骨折，发生于桡骨远端并向背侧移位的松质骨骨折，多因间接暴力传导作用引起。

8. 史密斯骨折

史密斯骨折，是指桡骨远端骨折，骨折远端向掌侧移位，合并下尺桡关节脱位。多因跌倒时腕背着地，腕关节急骤掌屈致伤，此外，直接暴力打击也可引起。

（五）桡骨下端骨折

桡骨下端骨折多为间接暴力引起。跌倒时手掌撑地，暴力上传致桡骨下端骨折。因具体机制不同可分为：（1）伸直型骨折，多因腕关节处于背伸位，手掌着地，前臂旋前时所致；（2）屈曲型骨折，多因跌倒时，腕关节屈曲位手背着地所引起；（3）桡骨远端关节面骨折伴腕关节脱位，腕背伸位，前臂旋前时跌倒时，手掌着地，暴力通过腕骨传导，撞击桡骨背侧发生骨折所致。（见图 8 – 9）

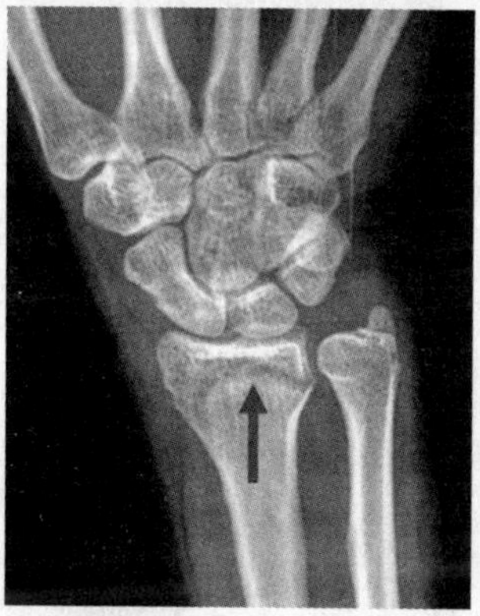

图 8 – 9　桡骨下端骨折

（六）腕掌骨骨折

1. 舟状骨骨折

手处在外展、桡偏、背伸位，手掌着地，间接暴力传导所致。

2. 掌骨骨折

掌骨骨折，是指掌骨基底骨折、掌骨干骨折和掌骨颈骨折。掌骨基底骨折多因直接撞击所致。掌骨干骨折由直接打击或扭转及传导外力造成。掌骨颈骨折由外力沿掌骨纵轴作用在掌骨头上导致。（见图 8 – 10）

3. 指骨骨折

指骨骨折多由直接暴力引起。（见图 8 – 10）

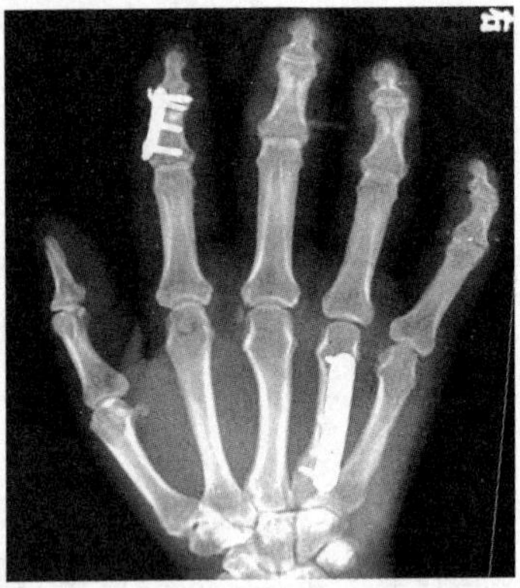

图 8-10 掌骨及指骨骨折

五、下肢常见损伤类型

(一)股骨骨折

1. 股骨颈骨折

股骨颈骨折,是指自股骨头以下至股骨颈基底部之间的骨折,属关节囊内骨折。由间接暴力致伤,主要是为扭转应力致股骨颈抵于髋臼后缘而引起。股骨颈骨折多发生于骨质疏松老年人,而造成青壮年骨折的暴力往往需要很大。股骨颈骨折的分为头下型、头颈型及经颈型。经颈型以青年人较多见,而头下型和头颈型则以老年人多见。(见图 8-11、图 8-12)

2. 股骨干骨折

股骨干骨折相当多见。股骨干骨折常合并血管神经损伤。

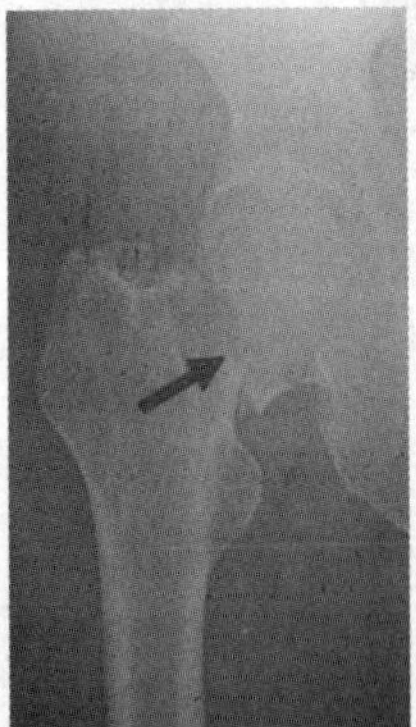

图 8-11 股骨颈骨折

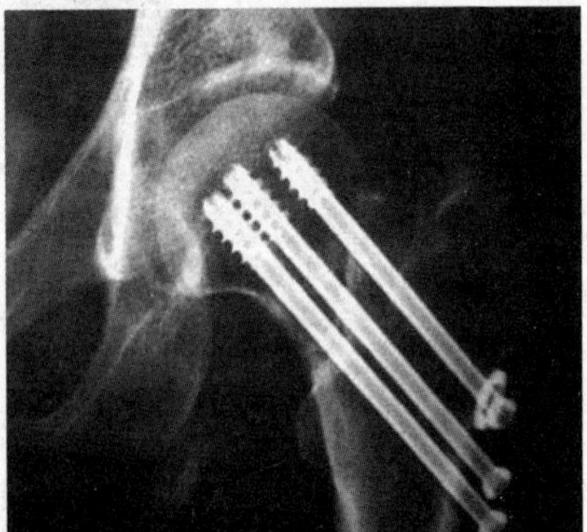

图 8-12 股骨颈骨折内固定术后

3. 股骨转子部骨折

股骨转子部骨折，包括股骨颈基底部至小转子水平之间的骨折。其中以转子间骨折最为常见，其次为转子下骨折，大转子骨折较少见。

（二）髌骨骨折

髌骨是膝关节的重要组成部分，是人体中最大的籽骨。在伸膝活动中，髌骨通过杠杆作用能使股四头肌力量提高约30%，尤其在伸直膝关节的最后10°~15°时，髌骨的作用更显重要。

髌骨骨折多由直接暴力和间接暴力引起，由于髌骨位置表浅，且处于膝关节的最前方，因此极易受到直接暴力的损伤，如撞击伤、踢伤等。直接暴力导致的髌骨骨折有时会合并同侧的髋关节后脱位。骨折多为粉碎性，移位较少，伸肌支持带很少损伤。因此，患者尚能主动伸直膝关节。当股四头肌突然猛力收缩，超过髌骨内在的应力时，也可引起髌骨骨折。骨折多为横形，移位明显，但很少呈粉碎性，伸肌支持带损伤严重，不能主动伸直膝关节。（见图8-13）

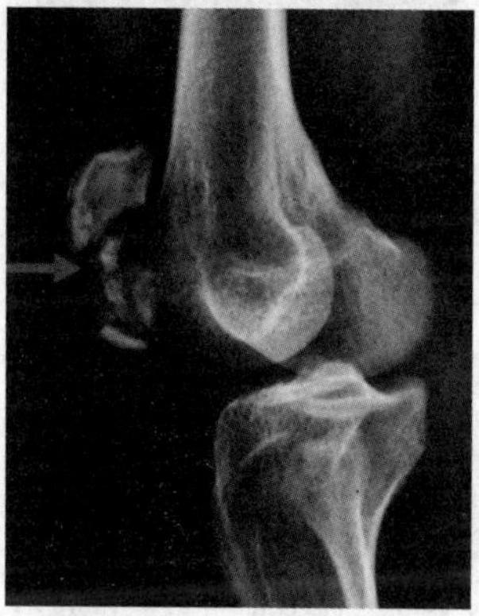

图8-13　髌骨骨折

髌骨骨折后如处理不当，将会严重影响膝关节的活动，甚至造成终生残疾。由于髌骨切除后可导致永久性的膝关节功能受限，伸膝力量减弱，并可引起股四头肌萎缩。因此，髌骨骨折后应尽量保存髌骨的完整，不主张进行髌骨切除。髌骨与股骨内外髁的前方形成髌股关节，髌骨骨折后应尽量恢复关节面的平整，以减少创伤性髌股关节炎的发生。

（三）胫腓骨骨折

小腿骨折中，胫腓骨双骨折最常见，其次为胫骨干骨折、胫骨平台骨折，而单独腓骨干骨折则少见，且常为直接打击所致。胫骨平台骨折可由直接暴力和间接暴力引起。胫骨平台骨折是强大的内翻或外翻应力合并轴向载荷的结果（见

图8－14)。受伤过程中,股骨髁对下面的胫骨平台施加了剪切和压缩应力,可导致劈裂骨折、塌陷骨折,或两者并存。实际上,单纯劈裂骨折只发生于骨松质致密的年轻人,唯有此关节面才能够只承受压缩力。随着年龄的增加,胫骨近端致密的骨松质变得稀疏,不再只承受压缩应力,当存在轴向压缩载荷时,发生塌陷或劈裂塌陷骨折。如高处坠落,足先着地,或直接打击膝内存或外侧时,致膝关节发生内翻或外翻,导致胫骨平台内侧或外侧骨折。

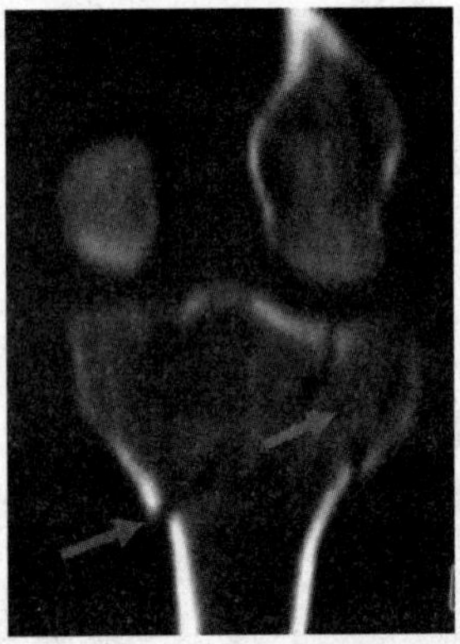

图8－14　胫骨平台骨折

(四)踝部骨折

踝部骨折,多由间接暴力引起。踝跖屈扭伤,力传导引起骨折。因间接暴力的大小、方向,踝足所处的具体姿势不一,可发生不同类型的骨折。有时暴力直接打击也可以发生复杂性骨折。(见图8－15)

1. Ⅰ型骨折(内翻内收型)

当踝关节在极度内翻位受伤时(旋后),暴力作用通过外侧副韧带传导至外踝,引起胫腓骨吓人带平面以下的外踝骨折。若暴力作用能量并未因外踝骨折而衰减,继续传导至距骨,使其撞击内踝,引起内踝自上而下的斜型骨折。

2. Ⅱ型骨折

(1)外翻外展型:踝关节遭受间接暴力,在极度外翻位受伤,或重物打击外踝,使踝关节极度外翻,暴力经内侧副韧带传导,牵拉内踝而发生骨折。若暴力作用继续传导,距骨极度外翻状及外踝和后踝,使外踝发生由下而斜向上外的斜行骨折,并同时发生后踝骨折,骨折多在胫腓骨下韧带平面。

(2)内翻外旋型:暴力作用于外踝,首先导致外踝粉碎性骨折和后踝骨折,但胫腓下韧带完整。暴力若继续传导,踝外旋力量使内踝副韧带牵拉内踝,导致内踝撕脱性骨折。

3. Ⅲ型骨折(外翻外旋型)

踝关节遭受外翻(旋前)暴力时,使内侧副韧带紧张,导致内踝撕脱骨折。若暴力作用不衰减,使距骨撞击外踝,导致胫腓骨下韧带断裂,发生胫腓骨下关节分离。若暴力继续作用,外力经骨间膜传导,引起胫腓骨下韧带平面以上腓骨的斜行或粉碎性骨折,有时暴力传导可达腓骨上端,发生高位腓骨骨折。

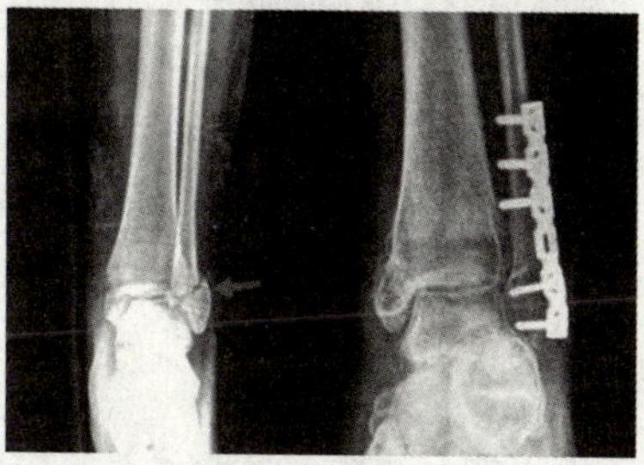

图8－15　踝部骨折

(五)跟骨骨折

跟骨骨折多因高处跌下时足跟直接着地压缩所引起,少数为撕脱骨折。(见图8－16)

1. 撕脱骨折

足趾屈位时受暴力突然背伸,或躯干突然前倾或用力伸直膝关节,均可引起腓肠肌强力收缩,跟腱牵拉附着的跟骨结节致撕脱骨折,其骨折线多呈横行。

2. 垂直压缩力

有高处坠落足跟着地时,身体向下的重力与跟骨向上的反作用力对跟骨形成压缩力,可引起跟骨结节纵行骨折、体部的关节外骨折或关节面的塌陷骨折。

3. 剪切力

由高处坠落时,足跟常呈不同程度的内翻或外翻位,使跟骨受到剪切暴力的作用,足外翻位着地多见。足外翻位着地时,跟骨劈裂成为前内侧和后外侧两个骨折块。

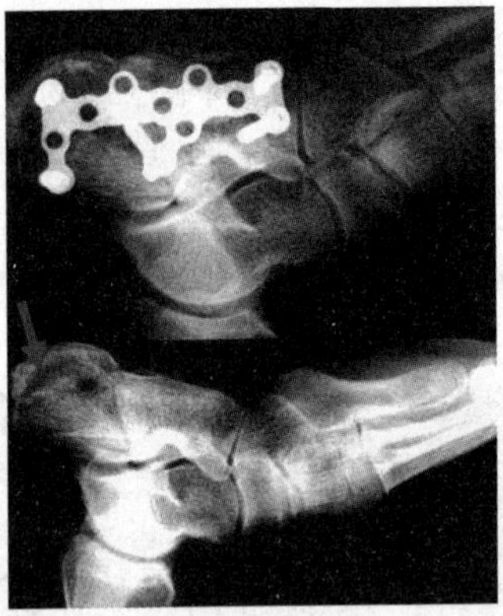

图 8－16　跟骨骨折

(六)距骨骨折

距骨骨折主要是由足背伸应力造成。足背伸至一定程度时,因距骨颈抵于胫骨下端前缘而受到限制。如果应力继续增大,则产生距骨颈或距骨体骨折。

六、关节损伤

(一)概述

关节结构,包括关节软骨及其覆盖的骨端、骨滑膜液、纤维及内外韧带等。关节活动的基本条件是:(1)关节骨端的关系正常;(2)关节软骨膜平整;(3)关节的韧带完好;(4)支配关节运动的肌肉、肌腱及其神经功能正常。关节损伤会造成程度不一的功能障服。

(二)损伤原因和机制

关节是由骨端及覆盖其上的关节软骨、滑膜、纤维束及韧带等组成。造成关节损伤的原因,有直接暴力,如机动车保险杠撞击、锐器砍伤及枪弹击伤等;还有间接暴力如传导外力及扭转外力等。根据关节腔是否与外界相通,关节损伤分为开放性损伤或闭合性损伤。关节韧带损伤除部分由直接暴力作用外,多数由关节超常活动致韧带被牵拉引起,最常见韧带损伤部位为踝关节。

(三)关节损伤类型和临床表现

1. 韧带损伤

关节活动超越正常范围,韧带被牵拉而产生损伤,踝关节韧带最易受伤。韧带损伤分为不完全损伤和完全损伤两种类型:(1)韧带不全损伤,表现局部肿胀、疼痛和压痛、关节周围肌肉皮肤瘀斑、活动受限。(2)韧带完全损伤,其特征是关节被动活动异常。

(1)肩袖损伤

冈上肌、冈下肌、小圆肌和肩胛下肌肌腱组成肩袖。肩袖环绕肱骨头上端，将肱骨头纳入关节盂内，使关节稳定而协助肩关节外展，且有旋转功能，又称为肩胛旋转袖。间接暴力可造成肩袖破裂，分为部分和全部破裂两种。肩袖发生退行性病变基础上受外伤时，最易发生破裂。肩袖破裂后，由于疼痛和肌肉紧张，影响关节活动。肩袖对于保持肩关节的稳定性以充分发挥其外展高举功能极为重要，特别是完全破裂以后，肩关节失去外展功能。

(2)掌指关节及指间关节侧副韧带损伤

①掌指关节侧副韧带损伤，多因撞击、扭转或侧方打击所致。②指间关节侧副韧带损伤。

(3)膝关节损伤

膝关节损伤包括股四头肌断裂、髌骨骨折、髌腱断裂、胫骨结节骨折、半月板损伤等。①股四头肌断裂。股四头肌断裂多发生在肌腱部。当股内、外侧肌未完全断裂时，仍有伸膝的功能，但力量减弱。②半月板损伤。损伤的机制在于膝关节运动中引起的半月板的矛盾运动，以及膝关节运动中的突然变化。一般多依据损伤的解剖特点分为横裂、纵裂、水平裂、边缘裂和前(后)角撕脱及混合裂等类型。

2. 关节挫伤

直接暴力作用于关节处，经皮肤及关节外结构传导至关节内，引起关节及滑膜损伤，临床上变现为疼痛、肿胀、活动受限。经休息或保守治疗一般可痊愈。

3. 关节扭伤

由远离关节部位的外力通过传导间接作用于关节，引起关节结构的损伤。典型的关节损伤如足部着地姿势不对引起的踝关节扭伤。

4. 关节脱位

关节脱位为跌倒、坠落、钝力牵拉、挤压或扭转所致。关节脱位与暴力的方向、关节所处位置和关节的解剖结构特点有关，以肘关节脱位多见，其次为肩关节脱位，而髋关节、膝关节脱位少见。四肢关节脱位后，有较明显的典型体征。如肩关节前脱位的方肩；髋关节后脱位，患肢呈屈曲、内收、内旋畸形。大部分脱位的关节都会完全丧失或大部丧失运动功能。最常发生脱位的是肩关节，其次为肘关节、踝关节和膝关节。

(1)肩关节脱位

肩关节脱位分为盂下脱位、喙突下脱位和胸腔内脱位。肩关节前脱位常合并肱骨大结节撕脱骨折、冈上肌断裂和肱骨外科颈骨折。肩关节脱位外观畸形显著,形成方肩。

(2)肘关节脱位

肘关节脱位常见,且多发生于青少年。

(3)掌指关节脱位及指间关节脱位

①拇指掌指关节脱位。当掌指关节极度背伸时继续受暴力作用,可发生掌骨头向掌侧脱位,指骨基底向背侧脱位,并伴有关节囊破裂。

②指间关节脱位。指间关节脱位多因过度背伸损伤引起,其次是侧方暴力。

③月骨周围脱位和月骨脱位。月骨周围脱位,是指月骨和桡骨远端关节面的正常解剖关系不变,而其他腕骨向月骨背侧或掌侧脱位。月骨脱位,是指其他腕骨与桡骨远端关节面的关系不变,月骨向桡骨掌侧或背侧脱位。

(4)髋关节脱位

股骨头脱出位于Nelaton线之后者为后脱位,位于其前者为前脱位,扭转、杠杆或传导暴力均可引起。传导暴力使股骨头撞击髋臼底部,向骨盆内脱出则属于中心脱位。

5. 关节内骨折

关节囊内骨折,除股骨颈和桡骨骨折外均波及关节面。关节内骨折最易并发大关节粘连、创伤性关节炎及关节僵直等。最多见的关节内骨折发生在肘关节,包括内外髁、髁间、桡骨小头、烧骨头和尺骨鹰嘴等骨折,其次为踝关节和膝关节。

6. 关节骨折脱位

关节骨折脱位,是指关节脱位合并关节内骨折的损伤。此类损伤一般遭遇的暴力较强。常见的有肘关节内外髁骨折合并脱位,肩关节脱位伴肱骨骨折及髋关节脱位伴髋臼骨折等。

(四)检查

1. 体格检查

注意关节外形、周围皮肤色泽及瘢痕性状,关节内有无积液和游离的活动体;关节主动活动与被动活动比较,以及活动中有无异常响声及疼痛等。

2. 影像学检查

X线可确定骨性损伤及关节的被动异常活动,关节内外有人异常以及关节是否退行性变。CT更能准确显示X线片难以显示的关节脱位,如胸锁关节脱位,并能对骨性关节面作出更细的评估,如关节内骨折及其移位状况;MRI可以直接观察关节软骨、滑膜及关节囊的结构,可以对病变的定位定量作出更准确的判定。MRI不但可以显示关节脱位,还可以显示关节脱位合并的损伤。如肌腱及囊内韧带断裂等。

3. 关节镜检查

关节镜检查可以确定关节内脱落的软骨片，特别对膝关节半月板损伤的检查效果较好。

七、四肢骨关节损伤并发症与后遗症

（一）四肢骨关节损伤早期并发症

骨折早期并发症多由损伤本身所致，其并发症有创伤失血性休克、感染、创伤性脂肪栓塞综合征、骨筋膜室综合征，见于多发性或骨盆四肢等骨折。

1. 创伤失血性休克

暴力打击、精神恐惧、骨折脱位及组织损伤的疼痛和损伤后急骤失血，因失血后的血容量降低，以及组织缺氧坏死的分解产物如组织胺、蛋白酶等，将引起血管扩张、渗透，有效血容量减少和血压下降，最终造成创伤性休克。

2. 感染

当骨折并发感染时，局部骨质将受破坏，新形成的骨也有局部破损。此缺损部将被肉芽或瘢痕组织填充。骨折部因感染而不能化骨，甚于形成慢性骨髓炎，也可导致不愈合或假关节形成。

3. 脂肪栓塞综合征

严重骨折后，髓腔脂肪经骨折处侵入血循环，造成以肺为主的器官内毛细血管栓塞，出现呼吸困难、脑缺氧和皮肤黏膜出血的症状，称为脂肪栓塞综合征。是骨折严重并发症之一。

4. 骨筋膜室综合征

由骨、骨间膜、肌间隔和深筋膜形成的骨筋膜室内肌肉和神经，因急性缺血、缺氧而产生的一系列早期的症状和体征。又称急性筋膜间室综合征、骨筋膜间区综合征。四肢的肌肉与神经等处形成的闭合间隔中，当其中的压力增加时，会影响血液循环及组织功能，最终导致肌肉坏死、神经麻痹。分濒临缺血性肌挛缩、缺血性肌挛缩、坏疽三期。骨筋膜室综合征的发生，因膜室内压力增加，或空间变小（肢体外部受压），或由于骨筋膜内水肿液体积增多所致（组织缺血性水肿）。肢体外部受压的原因，如挤压伤、包扎过紧等。肢体内部组织肿胀的原因也有多种，如血管损伤时出血造成的血肿，组织缺血后毛细血管通透性增加引起的肿胀。最多见于前臂掌侧和小腿。

在出现骨筋膜室综合征并持续 12 小时以上，常会导致肢体功能障碍，此后肢体肌群因缺血坏死、机化，最终形成瘢痕组织，逐渐挛缩形成特有畸形，如爪形手、爪形足等，将严重影响患肢功能。

(二)骨关节损伤晚期后遗症

1. 外伤性骨化性肌炎

外伤性骨化性肌炎又称异位骨化,当外伤后,软组织内出血可能是造成骨化的原因。早期征象有局部持续性肿胀、硬结和明显压痛,邻近关节活动时异常疼痛等。常在伤后2~3周,软组织内出现钙化、骨化。如在长骨的骨干部,沿骨干的方向排列,是层状骨化,病变很少延伸到骨端及关节的部位。X线表现受伤后不久可出现局限性肿块。伤后3~4周,在肿块内显示毛状致密象,伤后6~8周,病变边缘部清楚地被致密骨质所包绕,而具有新生骨的外貌。软组织肿块的核心部有时X片性变。伤后5~6个月,肿块收缩,因而肿块与邻近的骨皮质和骨膜反应项之间显出X线透亮带。

2. 缺血性骨坏死

当外伤累及骨营养血管,造成骨骼某处血运的破坏,可引起相应骨折部无菌坏死。如果骨折能愈合,则死骨逐渐被吸收,被新生骨代替。此过程需持续数月乃至更长的时间完成。某些特殊部位的骨折易合并无菌坏死,如股骨头、腕舟骨、距骨以及某些血循环完全破坏的粉碎性骨折的骨碎片。

股骨颈骨折易发股骨头缺血坏死,发生率在20%~40%。初期坏死多发生在股骨头上方,表现为骨质较周围致密,骨小梁不清晰,以后坏死骨与周围分离,或同受压力而变扁平塌陷,甚至碎裂。

3. 骨折延迟愈合或骨折不愈合

骨折后经过一段时间,骨折断端间骨痂形成并足够稳定,且有一定负重功能,称为临床愈合。临床愈合后,骨痂的范围、密度、质量进一步增加,骨折断端瘀血吸收,骨髓腔为骨痂堵塞,骨折块之间形成骨性连接,足以抵抗较大外力而不变形。X线照片显示,骨痂与骨质界线已分不清,骨折线完全消失,骨痂边缘清晰、体积小,而且致密,即为骨性愈合。

(1)骨折延迟愈合

骨折经过治疗后,在正常时间内(3个月)仍未愈合者,称为延迟愈合。临床表现为骨折端仍有疼痛、压痛和异常活动。X线照片显示骨折端吸收脱钙、断端间隙不消失或增宽甚至囊变、边缘模糊、无硬化现象、骨痂量少或骨折两断端间无骨痂连接。延迟愈合表示骨愈合过程仍在进行,若能及时除去妨碍愈合的因素,增加促进愈合的因素,则虽然时间延长,但骨折仍可愈合。

(2)骨折不愈合

骨折8个月后骨折两端未能达到骨性连接,修复过程完全停止称为骨折不愈合,又称骨不连。断端间的异常活动是确诊的体征。修复过程停止,骨折端表面呈现硬化钝圆，髓腔闭塞，且两断端被瘢痕组织连接并与周围组织共同形成可动关节的倾向，即假关节。由于假关节活动，肢体丧失支架功能而不能进行有效运动，在下肢则失去负重功能。骨折不愈合X线征象：骨折端有间隙；骨折端硬化，骨折面光滑清晰；骨髓腔封闭；骨质疏松；骨断端间无骨小梁形成。

不同条件的骨折，即使在同一部位，愈合时间可有很大差别，因此，确定骨折是延迟愈合或不愈合，主要依据是临床症状和X线表现，时间仅作参考。骨折愈合受多种因素影响，其中外界暴力、骨折类型、固定不当、感染等是主要因素。骨折不愈合最终致假关节形成，多见于腕舟骨、锁骨中1/3、股骨中下1/3交界处的骨折。

长骨干骨折不愈合，依据X线可分为两型：①肥大型。断端硬化，髓腔闭塞，周围有肥大增生骨痂，但不连续。②萎缩型。骨端萎缩吸收，有的呈锥形，骨质疏松，骨端间有间隙，有明显增生骨痂。

股骨颈骨折不愈合临床表现为患者在达到正常愈合的时间后仍有疼痛，尤为不能负重。X线表现骨折线清晰可见；骨折端骨质内有囊性变；连续照片复查见股骨颈吸收变短、内固定器突入髋臼或尾部外退，股骨头变位、颈干角增加。

4. 骨折畸形愈合

骨折在非正常解剖位置上愈合并影响或潜在影响功能者，称骨折畸形愈合。致畸形愈合的主要原因有复位不佳、固定不牢、过早拆除外固定、骨骺损伤等。骨折畸形改变可由畸形愈合造成，如肱骨骺骨折远端向内侧移位，引起肘内翻畸形；股骨粗隆间骨折远端内收移位引起踝内翻畸形。也可由正常愈合后发育障碍所致。儿童桡骨下端骨骺骨折正常愈合后，也可因该骨骺损伤后早期闭合而发育受阻，尺骨下端继续生，出现下尺挠关节脱位、桡偏畸形。四肢长骨干骨折畸形愈合包括：(1)成角畸形，股骨干成角可影响力线及膝、踝关节功能，尺、桡骨可影响前臂旋转功能；(2)短缩畸形，下肢短缩超过2cm以上，就可引起跛行；(3)旋转畸形，肱骨、股骨10°以上的旋转畸形容易引起关节劳损；(4)侧方移位畸形。

手部的短骨各类畸形愈合，均会明显影响功能，指骨的旋转畸形即使仅几度，也可影响于指与拇指正常的对指活动；成角畸形使手指伸直时向桡或尺侧偏斜，或屈伸受限；当侧方错位，影响伸或屈肌的功能活动。

邻近关节部位骨折的畸形愈合，对邻近关节产生的影响较骨干骨折更大。如肱骨踝上骨折成角畸形，向外或内成角，则发生肘内翻或肘外翻；向前或后成角，则影响肘的屈曲或背过伸。近关节短缩与旋转畸形比骨干处引起的功能障碍更严重。关节为活动枢纽，要求关节面平滑，关节内骨折要求完全解剖复位，任何畸形愈合,必将影响关节活动功能,最终可致创伤性关节炎。

5. 创伤性关节炎

创伤性关节炎,是关节创伤后的退行性病变。凡波及关节的骨折或脱位均可出现。此外,膝关节十字交叉韧带较严重损伤时也可能发生。引起创伤性关节炎的常见原因有:关节内骨折致关节面不平整、不正常咬合状态下负重与活动;关节内游离体;关节内积液;关节长期制动或卧床;骨折畸形愈合;关节长期劳损及负荷过重;关节内骨折整复不完善,或固定不当致错位愈合,长期磨损使关节软骨退变。如膝关节内半月软骨破裂后经久未治,关书面缺损不平。双膝内翻、外翻,足部畸形,脊柱侧弯等也可引起创伤性关节炎。

创伤性关节炎常表现关节疼痛及功能障碍,关节摩擦感;晚期肌肉无力、关节周围组织挛缩。X 线表现关节间隙狭窄,关节面骨性增生硬化、致密、轮廓凸凹不平;关节面边缘有骨刺或唇状增生;关节周围软组织纤维化、钙化;关节周围骨质疏松、关节畸形。

6. 关节强直

(1)骨性强直

构成关节的骨端之间发生骨性连接,即骨性融合并完全丧失关节功能。其原因多为关节开放性创伤伴化脓性感染。X 线特征关节间隙变窄或消失,并有骨小梁通过;两骨端完全骨性融合,关节面不能分辨。创伤性关节炎、关节内骨折、积血,长期不能主动活动、长时间石膏制动,导致关节部连节,最终致关节纤维僵直形成,关节若继续失去活动状态,则会发展成骨性强直。

(2)纤维性强直

关节囊反复纤维析出、水肿变性,关节内广泛粘连纤维化、滑膜软骨之间的粘连,或关节外动力肌粘连、纤维化,结果囊壁增厚弹性减退,关节活动几近丧失。关节制动时间过长;波及关节的骨折造成关节内积血,关节内骨痂,关节周围组织的粘连、纤维化,感染等是常见原因。临床表现为关节活动度明显受限,多无疼痛;主动与被动活动度基本一致;关节解剖标志欠清晰、肌萎缩;X 线多正常。

(3)关节挛缩

关节挛缩,即关节外软组织纤维瘢痕形成并挛缩,是关节周围的皮肤、肌肉、肌腱、关节囊等病变所致的运动障碍,表现为关节活动范围受限,通过康复能完全或一定程度地改善。多因治疗期间限制运动造成疏松结缔组织处出现致密结缔组织及增生,导致邻近关节活动受限。

7. 关节不稳

(1)腕关节创伤性不稳定

腕部创伤后,因骨折或韧带损伤后腕部储骨排列位置发生明显异常,并出现症状者。主要有腕关节掌屈与背伸不稳定。临床表现腕部酸软无力,持物障碍,关节弹响或关节交锁,关节长期疼痛,腕部活动度减少,持握力下降。X 线可见腕骨间隙增大或狭窄;骨性关节炎病损。

(2)肩关节创伤性不稳定

多见于肩关节受外展外旋应力致创伤性复发性肩关节前脱位。表现为肩关节活动中,运动至某方位,发生肩疼痛和不稳定,多可自动复位。

(3)膝关节创伤性不稳定

膝关节的稳定性由骨骼结构、半月板、韧带、关节囊、肌肉共同维持。当上述结构因伤病失去作用时,即会引起不同程度、方位的不稳,如骨骼结构异常、膝关节交叉韧带断裂、股四头肌麻痹等,多见于韧带损伤(如膝关节前、后交叉韧带以及内、外、后侧韧带和关节囊韧带),若损伤后未及时修复或修复不当,常造成直向不稳定或旋转不稳定。

8. 慢性骨髓炎

慢性骨髓炎多有急性骨髓炎迁延而引起,因脓腔和死骨的存在导致长期不愈。X 线片可见局部骨质不均表现,CT 则可发现 X 片不易发现的骨破坏和死骨。

八、法医学鉴定

四肢损伤的鉴定包括询问病史、临床检查、肌电图检查、影像检查等。询问外伤病史主要是了解受伤经过,尤其是受伤姿势、暴力作用大小及方向、疼痛部位以及患肢功能障碍情况。对经过治疗或愈合的伤者,要仔细审阅病历,以便对损伤、治疗及预后心中有数,切忌先入为主。

(一)影像学检查

1. X 线检查

凡临床诊断为骨关节损伤或怀疑骨关节损伤者,均应作 X 线检查:(1)在一些骨关节损伤中,作为最后明确诊断的关键,如腕舟骨骨折和股骨颈骨折等,常依据摄片确定诊断。关节脱位虽易诊断,仍需摄片检查,了解是否有关节面及关节盂的撕脱性骨折。(2)确定骨折的具体部位、类型及移位情况,为分析伤情、决定治疗方案提供依据。(3)金属异物的诊断和定位。(4)观察软组织内有无气体及积液,挤压所致肢体开放性损伤可以推断软组织剥离情况。(5)作为备查的客观资料。

注意鉴别易被误诊为骨折的 X 线影像:(1)先天变异,如枢椎齿状状突不愈合、椎弓根峡部裂等。其案情多无导致骨折的外伤史,相对应的两侧骨面呈硬化圆钝。(2)较小的骨易被误认为撕脱骨折,较大骨骼的骨线易被认为骨折线。(3)种子骨与副骨可被误诊为撕脱骨折。(4)病理改变,如将脊椎骨松质炎引起的椎体楔改变,误为压缩骨折。(5)骨营养血管沟的阴影可被误诊为裂纹骨折。(6)两骨的影像重叠时,在重叠边缘上可形成一透明线,易被误诊为骨折,如颅骨基底互相重叠部分。

2. CT 和 MRI 检查

X 线摄片检查是骨折不可缺少的重要检查,但由于其局限性,因此有些损伤普通 X 线片难以确诊,需 CT 和 MRI 的检查才能明确骨折的具体情况。例如,脊柱骨折通过 MRI 或 CT 检查可以明确骨折的部位及骨折块移位情况等。

(二)肌电图检查

1. 肌电图检查

将同轴针状电极插入被检查肌肉内,或将皮肤表现电极放在被检查肌肉表面的皮肤上,由此引出的肌电信号经过主机放大在示波器上显示出来。检查者根据肌电电位波形、振幅和频率来确定有无异常。

2. 正常肌电图

正常时,电极插入处于放松状态的肌肉可诱发一种持续 1s 左右的电位波,它是肌肉受到电极刺激而产生的,称为插入电位。在此电位之后,便无电位波出现,示波器上显示的是一条直线,称为电静息。肌肉随意收缩而产生的电位称为运动单位电位。

3. 异常肌电图

肌肉失神经支配后,其兴奋性增强,产生一种自发的震颤,肌电图上描记出一种低窄的纤维波形。它多在神经损伤 15 ~ 20 天后出现,直到神经功能恢复或肌肉纤维失去兴奋为止。这一波形称为纤颤电位。在神经与肌肉联系完全中断后,肌膜的应激性增强,电极的插入可诱发一种正相电位变化,先有一个大而短的正相波,尔后与之衔接的是一个低而长的负相波,它是一种损伤电位。以上两种电位波形是神经性损伤的重要指征。神经轻度损伤,其肌电图以运动单位电位为主,仅有少量的纤颤电位和正锐波;神经中度损伤,纤颤电位和正锐波数量明显增加,多相电位亦增多;神经完全损伤,不见有运动单位电位,只有大量的纤颤电位和正锐波。凭借肌电图检查,可以判断是神经源性损伤还是肌源性损伤,并可与功能性麻痹和脑性麻痹相鉴别。

4. 神经传导速度

测定神经纤维具有兴奋性和传导性,损伤可明显影响其传导速度。周围神经部分损伤时，神经传导速度减慢；完全受损时，则传导速度不能测出。在受损部位近侧，传导速度多正常，但在病变段及以下，传导速度减慢。

（三）体格检查

1. 肢体长度测量

（1）上肢长度

肩峰端至桡骨茎突或中指尖的长度。上臂长度指肩峰端至尺骨鹰嘴的长度；前臂长度是尺骨鹰嘴至尺骨茎突的长度。

（2）下肢长度

下肢长度分真性长度和假性长度，正常两侧误差小于1cm。①真性长度是髂前上棘经髌骨中点到内踝尖的长度；②假性长度是脐孔至内踝尖的距离。若不能伸直，可作分段测量，以免产生误差。其中从髂前上棘至髌上缘（或至膝关节外侧间隙，或至内收肌结节）的长度，为大腿的长度。膝关节外侧间隙至外踝的长度或膝关节内侧间隙至内踝尖的距离为小腿长度。从腓骨小头尖至外踝尖的长度为腓骨的长度。

若因骨盆结构破坏、倾斜等因素引起的下肢不等长，应分别测量髂前上棘经髌骨中心至内踝尖的距离及自脐中心经髌骨中心至内踝尖的距离。

具体测量测量方法如下：

①站立位测量法：按标准姿势站立，比较两侧髂前上棘或髂后上棘是否等高，低的一侧，可能为该下肢缩短；然后垫高其足底，直至两侧骨盆平齐，则垫高的高度，就是该下肢缩短的长度。

②坐位测量法：端坐，两膝和两足并拢于中线。正常的两髌前方应平齐，如果两髌不等齐，则缩短的一侧，可能为该侧大腿短缩。正常的两髌上方应等高，如果一侧较低，则该侧小腿可能短缩。

③卧位测量法：病人仰卧于床板上，两髋、两膝均屈曲至90°，两膝并拢于中线。正常的两膝等高，如果一侧低，则说明该侧大腿短缩。两髋、两膝稍屈曲，两内踝并拢且踏在床上，正常的两膝应等高，如果一侧膝部低，则可能该侧小腿或大腿短缩。

2. 肢体缺失测量

应采用恒定的骨性标志进行肢体缺失的测量。测量点越小，准确性越高。两侧肢体必须置于相对应的伸直位置，如患侧关节有畸形，一般是健侧仿效患侧姿势，以免产生误差。

3. 关节活动度的测量

关节活动度，是指关节运动时所通过的运动弧或转动的角度，主动活动度是由肌肉的主动收缩产生,被动活动度则完全由外力作用而产生。关节活动障碍是关节活动范围减少或运动无力而不能完成其正常功能。常见于骨骼、关节和肌肉血管等损伤及疾病后、各种类型的神经瘫痪后以及长期卧床、长期坐轮椅等患者。关节功能障碍原因有关节结构破坏;关节活动受制;关节炎症;运动力减弱或丧失;肢体供血不足。

(1)关节运动的类型

自主运动:由中枢控制的、有目的的关节运动,人们主要依靠自主运动从事生产劳动和日常生活。关节正常自主运动,必须具备正常的神经传导;神经中枢能够指挥肌肉的动作;要有足够的肌力;一个可以活动的关节等。

被动运动:被动运动的范围一般较自主运动为大,又因年龄、职业和生活习惯等有所差异。多数的被动运动不显示其临床意义,当超过一定限度时,还会造成关节损伤。被动运动正常而无自主运动者,表示关节正常,多为神经肌肉功能障碍。如两种运动皆有障碍,则为关节本身疾患或关节外机械因素等所致。

(2)关节活动障碍类型

骨性关节活动障碍,由骨骼因素造成,包括近关节处骨骼畸形、关节端骨骼变形、增生的骨质或异位骨化的骨质相互卡阻,或因创伤或炎症损伤关节软骨,致关节两端骨骼互相愈合成骨性强直。纤维性关节活动障碍,是由于关节内外纤维组织的挛缩或瘢痕粘连所致。关节韧带挛缩、关行囊挛缩、关节内外瘢痕部粘连及挛缩,可造成关节活动障碍;跨关节的肌肉、肌腱挛缩和粘连、滑液囊闭合粘连甚至消失,可以使肌腱上下滑移幅度减小,同样会导致关节活动度受限;神经麻痹性关节活动障碍,是由神经损伤肌肉瘫痪所致。

综上所述,引起功能障碍的因素是多方面的,仅从创伤解剖来看,以下两种因素影响较大:关节内或近关节部位的骨折,容易引起关节内及关节周围粘连,影响关节运动;骨折严重移位,即使复位较满意,也会因局部软组织损伤较严重,与骨折端粘连的机会较多,既限制肌肉运动,也影响关节活动范围。

(3)关节活动障碍的鉴定原则

关节功能障碍的法医学鉴定,应在医疗终结后进行。部分关节功能障碍为暂时的,如长骨骨折术后相邻两关节活动受限,在内固定取出,去除外固定石膏后,进行有效的康复功能锻炼,关节功能一般可以恢复。导致关节功能障碍的病理因素永久存留时可以鉴定。在检查时,应规范测量关节活动度,排除伪装及夸大情形并正确记录。

(4)关节活动度测量

单轴向关节(肘、膝、踝)功能障碍表现为屈曲功能障碍,背伸功能障碍和关节僵硬。对于多轴关节(肩、腕、髋)则将关节运动障碍程度分至各个关节运动单元中,因此,不同轴向运动功能障碍直接相加为该关节运动功能障碍程度。关节僵硬所致功能障碍程度随关节固定的角度有所差异,功能障碍较小的位置即功能位,将关节固定此位置有利于该关节最大限度发挥其功能。

关于关节功能位的表述,《人身损伤致残程度分级》应用说明中规定:

肩关节:在前屈、后伸轴向上的功能位为前屈20°~40°,在外展、内收轴向上的功能位为外展20°~50°,在内旋、外旋轴向上的功能位为外旋屈30°~50°。

肘关节:在屈曲、伸展轴向上的功能位为屈曲70°~90°。

腕关节:在掌屈、背伸轴向上的功能位为掌屈10°~背伸10°,在尺偏、桡偏轴向上的功能位为尺偏10°~桡偏5°。

髋关节:在前屈、后伸轴向上的功能位为屈曲25°~40°,在外展、内收轴向上的功能位为外展5°~内收5°,在外旋、内旋轴向上的功能位为外旋10°~内旋5°。

膝关节:在屈曲、伸展轴向上的功能位为伸直0°~屈曲30°。

踝关节:在背屈、跖屈轴向上的功能位为背屈0°~跖屈20°。

手:第一掌指关节功能位为指关节屈曲10°~30°,外展15°~40°;指间关节功能位是指关节屈曲0~15°。第2~5指掌指关节功能位为指关节屈曲0~15°;近侧指间关节功能位是指关节屈曲10°~30°;远侧指间关节功能位是指关节屈曲0~15°。

为对肢体丧失功能进行量化,从而评定伤残等级,根据损伤所致每一肢体三大关节(上肢含腕关节、肘关节、肩关节,下肢含踝关节、膝关节、髋关节)功能丧失的情况来确定。对于肩关节而言,尚包含肩关节和肩关节复合体丧失功能的计算。肩关节是指由肩胛骨的盂臼与肱骨头之间形成的关节。肩关节与肩锁关节、胸锁关节、肩胛胸关节共同组成肩关节复合体。肩关节功能受肩关节复合体其他关节功能的制约,肩关节复合体其他关节功能通过肩关节功能予以体现。肩关节复合体丧失功能的计算,要通过测量肩关节丧失功能的程度来确定。

①量角器测量的原则

关节的起始位为中立位,随着从起始付方向活动的增加,关节活动度数值也相应增加。稳定受检关节的近端部分,以便使该关节单独活动。确定关节活动终末感,即关节向某方向被动活动达到终点时,所感知该关节的阻抗,即终末感,以确定关节的最大活动范围。关节活动终末感分生理与病理性。应注意与对侧相比较,每个关节的活动度均应测量主动与被动。

②活动测量步骤

确定待测关节的体位;稳定关节的近端部分;让受检者主动活动,并缓缓进行被动活动,确定活动终点及终末感;评价关节活动状况;返回中立位;触摸骨性标志;放置量度计;阅读和记录关节活动。

③上肢各关节活动度测量

肩关节活动度测量:肩关节上臂下垂为中立位。前屈上举:150°~170°;后伸:40°~45°;外展上举:160°~180°;内收:20°~40°;水平位内旋:70°~90°;水平位外旋:60°~80°;贴臂位内旋:45°~70°;贴臂位外旋:45°~60°。

肘关节活动度测量:肘关节中立位为前臂伸直。屈曲:135°~150°;过度伸直:0~10°;旋前:80°~90°;旋后:80°~90°。

腕关节活动度测量:腕关节中立位为手与前臂成直线,手掌向下。背伸:50°~60°;掌屈:50°~60°;桡侧倾斜:25°~30°;尺侧倾斜:30°~40°。

拇指活动度测量:中立位为拇指沿食指方向伸直;外展:40°;屈曲:掌拇关节60°,指间关节可达80°;对掌:不易量出度数,注意拇指横越手掌之程度;内收:伸直位可与食指桡侧并贴。

其余四指活动度测量:中立位为四指伸直,掌指关节屈曲90°,近侧指间关节屈曲100°,远侧指间关节屈曲70°。

④下肢各关节活动度测量

髋关节活动度测量:中立位为髋关节伸直,髌骨向上。屈曲:130°~140°;后伸:10°~15°;外展:30°~45°;内收:20°~30°;内旋:40°~50°;外旋:30°~40°。

膝关节活动度测量:中立位为膝关节伸直,屈曲:120°~150°;过伸:5°~10°。

踝关节活动度测量:踝关节中立位为足与小腿间呈90度角,而无足内翻或外翻。足之中立位不易确定。背屈:20°~30°;跖屈:40°~50°。

足部关节活动度测量:距下关节之内翻30°,外翻30°~35°;跗骨间关节(足前部外展或内收)之活动度,采用被动活动,跟骨保持中立位。正常各约25°;跖趾关节运动:跖屈和背屈活动,尤以拇趾为重要。正常背屈约45°,跖屈为30°~40°。

4. 手、足结构缺失和丧失功能的计算

手、足结构缺失,系指因外伤伤情严重或者因临床治疗需要所导致的手、足部分或全部解剖结构的永久缺失,且难以再植(再造)成活的情形。手、足功能障碍,系指手、足解剖结构虽然完整存在,但因损伤后遗留手指和足趾活动功能障碍的情形。(见图8-17、图8-18、表8-1)

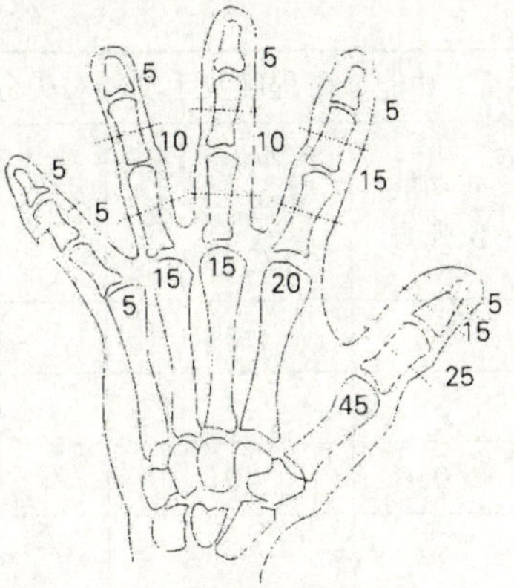

图 8－17　手缺失评分示意
（图中数字示手指缺失平面
相当于手功能丧失的分值）

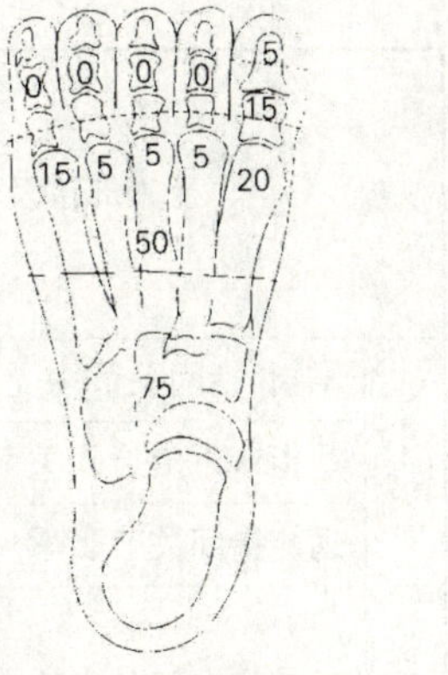

图 8－18　足缺失评分示意
（图中数字示足缺失平面
相当于足功能丧失的分值）

表 8－1　手指关节功能障碍相当于手功能丧失分值的评定

受累部位及情形		功能障碍程度及手功能丧失分值		
		非功能位强直	功能位强直或关节活动度≤1/2 参考值	关节活动度>1/2、但≤3/4 参考值
拇指	第一掌腕/掌指/指间关节均受累	40	25	15
	掌指、指间关节均受累	30	20	10
	掌指、指间单一关节受累	20	15	5
示指	掌指、指间关节均受累	20	15	5
	掌指或近侧指间关节受累	15	10	0
	远侧指间关节受累	5	5	0
中指	掌指、指间关节均受累	15	5	5
	掌指或近侧指间关节受累	10	5	0
	远侧指间关节受累	5	0	0
环指	掌指、指间关节均受累	10	5	5
	掌指或近侧指间关节受累	5	5	0
	远侧指间关节受累	5	0	0

续表

受累部位及情形		功能障碍程度及手功能丧失分值		
		非功能位强直	功能位强直或关节活动度≤1/2 参考值	关节活动度>1/2、但≤3/4参考值
小指	掌指、指间关节均受累	5	5	0
	掌指或近侧指间关节受累	5	5	0
	远侧指间关节受累	0	0	0
腕关节	手功能大部分丧失时腕关节受累	10	5	0

说明:

(1)单手、单足部分缺失及功能障碍定级说明

①手、足缺失及功能障碍量化图表不能代替标准具体残级条款,条款中有列举的伤情应优先依据相应条款确定残疾,只有在现有残疾条款未能列举具体致残程度等级的情况下,可以参照本图表量化评估定级;

②图 8－17 中将每一手指划分为远、中、近三个区域,依据各部位功能重要性赋予不同分值。手部分缺失离断的各种情形可按不同区域分值累计相加,参考定级。图 8－18 使用方法同图 8－17;

③表 8－1 按手指各关节及腕关节功能障碍的不同程度分别赋予不同分值,各种手功能障碍的情形或合并手部分缺失的致残程度情形均可按对应分值累计相加。

(2)双手部分缺失及功能障碍定级说明

一手多个手指功能缺失的,可按图中所致方法分别评定各指缺失的分值,再简单相加。双手多个手指损伤造成缺失的,应先分别评定各手缺失分值,再进行加权计算。计算方法如下:

设一手功能为 100 分,双手总分为 200 分。设分值较高一手分值为 A,分值较低一手分值为 B,最终双手计分为:$A + B \times (200 - A)/200$。

手功能障碍程度,按照一手拇指与其余各指的掌指关节及指间关节在非功能位强直固定、在功能位强直、关节活动度严重受限、关节活动度部分受限等三种情形的分值计算。双手均有损伤并遗留功能障碍的,按照上述计算公式进行计算评定。

(3)双足部分缺失定级说明

双足功能损伤,按双足分值加权累计定级。设一足功能为 75 分,双足总分为 150 分。设分值较高一足分值为 A,分值较低一足分值为 B,最终双足计分为:$A + B \times (150 - A)/150$。

5. 足弓结构破坏程度的区分

足弓结构破坏,是因损伤所致的足弓缺失或丧失功能。足弓结构破坏程度的区分:足弓结构完全破坏:足的内、外侧纵弓和横弓结构完全破坏,包括缺失和丧失功能;足弓 1/3 结构破坏或 2/3 结构破坏,指一足三弓的任一或二弓结构破坏。

6. 肢体缺失与假肢安装

肢体缺失,是指肢体因外伤直接造成离断,或因肢体组织失活、神经及血管受损造成严重并发症坏死、感染后截肢。主要原因是严重的碾压或砸压引起皮肤、肌肉、血管、神经坏死导致无法手术修复。特别严重的病例甚至会威胁到患者的生命,如坏疽、脓毒血症等。肢体缺失引起人体形态学改变,缺失应以损伤后影像学改变为准。其在损伤鉴定中应以原发性伤情为主,不能因断肢术后或再造后的功能为准。部分术后能够较好恢复原来相应功能,而减轻原发伤害程度。(见图 8 – 19 ~ 图 8 – 22)

(1)上肢缺失与假肢安装

上肢是进行生活和劳动操作的器官。因此,上肢假肢要求尽可能外观逼真,动作灵活,功能良好,轻便耐用,穿脱方便。安装假肢时要对残肢局部加以评估,包括残肢有无畸形,皮肤有无感染、溃疡创面、瘢痕,关节活动度是否受限,主要肌群的肌力是否良好,残肢有无神经瘤。如果有上述情况,应予以解决后方适合安装假肢。

(2)下肢缺失与假肢安装

功能好的下肢假肢应具有适合的长度和良好的承重功能,有类似正常功能的机械关节及正确的假肢承重力线,以保证截肢者安装后步行稳定,步态良好。下肢残肢局部的评估包括以下诸方面:①皮肤情况。②有无残肢畸形及其畸形程度。③残肢长度测量。④ 残端的形状。⑤关节活动度。⑥肌力检查。检查患肢及全身的肌力,尤其是对维持站立稳定和行走的主要肌群肌力更要注意。如果主要肌力小于 3 级,不宜佩戴假肢。⑦神经瘤情况。必要时手术切除后才可安装假肢。

(3)装配假肢后整体功能的评价

Ⅰ级(完全康复):应用假肢感觉良好或略有不适,生活能完全自理,恢复原工作及正常参加社会活动。

Ⅱ级(部分康复):存在部分功能障碍,生活能自理,但不能恢复原工作。

Ⅲ级:生活完全自理,但不能参加正常工作。

Ⅳ级:生活部分自理,很大程度上需要依赖他人。

Ⅴ级:功能无好转,仅外观改善。

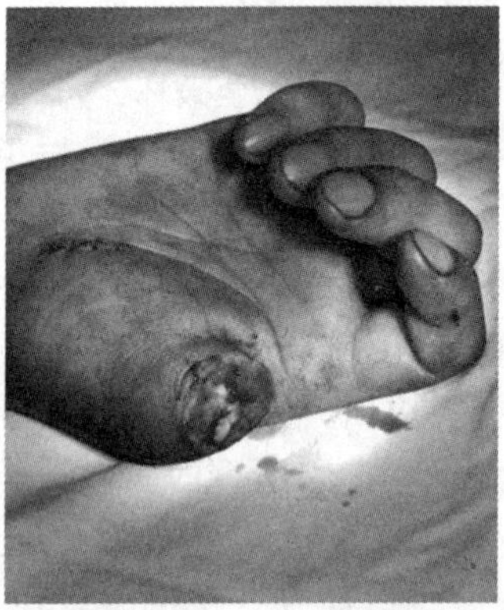

图8-19　拇指离断术前

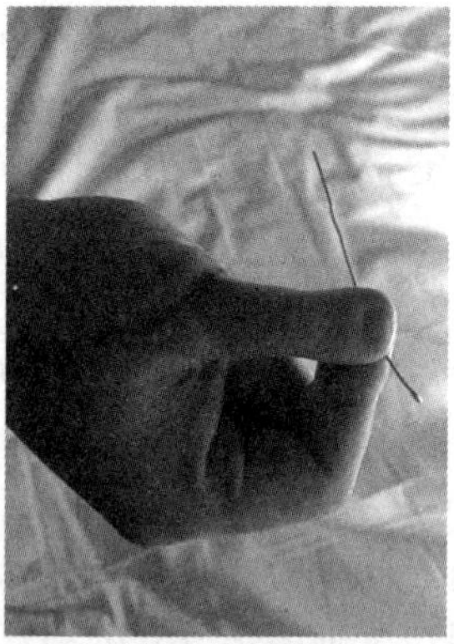

图8-20　拇指离断术后

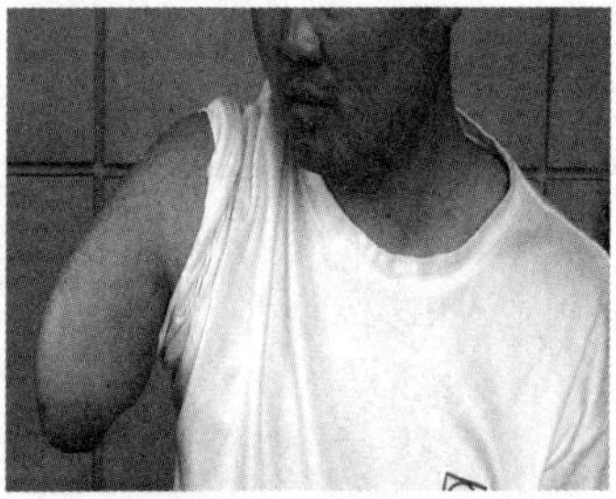

图8-21　上肢部分缺失

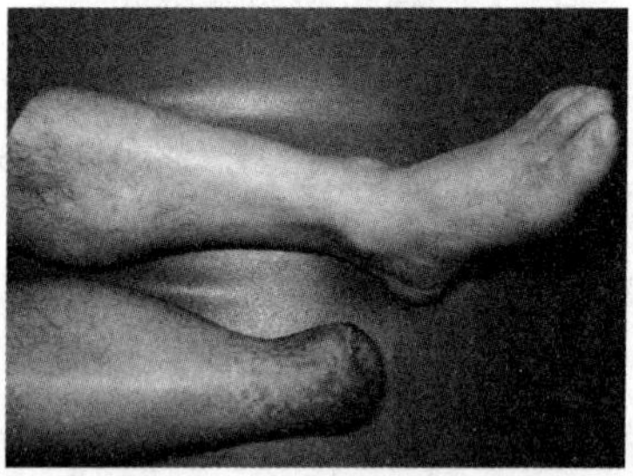

图8-22　下肢部分缺失

九、四肢骨关节损伤鉴定应注意的问题

(一)骨折认定

单纯的骨皮质骨折线通常可清晰显示,骨松质的骨折X影像上难见典型骨折线,多表现为骨骼变形,骨小梁紊乱、断裂、嵌插。骨松质骨折由于无明显的骨折线影像,因而在X线和CT上易漏诊。骺离骨折,X线片仅能显示骺板骺线增宽或骺与干骺端对位关系的异常。部分骨折,如腕舟骨、肱骨外科颈、股骨颈嵌入骨折等,早期可不显示骨折线,伤后约两周再行摄片复查,此时断端骨质吸收,骨折线则清晰可见。嵌入或压缩性骨折,X线片上并非显示透明的骨折线而表现为骨小梁紊乱,当骨断端间嵌入、重叠反而表现为密度增加呈条带状影。

多数外伤性骨折早期通过X线检查,结合外伤史即可明确诊断。但有时需要与一些先天变异、籽骨等鉴别。易误认骨折的影像有:先天变异、骨骺、籽骨与副骨、病理改变、血管沟、骨重叠等。

(二)影像学资料的同一认定

影像学资料的同一认定,主要是指不同的影像学资料是否为同一人的影像学资料,某一特定影像学资料是否为特定人的影像学资料。例如,原告受伤后当时没有及时就诊,伤后几天或几周摄片检查发现骨折,此时被告怀疑原告提供有骨折的影像学资料不是原告本人的影像学资料,因而要求鉴定影像学资料是否为原告所摄。对于影像学资料的同一认定,首先要选择识别标志点,识别标志点一般应具备较强特异性、相对稳定性、易于反映等特点,同时还要结合人体放射影像学资料的特性。

1. 解剖学形态特征

解剖学形态特征,如关节边缘形态、锁骨的小梁构型等特性,具有高度个性特异性和相对稳定性。

2. 骨骼结构的变异或发育畸形

人类骨骼可能存在某些变异,如子骨、永久骨骺等,这些特征可提高同一认定筛选速度。

3. 疾病或退行性改变

疾病引起骨骼改变,如退行性改变,肋软骨骨化,年老或废用引起骨质疏松等。但此类标志呈动态变化,多不能用于时间间隔较长的两张 X 线片对比。

4. 骨骺创伤后病理改变

疾病或手术可能会引起的骨骼发生某些特征性改变,如骨折畸形愈合等,可作为识别标志点。不过某些特征在病变期可以作为识别标志,但完全愈后其识别效能会受到影响,如骨折的愈合期,可根据骨折的部位、形态、骨痂量的变化等来认定,但骨折骨性愈合后,可能不遗留任何异常现象或无特征改变,此时就难以作为识别点。创伤造成骨缺失或存留异物,均可成为良好的识别标志。

5. 医疗处理

医疗行为实施后会给人体置入某种异物,如股骨颈置换物、骨折内固定器等,可以根据固定物的形态、位置等进行同一认定。

(三)损伤机制判断

体检或是影像学检查,仅能显示在伤后已形成的静态状况,而法医学鉴定需要重建损伤形成过程的动态情形,即损伤机制。损伤机制的判断,应结合受伤原因与骨折特征分析,其中骨折类型、移位方向等是判断的主要依据。有些骨折通过外伤史,即可明确其发生机制。骨折的类型与形态主要取决于载荷的形式与能量释放。扭转暴力造成螺旋骨折,垂直暴力则造成横行骨折,弯曲暴力造成短斜行骨折,而轴向压缩,特别是在与干骺端则造成嵌插骨折。

病理性骨折,是指在发生骨折以前骨本身即已存在影响其结构坚固性的内在病变,如骨髓炎、骨肿痛、骨质疏松等,正常负荷或轻微外力下,即可发生骨折。病理性骨折的诊断,主要依靠影像学检查。如骨质疏松骨折表现为骨皮质薄、广泛骨松质稀疏、骨折愈合慢等。

(四)新鲜骨折与陈旧骨折

新鲜骨折与陈旧骨折,主要是从骨折线变化和骨痂量的多少进行判断。一般将3周以内的骨折称为新鲜骨折。新鲜骨折的骨折线在X线、CT影像上显示清晰、锐利,无骨痂影,可伴明显软组织肿胀、关节积液等。MRI可显示明显骨髓水肿、骨挫伤等改变等。骨折3周以后,断端可见骨质吸收,骨膜下有新骨形成,称为陈旧骨折。MRI上损伤导致早期的骨髓水肿出血吸收,骨髓信号往往趋于正常。

(五)骨折医疗终结判断

骨折经过一段时间后,当两骨断端间形成骨痂时,并已足够稳定,可做一定的负重活动,称为临床痊愈。之后转入康复治疗,逐渐恢复患肢功能。骨折临床愈合标准为:(1)骨折局部无压痛及纵向叩击痛;(2)局部无反常活动;(3)X线片显示骨折线模糊,有连续的骨痂通过骨折处;(4)外固定解除后肢体能满足以下要求:上肢能向前平举1kg达1分钟,下肢不扶拐能在平地连续行走3分钟,并不少于30步;(5)连续观察2周骨折处无变形。

十、损伤程度与伤残等级评定

骨骼构成人体形态并起到支撑功能。上肢各关节的运动都与手功能活动相关,手是精细运动和感觉功能的高度协调,肘、肩关节起辅助作用。上肢各骨骼的多个连接,各肌群的力量,灵敏且高度协调,以及整个上肢的长度,使手得以全面发挥其功能,完成各种复杂的劳动及生活活动。手在抓握和操作不同形状和较小的物体时,拇指的功能非常重要。上肢任何一个关节运动的受限,都会影响手功能。下肢的主要功能是支持体重和运动,具体为站立、行走、下蹲、爬高以及维持身体姿势,因此要求关节充分的稳定和肌肉强大有力。在自然站立时需肢体骨骼、关节及韧带维持。从基本功能分:(1)站立:负重站立和静止站立。站立最基本的要求是骨支架完好,关节处韧带功能正常。(2)行走:一系列的肌群向心收缩为关节运动提供动力、对抗重力,完善的步行动作及上下肢所有肌群的参与,其中臀大肌、股四头肌及小腿三头肌为主要的负重肌及动力肌。行走时,下肢关节部位屈伸活动度与步幅有关。足的主要功能是在站立和行进中支撑身体。

依据相关鉴定标准评定损伤程度与伤残等级。评定时要特别注意骨折的后遗症和并发症以及评定时机等问题。

(一)伤情程度鉴定

肢体的损伤程度鉴定,应考虑损伤当时原发性病变、与损伤有直接关系的并发症以及损伤引起的后遗症。肢体损伤后的功能恢复既与原发病变密切相关,又取决于医疗水平及患者的自身因素。鉴定时机大多在治疗康复结束后。如骨折复位不良,或反复行粗暴的手法复位,晚期可能出现创伤性关节炎、关节疼痛和活动受限。此外,长时间的关节外固定或功能锻炼欠佳,常是晚期关节僵硬的原因。

总之,鉴定肢体损伤程度应遵循实事求是的原则,具体伤情具体分析。既要重视原发病变,又要考虑由此引起的后遗症,在实事求是原则的基础上,坚持以致伤因素对人体直接造成的原发性损伤及由损伤引起的并发症或者后遗症为依据,全面分析,综合评定。具体鉴定依据2014年1月1日起施行的《人体损伤程度鉴定标准》相关规定进行。

1. 重伤一级:二肢以上离断或者缺失(上肢腕关节以上、下肢踝关节以上);二肢六大关节功能完全丧失;双手离断、缺失或者功能完全丧失。

2. 重伤二级:四肢任一大关节强直畸形或者功能丧失50%以上;臂丛神经干性或者束性损伤,遗留肌瘫(肌力3级以下);正中神经肘部以上损伤,遗留肌瘫(肌力3级以下);桡神经肘部以上损伤,遗留肌瘫(肌力3级以下);尺神经肘部以上损伤,遗留肌瘫(肌力3级以下);骶丛神经或者坐骨神经损伤,遗留肌瘫(肌力3级以下);股骨干骨折缩短5.0cm以上、成角畸形30°以上或者严重旋转畸形;胫腓骨骨折缩短5.0cm以上、成角畸形30°以上或者严重旋转畸形;膝关节挛缩畸形屈曲30°以上;一侧膝关节交叉韧带完全断裂遗留旋转不稳;股骨颈骨折或者髋关节脱位,致股骨头坏死;四肢长骨骨折不愈合或者假关节形成;四肢长骨骨折并发慢性骨髓炎;一足离断或者缺失50%以上;足跟离断或者缺失50%以上;一足的第一趾和其余任何二趾离断或者缺失;一足除第一趾外,离断或者缺失4趾;两足5个以上足趾离断或者缺失;一足第一趾及其相连的跖骨离断或者缺失;一足除第一趾外,任何三趾及其相连的跖骨离断或者缺失;手功能丧失累计达一手功能36%;一手拇指挛缩畸形不能对指和握物;一手除拇指外,其余任何三指挛缩畸形,不能对指和握物;一手拇指离断或者缺失超过指间关节;一手食指和中指全部离断或者缺失;一手除拇指外的任何三指离断或者缺失均超过近侧指间关节。

3. 轻伤一级:四肢任一大关节功能丧失25%以上;一节椎体压缩骨折超过1/3以上;二节以上椎体骨折;三处以上横突、棘突或者椎弓骨折;膝关节韧带断裂伴半月板破裂；四肢长骨骨折畸形愈合；四肢长骨粉碎性骨折或者两处以上骨折；四肢长骨骨折累及关节面；股骨颈骨折未见股骨头坏死，已行假体置换；骺板断裂；一足离断或者缺失10%以上；足跟离断或者缺失20%以上；一足的第一趾离断或者缺失；一足除第一趾外的任何二趾离断或者缺失；三个以上足趾离断或者缺失；除第一趾外任何一趾及其相连的跖骨离断或者缺失；肢体皮肤创口或者瘢痕长度累计45.0cm以上；手功能丧失累计达一手功能16%；一手拇指离断或者缺失未超过指间关节；一手除拇指外的食指和中指离断或者缺失均超过远侧指间关节；一手除拇指外的环指和小指离断或者缺失均超过近侧指间关节。

4. 轻伤二级：四肢任一大关节功能丧失10%以上；四肢重要神经损伤；四肢重要血管破裂；椎骨骨折或者脊椎脱位(尾椎脱位不影响功能的除外)；外伤性椎间盘突出；肢体大关节韧带断裂；半月板破裂；四肢长骨骨折；髌骨骨折；骨骺分离；损伤致肢体大关节脱位；第一趾缺失超过趾间关节；除第一趾外，任何二趾缺失超过趾间关节；一趾缺失两节趾骨骨折；一节趾骨骨折合并一跖骨骨折；两跖骨骨折或者一跖骨完全骨折；距骨、跟骨、骰骨、楔骨或者足舟骨骨折；跖跗关节脱位；肢体皮肤一处创口或者瘢痕长度10.0cm以上；两处以上创口或者瘢痕长度累计15.0cm以上；手功能丧失累计达一手功能4%；除拇指外的一个指节离断或者缺失；两节指骨线性骨折或者一节指骨粉碎性骨折(不含第2~5指末节)；舟骨骨折、月骨脱位或者掌骨完全性骨折。

5. 轻微伤：肢体一处创口或者瘢痕长度1.0cm以上；两处以上创口或者瘢痕长度累计1.5cm以上；刺创深达肌层；肢体关节、肌腱或者韧带损伤；骨挫伤；足骨骨折；外伤致趾甲脱落，甲床暴露；甲床出血；尾椎脱位；手擦伤面积$10.0cm^2$以上或者挫伤面积$6.0cm^2$以上。手一处创口或者瘢痕长度1.0cm以上；两处以上创口或者瘢痕长度累计1.5cm以上；刺伤深达肌层；手关节或者肌腱损伤；腕骨、掌骨或者指骨骨折；外伤致指甲脱落，甲床暴露；甲床出血。

(二)残疾程度鉴定

1. 工伤致肢体损伤后残疾程度的鉴定

依据《工标》标准进行评定。

一级伤残：全身重度瘢痕形成，占体表面积≥90%，伴有脊柱及四肢大关节活动功能基本丧失；双肘关节以上缺失或功能完全丧失；双下肢高位缺失及一上肢高位缺失；双下肢及一上肢严重瘢痕畸形，活动功能丧失。

二级伤残：全身重度瘢痕形成，占体表面积≥80%，伴有四肢大关节中3个以上活动功能受限；双侧前臂缺失或双手功能完全丧失；双下肢高位缺失；双下肢瘢痕畸形，功能完全丧失；双膝双踝僵直于非功能位；双膝以上缺失；双膝、踝关节功能完全丧失；同侧上、下肢瘢痕痕畸形，功能完全丧失；四肢大关节（肩、髋、膝、肘）中四个以上关节功能完全丧失者。

三级伤残：全身重度瘢痕形成，占体表面积≥70%，伴有四肢大关节中2个以上活动功能受限；一手缺失，另一手拇指缺失；双手拇、食指缺失或功能完全丧失；一侧肘上缺失；一手功能完全丧失，另一手拇指对掌功能丧失；双髋、双膝关节中，有一个关节缺失或无功能及另一关节伸屈活动达不到0～9°者；一侧髋、膝关节畸形，功能完全丧失；非同侧腕上、踝上缺失；非同侧上、下肢瘢痕畸形，功能完全丧失。

四级伤残：全身瘢痕面积≥60%，四肢大关节中1个关节活动功能受限；双拇指完全缺失或无功能；一侧手功能完全丧失，另一手部分功能丧失；一侧膝以下缺失，另一侧前足缺失；一侧膝以上缺失；一侧踝以下缺失，另一足畸形行走困难；双膝以下缺失或无功能。

五级伤残：一侧前臂缺失；一手功能完全丧失；肩、肘、腕关节之一功能完全丧失；一手拇指缺失，另一手除拇指外三指缺失；一手拇指无功能，另一手除拇指外三指功能丧失；双前足缺失或双前足瘢痕畸形，功能完全丧失；双跟骨足底软组织缺损瘢痕形成，反复破溃；一髋（或一膝）功能完全丧失；一侧膝以下缺失。

六级伤残：单纯一拇指完全缺失，或连同另一手非拇指二指缺失；一拇指功能完全丧失，另一手除拇指外有二指功能完全丧失；一手三指（含拇指）缺失；除拇指外其余四指缺失或功能完全丧失；侧踝以下缺失；一侧踝关节畸形，功能完全丧失；下肢骨折成角畸形＞15°，并有肢体短缩4cm以上；一前足缺失，另一足仅残留拇趾；一前足缺失，另一足除拇趾外，2～5趾畸形，功能丧失；一足功能丧失，另一足部分功能丧失；一髋或一膝关节伸屈活动达不到0～90°者；单侧跟骨足底软组织缺损瘢痕形成，反复破溃。

七级伤残：一拇指指间关节离断；一拇指指间关节畸形，功能完全丧失；一手除拇指外，其他2～3指（含食指）近侧指间关节离断；一手除拇指外，其他2～3指（含食指）近侧指间关节功能丧失；肩、肘、腕关节之一损伤后活动度未达功能位者；一足1～5趾缺失；一足除拇趾外，其他四趾瘢痕畸形，功能完全丧失；一前足缺失；四肢大关节人工关节术后，基本能生活自理；四肢大关节创伤性关节炎，长期反复积液；下肢伤后短缩＞2cm，但＜3cm者；膝关节韧带损伤术后关节不稳定，伸屈功能正常者。

八级伤残：一手除拇、食指外，有两指近侧指间关节离断；一手除拇、食指外，有两指近侧指间关节无功能；一足拇趾缺失，另一足非拇趾一趾缺失；一足拇趾畸形,功能完全丧失,另一足非拇趾一趾畸形;一足除拇趾外,其他三趾缺失;因开放骨折感染形成慢性骨髓炎,反复发作者;四肢大关节创伤性关节炎,无积液。

九级伤残:一拇指末节部分 1/2 缺失;一手食指 2~3 节缺失;一拇指指间关节功能丧失;一足拇趾末节缺失;除拇趾外其他二趾缺失或瘢痕畸形,功能不全;跖骨或跗骨骨折影响足弓者;患肢外伤后一年仍持续存在下肢中度以上凹陷性水肿者;骨折内固定术后,无功能障碍者;外伤后膝关节半月板切除、髌骨切除、膝关节交叉韧带修补术后无功能障碍。

十级伤残:一手指除拇指外,任何一指远侧指间关节离断或功能丧失;指端植皮术后(增生性瘢痕 $1cm^2$ 以上)手背植皮面积 $>50cm^2$,并有明显瘢痕;手掌、足掌植皮面积 >30% 者;除拇指外,余 3~4 指末节缺失;除拇趾外,任何一趾末节缺失;足背植皮面积 $>100cm^2$;膝关节半月板损伤、膝关节交叉韧带损伤未做手术者;身体各部位骨折愈合后无功能障碍;四肢大关节肌腱及韧带撕裂伤术后遗留轻度功能障碍;一手或两手慢性放射性皮肤损伤Ⅱ度及Ⅱ度以上者。

2. 人体损伤致残程度评定

依据《人体损伤致残程度分级》标准相关条款规定进行评定。

一级伤残:三肢缺失(上肢肘关节以上,下肢膝关节以上);二肢缺失(上肢肘关节以上,下肢膝关节以上),第三肢各大关节功能丧失均达 75%;二肢缺失(上肢肘关节以上,下肢膝关节以上),第三肢任二大关节均强直固定或者功能丧失均达 90%。

二级伤残:双上肢肘关节以上缺失,或者一上肢肘关节以上缺失伴一下肢膝关节以上缺失;一肢缺失(上肢肘关节以上,下肢膝关节以上),其余任二肢体各有二大关节功能丧失均达 75%;双上肢各大关节均强直固定或者功能丧失均达 90%。

三级伤残:二肢缺失(上肢腕关节以上,下肢膝关节以上);一肢缺失(上肢腕关节以上,下肢膝关节以上),另一肢各大关节均强直固定或者功能丧失均达 90%;双上肢各大关节功能丧失均达 75%;双下肢各大关节均强直固定或者功能丧失均达 90%;一上肢与一下肢各大关节均强直固定或者功能丧失均达 90%。

四级伤残:一上肢腕关节以上缺失伴一下肢踝关节以上缺失,或者双下肢踝关节以上缺失;双下肢各大关节功能丧失均达 75%;一上肢与一下肢各大关节功能丧失均达 75%;手功能丧失分值达 150。

五级伤残:一上肢肘关节以上缺失;一肢缺失(上肢腕关节以上,下肢膝关节以上)，另一肢各大关节功能丧失均达50%或者其余肢体任二大关节功能丧失均达75%；手功能丧失分值≥120分。

六级伤残：一肢缺失(上肢腕关节以上，下肢膝关节以上)；手或者足功能丧失分值≥90分；双足跖跗关节以上缺失；手或者足功能丧失分值≥90分。

七级伤残：双下肢长度相差8.0cm以上；一下肢踝关节以上缺失；四肢任一大关节(踝关节除外)强直固定于非功能位；四肢任二大关节(踝关节除外)功能丧失均达75%；一手除拇指外，余四指完全缺失；手或者足功能丧失分值≥60分；双足足弓结构完全破坏；手或者足功能丧失分值≥60分。

八级伤残：双上肢长度相差8.0cm以上；双下肢长度相差6.0cm以上；股骨头缺血性坏死，难以行关节假体置换术；四肢长骨开放性骨折并发慢性骨髓炎、大块死骨形成，长期不愈(1年以上)；四肢任一大关节(踝关节除外)功能丧失75%以上；一踝关节强直固定于非功能位；一肢体各大关节功能丧失均达50%；一手拇指缺失达近节指骨1/2以上并相应掌指关节强直固定；手或者足功能丧失分值≥40分；一足足弓结构完全破坏，另一足足弓结构部分破坏；手或者足功能丧失分值≥40分。

九级伤残：双上肢长度相差6.0cm以上；双下肢长度相差4.0cm以上；青少年四肢长骨骨骺粉碎性或者压缩性骨折；四肢任一大关节行关节假体置换术后；双上肢前臂旋转功能丧失均达75%；四肢任一大关节(踝关节除外)功能丧失50%以上；一踝关节功能丧失75%以上；一肢体各大关节功能丧失均达25%；手或者足功能丧失分值≥25分；双足拇趾功能丧失均达75%；一足5趾功能均完全丧失；双足跟骨粉碎性骨折畸形愈合；双足足弓结构部分破坏；一足足弓结构完全破坏；手或者足功能丧失分值≥25分。

十级伤残：双上肢长度相差4.0cm以上；双下肢长度相差2.0cm以上；一上肢前臂旋转功能丧失75%以上；一侧髌骨切除；一侧膝关节交叉韧带、半月板伴侧副韧带撕裂伤经手术治疗后，影响功能；青少年四肢长骨骨折累及骨骺；四肢任一大关节(踝关节除外)功能丧失25%以上；一踝关节功能丧失50%以上；下肢任一大关节骨折后遗创伤性关节炎；肢体重要血管循环障碍，影响功能一手小指完全缺失并第5掌骨部分缺损；手或者足功能丧失分值≥10分；一足拇趾功能丧失75%以上；一足5趾功能丧失均达50%；双足拇趾功能丧失均达50%；双足除拇趾外任何4趾功能均完全丧失；一足跟骨粉碎性骨折畸形愈合；一足足弓结构部分破坏；手或者足功能丧失分值≥10分。

第四节　骨 盆 损 伤

一、概述

骨盆由两侧的髋骨、耻骨、坐骨、骶骨、尾骨及骶髂关节和骶棘韧带,骶结节韧带构成。骨盆最坚实的部位为髋骨两侧,薄弱部分则在骶髂部、髂骨翼和坐骨、耻骨支,骨折多发生于此。骨盆位于身体中部,其主要作用为支持和传导体重,连接下肢,并保护盆腔内脏器官免受损伤,下肢震荡也通过骨盆达脊柱。

二、损伤机制

钝器暴力作用比较常见,多见于车祸、撞击、辗压、砸伤及高坠,锐器和枪弹可直接损伤骨盆。当骨盆遭受暴力作用时,副弓往往首先受损,耻骨支、耻骨联合及靠近骶髂关节部位的髂骨最易骨折。当主弓折断时,副弓大多同时骨折。骨盆血供良好,骨折后易愈合。膀胱、直肠、尿道距骨盆壁较近,又较固定,骨盆骨折块移位及软组织的撕裂均可造成这些脏器的损伤。骶管内的马尾神经、骶神经从骶孔穿出,可因骶骨骨折受损。坐骨神经从坐骨大孔出骨盆,坐骨大孔邻近部位的骨折可能伤及坐骨神经。

直接暴力:直接暴力撞击骨盆前部可致耻骨支骨折,撞击侧面可造成髂骨翼骨折、髋臼骨折和股骨头中心性脱位;撞击骨盆后部可造成尾骨骨折。

间接暴力:高坠时单足着地,通过髓关节向上传递可使该侧骨盆壁骨折并向上错位,当股骨头撞击髋臼引起关节脱位时,常合并髋臼骨折。暴力造成耻骨、坐骨和髂骨骨折,有时也波及髋臼;作用于骨盆的挤压性暴力,则远离着力部位,可造成变形最严重处的骨折脱位、耻骨联合分离和骶髂关节分离。

撕脱性骨折:肌肉猛烈收缩,可造成肌肉附着部位骨质的撕脱,常见髂前上、下棘和坐骨结节撕脱性骨折。

三、骨盆骨折的常见类型

(一)根据骨盆骨折后的稳定性

1.稳定型骨盆骨折

稳定型骨盆骨折,占骨盆骨折的 2/3,不影响骨盆的负重,也不破坏骨盆的总体形态结构与稳定。包括髂骨翼骨折、骶骨骨折、尾骨骨折、髂前上棘、髂前下棘撕脱性骨折,坐骨结节骨折、耻骨支骨折、坐骨支骨折等。

2. 不稳定性骨折

不稳定性骨折,是指骨盆环前后部分至少有两处发生完全性骨折与错位,或伴有骶髂关节分离、耻骨联合分离、髋臼骨折脱位。这类骨盆骨折使骨盆严重变形,常有盆腔脏器损伤,后遗骨盆倾斜畸形,影响骨盆负重功能。

(二)根据骨折部位

1. 髂翼骨折

髂翼骨折由直接暴力作用造成。损伤局部肿胀,下肢活动受限,被动活动时疼痛加重,局部压痛阳性,骨盆挤压分离试验呈阳性。

2. 耻骨支和坐骨支骨折

耻骨支和坐骨支骨折,多因侧方挤压暴力所致。骨盆前部疼痛,伤侧下肢不能抬高,髋关节外展时疼痛加重,局部压痛阳性,骨盆挤压分离试验呈阳性,严重者不能站立和行走。

3. 髂前下棘、坐骨结节撕脱性骨折

髋、髂部肌肉猛烈收缩活动形成。髋部活动时疼痛加重,局部有压痛,可有骨擦感,严重者不能站立。伸膝和屈髋时局部疼痛加重。

4. 骶尾骨骨折

骶尾骨骨折,由跌坐或骶尾部遭受钝性暴力打击所致。局部疼痛,压痛阳性,不能坐下。

5. 耻骨联合分离和骶髂关节脱位

耻骨联合分离和骶髂关节脱位,多由挤压性暴力所致。局部有疼痛和压痛,单腿负重时明显。骨盆挤压分离试验呈阳性。

四、临床表现

(一)骶髂骨折

骶髂骨折,多为直接暴力造成,局部肿胀、疼痛,伤侧下肢活动受限,骨盆挤压与分离试验阳性。X线片显示骨折为线性或粉碎性。

(二)耻骨支和坐骨支骨折

多系侧方挤压暴力所致,骨盆前部疼痛,伤侧下肢不能抬高,髋关节处于过伸位,外展时疼痛加重,严重者不能站立和行走,骨盆挤压分离试验阳性。一侧耻骨上下支骨折不累及承重,对骨盆环的稳定和负重影响不大,如两侧耻骨上下支骨折,骨折端重叠移位,常合并尿道损伤。(见图8-23)

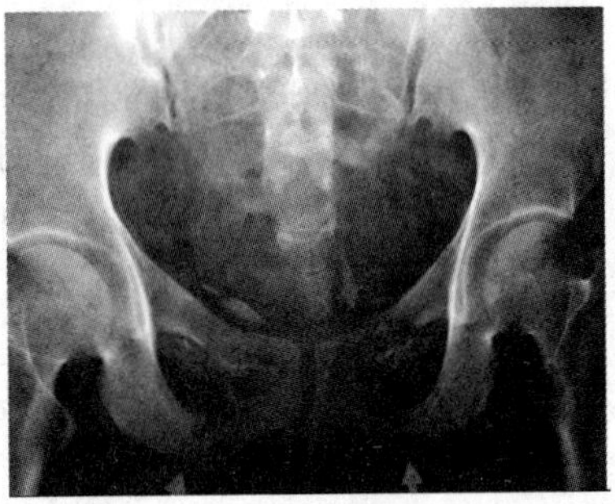

图 8－23 耻骨支和坐骨支骨折

(三)撕脱性骨折

有髋部、髂腰部肌肉猛烈收缩史。受伤后髋部活动时疼痛加重,严重者不能站立。髂前下棘撕脱性骨折,可因疼痛不能行走。坐骨结节撕脱性骨折,伸膝和屈髋时局部疼痛。

(四)骶骨骨折

有跌坐或骶尾部遭受钝性暴力打击史。多为后仰坐倒撞击所致,其次为重物打击,或是车辆等直接撞击,伤者能站立和行走,但不敢坐。当骨折穿过第1、2或第3骶神经前孔所形成的薄弱区,合并骶神经损伤者可有鞍区感觉障碍和大小便失禁。骶骨的先天发育变异须与骶骨骨折相鉴别。(见图8－24)

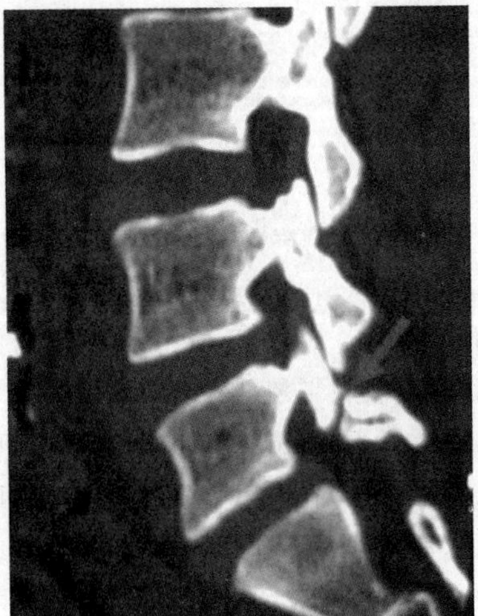

图 8－24 骶骨棘突骨折

(五)耻骨联合分离和骶髂关节脱位

耻骨联合分离常合并耻骨支骨折,单腿负重时疼痛明显,查体可扪及间隙,骨盆挤压分离试验阳性。X线检查耻骨联合间隙大于4~6mm。骶髂关节脱位会严重影响骨盆的承重功能。

(六)尾骨骨折与脱位

尾骨损伤较骶骨损伤多见,尤以女性为多。(1)尾骨单纯骨折者少见,多伴有脱位,骨折块多呈撕裂状;(2)尾骨脱位较多见,鉴于部分女性尾骨先天发育呈钩状,似半脱位,在判定是否属于新鲜损伤时需综合判断。

五、骨盆骨折并发症

(一)早期并发症

常见的有腹膜后血肿、尿道及膀胱损伤、直肠损伤、骶神经损伤。

(二)晚期并发症

晚期并发症,是指骨盆畸形愈合出现的并发症,如骨产道畸形、狭窄、骨盆倾斜致双下肢不等长。

六、检查

(一)骨盆畸形愈合

骨盆畸形愈合的影像学标准为:(1)两侧闭孔形态不对称;(2)耻骨联合分离(包括内固定术后);(3)骶髂关节分离(包括内固定术后);(4)髋臼骨折术后;(5)其他各种类型骨折后的骨盆环明显偏斜或形态破坏,双侧坐骨结节、髂嵴或者髋臼不等高,并排除体位因素所致。符合上述条件之一,即可认定为符合骨盆畸形愈合。

(二)骨盆严重畸形愈合

骨盆严重畸形愈合的影像学标准为:(1)骨盆环状结构的完整性和对称性破坏;(2)骨盆倾斜、髋关节运动受限,或者导致坐、立、行走不适等功能影响。上述两条均符合,方可认定为骨盆严重畸形愈合。

(三)女性骨盆骨折导致产道破坏

女性骨产道破坏致不能自然分娩的影像学判定标准为:(1)一般应为骨盆环多处骨折;(2)骨盆环正常结构破坏,形状明显不规则,前后径和/或左右径显著短缩;(3)骨盆环内缘不光滑,有骨质向小骨盆腔内突出,影响胎头入盆;(4)尾骨、坐骨、耻骨下支等处骨折畸形愈合,骨痂向骨盆出口突出生长致女性骨产道出口狭窄。

(四)骨盆倾斜致双下肢不等长

骨盆前后联合损伤使骨盆分解为两半,伤侧发生旋转、向上移位,致骨盆变形,骨盆两侧不对称,两侧髂棘间距不等。X线片显示可见髂骨变宽、外旋、闭孔变小,髂骨上骨有重叠,伤侧骨盆壁上移。另一种情况为当髋臼骨折伴股骨头后脱位或中心性脱位,检查患者髋关节可呈现屈曲、内收、内旋,患侧肢体短缩,如合并前脱位,伤侧髋呈现伸直、外展、外旋,患肢变长。

骨盆倾斜可同时造成双下肢"长度变化",双脚跟在直立位时不在同一平面上。当骨盆倾斜时,两侧髂骨翼最高点、坐骨结节、两髋臼中心点等均不在同一水平线上。骨盆倾斜的程度,可在骨盆平片上分别沿两髂骨翼最高点作水平线,沿两坐骨结节作水平线,沿两髋臼中心点作水平线,上述水平线两条之间的距离即可反映倾斜的程度。经两髂前上棘、两髂骨上或下缘、双内踝上线或作水平线,测定两条水平线之间的距离;或测量胸骨剑突至两髂前上棘之间的距离(髂前上棘无骨折者),然后求两距离之差,即可反映倾斜的程度。

(五)影像学检查

影像学检查可明确骨折部位、骨折类型及其移位情况,并提示可能发生的并发症。全骨盆正位片可显示骨盆全貌。若需了解骨盆环联合骨折情况,有时须加摄骨盆入口位与出口位片。

1.骨盆入口位片

伤者仰位,X射线从颅侧投向尾侧,与片盒呈60°斜角摄片。可显示耻骨段骨折移位,骨盆向内向外旋转和向内移位程度;骨盆向后移位及骶髂关节间隙有无小碎骨片,骶骨骨折是否侵犯椎管。

2.骨盆出口位片

伤者仰卧,X射线从尾侧投向颅侧,与片盒亦呈60°斜角摄片。耻骨体骨折,骶髂关节间隙分离的半脱位,骶骨或髂骨骨折移位情况。

CT检查可清晰显示骶髂关节周围骨折或髓臼骨折移位情况,必要时可行MRI检查。

七、法医学鉴定

(一)损伤认定

确定有无骨盆骨折是关键问题,根据骨盆遭受暴力的受伤史,骨盆局部疼痛、压痛、叩痛,骨盆变形,患侧髋部和下肢活动障碍,患肢短缩或变长以及X线检查,不难确定有无骨盆骨折。膀胱、尿道、直肠损伤,盆腔或腹膜后壁大血肿和骶神经损伤可作为辅助的诊断依据。

(二)推断致伤物和致伤方式

对骨盆的锐器伤和枪弹伤的诊断与鉴定多无困难。鉴定中常判定骨盆骨折起因是何种钝性暴力,是直接暴力或间接暴力,是打击、碰撞、挤压,抑或是高处坠落所致。解决这些问题,需要结合具体情况和临床表现进行具体分析。

（三）伤情程度鉴定

骨盆骨折的损伤程度鉴定应遵循实事求是的原则,坚持以致伤因素对人体直接造成的原发性损伤以及由损伤引起的并发症或者后遗症为依据,全面分析,综合鉴定。

骨盆骨折合并内脏破裂、严重畸形愈合等情况均属于重伤。重伤二级:骨盆骨折畸形愈合,双下肢长度相差5.0cm以上;骨盆不稳定性骨折,须手术治疗。

任何部位骨盆骨折、骶髂关节损伤或耻骨联合分离,均属轻伤。轻伤一级:骨盆2处以上骨折;骨盆骨折畸形愈合;髋臼骨折。

轻伤二级:骨盆骨折。

（四）残疾程度鉴定

1.《工标》

七级伤残:骨盆骨折内固定术后,骨盆环不稳定,骶髂关节分离;骨盆骨折严重移位,症状明显者。未育女性骨盆骨折致产道狭窄。

九级伤残:骨盆骨折内固定术后。

2. 人体损伤致残程度评定

依据《人体损伤致残程度分级》标准相关条款规定进行评定。

八级伤残:女性骨盆骨折致骨产道变形,不能自然分娩。

九级伤残:骨盆两处以上骨折或者粉碎性骨折,严重畸形愈合。

十级伤残:骨盆两处以上骨折或者粉碎性骨折,畸形愈合。

涉及骨盆倾斜致双下肢不等长的鉴定参照双下肢长度条款进行评定。

第九章　其 他 损 伤

第一节　高低温损伤

一、高温损伤

各类热源接触人体，温度超过人体组织耐受的最大限度，就会出现热伤。人体皮肤耐受高温的临界温度为45℃，即45℃为皮肤热伤的阈值。皮肤表面温度达70℃时，作用一秒钟表皮就坏死，作用时间延长，皮肤全层乃至深层组织蛋白质凝固，细胞失去活性。温度再增高，如为干热，组织就会脱水炭化。烧伤的严重程度对全身的影响差别很大，所以估计烧伤严重程度对判断伤情，分析死亡机制有着重要依据。现行的方法是根据烧伤面积与烧伤深度二方面综合评价灼伤的严重程度。

（一）烧伤面积的计算

对烧伤面积的计算各国略有不同，目前我国采用九分法和手掌法（详见本书第二章第一节）。

九分法将头颈部划为一个9，两上肢为二个9，躯干（包括会阴）为三个9，两下肢（包括臀部）为五个9加1。

临床与法医检案实践中，对小面积烧伤通常采用手掌法估计烧伤面积，以一手五指并拢掌侧面积为1%计算，这种方法较方便。但必须用被检者手掌为标准。

（二）烧伤程度

根据人体组织受热类别、作用时间，目前把局部烧伤分为Ⅳ度：

Ⅰ度烧伤，亦称充血期、红斑性烧伤。Ⅰ度烧伤仅伤及表皮层，皮肤再生能力未受影响。受热作用部位其皮及下浅层小血管扩张充血。20分钟后，伤处有炎症细胞浸润，这是生前受热的重要征象。若尸体受热作用，可出现轻度瘀血现象，无炎症细胞浸润。温度达50℃左右，接触片刻即可形成Ⅱ度烧伤。

Ⅱ度烧伤，亦称水泡期、水泡性烧伤，伤及表皮、真皮。伤及皮下组织，皮肤血管高度扩张充血，血管壁通透性增加。血浆大量渗出；使表皮隆起形成水泡。

生前烧伤的主要特点,水泡饱满,内含淡黄色透明液体、丰富的蛋白质;泡底、泡周血管扩张充血,炎症细胞浸润。Ⅱ度烧伤如无感染;治愈后一般不留有疤痕,大面积烧伤或感染可留疤痕。形成Ⅱ度烧伤的温度约60℃以上,接触片刻。

Ⅲ度烧伤,又称坏死期。焦痂性烧伤。皮肤、皮下脂肪肌肉均因热作用而凝固坏死。大量血浆渗出,表面形成黄褐色或灰褐色焦痂,有的皮肤裂开。伤处深层大血管扩张充血,成粗大树枝状,管内血液可浓缩甚至凝固成血栓。Ⅲ度烧伤皮肤不能再生,必留疤痕。严重的瘢痕挛缩,可出现畸形或功能功障。接触温度70℃以上时,很快就能形成Ⅲ度烧伤。

Ⅳ度烧伤,又称炭化期,炭化性烧伤。高温作用组织凝固坏死、脱水炭化,变硬、变脆,呈灰褐色或灰白色。表皮、毛发炭化,皮肉裂开甚至骨折。

温度高、作用时间较长者,常可同时出现Ⅰ～Ⅳ度烧伤,但身体受压迫部位的中心点可无明显烧伤。烫伤无炭化现象。

烧烫伤的全身变化程度,因不同个体的身体状况、烧伤面积和深度的范围而不同:大面积Ⅰ度烧伤,可因疼痛强烈刺激而休克,进而出现休克性全身变化,导致肾功能衰竭等。Ⅱ度以上的烧烫伤,全身反应很复杂,会因疼痛、发热、感染、败血症、自体中毒、脱水、血液浓缩而休克,并易出现内分泌紊乱等改变。因此,对烧烫伤后果的判定,需待局部治愈全身反应稳定后才能作出。

二、低温损伤

低温损伤主要指冻伤,是由于机体受冷的作用,有的部位受冷较严重,皮肤血管痉挛、麻痹、血液循环发生障碍,毛细血管渗出性增加,血细胞淤积,形成血栓。组织发生渗出性变化,细胞养分供应不足,发生变性、脱水、坏死,严重时组织发生溃烂。

冻伤有的是冻结性的,局部组织被冻,温度在冰点以下(－12～－7℃),造成组织损伤;有的是非冻结性的,局部组织虽被冻,但温度在冻点以上,通常在0～10℃的气温环境就可发生,是风寒干燥引起,医学上称谓冻疮。局部冻伤易发生在肢体末端、耳廓、鼻尖等暴露部位。

局部冻伤依临床表现的严重程度可分为Ⅲ度。

Ⅰ度冻伤,称红斑性冻伤。局部受寒冷作用,主要损害在表皮层。受冻伤部位血循环障碍,毛细血管扩张,通透性增加,组织水肿。外观皮肤呈红色或淡紫红色,局部肿。自觉痛、热、痒。这个阶段一般经过7～10天,不留疤痕而痊愈。

Ⅱ度冻伤,称水疮性冻伤。损害达真皮层,Ⅰ度症状加剧,血液循环严重障碍。渗出液增加,出现浆液性水疱,浅层皮肤坏死,肤色暗红。

Ⅲ度冻伤,称坏死性冻伤。冻伤部位感觉麻木,肤色暗紫,局部组织温度降低,皮肤及皮下组织坏死,甚至肌肉亦坏死,坏死处溃烂,冶愈后遗留疤痕。

三、高低温损伤鉴定

(一)损伤程度鉴定

依据2014年1月1日起施行的《人体损伤程度鉴定标准》中相应条款进行鉴定。

重伤一级:深Ⅱ度以上烧烫伤面积达体表面积70%或者Ⅲ度面积达30%。

重伤二级:Ⅱ度以上烧烫伤面积达体表面积30%或者Ⅲ度面积达10%;面积低于上述程度但合并吸入有毒气体中毒或者严重呼吸道烧烫伤。

轻伤一级:Ⅱ度以上烧烫伤面积达体表面积20%或者Ⅲ度面积达5%.

轻伤二级:Ⅱ度以上烧烫伤面积达体表面积5%或者Ⅲ度面积达0.5%;呼吸道烧伤。

轻微伤:面部Ⅰ度烧烫伤面积10.0cm^2以上;浅Ⅱ度烧烫伤;颈部Ⅰ度烧烫伤面积15.0cm^2以上;浅Ⅱ度烧烫伤面积2.0cm^2以上;体表Ⅰ度烧烫伤面积20.0cm^2以上;浅Ⅱ度烧烫伤面积4.0cm^2以上;深Ⅱ度烧烫伤。

(二)伤残程度评定

1.工伤伤残程度评定

依据《工标》标准,颅脑损伤所遗留的后遗症或并发症参照下列条款规定进行评定。

一级伤残:面部重度毁容,同时伴有二级伤残之一者;全身重度瘢痕形成,占体表面积≥90%,伴有脊柱及四肢大关节活动功能基本丧失;双下肢及一上肢瘢痕畸形,功能完全丧失。

二级伤残:全身重度瘢痕形成,占体表面积≥80%,伴有四肢大关节中3个以上活动功能受限;面部瘢痕或植皮伴有重度毁容;双下肢瘢痕畸形,功能完全丧失。

三级伤残:全身重度瘢痕形成,占体表面积≥70%,伴有四肢大关节中2个以上活动功能受限;面部瘢痕或植皮≥2/3并有中度毁容;非同侧上、下肢瘢痕形成,功能完全丧失。

四级伤残:面部中度毁容;全身瘢痕面积≥60%,四肢大关节中1个关节活动功能受限;面部瘢痕或植皮≥1/2并有轻度毁容。

五级伤残:全身瘢痕占体表面积≥50%,并有关节活动功能受限;面部瘢痕或植皮≥1/3并有毁容标准中的一项。

六级伤残:面部重度异物色素沉着或脱失;面部瘢痕或植皮≥1/3;全身瘢痕表面积≥40%。

七级伤残:符合重度毁容标准中的二项者;烧伤后颅骨全层缺失≥30cm^2,或在硬脑膜上植皮面积≥10cm²;颈部瘢痕挛缩,影响颈部活动;全身瘢痕表面积≥30%;面部瘢痕、异物或植皮伴色素改变占面部10%以上。

八级伤残:符合重度毁容标准中的一项者;面部烧伤植皮≥1/5;面部轻度异物沉着或色素脱失;全身瘢痕表面积≥20%。

九级伤残:符合中度毁容标准中的二项者;发际边缘瘢痕性秃发或者其他部位秃发,需戴假发者;全身瘢痕占体表面积≥5%;面部有≥8cm²以上或者三处以上≥1cm²的瘢痕。

十级伤残:符合中度毁容标准中的一项者;面部有瘢痕,植皮,异物色素沉着或脱失>2cm²;全身瘢痕面积<5%,但≥1%;指端植皮术后(增生性瘢痕1cm²以上);手背植皮面积>50cm²,并有明显瘢痕;手掌、足掌植皮面积>30%者;足背植皮面积>100cm²。

2. 人体损伤致残程度评定

依据《人体损伤致残程度分级》标准,参照下列条款规定进行评定。

二级伤残:皮肤瘢痕形成达体表面积90%;容貌毁损(重度)。

四级伤残:皮肤瘢痕形成达体表面积70%;符合容貌毁损(重度)标准之三项者。

五级伤残:符合容貌毁损(重度)标准之二项者。

六级伤残:皮肤瘢痕形成达体表面积50%;符合容貌毁损(中度)标准之四项者;面部中心区条状瘢痕形成(宽度达0.3cm),累计长度达20.0cm;面部片状细小瘢痕形成或者色素显著异常,累计达面部面积的80%。

七级伤残:面部中心区条状瘢痕形成(宽度达0.3cm),累计长度达15.0cm;面部片状细小瘢痕形成或者色素显著异常,累计达面部面积的50%。

八级伤残:皮肤瘢痕形成达体表面积30%;容貌毁损(中度);符合容貌毁损(重度)标准之一项者;头皮完全缺损,难以修复;面部条状瘢痕形成,累计长度达30.0cm;面部中心区条状瘢痕形成(宽度达0.2cm),累计长度达15.0cm;面部块状增生性瘢痕形成,累计面积达15.0cm²;面部中心区块状增生性瘢痕形成,单块面积达7.0cm²或者多块累计面积达9.0cm²;面部片状细小瘢痕形成或者色素异常,累计面积达100.0cm²。

九级伤残:皮肤瘢痕形成达体表面积10%;头皮瘢痕形成或者无毛发,达头皮面积50%;颅骨缺损25.0cm²以上,不宜或者无法手术修补;容貌毁损(轻度);面部条状瘢痕形成,累计长度达20.0cm;面部条状瘢痕形成(宽度达0.2cm),累计长度达10.0cm,其中至少5.0cm以上位于面部中心区;面部块状瘢痕形成,单块面积达7.0cm²,或者多块累计面积达9.0cm²;面部片状细小瘢痕形成或者色素异常,累计面积达 $30.0cm^2$。

十级伤残:手部皮肤瘢痕形成或者植皮术后,范围达一手掌面积 50%;皮肤瘢痕形成达体表面积 4%;皮肤创面长期不愈超过 1 年,范围达体表面积 1%;面部条状瘢痕形成(宽度达 0.2cm),累计长度达 6.0cm,其中至少 3.0cm 位于面部中心区;面部条状瘢痕形成,累计长度达 10.0cm;面部块状瘢痕形成,单块面积达 $3.0cm^2$,或者多块累计面积达 $5.0cm^2$;面部片状细小瘢痕形成或者色素异常,累计面积达 $10.0cm^2$。

第二节　虐　待　伤

一、家庭暴力

家庭暴力简称家暴。《最高人民法院关于适用〈中华人民共和国婚姻法〉若干问题的解释(一)》第 1 条规定:家庭暴力是指行为人以殴打、捆绑、残害、强行限制人身自由或其他手段,给家庭成员的身体、精神等方面造成一定伤害后果的行为。家庭暴力直接作用于受害者身体,使受害者身体上或精神上感到痛苦,损害其身体健康和人格尊严。家庭暴力发生于有血缘、婚姻、收养关系生活在一起的家庭成员间,如丈夫对妻子、父母对子女、成年子女对父母等。妇女和儿童是家庭暴力的主要受害者,有些中老年人、男性和残疾人也会成为家庭暴力的受害者。家庭暴力会造成死亡、重伤、轻伤、身体疼痛或精神痛苦。

家庭暴力的特征包括:(1)暴力发生在家庭成员之间。受害者多为妇女、儿童和老人,其中妇女是主要的施暴对象,施暴者多数为男性。(2)家庭暴力可能发生一次、几次,也可能是多数的,甚至是长期的,表现为反复性发作。(3)暴力形式多样,一般表现为殴打、捆绑、凌辱、性虐待、限制人身自由等。(4)暴力发生隐蔽,常常不为人所知,特别是性暴力,更加隐蔽。(5)家庭暴力是家庭成员之间的不法伤害,多是发生在家里,举证证明家庭暴力存在困难。

二、儿童虐待

儿童虐待分为体罚、忽视、情感虐待及性虐待。儿童虐待与忽视对儿童的智力、精神和社会适应能力等均有影响。

(一)常见损伤

1. 头部损伤

(1)头皮损伤。经常抓扯头发,可引起毛发疏松、秃发等改变。

(2)颅骨骨折。虐待性颅骨骨折广泛、多发、复杂,呈分支状,骨折线宽、分离、横跨骨缝,影响多块颅骨。

(3)硬膜下出血。

(4)脑挫伤出血及水肿脑。如摇动孩子,未加控制的抖动,用拳脚打击孩子头部或者将孩子头部撞击墙等,造成不同类型的、严重的颅内出血。

2. 眼部损伤

眼内损伤,常常是虐待孩子的结果。眼部损伤包括眼周出血,眶骨骨折及面部诸骨的骨折,结膜下出血,晶体脱位,视网膜脱落、出血、水肿,角膜擦伤及眼球萎缩。

3. 骨折

骨折是严重的损伤之一,可发生在任何部位,可以是单一的或多发性的骨折。体罚导致的骨折发生部位较隐蔽,如肋骨、骨盆、颅骨,且常为多发性骨折,有时新旧并存。

4. 烧伤及烫伤

体罚可以看到反复的烧伤及烫伤。体罚烧伤及烫伤常累及头面部、会阴部、臀部以及生殖器、头、脚、腿。手的烧伤常见于手背,在手、脚上可见接触火焰、烙铁、卷发器等的接触性灼伤痕迹。烟头烧伤及烫伤在脚掌、手掌、臀部、躯干和其他隐蔽的部位。口角及面部有擦伤应怀疑孩子的口腔曾被塞入异物引起损伤。会阴部、生殖器烧伤常见于性虐待。

(二)情感虐待

情感虐待,是指父母不提供适应孩子情感及智能方面充分发育的环境。父母常通过蔑视、批评、威胁、讽刺等,以及通过语言、非语言的方式拒绝和排斥孩子。体罚及身体虐待常伴有情感虐待,情感虐待很少单独存在。

忽视,是指缺乏具体的关心、监督,不能提供适应孩子发育的环境,即不能给予孩子基本的生理、情感需要。忽视是孩子受虐待中最常见的一种形式,它与体罚相反,往往是长期存在的。情感虐待与忽视儿童存在许多形式,从缺乏具体的关爱到不能提供持续不断的爱和营养,以致公开的敌意及排斥,都对发育成长中的孩子产生作用,同时也因年龄不同而结果各异。

(三)性虐待

性虐待儿童是利用儿童作为性工具使成人得到性快乐,是指孩子与成人之间的任何性活动或性接触。对孩子的性行为是指广泛的性行为活动,包括展示、抚弄及手淫生殖器、口交、阴道交、直肠交等,以及异物进入生殖道及直肠,或将孩子置于色情环境。性虐待儿童是最常见但报告最少的犯罪活动。

第三节 诈病(伤)

法医学实践中,有时被鉴定人因某些原因常伪装伤病、夸大病(伤)情、隐匿病情或故意造作某些伤病的症状、体征,使法医学鉴定更加复杂化。因此,进行临床法医学鉴定时,应仔细分析病情、了解案情,并根据客观检查结果作出实事求是的科学鉴定。

一、诈病(伤)的概念

诈病(伤),是指为达到某种特殊目的,身体健康的人和无病(伤)者假装有病(伤),或者轻病(伤)者诈称重病(伤)。它包括3个方面:(1)身体无病伪装成患病;(2)虽然患有疾病,但却故意夸大疾病的症状和体征,将较轻的病情装成重病;(3)身体内无伤,伪装成有伤。

诈病(伤)可见于伤害案件、意外事件的受害人或行为人。例如,头部受伤后,伪装头痛、耳聋、眼盲,甚至瘫痪、大小便失禁;杀人后伪装自己患有精神病。被检查者常对自己受伤害的症状和体征故意夸大,称为夸大病情。在临床法医学鉴定中,被害人希望通过夸大病情,以达到某种目的。陈述病情时夸大症状和体征,被检查时反应过分强烈或故意表现功能障碍等。

二、诈病(伤)的特点

诈病之伪装,常常来自伪装者本人的医学知识、过去患病的经历,或模仿他人患病之表现,通常与其所受的教育程度有密切关系。

(一)诈病(伤)均有明确的目的

诈病(伤)者常为了达到某种目的,往往带有欺骗性和隐蔽性。如伪装精神病常常是为了掩盖犯罪行为,逃避刑事责任或期望取得缓刑、减刑;诬告他人及强加对方责任,以期谋取不应有的赔偿,或为使对方遭受较严重的处罚;服刑犯人为了取得住院、保外就医或减刑资格,伪装患有某种疾病;或为了博取他人的同情、骗取休假、劳保、福利、赔偿、逃避某些应尽的义务;或为了骗取保险理赔等。

(二)同一人群中常常伪装相同的疾病

在同一人群中,有人伪装某种疾病未被识破,伪装成功后,其他人也跟着模仿,此种情况在劳教、监狱服刑的人群中时有发生。

(三)多选择靠一般方法不易检查鉴别的疾病进行伪装

诈病(伤)者常选择一般检查方法不易鉴别的疾病,如伪装头痛、失明、耳聋、精神病等,而且所选择的病种常与其知识水平有关。

(四)症状混乱而矛盾

诈病(伤)者对所述病情和经过常前后矛盾,症状与体征不符,由于诈病(伤)者或对医学完全不懂,或仅一知半解,不清楚某种疾病应有的主要症状体征及其内在的关系。因此,在陈述自己的"疾病"表现时,常常前后矛盾,讲得仔细、越严重,漏洞也就越多。

(五)不正常的病程

诈病(伤)者常突然发病,经药物治疗,"病情"常无好转或改善,甚至有时反而会加重;当其目的或要求达到或不可能达到时,病情很快痊愈。

(六)诈病(伤)常与损伤联系在一起

如头部损伤后出现头皮血肿等较轻微损伤,被害人为达到某种目的,伪装成瘫痪、耳聋、失明、失语等严重损伤表现。

(七)体检不配合

诈病(伤)者由于害怕被揭穿装病,常常对检查不配合,甚至拒绝做检查,对鉴定人或医生的言行非常敏感,唯恐暴露其伪装行为。

三、常见诈病(伤)及其法医学鉴定

诈病(伤)者的文化素质、对医学知识掌握程度及装病的目的不同,在诈病(伤)表现的形式会多种多样的,几乎人体所有系统、器官和组织都可能发生诈病。现就常见的诈病(伤)进行介绍。

(一)诈聋(伪聋)

常见于头部或耳部损伤后,仅有轻微损害或轻度听力减退,但为了诉讼或获得经济利益等目的,有意伪装或夸大其听力缺损。常表现为单耳聋或双耳聋,以单耳聋较常见,因单耳聋伪装较容易,不易被识破,又不明显影响工作和生活。双耳聋者表现为什么声响都听不见;单耳聋者,常将健耳偏向说话者或响声处,对声响反应迟钝或无反应。诈聋者说话的声音并不增大。

1. 诈聋的表现

诈聋者对检查十分敏感,时时克制自己不露痕迹,以防被人识破。对疑为诈聋者,应详细询问病史,注意其回答问题的内容、方式、举止及神态。诈聋者介绍病情时,常夸大病情,回答问题不直截了当,测听检查时反应迟疑,同一检查方法的多次检测结果常不一致,且差异较大。

2. 诈聋的检查

(1)双耳诈聋的检查

①眼睑反射:在被检者附近突然给予一声巨响,或在其外耳道处给予高频率

音响时,如果出现闭眼现象,表明被检者有听力,如果无反应说明系真耳聋。此法也可以用听诊器来检测。②听觉瞳孔反射试验:突然给予异响,被检者瞳孔缩小,表明诈聋。③探究反应:采用上一方法,诈聋者会将头偏向声源处,说明有听力,真聋者则无此反应。④Lombard 测验(或称噪声干扰测验):人在说话时常根据周围环境噪声的强弱而调整自己发音的强度,噪声强时正常人会提高自己语声以使其强度高于外界噪声,弱时说话声则不自觉降低声调。测试时令被检者不间断的朗读文章或报纸,一边反复加大或减弱室内的噪声,诈聋者的朗读声调随噪声的强弱而改变;确系耳聋者,不管周围环境噪声强弱改变,其朗读的声调不变。⑤听觉脑干诱发反应:可测出被检耳的 dB 值,检查结果正常或减退者可判定为诈聋或夸大伤情,由于该方法不受被检查人的主观影响,得到的结果较可靠、准确,稳定性较好,且 ABR 前五个波主要来自听神经和脑桥内,可以反映这一段听通路情况,因此,常用于鉴别真伪耳聋及判断损伤部位。⑥其他电反应测听技术,如耳声发射、声导抗等。

(2)单耳诈聋的检查

①眼睑反射;②听觉瞳孔反射试验;③探究反应;④Stenger 测验(又称响度优势测验);光测两耳的 500HZ、1000HZ、2000HZ 听阈,然后任选其中一频率,以高于健耳听阈的强声刺激“聋耳”,并用该频率复测健耳听阈,如健耳阈位升高,表明“聋耳”为诈聋,可再用其他频率测试;⑤听诊器检测:将听诊器耳塞塞于受检者双耳内,捏紧通向健耳一侧的胶管,敲击听诊器令其记数,能正确记数者为诈聋。

3. 法医学鉴定

诈聋的案例大多与脑或耳部外伤有关,在鉴定时需进行耳和脑神经功能的检查。首先了解有无头部损伤、耳部被打击、鼓膜破裂、迷路震荡或慢性耳漏等伤病史。体格检查时,注意被检者的反应,如是否有方向感。诈聋者较注意周围的环境,对在场的其他工作人员的低声细语很敏感,尤其是话题涉及其伤病等内容时。耳部检查一般仅能查到外耳和中耳,而内耳至中枢则需相应的临床症状,结合仪器检查,才能判断有无听力损伤及损伤程度。有关诈聋的检查方法很多,但大部分均为主观检测,对是否诈聋的判断有一定的意义,但作为诉讼证据,仍需以客观检查为主,如脑干听觉诱发电位和声导抗测定等。

(二)诈盲(伪盲)

1. 诈盲的表现

诈盲常见于眼部或头部外伤后,可表现为单眼盲或双眼盲,亦可表现为夜盲或视野缺损。由于双眼盲伪装比较困难,且难以持久,易暴露破绽,单眼诈盲较双眼诈盲者多。双眼诈盲者，由他人搀扶或持杖而行，行走时故意碰撞障碍物，有时表现得比瞎子还瞎。

2. 诈盲的检查

诈盲者常拒绝检查、夸大病情，检查不合作。对疑为诈盲者可使用下列方法，辨明真伪。

(1) 双眼诈盲者的检查

①瞳孔对光反射：双眼若全盲，则双眼瞳孔的直接和间接对光反射都消失；若直接或间接对光反射存在，表明有视力，可考虑为诈盲。②闭目试验：在检查过程中，令其睁眼，突然用手或其他物件在被检者眼前晃动或未去，若立即出现瞬目反应闭眼者，为诈盲。③暗室步行试验：搀扶被检者进入暗室向前行走，然后突然除去搀扶，令其继续前进，诈盲者此时常能继续前进，而盲者行走不能。④视觉诱发电位检查：诈盲者只要能配合注视监视器和视力不低于 0.3，若 EryVEP 和 P－VEP 均正常，则为诈盲。

(2) 单眼诈盲者的检查

①瞳孔对光反射。②闭目试验。③变换测试距离：正常检测视力在距视力表 5 米处进行。诈盲者常伪装只能看清视力表的固定某排，用活动视标视力表无顺序地移动测试距离，若检查结果无改变（改善或下降），则可视为诈盲。④视野检测法：反复多次测试，诈盲者每次视野检测结果均不相同。

3. 法医学鉴定

实际工作中，对头部、眼部损伤后，主诉失明或严重视力障碍者。首先，检查有无眼部的结构异常，如眼球结构有无破坏、屈光介质、眼底和视觉传导通路及视觉中枢有无异常。其次，若经仔细检查，均未能发现可以解释盲的原因者，需做鉴别诈盲的检查。上述检查方法除瞳孔对光反射和视觉诱发电位检查为客观检查，其余大多为主观检测。因此，使用一种方法检测结果作结论时要慎重。若雾视法、镜片法测得的结果一致时，可作为判定诈盲的依据。

另外，视觉诱发电位检查客观表明受检眼的视力，且能反应其视力情况，在鉴别伪盲时具有重要意义。

鉴别诈盲时，应与癔病性盲相区别。癔病性盲常与精神、心理的损伤或疾病有关，该病除了患者主观视力障碍外，并无相应的客观损伤基础。由于癔病性盲与诈盲的性质不同，在法医学鉴定时应注意鉴别。

(三) 诈瘫（伪装运动障碍）

1. 表现

因头部或躯体某部位受打击后而出现的瘫痪，常在头部损伤或脊髓损伤后，谎称肢体无法运动,从而导致不能行走、不能吃饭、不能穿衣,甚至卧床不起。可表现为单瘫、偏瘫或截瘫,既可以是痉挛性瘫痪,也可以是弛缓性瘫痪。截瘫者常有二便失禁和鞍区感觉障碍。痉挛性单瘫或偏瘫系上运动神经元的病损所致,又称神经中枢性瘫,早期表现为肌张力增强,膝反射亢进,病理反射阳性;晚期表现可出现肌肉萎缩,肌张力下降。弛缓性瘫是下运动神经元病损所致,表现为肌张力消失或减弱,腱反射消失,感觉障碍。

2. 检查

诈瘫者颅脑 CT 无病损、病理征阴性,症状与体征不符。弛缓性诈瘫者检查不出定位体征,腱反射正常,神经电生理检查正常。部分诈瘫者在肌张力下降的病理基础上夸大肌张力显著下降。经过定位检查,结合腱反射情况及神经电生理检查,能鉴别诈瘫。

3. 法医学鉴定

需明确是器质性瘫痪还是非器质性瘫痪。前者无论是单瘫、偏瘫或截瘫,均可通过检查发现中枢神经或周围神经系统的病损基础。反之,若检查不出中枢神经或周围神经系统的相应病损,则为非器质性瘫痪,诈瘫即属此类。判定诈瘫,还需排除癔症性瘫痪,可以从以下方面进行:(1)体表无损伤或损伤轻微;(2)神经系统检查正常(包括 CT、MRI);(3)损伤与症状体征不符,如头部右侧损伤,偏瘫或单瘫发生在右侧,且表现为迟缓性瘫痪;(4)弛缓性单瘫,其电生理检查之感觉和运动传导速度正常,腱反射存在。

(四)伪装疼痛

1. 表现

被检者常称全身各部位疼痛,如假装头痛、胸痛、心绞痛、胃痛、腹痛、关节痛等,由于疼痛可不伴有体征,仅能凭其主诉为主要依据,常常被某些人作为诈病的有力手段。此种伪装最多见,也最难识别,给法医学鉴定带来一定的困难。一些病损引起的疼痛又很常见,易被较准确的模仿和假装,而蒙骗鉴定人。

2. 检查

诈头痛者常在医师或法医面前呻吟,作抱头状或呕吐状,看起来似乎非常痛苦。检查时观察其表情、姿态、动作、有无流泪、脸色有无变红或苍白,瞳孔是否散大、血压有无上升、呼吸、脉搏频率有无变化;在转移其注意力时,突然用压迫或刺激,以试验痛区反应,假装疼痛者无疼痛区或痛点现象。无发热、无高血压、无损伤痕迹或损伤不明显,用药后效果不明显者常为伪装疼痛者。伪装者远离检查者后,常表现为谈笑风生,精神焕发,毫无痛苦状。

(五)伪装精神病

伪装精神病较常见,一般装作重度精神病患者,多是为了逃避刑事责任。

1. 表现

装病时间不定，可能在犯罪前，也可能在犯罪当时，最多见于犯罪后。表现为发作突然、胡言乱语、情绪躁动、装疯卖傻、动作怪异，或缄默不语呈木僵状态。发病前无初期症状，发作多不自然、不持久、没有规律。有时拒绝饮食，但在夜间或无人在旁时，一切恢复正常，或偷吃食物。装病者以为症状越怪越像，因而症状常相互矛盾，装不出典型症状而露出马脚。

2. 法医学鉴定

假装精神病者所表现的各种症状，与精神病的症状不符。作全面分析或会同精神医学专家检查，不难识破其真伪。

（六）伪装癫痫

1. 表现

伪装癫痫，多发生于斗殴时或斗殴后。伪装者伪装成癫痫大发作，故意突然倒地，四肢抽动，牙关紧闭等，但倒地时有保护动作或倒在柔软物上，抽搐时无意识丧失，对刺激有反应，四肢不是痉挛性抽动而是大幅度有规则地屈动，持续几分钟至二三小时，无颜面发绀及吐白沫，无咬舌或大小便失禁，抽搐终止后即可活动，且多在检查者在场或人多的场合发作。

2. 检查

神经系统检查无定位体征，特殊检查（如 CT、MRI）颅脑内无异常改变，脑电图检查结果正常或轻度广泛异常。

3. 法医学鉴定

癫痫大发作者，多发生摔跌致伤，抽搐时意识丧失，眼球上转定位，角膜反射消失，常咬破舌或唇，口吐白沫，角弓反张，大小便失禁，持续时间约 1～3 分钟，抽搐停止后全身乏力酣睡，这是诊断癫痫最可靠的临床症状依据。伪装者大多以癫痫大发作为表现，可因言语刺激、愤怒而发作，发作时常向有人处缓慢倒下，不伴有意识障碍、四肢不协调的抽搐，口发怪叫，无咬舌和二便失禁，抽搐可持续几分钟甚至 1～2 小时，抽搐发作过程中，检查角膜反射和瞳孔对光反射存在，翻转眼睑时闭目或皱眉，压眼眶、捏人中和对疼痛刺激有反应，抽搐结束后全身乏力，无酣睡。可因刺激反复发作。

（七）伪装失语（诈哑）

1. 表现

常发生于头面部、颈部受伤后，伪装失语者神志清晰，对他人说话的含义能正确理解，但不能说话，多数人书写能力正常，可进行书面交流，无吞咽困难，无呛咳。

2. 检查

被检者神志清醒,体表损伤轻微,神经系统包括视觉、听觉及吞咽反射无异常。面肌和咀嚼肌运动正常,伸舌无障碍、无偏斜,舌的感觉存在。声带活动正常。脑电图、头部CT扫描无异常改变。喉肌肌电图检查结果正常。对听写、抄写无困难,但常常不配合。

3. 法医学鉴定

伪装失语(诈哑)常装得很成功,可达到难辨真伪的程度,并可持续很长一段时间。由于引起失语的原因很多,鉴定时应作精神、意识和神经系统的详细检查。脑电图、头部CT、喉肌肌电图等均无异常时,并排除器质性原因失语时,可初步认定为功能性失语,再进一步排除癔病性失语,才能考虑为伪装失语。

(八)伪装血尿

血尿可见于临床全身性疾病、泌尿系统疾病,也见于泌尿系统损伤。在法医临床学鉴定中,常发生于伪装者腰背被打击后,以血尿为由,提出外伤性损害要求作损伤程度评定。

1. 表现

血尿可以为肉眼血尿,也有镜下血尿;血尿持续时间长短不一,有时镜下血尿可持续数月以上;反复多次检查可能血尿程度波动较大。

2. 检查

(1)全身检查:有无眼睑、下肢肿胀,有无贫血,体表有无损伤,肾区有无压痛、叩击痛。(2)辅助检查:B超检查是否有肾脏形态体积改变、肾脏实质改变;X线检查泌尿系统是否有结石;CT检查肾脏大小密度如何;血生化检查肾功能是否有损害;尿液化验,尿内含血量不同表现不同,红细胞多者肉眼可见尿液呈暗红色或红色,放置后尿液分层,上层尿液清亮,下层呈红色并有沉淀物;血量少者,可在显微镜下检见红细胞。化验时,应同时作尿蛋白、尿素氮、尿比重等项目检查,还要仔细检查有无管型、炎症细胞等并记数。

3. 法医学鉴定

(1)肾损伤的认定:腹部外伤史,伤后镜下血尿诊断为肾挫伤的临床案例很多。此时,需与一过性血尿和泌尿系统疾病相鉴别。肾炎除有血尿外,还有的症状和体征有:尿液中蛋白阳性,并可见大量管型,结合生化检查和临床症状、体征,一般不难认定。若仅有血尿,经多次检查无蛋白尿、无管型、无白细胞,不能认定是肾炎。肾挫伤除血尿外,超声检查可发现损伤肾有改变(如肾体积增大、骨内回声不均等),而血尿持续时间长短与肾挫伤的转归一致。若伤后超声多次检查肾异常表现无变化、血尿持续时间达3个月以上,肾挫伤的诊断值得怀疑。

(2)尿的检查:首先肉眼观察,观测尿液颜色、有无沉淀和分层。镜下检查时不仅要记录红细胞的数量,更要注意红细胞的形态和有无其他成分。伪装血尿者常向尿中混入动物血、人血或月经血,在动物中以鸡血较常见。为了防止被检者向尿中掺血,检查应在同性人员监督下留取尿样,若间隔或连续3次检查尿中无红细胞者,应视为伪装血尿。

(九)伪装关节活动功能障碍

常发生于伪装者四肢受伤后,表现为关节活动障碍,不能自己穿衣,扶持行走。被检查者在肌肉放松的情况下多次反复被动活动时,每次活动范围不一致。在转移被检查者注意力做其他检查时注意该关节活动情况,如坐在较低凳子上检查腱反射时,观察其髋、膝关节屈曲情况等。主动检查时,首先要观察被检查者关节的X线再检查。若被检查者肌紧张明显增高,阻碍检查,则可初步确定是伪装;若X线片未见异常,要排除关节活动功能障碍,则需经CT检查关节内韧带看是否存在损伤。

(十)伪装发热

多见于伪装者为了获得休假,人为地使温度计的温度上升,来说明自己“发热”。上升的温度可以是一直保持在同一水平,有时因升温的条件或方法没掌握好,温度高低波动大,无特定规律。伪装者常用物理方法使测试体温“升高”以达目的。例如,局部加热,温度测试前使腋窝的温度增高等;局部摩擦,温度测试时使温度计在腋窝反复摩擦让温度升高;还有的是趁护士不在,直接将温度计放入热水中。若临床上各种检查找不到发热原因,温度升高与临床表现不符及在监督下反复多次测量体温,温度不上升,应考虑是伪装发热。

(十一)伪装呕吐

常发生于头部外伤后。伪装者为了使病情、伤情伪装得严重,常用手扼喉头引起恶心而呕吐胃内容物,但客观及辅助检查颅内、咽喉未见异常,且仔细观察“病人”无消瘦、脱水等征象,应考虑是伪装呕吐。

(十二)伪装呼吸道出血

多见于为了获得病休证明,伪装者假装咳嗽、胸痛、痰中带血或诉有咯血。其表现为有意在医护人员或鉴定人员面前频繁咳嗽、咳痰,以强调其病重程度;有的伪装咯血症状,胸部X线及CT检查未见异常。咯血后立即检查,可见在口鼻腔、齿龈、舌底、咽喉等处显现被扼破或咬伤尚在出血的损伤黏膜,据此可识破伪装咯血。

(十三)伪装心脏病

伪装者故意彻夜不眠,剧烈运动,使心动过速或血压升高。伪装者自诉心慌、头晕等高血压病的特征,有意在人前呻吟或双手抱头或做恶心欲吐状;有的在就诊或鉴定前服药,故意诱发心动过速、血压升高等客观体征表现。适当休息后心功能检查一切正常,即可识别伪装心脏病。

(十四)伪装消化道出血

伪装者在大便内混入血液,诈称血便。检查时,伪装者面容、体温、脉搏无异常,腹部检查无压痛、未见明显肌紧张,钡餐及纤维镜检查未见溃疡及糜烂,大便隐血试验多次检查呈阴性。据此,可考虑是伪装消化道出血。

(十五)其他

除了上述诈病、伪装病外,值得注意的是假病历、假检验报告等,这些都是诈病的一种手段。尿中加糖诈称糖尿病,找有肝炎的人替代抽血化验诈称肝炎,皮肤上涂有色素或敷药诈称皮下出血,药物性扩瞳诈称外伤性扩瞳,修改脉搏、呼吸及血压,诈病呼吸困难及失血性休克,拿他人的 X 线片、CT 片诈称骨折及颅脑外伤等。

四、鉴定时应注意的问题

(一)了解案情

仔细查阅卷宗,详细查询伤病史,了解损伤情况及其动机和目的。如有必要,可调查当时目击证人及就诊医生,掌握第一手资料。

(二)查询病情,慎重对待临床资料,仔细审查材料

认真审查被鉴定人提供的相关病历资料,资料不全者,要求补送或亲自提取。审查病历、化验报告、影像学资料、放射同位素报告等是否真实可靠,必要时可重新检查。耐心听取并详细记录被鉴定人对事件发生经过及伤病发展变化的陈诉,态度认真、诚恳,同时注意观察其表情、态度、不经意间的细微动作,对周围环境变化的反应等,做到听其言、观其色,忌用诱导性提问。查询病情过程中,注意发现、分析其伪装伤病的蛛丝马迹,发现互相矛盾、混乱的证据。如发现其陈诉有不真实时,不要有鄙视、指责的态度。在查阅病史资料时,一方面,从了解伤病的发生发展过程,注意其伤病变化过程是否符合该伤病的发生、发展及转归的规律,或找出其矛盾所在。另一方面,注意其提供的病史资料的真实性。如有无冒名顶替现象,有无用他人的病历、化验报告、疾病证明或他人的化验样本;是否伪装、假造临床诊断意见书;有无涂改病历及其他临床资料的迹象。

(三)应用多种检查方法

由于诈病的种类不同,没有统一固定的检查方法。因此,除进行一般常规性物理学检查、体格检查外,可根据不同的表现,选用特殊的检查方法,尤其是注意应用客观方法检查的结果,如 X 线、CT 检查、脑干诱发电位检查结果,作为鉴定

结论的依据。必要时应请临床专家会诊,协助解决专业疑难问题。

(四)诈病与癔病的鉴别

癔病是一种常见的精神性疾病,有多种表现方式,如失明、失语、偏瘫、单瘫、截瘫、抽搐等,经检查无器质性改变。有时与诈病容易混淆。癔病患者常具有癔症性性格,如高度情感性,感情色彩浓厚、反应鲜明强烈,易从一个极端转向另一极端;暗示性强,对周围人的片言只语、神态,都可以起暗示作用,疑心大;以自我为中心:好表现和夸耀自己,幻想丰富,有时分不清幻想与现实的界限,给人以爱说谎和伪装的感觉。但癔病病人多数不承认自己有病,不愿就医,而诈病者希望别人承认他(她)有病,对症状常过分夸大、渲染,唯恐别人以为自己"正常";另外,癔病病人对检查者或医生的言行常漠不关心,而诈病者相反,对检查者的一言一行非常敏感。在鉴定过程中只有细心观察、重视客观检查结果,才能鉴别癔病和诈病。

第四节 造作病(伤)

一、概论

自己或授意他人对自己身体造成伤害,或故意夸大、改变原有病(伤)情,称为造病(伤),造作伤由自己造成的,又称为自伤。有时由于造作轻伤(病)而酿成重伤,甚至死亡。

造作病(伤)的致伤方式,包括物理性损伤、化学性损伤及生物学性损伤。法医学鉴定中常见的是物理性损伤,其中又以切割创多见,如锐器(剃刀、水果刀、匕首等)切割造成的损伤,砍创、刺创少见,钝器、火器致伤少见。也有利用高温的物体直接灼伤,造成局部皮肤、皮下组织烧伤,继发感染、溃烂,形成人为溃疡;或用腐蚀性液体(各种酸、碱等)敷贴身体局部,造成皮肤炎症或溃疡。用生物学方法致伤或病的情况少见。

二、造作病(伤)的特点

在法医学实践中,造作伤比造作病常见,绝大多数为自己形成,授意他人形成者少见。有一些典型的特点,在一定条件下,比较容易认定。

(一)造作伤或造作病有明确的目的

逃避惩罚或掩盖罪行,骗取某种荣誉或信任,逃避艰苦工作或义务,骗取休假或待遇,诬陷他人或获得赔偿。

(二)损伤较轻微

造作伤或造作病常是不危及生命的损伤和病变,采用的手段较保险;但有时由于掌握的医学知识有限或措施不当,可造成意外的严重伤害或后遗症。

1. 伤口数量多,损伤形态大小一致。有时在一个人身上可见数十道创口,而且形状大小基本一致。

2. 密度大,间距小。创口局限在某一局部范围内,损伤多而密度大。

3. 排列整齐,方向一致。创口数量虽多,但各道创口整齐一致,平行排列。

4. 创口随体表弧度而弯曲。由于是自己切划形成,当体表呈一定弧形时,作用力亦随着变化,同时创口亦随着此弧度而弯曲,其创腔深度变化不大。砍击形成时,一般创腔中部较深。

5. 有试切痕。

(三)损伤或疾病易诊断

造作病(伤)一般具有显而易见的症状和体征,易被发现或检查出来,对待检查或治疗合作、要求治疗,对医治过程非常配合,甚至有时造作者会提醒或暗示检查者伤或病的所在部位,唯恐被漏诊。此点与诈病(伤)有本质的区别。

1. 损伤多发生于病人自己手能达到的部位,很少对称性分布。如右手形成的造作伤多分布于左侧。

2. 多选择暴露的部位。如头部、颈部、手部、胸腹部及大腿。

3. 在无生命危险的部位。造作伤者的目的只是欺骗他人达到自己的企图,绝不是要危及自己的生命。当然,也有由于掌握医学知识不足或手法不当,如割腕、颈时,切断了桡动脉或颈动脉而致大失血造成死亡者。

4. 不致毁容的部位。造作伤者一般不使自己容貌受损,常不会伤及面部。

5. 损伤的部位与目的有关。为证明伤是在特定条件下形成的,造作伤者往往会在自己的特殊部位形成损伤。例如,诬陷他人强奸时,在两腿内侧形成抓伤及皮下出血或会阴部损伤等;为了证实和罪犯搏斗过,在头部、双上肢等处形成损伤。

(四)现场整齐不乱

造作伤现场多数整齐不乱,保持原状,少数现场零乱的,也常不符合一般搏斗的规律。损伤对应处衣服无破损和血污,这是因为造作伤者为了找准部位和把握好轻重,多先暴露后再形成损伤。现场上遗留的血迹可提供判断过程的依据。

(五)叙述矛盾或不清楚

因为受伤过程多无人目击,而案情是编造的,故叙述的损伤过程前后矛盾,与现场勘验情况不符。有时造作伤者怕不能自圆其说，干脆说当时天黑什么都看不清楚，或自己已被击昏什么都不知道。

三、常见的造作病

（一）造作心脏病

在医师或法医检查前，服用某些影响心功能的药物或毒物，如咖啡粉、烟草叶、金雀花、夹竹桃、小万年青等，外加过度劳累、夜间失眠，使心跳加速、脉搏不齐，心电图异常，造作心脏病。

（二）造作支气管炎

故意吸入过冷空气、有毒粉尘或刺激性气体，如二氧化硫、二氧化氮、盐酸、硝酸等气体，刺激气管，引起急性支气管炎的症状，如发热、咳嗽、咳痰，有时痰中带血。

（三）造作胃炎、胃溃疡

多采用胶囊装氢氧化钠（钾），吞服后刺激胃黏膜产生炎症，或形成溃疡，严重时可形成穿孔。胃镜检查可发现胃大弯处有炎症或溃疡，穿孔者须手术修补或作胃次全切除，切除标本在穿孔处呈现急性穿孔的改变。

（四）造作糖尿病

常内服一些制剂人为地造成糖尿病，如内服鸟嘌呤可破坏胰岛细胞而产生糖尿病。遇到可疑造作糖尿病者应使其住院观察，反复检验其尿液，发现上述物质即可揭穿其造作糖尿病的真相。

（五）造作结膜炎

利用一些刺激物质，如灰沙、粉末或酸、碱、胡椒、辣椒、肥皂水等化学物质涂抹、滴注等刺激双眼，或直接将双眼浸泡在高渗盐水内等方法造成结膜炎，造作过程中有时会引起角膜混浊。

（六）造作慢性皮肤溃疡

为了达到长期治疗的目的，有意识地在身体（多见于小腿）皮肤上涂抹硝酸软膏、斑蝥软膏或敷贴刺激性中草药，导致局部皮肤发生皮炎、疏松结缔组织炎、坏死，甚至形成溃疡，或使原有溃疡扩大，变成慢性溃疡，经久不愈。也有将汽油等物注射入小腿等部位，造成疏松结缔组织炎或溃疡，以达到长期养病、休息的目的。

（七）造作呕吐

服用各类催吐剂引起人为呕吐。

四、造作病、造作伤的法医学鉴定

（一）鉴定时需解决的问题

1. 被检查者有无损伤或疾病？若有损伤，损伤部位、数量、大小、形态、方向、深浅等表现、特点如何?

2. 若有造作伤或造作病,该损伤或病是如何造成的?

3. 该伤或病是被检者自己所为还是他人所为?

4. 伤后时间与被检人或其他证人所述是否相符? 有无分歧? 有哪些分歧?

(二)鉴定程序

1. 案情调查

造作伤(或病)的特点,就是具有明确的目的和企图。通过案情调查,可以了解案件的因果关系。对委托方提供的案情、询问笔录、病史资料等应仔细阅读,找寻前后矛盾、可疑之处。在对被鉴定人检查过程中,需反复、详细询问其被害的全过程,询问越细致,越容易发现可疑点,而证实其造作伤(病)的事实。询问内容应包括事件发生时间、地点。"凶犯"人数及其个人特征、当时双方的位置关系、对方所用凶器、打击部位及次数、有无搏斗、搏斗的情况以及事件结束后"凶犯"的去向等,对事件关键问题,尤其要反复多问。在询问中要做到耐心听取、详细记录,并随时提出疑问。在其叙述、描述或解答问题中,发现有无内容情节过分夸大、前后顺序颠倒、矛盾、不合逻辑的现象。同时还要详细了解其近段时间的生活规律、饮食起居、是否服用药物等,找出致病的原因。对于一些关键性细节,造作者常含糊其词,企图蒙混过去。

2. 损伤的检查

如果疑为造作伤,则损伤的检查非常重要,因为其损伤形态特征是判断造作伤的重要科学依据。注意检查损伤部位,创伤的数量、大小、形态、方向、深浅间距及有无试切痕,检查必须全面细致、详尽记录并作照相等客观影像保存,要特别注意损伤的细微特征,必要时进行实验室检查,包括 X 线、CT 检查。如果疑为造作病,则要针对性地进行临床检查,分析有哪些情况可能致病。严重的或需长时间观察的被检者要求住院观察,进行血、尿的药物、毒物检验。

3. 衣服的检查

对疑为造作伤者的衣服要认真细致地检查,四肢、胸腹部的造作伤,其相应部位的衣物上应有破损,并有血液沾染,鉴定人应仔细检查衣物破损的部位、破损的层次、数目、形状、大小、方向,破损的边缘是否整齐,并与身体上的损伤特点作对比,看两者之间是否一致。还有,仔细观察衣物上血痕分布及流注方向与损伤是否相符。

4. 现场勘验

事件发生后,鉴定人应及时赶赴案发现场,做好现场的观察和记录,并注意照相摄像固定现场的细节,同时收集有关的证据,如凶器、化学物品、沾有可疑血痕的各种物品，妥善保存。特别要仔细观察血迹的滴注、喷溅方向等细节，分析损伤时伤者的体位。一般来说，自伤者的血迹分布较集中，而他伤者的血迹分布分散而零乱。注意现场有无凶器，凶器的所在地方，比对凶器上的血流方向，与自我形成是否相符。同时要注意现场有无指纹、脚印、鞋印遗留等。

5. 事件重建

如果伤者情况尚可，最好请当事人在现场就地详细介绍案件发生经过，并将被害的全过程表演，即事件重建，然后再与实际现场勘验情况及伤情检验、判定形成的情况相比对，这对推断是否造作伤有较大价值，可以从中发现矛盾，揭露事件的真相。假如情况不允许，可待其伤情恢复后，临时布置一个尽可能与原始现场相像的现场环境，令其进行事件重建的表演。

第五节　匿病(伤)

一、概念

与诈病(伤)相反，某些人确实身患某种疾病(伤)，但为了某种目的，故意假装健康无病(伤)，隐匿自己患病(伤)，这种现象称为匿病(伤)。

匿病(伤)与诈病(伤)、造作病(伤)一样，均有明确的目的和企图，主要是骗取人们对其健康的信任，从而达到某种目的，如入学、招工、参军、更换工种、延续工期、获取优厚待节待遇等，还有带病(伤)投保而隐匿病情。

二、常见的匿病及识别方法

(一)肺结核

常见病，可通过胸部摄片、痰中结核杆菌检验，结合临床血液化验诊断。

(二)肝炎

多见于带病投保、高考、参军等情况，B 超、CT 检查可发现肝病变的形态学变化，结合肝功能检查，容易诊断。

(三)近视、色盲

多见于高考、参军、申领驾驶证等情况，通过视力检测、眼底检查，一般不难识别。

(四)其他

为投保，隐瞒高血压、冠心病、糖尿病等慢性病，为了结婚，隐瞒性病、精神病和某些遗传疾病，通过体格检查及临床血液生化检测可以诊断。

三、法医学鉴定

在法医临床实践中,对于疑为匿病(伤)者可按造作病(伤)的检验鉴定方法进行鉴定。首先进行详细的身体检查和必要的、针对性的特殊客观检查,其次进行全面的案情调查。综合分析,一般可对匿病(伤)进行识别。

第十章 医疗侵权损害鉴定

第一节 医疗纠纷

一、医疗纠纷的概念及构成条件

(一)医疗纠纷的概念

医疗纠纷,是指医患双方在医疗实践活动中,对医疗活动的需求、采取的手段、医疗质量、知情同意、期望的结果等,在认识和事实认定上医院与患者家属之间发生分歧,产生矛盾或对立而引起的纠纷。

这一纠纷绝大多数是建立在民事法律关系基础上的,是医疗活动中发生于医患之间的特殊民事纠纷。然而,并非所有发生于医患之间的民事纠纷都是医疗纠纷,构成医疗纠纷必须满足一定的条件。首先,医疗纠纷必须发生在正常的诊疗护理过程中,医务人员在工作时间之外或未经批准在院外从事医疗活动时与患者之间的纠纷,不属医疗纠纷。其次,争执的内容必须是与医疗活动本身有关的内容,与医疗活动无关的争执不属医疗纠纷。最后,医疗纠纷必须是发生在患者履行了其能够履行的法定义务的前提下,而发生于医患双方之间的争执。如果患者故意不履行其法定义务而与医院发生的争执,则不属医疗纠纷。

(二)医疗活动的特点

由于医疗护理工作的特殊性和复杂性,加之认识能力和客观手段的限制,要真正完全预防医疗纠纷的发生并非易事,这主要源于医疗行业本身的特性。

1. 高风险性

医疗工作是具有特殊风险的职业,既有深不可测的理论,又具有极强的科学实用。人体的差异、患病状况的认识和允许的时限、医疗的手段、迫切的程度等,决定了医疗工作的难度和风险。

2. 结果的不可预见性

医务人员的职业活动,在许多情况下对结果是很难驾驭的。很多医疗行为都有利弊两重性,抢救对象与损害对象是同一主体。医疗实践无法要求医务人员对风险事先都有一定预见并完全规避之后实施诊疗行为,这不符合危重、急症病人的抢救原则,也会挫伤医务人员的负责精神,只能阻碍医学科学技术的发展,损害大多数病人的根本利益。

3. 高技术性

随着科学的进步,许多高新诊疗技术得到发展,新的医学领域不断开拓,临床认识和治疗疾病的认识能力不断提高。这也增加了诊疗技术操作的高要求、高风险,带来了所谓“医学进步的疾病”,使医疗事故发生的概率大为增加。

4. 医疗活动的特殊性

医疗活动是一种特殊的科学实践活动,医患关系是一种特殊的权利义务关系,医疗损害也可以看作一种特殊的民事损害事件,是不同于其他民事侵权而具有特殊性质的医疗损害事件。目前,虽然已存在一些规范医疗纠纷及损害的法律法规,但在医疗纠纷定性、处置以及后续赔偿上已不适应社会的发展,应当加以补充和完善。

二、医患关系的构成及其义务

医患关系是一种相对复杂的社会关系,主要由医患双方构成。医方不只包括医护人员,患方也不只包括患者及家属。

(一)医方主体及义务

1. 医方主体

医疗活动是一项群体性很强的工作。在医疗纠纷中,医方主体是指医院内与医疗实践有关的人员,包括医院的医生、护士、护理员、工人、行政管理人员等。

2. 医方义务

《医疗事故处理条例》明确规定,医疗机构及医务人员在医疗活动中应遵循如下原则:

(1)医疗机构及其医务人员在医疗活动中,必须严格遵守医疗卫生管理法律、行政法规、部门规章和诊疗护理规范、常规,恪守医疗服务职业道德。

(2)医疗机构应当对其医务人员进行医疗卫生管理法律、行政法规、部门规章和诊疗护理规范、常规的培训和医疗服务职业道德教育。

(3)医疗机构应当设置医疗服务质量监控部门或者配备专(兼)职人员,具体负责监督本医疗机构的医务人员的医疗服务工作,检查医务人员执业情况,接受患者对医疗服务的投诉,向其提供咨询服务。

(4)医疗机构应当按照国务院卫生行政部门规定的要求,书写并妥善保管病历资料。因抢救急危患者,未能及时书写病历的,有关医务人员应当在抢救结束后6小时内据实补记,并加以注明。

(5)严禁涂改、伪造、隐匿、销毁或者抢夺病历资料。患者依照规定要求复印或者复制病历资料的,医疗机构应当提供复印或者复制服务并在复印或者复制的病历资料上加盖证明印记。复印或者复制病历资料时,应当有患者在场。

(6)在医疗活动中,医疗机构及其医务人员应当将患者的病情、医疗措施、医疗风险等如实告知患者,及时解答其咨询;但是,应当避免对患者产生不利后果。

(7)医疗机构应当制定防范、处理医疗事故的预案,预防医疗事故的发生,减轻医疗事故的损害。

(8)医务人员在医疗活动中发生或者发现医疗事故、可能引起医疗事故的医疗过失行为或者发生医疗事故争议的,应当立即向所在科室负责人报告,科室负责人应当及时向本医疗机构负责医疗服务质量监控的部门或者专(兼)职人员报告;负责医疗服务质量监控的部门或者专(兼)职人员接到报告后,应当立即进行调查、核实,将有关情况如实向本医疗机构的负责人报告,并向患者通报、解释。

(9)发生医疗事故的,医疗机构应当按照规定向所在地卫生行政部门报告。发生下列重大医疗过失行为的,医疗机构应当在12小时内向所在地卫生行政部门报告:①导致患者死亡或者可能为二级以上的医疗事故;②导致3人以上人身损害后果;③国务院卫生行政部门和省、自治区、直辖市人民政府卫生行政部门规定的其他情形。

(10)发生或者发现医疗过失行为,医疗机构及其医务人员应当立即采取有效措施,避免或者减轻对患者身体健康的损害,防止损害扩大。

(11)疑似输血引起不良后果,需要对血液进行封存保留的,医疗机构应当通知提供该血液的采供血机构派员到场。

(12)医师进行实验性临床医疗,应当经医院批准,并征得患者本人或者其家属同意。

(二)患方主体及权利

1. 患方主体

在医疗纠纷中,患方主体是指以病人为核心的包括病人亲属、单位,以及与病人有利害关系的单位或个人、保险公司、赔付人或被告等。随着社会的发展,与病人有利害关系的单位或个人在医疗纠纷中所起的作用越来越突出。

2. 患方权利

在医疗活动中,患方应遵循如下原则并享有下列权利:

(1)患方有权复印或者复制其门诊病历、住院志、体温单、医嘱单、化验单(检验报告)、医学影像检查资料、特殊检查同意书、手术同意书、手术及麻醉记录单、病理资料、护理记录以及国务院卫生行政部门规定的其他病历资料,严禁抢夺病历资料。

(2)患者在医疗机构内死亡的,尸体应当立即移放太平间,尸体存放时间一般不得超过2周。

(3)病人在医疗活动中享有知情同意权。病人知情同意权的内容包括:①对就诊医院和医生基本情况的知情权,包括医院的专业特色,医生的职称、学术专长和以往治疗效果等基本情况。②对医生诊疗手段的知情权,包括使用X线、B超、CT、MRI等诊断仪器的诊断准确性,有无副作用等。③对所采用的治疗仪器和药品的疗效及是否有副作用的知情同意权。④对手术的知情同意权,病人和家属有权了解手术的风险,施行手术对治疗病人疾病的作用,手术不成功可能出现的后果等。⑤在了解上述有关情况的基础上享有选择权和同意权。

(4)病人享有医疗权利包括:①任何病人都享有接受医疗的权利。②任何病人都享有平等的医疗权利。③病人有权监督自己医疗权利的实现。④病人有权拒绝参加医学实验。⑤病人有权要求医务人员为其保守秘密。⑥病人有权要求了解医疗费用等情况。

(三)医患双方共同遵守的原则

发生医疗纠纷后,《医疗事故处理条例》提出了医疗活动中医患双方应共同遵守的原则:

1. 发生医疗事故争议时,死亡病例讨论记录、疑难病例讨论记录、上级医师查房记录、会诊意见、病程记录应当在医患双方在场的情况下封存和启封。封存的病历资料可以是复印件,由医疗机构保管。

2. 疑似输液、输血、注射、药物等引起不良后果的,医患双方应当共同对现场实物进行封存和启封,封存的现场实物由医疗机构保管;需要检验的,应当由双方共同指定具有检验资格的法定检验机构进行检验;双方无法共同指定时,由卫生行政部门指定。

3. 患者死亡,医患双方当事人不能确定死因或者对死因有异议的,应当在患者死亡后48小时内进行尸检。具备尸体冻存条件的,可以延长至7日。尸检应当经死者近亲属同意并签字。

4. 医疗事故争议双方当事人可以请法医病理学人员参加尸检,也可以委派代表观察尸检过程。拒绝或者拖延尸检,超过规定时间,影响对死因判定的,由拒绝或者拖延的一方承担责任。

三、医疗纠纷的产生原因

我国虽然经历了几次大规模医疗改革,但人民群众的"看病贵""看病难"并没有从根本上得到解决。医患纠纷日趋增多，既有深层次的医疗政策因素，也有医疗行为本身的因素，还有患者对医学科学的错误认识因素等。总体而言，医患纠纷的产生原因，主要包括以下几个方面。

（一）医疗产业化的影响

我国之前进行的医疗改革，其中一个重要内容就是医疗产业化，即医院的经营管理市场化，国家鼓励各种社会资本投资医疗卫生行业，但投资即要追求利益回报，医院的投资者或拥有者为追求最大利益回报，医疗广告遍布于各种传媒，如电视、报纸、网络，任意夸大对疾病的疗效，导致人们形成一种错误观念：医院包治百病，什么病都可以治好，而当他们的期望值不能得到满足的时候，就开始投诉，这无形中增加了医患纠纷的发生率。

（二）医院定位失误

传统的医学模式为单纯的生物医学模式，随着社会的进步、医学科学技术的发展以及医学理论研究的完善，目前的医学模式已转变为生物—心理—社会医学模式。但是，我们的很多医务人员并没有彻底转变陈旧的医疗观念，仍沿用纯生物医学模式，对患者缺乏起码的人文关怀，客观上物化了病人，追求经济利益成为医院的主要管理目标。医院的诊断与治疗不是以病人为中心，而是以经济利益为中心，医院在药品购销中的盈利成为医院收入的主要来源，以药养医成为我国医疗卫生行业的一种普遍状况。同时，在经济利益的驱动下，也导致大处方、乱开药方等不合理现象，加重了患者的不满情绪，使医患纠纷增加。

（三）医务人员职业道德的影响

医生是一个特殊的职业，它不仅是为人们的生命健康直接提供服务，同时还有区别于其他职业的道德属性，在某种意义上医德的重要性甚至超越了医术。

现代社会的发展使人们更加看重物质生活，而降低了精神需求的层次。医务人员更加注重经济收入提高给自身生活所带来的好处，忽视了医德修养的低下所带来的弊端。在市场化思维的推动下，部分医务人员职业道德水平日益低下，人们的就医环境也随之愈加恶化。目前，少数医务人员职业道德水平低下，对医院缺乏主人翁精神，对患者缺乏热情，治疗不尽心尽力，服务态度恶劣，生、冷、硬、顶、推现象较为常见。同时，收受红包、回扣，降低了患者对医务人员的信任度，部分病人受逆反心理的影响，把就医消费等同于社会其他一般消费，忽视了医疗消费的特殊性，导致医患矛盾激化、医患纠纷增加。

（四）病人对医学问题认识不足

医学科学本身有自身的特殊性、复杂性和高风险性，但是，由于基本医学知识普及教育上的欠缺，公众缺乏基本的医学常识，对医学科学认识不足，对医疗工作的高风险性和局限性理解不够,对医务人员的期望值过高,超越了目前医学科学发展的实际水平。在医疗活动中,部分患者或家属稍有不满,即采取对立态度,常认为"我消费,你服务"理所当然,或认为"我花了钱,你就要给我治好病"天经地义,将普通的消费观念应用于医疗活动中。人们基本医学常识的欠缺或者"医盲"也成为导致医患纠纷增加无可争辩的原因之一。同时,由于处置机制不完善,部分病人或家属另有所谋、转嫁矛盾,不配合治疗而无理取闹的情况也时有发生,造成恶劣社会影响,严重干扰了正常医疗活动的进行。

(五)医患之间缺乏必要的沟通与交流

随着社会的发展,患者及家属越来越强调自己的"知情权",对医疗服务的要求越来越高,传统的生物医学模式已不适应当代要求。目前,医学模式正逐步转变为生物—心理—社会医学模式。在这种情况下,要求医务工作者把患者视作具备思想和感情的完整的人,而不是一个简单的生物体,如果不进行必要的沟通与交流,会使病人及家属在自己的尊严上产生伤害感,不能取得病人的理解与信任,使医患双方处于一种对立状态,增加了一些不必要的矛盾纠纷。

(六)错误舆论导向的影响

目前,媒体工作者中绝大多数缺乏必要的医学知识,不了解医学科学的复杂情况及高风险性。他们对某些医患矛盾的理解,比较容易站在患方的立场上,对患方表示同情,却缺少对医务人员的理解。在报道某些事件时,往往过分夸大医院的负面形象,不能客观宣传医院的正面形象,对医院过分指责,缺乏对医务工作者科学、客观、公正、积极的评价,加重了患者对医院的误解,激化了医患双方的矛盾。

(七)政府投入不足,医疗行业的公益性弱化

目前,我国人均医疗资源占有量大大低于世界平均水平。改革开放之前,由于限制了价格昂贵的外国药品、设备的进口,很多情况下,病人不会支付相对高额的医疗费用,看病贵的问题并不突出。改革开放后,我国的医疗政策明显弱化了医院的公益性质,政府没有足够的财政投入,医院既要依靠自身谋求生存,同时还要谋求发展,提高收费标准几乎成了唯一选择,药品价格也在监控不力的情况下扶摇直上,这些直接导致了医疗费用的突飞猛涨,人民群众的医疗负担加重。

(八)医疗保障制度不健全

由于医疗保障的覆盖面窄,缺乏社会综合保险、个人健康保险等相应的缓冲,绝大多数人民群众的医疗消费只能由自己负担,无形中加重了患者医疗开支中的负担,导致了人们的不满情绪增加,激化了医患矛盾。

（九）医疗资源分配不均衡

我国人口众多，历史原因所遗留的体制问题在短时间内尚无法彻底改变，占少数的城市人口占有者大多数的医疗资源，而占大多数的农村人口和少数城市人口却占有极少量的医疗资源。有规模、技术水平较高的综合及专科医院都分布于城市，而农村基础医疗设施匮乏，使大多数农村人口得不到基本医疗保障。

（十）医患纠纷处理机制不完善

目前，我国对医患纠纷的解决途径，通常是由省、市级的医疗事故技术鉴定专家委员会进行鉴定。由于各种因素的影响，使得鉴定结论缺乏公正性，往往进行医疗事故鉴定后，当事人仍会诉诸法院，增加了解决矛盾的经济及人力成本。由于没有健全的医疗风险保险，发生医疗事故后，医生就要承担高额的赔偿责任，导致医生的自我保护意识加强，从而在执业时进行保护性医疗，但这种情况却无形中激化了医患矛盾，增加了医患纠纷的发生率。

四、医疗纠纷的分类

随着医疗体制的改革、社会保险业的兴起、公费医疗制度的改革和医疗相关法律的完善，《医疗事故处理条例》所规定的医疗事故性损害逐渐被淡化。《侵权责任法》实施后，人们把医疗过失、医疗意外等与诊疗活动有关的纠纷统称为医疗侵权损害赔偿责任纠纷，医疗纠纷常表现为以下形式。

（一）误诊、误治

误诊是对疾病的诊断错误，包括对疾病的判断错误、延误诊断。延误诊断是没有在应当对疾病明确诊断的时间内及时诊断。与误诊直接关联的是误治，并错过最佳救治时机而导致残疾病情加重或死亡。如冠心病急性发作被误诊为急性胃炎、急性坏死性胰腺炎被误诊为阑尾炎或胆囊炎。

（二）漏诊、漏治

漏诊是同一患者同时存在不同种疾病，医师遗漏某种疾病的诊断，漏诊主要疾病等可导致患者因不能得到及时、恰当救治而死亡。如阑尾炎合并肠套叠，遗漏肠套叠致肠管坏死、肠管切除；冠心病患者漏诊糖尿病，导致低血糖或酮症酸中毒、高渗性昏迷而死亡。

（三）用药不当

中西药物用药不当均可引起严重后果，从开具处方、取药、执行医嘱及用药后观察，各环节均可发生用药不当的情况，如医师开错处方或写错用法、药房药剂师配错处方或发错药品、护士执行医嘱错误或违反药物配伍禁忌用药、不按规定进行药物过敏试验、提前停药、使用伪劣过期失效药品、滥用有毒、麻醉、限量药品、擅自使用未经批准的新药物。儿科常见用药过量的事故，此时的用药过量含义广泛,如小儿输液中,虽然治疗性药物剂量适当,但过速、过量滴注生理盐水、糖盐水等导致死亡等后果的也属于用药不当的情况。

(四)手术失误

手术性原因导致医疗纠纷的科室中,最常见的有妇产科、骨科、神经外科,其次是其他外科系统涉及的诊治方式问题。术前、术中及术后,诊断、治疗及围手术期护理,均可引起手术性医疗纠纷。

术前失误的原因包括术前诊断错误、准备不充分,导致手术决策错误、手术效果不良或患者死亡。术中失误包括违反操作规范和常规,对病变器官和组织判断、诊断失误,因疏忽错开手术部位;术中操作粗暴,误伤、误切、误扎或误摘组织器官;对病变器官和组织切除不完全;术前、术中未尽告知义务而切除患者器官。其他常见术中原因还有操作、术区遗留纱布或器械。手术后不注意观察、护理不佳、出现危急情况抢救不及时等也是常见原因。

(五)麻醉不当

麻醉方式虽然多种多样,不同手术采取的具体麻醉方式也各不相同,但任一手术的麻醉具有一定风险。全身麻醉及局部麻醉的术前、术中及术后失误,均可导致医疗损害。

麻醉前准备不充分,如麻醉方式选择不当,有关检测仪器、药品、抢救器械准备不全,麻醉器械故障或活瓣失灵等均可导致医疗事故。麻醉过程中操作失误,例如,气管插管过猛穿通气管、错用麻醉药物、麻醉药物过量或配伍不当、错误连接气源,将一氧化氮作为氧气;局麻药误注入血管引起中毒;连续硬膜外麻醉平面过高、误注入蛛网膜下腔致全脊髓麻醉,或穿刺损伤神经根;麻醉观察不仔细,患者突发紧急情况处置不及时而贻误抢救时机等;麻醉术后对患者观察或监测不到位,未能及时发现麻醉并发症,失去抢救时机;拔管过早和拔管后呕吐、喉痉挛致缺氧或窒息。

(六)输血、输液

输血事故见于误输异型血、Rh 血型不合、输入污染血制品、输血不良反应抢救失误等。异型输血后很快出现溶血反应,如血红蛋白尿、黄疸、伤口出血不止、荨麻疹、无尿、昏迷等,可因休克及急性肾衰竭而死亡;输入细菌污染的血液可迅速出现发冷、寒战及高热反应,严重者致感染性休克致死;输入血液检验不严格,输入受病毒感染的血液而引起病毒性肝炎、艾滋病、梅毒、疟疾等多种传染病。

(七)护理失误

护理失误的主要原因为有章不循或违反操作规程,执行医嘱时不认真履行"三查七对",导致用错药、药物剂量错误、给药途径错误,致患者人身明显损害或死亡。护理工作中的其他失误包括:擅离职守,或违反测试、巡房、观察病情变化等护理常规,发生抢救不及时或引起并发症;擅自改变医嘱或无医嘱时自行处理;违反其他基础护理、专业护理或特殊治疗操作常规和技术规范,如注射部位不当、对小儿护理失误导致烫伤、摔伤;产房抱送错婴儿等。

(八)技术欠缺

诊疗技术,包括为诊断或治疗需要进行的穿刺、切开、注射、插管、洗胃、灌肠、电休克治疗等操作。如洗胃致胃破裂、新生儿高浓度吸氧致失明、电休克治疗致植物状态、针刺不当致空气栓塞、气胸、体腔积血、穿刺部位感染等,均属于技术欠缺导致的医疗损害。

(九)医疗美容

医疗美容,是指运用手术、药物、医疗器械以及其他具有创伤性或者侵入性的医学技术方法对人的容貌和人体各部位形态进行的修复与再塑。如果由于违反有关技术操作常规,导致人体容貌毁损或功能障碍,称为美容医疗损害。《医疗美容服务管理办法》对从事医疗美容的机构及执业医务人员的资格认定均有明确的规定。但国内迄今尚无一套医疗美容操作标准,手术全凭医师个人经验,而且投资小利润高,导致医疗美容行业管理混乱,引起的医疗纠纷也日益增多。因整形美容导致的医疗损害纠纷主要见于吸脂术、硅胶填充、隆胸、隆鼻等手术。

(十)医疗器械质量问题

为加强对医疗器械的监督管理,我国于 2014 年颁布实施的《医疗器械监督管理条例》和 2009 年执行的《医疗器械风险管理对医疗器械的应用》,对医疗器械的生产、销售、使用给予了明确规定。医疗器械导致的医疗损害,包括医疗器械本身质量问题和操作不当引起的医疗损害。医疗设备操作错误,尤其是呼吸机、监护仪、体外循环机、除颤器、麻醉机等生命保障系统操作失误引起的后果相对严重。医疗器械质量问题以植入性器械较多见。如内固定钢板、髓内钉、宫内节育器、心脏起搏器、冠状动脉支架、脑动脉瘤栓塞治疗弹簧圈等引起的医疗损害。

(十一)管理混乱

患者因医疗机构管理混乱而发生的不良医疗后果,也属于医疗损害。常见环节包括入院、转科、转院、会诊、转诊过程中,不认真检查和处理,推诿、拒收病人,导致延误诊治和丧失抢救时机;医院领导、后勤服务人员工作失职、擅离职守,或在自己的工作职责范围内,不配合医疗护理工作,造成不良后果;医疗设备管理不善、维修不及时、急救设备不全,出现医疗设备故障、电器漏电或延误危重患者的抢救;医院后勤保障不完善,出现断水、断电,或医用氧气供应中断,并影响诊疗或急救;医疗机构及医务人员从事不具备或超过其资质的医疗服务;病员管理失误;乱涂乱改病历资料;知情书、手术同意书等告知义务手续不全等,均可发生医疗纠纷。

第二节　医疗事故及处理

一、医疗事故的概念及必备要件

(一)医疗事故的概念

医疗事故是医疗机构及其医务人员在医疗活动中,违反医疗卫生管理法律,法规、部门规章和诊疗护理规范、常规,过失而造成患者人身损害的事故。

(二)医疗事故的构成条件

构成医疗事故必须符合以下条件:

1. 医方必须有过失行为

医疗过失行为,是指医务人员在医疗活动中,存在违反医疗卫生管理法律、行政法规、医院规章制度和诊疗护理规范、常规的行为。所谓过失显然不是故意,应从疏忽大意和过于自信的两个角度考察。过失行为的表现形式是多种多样的,概括起来,可分为作为和不作为两种基本形式。作为,是指行为人以积极的外部动作去实施某种法律所禁止的对社会具有危害的行为,如无指征手术、禁忌症手术、损伤性检查等。责任人轻信客观环境、条件和行为人的技术、经验,虽然预见到自己的行为可能给病员造成危害后果,或自认有利的客观条件能够避免而未能避免,即属于作为性过失。不作为是相对于作为而言的,是指行为人有义务实施并且能够实施某种行为,但却消极地不去履行自己应当履行的义务的行为。如医生对急症病人不及时处理或不认真处理,以致延误病情、丧失最佳抢救时间造成不良后果,即是典型的不作为。

因此,认定医疗事故就是确认医务人员有无违法(过失)行为。没有违法行为的,即使结果严重也谈不上医疗事故;有违法行为的,若未造成患者人身损害后果的,同样不能认定为医疗事故。

2. 必须有危害性

医疗行为的危害性,不能因为医务人员有一般过失行为就与医疗损害联系起来,必须考查其过失行为实际上是否对患者造成了人身损害后果,损害后果是否达到规定的损害程度,都是确认医疗事故的必要条件。在现阶段,严重不良后果，是指违法行为造成病人死亡、残疾、组织器官损伤和导致功能障碍，以及造成明显的其他人身损害的后果。对残疾、组织器官功能障碍的评定，应坚持实事求是和具体分析的原则，要分清病人原有伤病和违法行为在不良后果发生中所起作用的比例关系。对死亡案件必须进行全面系统的尸体剖验，结合临床资料，综合分析确定死亡原因。

3. 法律责任主体必须是医疗机构和医务人员

医疗事故的责任主体是为患者提供医疗服务的合法（按照国务院1994年2月发布的《医疗机构管理条例》取得《医疗机构执业许可证》）医疗单位。医务人员，是指经过考核并经卫生行政机关批准或认可，取得相应资格的各级各类卫生技术人员和经政府有关部门批准允许开业的个体医务人员。由于医疗工作是群体活动，构成医疗事故法律责任的主体还应包括从事医疗管理、后勤服务的工作人员。医疗机构应视其在为患者提供服务过程中是整体过失行为，还是个体过失行为而导致损害的不良后果，从而承担不同的责任，而不是事故的全部责任。

对非医务人员从事医疗活动给病人造成严重后果的，由于其医疗活动未经有关卫生行政机关批准，与病人之间不存在法律上认可的医患关系，属非法行医，因此不属于医疗事故法律责任的主体。

4. 违法行为必须发生在正常的诊疗护理过程中

医务人员的过失行为（违法行为），具体体现在履行职责的过程中，即正常的诊疗护理过程中。这一医疗活动的范围，是自病人在医院挂号开始至临床医疗期满结束。在这一期限内发生的医疗过失，应由医疗机构和医务人员负责。从法律上讲，应该是指取得相应资格的医务人员，在有关部门授权的情况下，从事其职务活动期间所发生的违法行为。

5. 违法行为与后果之间是必然的因果关系

违法行为与后果之间有必然的、内在的因果关系，存在因果关系是构成医疗事故法律责任的必备要件。在多因一果时，要综合分析患者的病情和个体差异，具体分析各个原因的不同地位和作用，避免以偏概全。临床上病人死亡、残疾或器官组织损伤导致功能障碍与疾病本身的自然转归常有密切关联。有的因疾病重笃、复杂或已处晚期，而责任者的过失行为只是处于非决定性的地位，甚至是处于偶合地位。这些都应当科学地、具体地、实事求是地分析，使之得到公正的认定。医务人员在职务活动中的违法行为直接导致了病人死亡、残疾、组织器官功能障碍等人身损害的不良后果是医疗事故；医务人员的违法行为（或过失）与后果之间没有必然的因果关系，则不是医疗事故。

(三)不属医疗事故的情况

在诊疗和护理过程中,虽然出现了病人死亡、残疾等不良后果,但医务人员没有违法行为,其后果是医疗过失以外的原因。从法律上来讲,医务人员不负法律责任。《医疗事故处理条例》明确了不属于医疗事故的情况。

(1)医疗意外。医学实践中所采用的诊疗手段,本身就是带有某种风险的行为,常发生一些无法预料或不能防范的不良后果给病人造成损害,或者患者体质特殊而发生医疗意外的,而医务人员没有违法行为,其不良后果是无法避免的原因造成的,不属于医疗事故。

(2)并发症。在医疗活动中由于患者病情异常、疾病恶化,引发了另一种或几种疾病,并导致严重损害后果的疾病即并发症。由于后一种或几种疾病的发生是医务人员有时可以预料和难以避免的,与医疗的过失行为无关,不属于医疗事故。

(3)疾病的自然转归。病人死亡、伤残等严重不良后果,是由于病人本身的疾病或病理性变化引起的,与医务人员的过失行为无关,不属于医疗事故。

(4)医疗事故中的故意行为。在诊疗护理过程中,医务人员有目的、有动机、有预谋地实施违反医疗常规的行为,给病人造成严重后果的不属医疗事故的范畴,医疗单位不负法律责任。从法律上来讲,应由医务人员本人承担刑事责任或相应的民事责任。

(5)在紧急情况下,为抢救垂危患者生命,而采取紧急医学措施造成不良后果的,不属于医疗事故。

(6)过错输血感染,造成不良后果的,不属于医疗事故。

(7)因患方原因延误诊疗,导致不良后果的,不属于医疗事故。

(8)因其他不可抗的因素,造成不良后果的,不属于医疗事故。

二、医疗事故的等级

(一)医疗事故分级

2002年9月1日开始施行的《医疗事故分级标准(试行)》第4条规定,根据事故对病人人身造成的损害程度,将医疗事故分为四级:

一级医疗事故:造成患者死亡、重度残疾的;二级医疗事故:造成患者中度残疾、器官组织损伤导致严重功能障碍的;三级医疗事故:造成患者轻度残疾、器官组织损伤导致一般功能障碍的;四级医疗事故:造成患者明显人身损害的其他后果的。

(二)医疗事故分等

依据造成损害后果的轻重,又对医疗事故进行分等,具体如下:

1. 一级医疗事故,分为甲、乙两等

一级甲等:死亡;

一级乙等:重要器官缺失或功能完全丧失,其他器官不能代替,可能存在特殊医疗依赖,生活完全不能自理。

2. 二级医疗事故,分为甲等、乙等、丙等、丁等4个等级

二级甲等:器官缺失或功能完全丧失,其他器官不能代替,可能存在特殊医疗依赖或生活大部分不能自理的情形;

二级乙等:存在器官缺失、严重缺损、严重畸形,有严重功能障碍,可能存在特殊医疗依赖或生活大部分不能自理的情形;

二级丙等:存在器官缺失、严重缺损、明显畸形,有严重功能障碍,可能存在特殊医疗依赖或生活部分不能自理的情形;

二级丁等:存在器官缺失、大部分缺损、畸形,有严重功能障碍,可能存在一般医疗依赖,生活能自理的情形。

3. 三级医疗事故,分为甲等、乙等、丙等、丁等、戊等共5个等级

三级甲等:存在器官缺失、大部分缺损、畸形情形之一,有较重功能障碍,可能存在一般医疗依赖,生活能自理的情形;

三级乙等:器官大部分缺损或畸形,有中度功能障碍,可能存在一般医疗依赖,生活能自理的情形;

三级丙等:器官大部分缺损或畸形,有轻度功能障碍,可能存在一般医疗依赖,生活能自理的情形;

三级丁等:器官部分缺损或畸形,有轻度功能障碍,无医疗依赖,生活能自理的情形;

三级戊等:器官部分缺损或畸形,有轻微功能障碍,无医疗依赖,生活能自理的情形。

4. 四级医疗事故,不分等

四级医疗事故,是指造成患者明显人身损害的其他后果的情形。

三、医疗事故处理方式

医院纠纷或事故发生后,通过什么途径、采取何种方式加以处理,对于能否及时、正确地处理纠纷与事故,维护医患双方的合法权益极为重要。《医疗事故处理条例》中明确规定了医疗事故的处理程序。此外,医疗机构及卫生行政部门还可根据案件的具体情况,运用《民事诉讼法》《刑事诉讼法》《行政诉讼法》处理医疗事故。

按我国有关法律规定,医疗事故处理可以有三种方式:(1)医患双方协商解

决;(2)卫生行政部门调解;(3)通过诉讼解决。三种方式可依次进行,其中,第一种方式和第二种方式与第三种方式不能同时或颠倒进行。

(一)医患双方协商解决

在医疗事故中,绝大多数不良后果属于侵权的民事责任范畴,在法律上是民事权利和义务的争议。属于医疗事故的,医疗机构应承担民事责任;不属于医疗事故的,就谈不上医疗机构承担民事责任的问题。因此,只要医患双方本着实事求是的原则,在弄清事实、分清是非的基础上,相互协商,就有利于双方互相谅解,减少精神耗损;同时还可以减少不必要的行政处理和诉讼行为,节省人力、物力、财力。这样,既有利于医疗事故纠纷的及时解决,也有利于维护医患双方的合法权益。

(二)卫生行政部门调解

医患双方经协商未能就医疗事故纠纷的性质、责任以及处理达成协议时,可申请当地卫生行政部门进行处理。卫生行政部门对医疗事故纠纷的处理,既有行政调解又有法律仲裁的双重性质;当事人有选择解决方式的自由,可选择行政调解或仲裁裁决的方式,也可以选择直接向人民法院起诉。选择何种方式解决纠纷,取决于当事人认为何种方式更能维护其自身合法权益的主观意向。卫生行政部门对医疗纠纷进行调解或仲裁裁决处理,不是当事人向人民法院起诉前必须经过的程序。

1. 对重大医疗过失行为进行调查

(1)县(市)区卫生行政部门接到辖区内医疗机构关于重大医疗过失行为的报告后,除责令医疗机构采取必要的医疗救治措施,防止损害后果扩大外,应立即组织专人进行调查。

(2)参加调查人员应包括卫生行政管理人员和有关医学专家。

(3)对事件进行认真的调查研究,查证核实后,提出调查处理意见,对于事实清楚、因果关系明确的重大医疗过失行为,卫生行政部门可以判定为医疗事故。对于因医学科学的技术性、专业性和复杂性无法判定是否属于医疗事故或需要明确重大医疗过失行为与患者人身损害之间是否存在因果关系、损害程度的,应当交由市医学会组织首次医疗事故技术鉴定。

2. 对医疗机构报告的医疗事故进行审核并逐级报告

(1)医疗事故发生后应向其所在地县(市)区卫生行政部门报告,报告时限可以在医疗事故发生后及时报告,也可以按年度报告。出现下列情形之一的重大医疗过失行为时,医疗机构应当在过失行为发生后的 12 小时内向所在地县(市)区卫生行政部门报告:①医疗过失行为导致患者死亡或可能为二级以上医疗事故的；②医疗过失行为导致3人以上（含3人）患者人身损害后果的；③卫生部或本省卫生行政部门规定的其他情形。

（2）医疗机构向卫生行政部门报告的内容包括：报告单位、报告时间；事故发生时间、地点、经过、后果（死亡、残废、器官损伤、功能障碍以及其他人身损害后果等）；医患双方当事人的情况；死亡患者是否尸检、尸检结果；初步处理意见等。

（3）县以上卫生行政部门，应当按照规定逐级将当地发生的医疗事故以及依法对发生医疗事故的医疗机构和医务人员作出行政处理的情况，上报至国务院卫生行政部门，其内容如下：①本行政区域内医疗事故发生的情况，如医患双方当事人协商解决、卫生行政部门调解解决和人民法院调解或者判决解决的医疗事故情况，医疗事故等级、医疗事故赔偿数额等；②卫生行政部门对发生医疗事故的医疗机构和医务人员作出行政处理的情况。

3. 受理当事人医疗事故争议处理申请

（1）发生医疗事故争议，当事人申请卫生行政部门处理的由所在地的县（市）区卫生局受理。

有下列情形之一的县（市）区卫生局应当自接到医疗机构的报告或当事人提出医疗事故争议处理申请之日起7日内移送市卫生局处理：①患者死亡；②可能为二级以上医疗事故的；③卫生部或本省卫生行政部门规定的其他情形。

（2）发生医疗事故争议，医患双方当事人均可向卫生行政部门提出申请。医方提出申请的可以是医疗机构，也可以是相关医务人员；患方提出申请的应为患者本人，如患者死亡的，应为死者近亲属。

（3）当事人向卫生行政部门提请医疗事故争议处理申请应以书面形式，并载明以下内容：①申请人的基本情况。申请人是患者一方的应包括患者和申请人的姓名、性别、年龄、民族、住址、工作单位、身份证号码，申请人与患者的关系，申请时间。申请人是医疗机构的应包括医疗机构名称、地址、《医疗机构执业许可证》复印件。申请人是医务人员的应包括申请人姓名、性别、年龄、工作单位、身份证号码、专业、专业技术任职资格、具备合法执业资格的证书。②有关事实。申请人要在尊重事实、尊重科学的基础上详细、具体地写明事件经过，特别是与医疗事故争议有关的诊疗过程。③具体请求。对诊疗过程的质疑，是否属于医疗事故，对过错方进行处理等。④理由。申请人要阐明具体请求的法律依据和医学原理。

（4）当事人向卫生行政部门申请医疗事故争议处理时效为1年，时效期的计算从知道或应当知道其身体受到损害之日算起。

(5)卫生行政部门自收到医疗事故争议处理申请之日起10日内进行审查,作出是否受理的决定。对符合本条例规定的予以受理;对不符合本条例规定的不予受理,并书面通知申请人,注明理由。

审查内容包括:①申请处理的医疗事故争议是否属于本级卫生行政部门的管辖范围;②发生"医疗事故争议"的医疗主体方是否具备法定的行医资格;③医疗事故争议行政处理申请人(医、患方)是否符合《医疗事故处理条例》规定的资格;④是否符合法定的申请处理时限;⑤医疗事故争议处理申请有无明确的争议相对方;⑥是否已向人民法院起诉。

一般情况下,卫生行政部门受理了医疗事故争议处理的申请,就应当将争议案件交由医学会组织鉴定,无须交由鉴定的医疗事故争议必须同时具备下列条件:①医患双方对争议的事实认识一致。②造成医疗事故的医疗过失行为明显,损害后果简单确切,无须技术鉴别。③卫生行政部门经审查认为双方协商认定的医疗事故和等级符合条例和卫生行政部门的有关规定。④当事人不要求卫生行政部门针对争议作出任何具体行政行为或者只要求卫生行政部门就争议赔偿数额进行调解。告知受理通知书应注明下列内容:①双方当事人的基本情况。②当事人提起申请的时间。③决定受理的情况。④有关材料交由医学会的时间。⑤与负责鉴定工作的医学会进行联系的时间方式。⑥双方享有的权利和应当履行的义务。

医疗事故争议处理申请受理后,卫生行政部门应当履行相应的调查处理职责。

4. 需进行医疗事故技术鉴定的移交医学会组织鉴定

进行医疗事故技术鉴定的应当自作出受理决定之日起5日内填写医疗事故争议技术鉴定委托书,并将有关材料交由市医学会组织医疗事故技术鉴定。

5. 对医疗事故鉴定结论作出的过程进行审核

(1)卫生行政部门收到负责组织医疗事故技术工作的医学会出具的医疗事故技术鉴定书后,对其鉴定结论作出的过程进行审核,其中审核的内容包括:①参加鉴定的人员是否具备条例规定的资格。②参加鉴定的人员的专业类别是否与被鉴定的医疗事实相吻合。③参加鉴定的专业人员人数、鉴定人员比例是否符合有关规定。④医疗事故的鉴定程序是否符合有关规定。

(2)经审核,对符合本条例规定作出的医疗事故技术鉴定结论,应当作为对发生医疗事故的医疗机构和医务人员作出行政处理以及进行医疗事故赔偿调解的依据。

(3)经审核,医疗事故技术鉴定不符合条例规定的不能采信,并应当要求组织鉴定的医学会重新鉴定,必要时组织调查,听取争议双方当事人的意见。

6. 应双方当事人请求进行医疗事故赔偿调解

(1)医疗事故赔偿调解不是必须进行,需要征得医患双方的同意,已经明确表明要求调解的,在确认了医疗事故技术鉴定的合法性后,属于医疗事故的,即可进入调解程序。

(2)卫生行政部门主持调解时,应当依据本条例的规定计算赔偿数额,调解成功制作调解书,送达双方当事人。

(3)调解不成功的,或者调解达成协议后,一方反悔的,卫生行政部门不再调解,告知双方当事人终结调解。

(4)医疗事故争议由双方当事人自行协商解决的,医疗机构应当自协商解决之日起7日内向所在地县(市)级卫生行政部门作出书面报告,其报告的有关内容定如下:①发生医疗事故争议案件的时间和科室。②发生医疗事故争议的主要医务人员。③在发生医疗事故中,医疗机构和医务人员主要过失行为和造成过失行为的主要原因。④确认的医疗事故的等级和对患者的损害程度。⑤双方协商的结果、执行情况。⑥医疗机构和医务人员的整顿措施,领导应当承担的责任。⑦对主要责任者的处理方式,以及是否需要卫生行政部门追究其责任和追究责任程度的建议。⑧医患双方达成的协议书副本。⑨其他应报告的内容。

(5)医疗事故争议经人民法院调解或者判决解决的,医疗机构应当自收到生效的人民法院的调解书或者判决书之日起7日内向所在地卫生行政部门作出书面报告,并附具调解书或判决书。

7. 对发生医疗事故的医疗机构和医务人员做出行政处理。

鉴定结论为医疗事故的,卫生行政部门应当调查核实发生医疗事故的原因,医疗机构和医务人员违法行为的严重程度,依据《执业医师法》《医疗机构管理条例》《护士管理办法》等法律、法规、规章,裁量是否需要给予行政处罚或行政处分;需要给予行政处罚的,制作行政处罚决定书;需要给行政处分的,依据行政隶属关系提出建议或者作出决定。

(三)诉讼

诉讼是指通过法院审理来解决医疗事故纠纷的一种方式。诉讼解决适用法律有《行政诉讼法》《刑事诉讼法》《民事诉讼法》。当事人一旦向人民法院提起诉讼的,卫生行政部门不予受理;卫生行政部门已经受理的,应当终止处理。

1. 民事诉讼

发生医疗事故的医疗机构或责任人应承担相应的民事责任。有关医学的法律法规规定的民事责任,是指在医疗活动中对涉及民事法律关系的违法行为造成的后果所必须承担的法律责任。一般是医疗侵权的民事责任,由侵权行为造成了损害所引起的赔偿责任。

2. 刑事诉讼

由于医疗纠纷绝大部分属民事法律范畴,一般不涉及刑事诉讼程序。但是仍有极少数医务人员在诊疗护理工作过程中,极端不负责任,致使病人死亡的情节恶劣并构成犯罪,这时,对直接责任人员应由司法机关依法追究刑事责任。

3. 行政诉讼

《行政诉讼法》第 2 条规定:"公民、法人或者其他组织认为行政机关和行政机关工作人员的行政行为侵犯其合法权益,有权依照本法向人民法院提起诉讼。"因此,当医患双方对卫生行政部门的处理不服并认为侵犯了自己的合法权益时,有权向人民法院提起行政诉讼。

四、医疗事故鉴定

(一)鉴定的提起

存在医疗事故争议时,是否进行医疗事故鉴定由卫生行政部门、医患双方当事人决定。

1. 卫生行政部门决定提交医学会进行医疗事故技术鉴定有两种情况。

(1)当卫生行政部门接到医疗机构关于重大医疗过失行为的报告或者当事人要求处理医疗事故争议的申请后,对需要进行医疗事故技术鉴定的或者不能判定是否属于医疗事故的,应当由医学会组织专家进行医疗事故技术鉴定。(2)当卫生行政部门审核,发现医疗事故技术鉴定不符合《医疗事故处理条例》规定的,有权提出重新鉴定。

2. 医患双方当事人协商解决医疗事故争议,需要进行医疗事故技术鉴定的,双方当事人可共同委托负责医疗事故技术鉴定工作的医学会组织鉴定。

县以上地方人民政府卫生行政部门接到重大医疗过失行为的报告或者争议当事人要求处理医疗事故争议的申请,对需要进行鉴定的,书面移交负责首次鉴定的医学会组织鉴定。当事人对首次医疗事故技术鉴定结论不服的,可以自收到首次鉴定结论之日起 15 日内向卫生行政部门提出再次鉴定的申请。

(二)鉴定的受理

受理鉴定的医学会,自受理鉴定之日起 5 日内通知双方当事人,按《医疗事故处理条例》第 28 条规定提交鉴定所需的材料。当事人自收到"通知"之日起 10 日内提交有关鉴定材料、书面陈述及答辩。

对不符合受理条件的,遇有下列情形之一的医学会不予受理,但应说明理由:(1)当事人一方直接向医学会提出鉴定申请的。(2)争议涉及多个医疗机构，其中一所医疗机构所在地的医学会已经受理。(3)争议已经人民法院调解达成协议或判决的。(4)当事人已向人民法院提起民事诉讼的(司法机关委托的除外)。(5)非法行医造成患者身体健康损害的。(6)卫生部规定的其他情形。

对有下列情形之一的，医学会终止组织鉴定：(1)当事人未按规定提交有关鉴定材料的。(2)提交的材料不真实的。(3)拒绝缴纳鉴定费的。(4)卫生部规定的其他情形。

(三)鉴定实施

自接到双方当事人提交的鉴定材料、书面陈述及答辩之日起15日内组织鉴定，并应在实施鉴定7日前，将鉴定的时间、地点、要求等书面通知双方当事人。双方当事人按通知要求参加鉴定。参加鉴定的双方当事人每一方人数不超过3人。任何一方当事人无故缺席自行退席或拒绝参加鉴定的，不影响鉴定的进行。

医学会对随机抽取的专家组成员，应当在决定鉴定的7日前通知参加，专家接到通知后认为自己应当回避的，在接到通知时及时提出书面回避申请，并说明理由，因其他原因无法参加医疗事故技术鉴定的，应及时书面告知医学会。对因故无法参加鉴定的成员，医学会应当按《医疗事故处理条例》规定程序候补成员参加鉴定。因不可抗力原因，医疗事故技术鉴定可以延期进行。

鉴定组组长由鉴定成员推选产生，也可以由所涉及的主要学科专家中有最高专业技术职务任职资格的专家担任。鉴定由鉴定组长主持，并按程序进行。鉴定书应当根据鉴定结论做出，其文稿由专家鉴定组组长签发，同时要盖有医学会医疗事故技术鉴定专用章，及时将鉴定书送达移交鉴定的卫生行政部门。经卫生行政部门审核，对符合规定的，及时送达双方当事人；对双方当事人共同委托的，直接送达双方当事人。鉴定书内容有统一规范要求，鉴定书格式由中华医学会统一制定。

(四)鉴定机构及人员

1. 鉴定机构

卫生行政部门接到医疗机构关于重大医疗过失行为的报告，或者医疗事故争议当事人要求处理医疗事故争议的申请后，对需要进行医疗事故技术鉴定的，应当交由负责医疗事故技术鉴定工作的医学会组织鉴定。医患双方协商解决医疗事故争议，需要进行医疗事故技术鉴定的，由双方当事人共同委托负责医疗事故技术鉴定工作的医学会组织鉴定。医疗事故技术鉴定由负责组织医疗事故技术鉴定工作的医学会组织专家鉴定组，经依法鉴定确认。设区的市级地方医学会和省、自治区、直辖市直接管辖的县(市)地方医学会负责组织首次医疗事故技术鉴定工作,省、自治区、直辖市地方医学会负责组织再次鉴定工作。必要时,中华医学会可以组织疑难、复杂并在全国有重大影响的医疗事故争议的技术鉴定工作。医学会是卫生行政部门处理医疗纠纷过程中唯一具有医疗事故技术鉴定资格的机构。

2. 鉴定人

医疗事故技术鉴定,由负责组织医疗事故技术鉴定工作的医学会组织专家鉴定组进行。参加医疗事故技术鉴定的相关专业的专家,由医患双方在医学会主持下从专家库中随机抽取,组成专家鉴定组。专家组成员应具备以下条件:有良好的业务素质和执业品德。受聘于医疗卫生机构或者医学教学、科研机构并担任相应专业高级技术职务 3 年以上。具备高级技术任职资格的法医可以受聘进入专家库。医疗卫生专业技术人员和法医进入专家库,不受行政区域的限制。

特殊情况下,医学会根据医疗事故技术鉴定工作的需要,可以组织医患双方在其他医学会建立的专家库中随机抽取相关专业的专家参加鉴定或者函件咨询。专家鉴定组人数为单数,涉及主要学科的专家不得少于鉴定成员的 1/2。专家鉴定组依法适用医学科学原理和专业知识,独立进行鉴定,对医疗事故进行鉴别和判定,实行会议制。涉及死因、伤残等级鉴定的,应当从专家库中随机抽取法医参加专家鉴定组。

医疗事故技术鉴定专家组是法律授权的医学会,依照法律规定具备一定条件的医疗卫生专业技术人员,受聘进入专家库,承担医疗事故技术鉴定工作。在实施鉴定时,依据不同学科由医学会依法成立专家组。专家鉴定组依法独立进行医疗事故技术鉴定,任何单位或者个人不得干扰医疗事故技术鉴定工作,不得威胁利诱、辱骂、殴打专家鉴定组成员。

(五)鉴定原则

医疗事故技术鉴定,必须遵循以下原则:

(1)依照医疗卫生管理法律、行政法规、部门规章和诊疗护理规范、常规,运用医学科学原理和专业知识,独立进行医疗事故技术鉴定。

(2)医疗事故技术鉴定工作不受干扰,任何单位或者个人不得威胁、利诱、辱骂、殴打专家鉴定组成员。

(3)专家鉴定组成员不得接受双方当事人的财物或者其他利益。

(4)专家鉴定组应当在证据确凿、事实清楚的基础上,综合分析病人的具体情况,包括病情和个体差异,出具鉴定结论,并制作医疗事故技术鉴定书。

(5)利害相关鉴定组成员回避原则有下列情形之一的,应当回避,当事人也可以以口头或者书面的方式申请回避:本人是医疗事故争议当事人或者是当事人近亲属的;本人与医疗事故争议有利害关系的;本人与医疗事故争议当事人有其他关系,可能影响公正鉴定的。

(6)合理交费的原则,申请医疗事故技术鉴定的双方当事人应当有一方支付鉴定费用:属于医疗事故的,鉴定费用由医疗机构支付;不属于医疗事故的,鉴定费用由提出医疗事故处理申请的一方支付。鉴定费标准由省级地方政府物价部门会同卫生行政部门制定。

(六)鉴定内容

医疗事故技术鉴定专家组在进行医疗事故技术鉴定时,鉴定内容主要包括:医疗行为是否违反医疗卫生管理法律、行政法规、部门规章和诊疗护理规范、常规;医疗过失行为与人身损害后果之间是否存在因果关系;医疗过失行为在医疗事故损害后果中的责任程度;医疗事故等级;对患者的医疗护理医学建议。

医疗事故导致的后果,主要为残疾和死亡两种情况。因此,通常还要进行伤残等级和死亡原因鉴定,伤残等级和死亡原因鉴定是法医学研究的重要领域,也是法医学实践的工作内容。《医疗事故处理条例》也明确规定,涉及死因、伤残等级鉴定的,应当从专家库中随机抽取法医参加专家鉴定组。

1. 残疾程度鉴定

2002 年颁布实施的《医疗事故处理条例》的配套文件《医疗事故分级标准(试行)》把医疗事故分为 4 级 12 等,即一级甲等、乙等,二级甲等、乙等、丙等、丁等,三级甲等、乙等、丙等、丁等、戊等,四级不分等,共 4 级 12 等。《医疗事故分级标准(试行)》规定:“本标准中医疗事故一级乙等至三级戊等对应残疾程度一至十级。”因此,只要确定了医疗事故等级,即可与相应的伤残等级相对应,属于医疗事故性原因导致残疾的,也就不需要进行残疾程度评定。

但是,在案件处理过程中,需要明确的是,此处的“残疾”,与依据其他伤残等级评定标准确定的伤残等级不是同一概念。《医疗事故分级标准(试行)》中所谓医疗事故的一级乙等至三级戊等对应伤残等级的 10 个等级,并非传统意义上的伤残等级,本质上,此处的所谓伤残等级与参照其他任何标准评定的伤残等级均没有关联性,医疗事故等级对应伤残等级的本质含义在于与《医疗事故处理条例》中规定的赔偿年限相对应,即《医疗事故处理条例》第 50 条第 5 项残疾生活补助费:根据伤残等级,按照医疗事故发生地居民年平均生活费计算,自定残之月起最长赔偿 30 年。但是,60 周岁以上的,不超过 15 年;70 周岁以上的,不超过 5 年。医疗事故中的伤残等级只是表示从一级乙等医疗事故至三级戊等医疗事故,相对于 30 年赔偿年限的赔偿系数分别为 100%、90%、80%、70%、60%、50%、40%、30%、20%、10%。

2. 死亡原因鉴定

死亡原因,是指直接或间接导致死亡的疾病或损伤,即导致死亡发生的疾病、暴力或衰老等因素。由于导致死亡的原因复杂多样,往往既有损伤又有疾病等因素的参与,在法医病理学死因分析中,常分为主要死因、直接死因、辅助死因、联合死因、诱因等。死因分析就是应用医学科学的原理和法医学的理论与实践经验,根据尸体解剖结果,结合案情调查材料、病历资料、毒物分析报告,综合分析判断死者的死亡原因、死亡机制、死亡方式的过程,对公正处理医疗事故死亡案件具有十分重要的意义。死因分析是一个辩证思维过程,掌握的材料越多,实践经验越丰富,作为分析思考基础的理论知识越广博,其结论的可信性就越大。全面系统的法医学尸体检查,包括病理组织学检查及某些特殊的检查和毒物分析,是死因分析的基础。尸体剖验应按要求全面系统地、规范化地进行。只对被怀疑有伤或有病的局部进行解剖和仅凭肉眼观察,即对死因做出结论的做法是不科学的。

死因分析中,尚存在一些不规范之处,主要表现为死亡原因与死亡机理不分。死亡机理是一种或几种致死原因在导致死亡的病理生理过程中,在一定条件下相互联系、作用的运行规则和原理。死亡机理与死亡原因不同,它不是损伤或疾病,而是许多死因通向死亡终点的几条共同通道,死亡机理可以是重要生命器官的机能紊乱或中止,而死因不能完全由形态学的变化来证实。

(1)主要死因

主要死因,是指导致死亡的原发性疾病、损伤、中毒等。此类死因常与其他因素合并存在并起到主要作用,其他因素起次要作用,但在死亡发生中,其死亡原因应与主要疾病是一致的。如轻度肝硬化患者因酒精中毒死亡,则酒精中毒为主要死因,肝硬化为辅助死因。

(2)直接死因

直接死因,是指直接导致死亡的疾病或损伤,常是主要死亡原因的致命性并发症,而非独立发生的疾病或外伤等。直接死因,是指不经过中间环节直接引起死亡的原因,直接死因常表现为一种病理状态,可在某种死亡中出现不止一种。常见直接死因有感染、出血、栓塞、中毒、全身衰竭等。

(3)辅助死因

辅助死因,是指根本死因以外的自然性疾病或暴力性损伤。疾病或损伤本身不足以致命,在死亡过程中起到辅助作用,与主要死因或直接死因无关,而对死亡发生起到促进作用。常见的辅助死因有营养不良、慢性疾病(肝硬化、肾功能不全、结核病、糖尿病)、免疫机能异常等,这些辅助因素与根本死因和直接死因没有直接的关系,单独存在一般不会迅速导致死亡,只有外界主要死因存在时,对死亡起到加速或加重作用,只是促进了死亡的发生。

(4)合并死因

合并死因,又称联合死因或死因竞争,是两种或两种以上死因在同一案例中联合在一起共同引起死亡的因素。两个或两个以上的因素从病原学和死亡机理方面难以区别其间的因果关系或逻辑顺序,两者共同作用,所起到的作用大小难以区分主次,单独一个存在时也同样可以导致死亡后果。前提是互有关联而分别发生,属于并列关系。如病与病联合致死(脑梗合并心梗)、病与暴力联合致死(严重冠心病合并重度颅脑损伤)、暴力与暴力联合致死(多发致命伤)等。

(5)诱因

诱因,是指引起机体原有潜在疾病发作或恶化而死亡的因素,诱因可被视为启动主要死因发生的因素,这些因素对健康人一般不会致命,但可引起机体一定的应激反应。只有在原有疾病存在的情况下才可产生影响,对某些重要器官有潜在性病变的人,能诱发疾病恶化而引起死亡,诱因与主要死因之间常具有因果关系,而与死亡无直接关系,而且只有在原有疾病存在的情况下才可产生影响。常见的诱因有过劳或用力、轻度外伤或感染、饮酒、吸烟、高热、寒冷、饥饿、情绪激动和精神紧张。如严重冠心病患者情绪激动死亡,冠心病为主要死因,情绪激动为诱因。

(七)鉴定书及结论

依据《医疗事故处理条例》的相关规定,对应医疗事故技术鉴定的内容,医疗事故技术鉴定书及鉴定结论应包括以下内容:

1. 医患双方的基本情况及要求;
2. 当事人提交的材料和医学会的调查材料;
3. 对鉴定过程的说明;
4. 医疗行为是否违法;
5. 医疗过失行为与人身损害后果之间是否存在因果关系;
6. 医疗过失行为在医疗事故损害后果中的责任程度;
7. 医疗事故等级;
8. 对医疗事故患者的医疗护理建议。

医疗事故技术鉴定结论,是卫生行政部门处理医疗事故的依据。在法院审理医疗事故性案件时,人民法院委托的医疗事故技术鉴定,鉴定结论可视为审理案件的法定证据之一,如当事方对鉴定结论持有异议,需对鉴定结论的真实性、可靠性进行审查,以确定鉴定结论是否可作为证据;经审查确定为真实可靠的鉴定结论,才能作为证据采纳。审查中,因参加鉴定的专家组成员不能出庭质证,法院可不采信医疗事故技术鉴定结论。发现鉴定结论确实存在科学性、客观性上的缺失,人民法院可重新委托司法鉴定机构进行医疗过错鉴定。

第三节 医疗侵权损害处置

一、医疗侵权损害的界定

2010年7月1日开始实施的《侵权责任法》,属于处理医疗侵权损害的法律依据之一。

当前形势下,学术界对医疗事故技术鉴定和医疗损害司法鉴定还有很多争议,如医疗事故技术鉴定满足了鉴定意见证据的科学性要求,却存在公正性的质疑。而司法鉴定满足了鉴定意见证据的公正性要求,却存在科学性不足的质疑。但是,由于医疗事故技术鉴定与医疗损害司法鉴定的定性不同,案件处理的结果也会存在巨大差异。《侵权责任法》明确规定了需承担"医疗损害责任"的相关情况,实践中很多医疗赔偿纠纷的处置并不通过医疗事故技术鉴定,当事方也不以"是否构成医疗事故为诉讼请求",而是以"人身侵权损害"的诉求直接向法院起诉;有些医疗赔偿纠纷,虽经过医疗事故技术鉴定,但当事人对鉴定结论不认可,而放弃医疗事故的处置途径,再以"人身侵权损害"的诉求向法院起诉。依据《侵权责任法》及相关法律的规定,这些案件无论是否经过医疗事故技术鉴定,法院受理案件后均需进行医疗损害司法鉴定,只要经过医疗损害司法鉴定认定医疗行为有过错并存在损害后果的,即属于医疗侵权损害的范畴。

综上所述,医疗侵权损害并非以是否属于医疗事故为前提,而是依据《侵权责任法》的相关规定,只要医疗行为存在过错,并因过错而造成了损害后果,即认定为医疗侵权损害。

二、医疗侵权损害的处置程序

(一)医疗侵权损害的协商

医疗纠纷发生后,医患双方可以在调查核实情况的基础上协商解决,并制作协议书。协议书应阐明双方当事人的基本情况,医疗事故的原因,双方共同认定的医疗事故的等级,以及协商确定的赔偿数额等。

(二)医疗侵权损害的调解

对于非医疗事故性医疗侵权损害赔偿纠纷,卫生行政部门可以遵循双方自愿的原则,应医患双方的要求进行赔偿调解,此种调解属于行政调解。

除卫生行政部门外，调解还可以在双方当事人同意的前提下进行律师调解、仲裁机构调解、诉讼调解等，后两种调解按照法定程序，由仲裁机构和司法机关进行。

（三）医疗侵权损害的诉讼

医患双方不愿协商、调解及行政处理，或对各种调解结果不满意，可向人民法院提起医疗侵权损害赔偿纠纷的民事诉讼，民事诉讼是解决医疗侵权损害赔偿纠纷的最有效途径。

患方依法直接向法院提出医疗损害赔偿纠纷的民事诉讼后，法院根据《民法通则》《最高人民法院关于统一医疗损害案件适用法律的通知》《民事案件案由规定》等法律及法规，直接受理患方的民事诉讼，是否经过医疗事故鉴定不作为法院是否受理案件的前提。但当患方向法院提出民事诉讼请求后，卫生行政部门将不再接受患方的行政处理申请，已接受者应当终止处理。

按照《民法通则》《民事诉讼法》《人民法院对外委托司法鉴定管理规定》等有关法律及规定，法院认为需要进行司法鉴定时，只能委托有资质的法医学司法鉴定机构进行鉴定。实践中有人认为法院也可委托医学会下属的医疗事故技术鉴定专家委员会进行鉴定。虽然两种鉴定本质上都属于技术鉴定，都是对医学行为的评判，但两者在鉴定内容、鉴定程序、法律依据、鉴定意见的证据属性等方面还存在许多差别。依据我国医疗损害相关法律之间的内在联系，医疗侵权损害赔偿案件进入诉讼程序后，法院不能委托医学会进行鉴定，医学会下属的医疗事故技术鉴定专家委员会不是法定司法鉴定机构，也不具备受理资质。

三、医疗侵权损害司法鉴定

在医疗侵权损害民事赔偿责任纠纷案件的审理过程中，往往涉及医学科学技术问题，而审判人员常不具备足够的专业技术知识，常需对专门性问题进行司法鉴定，以明确诊疗过程是否存在过错、过错与损害后果是否具有因果关系、过错在损害后果中的参与程度等。对遗留功能障碍导致残疾后果的，尚需进行伤残等级的鉴定。

（一）医疗侵权损害司法鉴定的法律依据

医疗侵权损害司法鉴定的法律依据，为《民事诉讼法》《全国人民代表大会常务委员会关于司法鉴定管理问题的决定》《司法鉴定程序通则（试行）》《司法鉴定机构登记管理办法》《司法鉴定人管理办法》《司法鉴定执业分类规定》《侵权责任法》《最高人民法院关于统一医疗损害案件适用法律的通知》等。现行有效的医疗卫生管理法律、行政法规、部门规章，如《医疗机构病历管理规定》《病历书写基本规范（试行）》《中医、中西医结合病历书写基本规范（试行）》，也属于鉴定的法律依据,而诊疗护理规范、常规、医学文献则是鉴定的技术依据。

如司法部《司法鉴定执业分类规定(试行)》第5条规定,法医临床鉴定:运用法医临床学的理论和技术,对涉及与法律有关的医学问题进行鉴定和评定。其主要内容包括:人身损伤程度鉴定、损伤与疾病关系评定、道路交通事故受伤人员伤残程度评定、职工工伤与职业病致残程度评定、劳动能力评定、活体年龄鉴定、性功能鉴定、医疗纠纷鉴定、诈病(伤)及造作病(伤)鉴定、致伤物和致伤方式推断等。明确规定"医疗纠纷鉴定"是法医临床鉴定的一项主要内容。目前所谓的"医疗损害鉴定"与"医疗纠纷鉴定"只是随着法律制度的完善出现的一种称谓变迁,其本质含义没有区别。

(二)医疗侵权损害司法鉴定的原则

积极预防和正确处理医疗纠纷,最大限度减少医疗损害,对于维护医患双方的合法权益,发展医疗卫生和医学科学事业,有着重要意义。医疗工作是具有特殊风险的职业,既有深不可测的理论,又具有极强的科学实践性。个体差异、对病况的认识、医疗手段、迫切程度,以及医学本身的局限性、利弊两重性等,决定了医疗工作的难度和风险。医疗技术的进步总是迟滞于疾病的发生发展,很多情况下,医疗行为只能在一定程度上缓解症状、减轻痛苦、延缓不良后果的发生,而不能全部达到所谓治愈的目的。由于医疗行为的特殊性、复杂性、局限性,也导致医疗行业具有较高的风险性。可见,医疗行为是一种特殊的科学实践活动,医患关系是一种特殊的权利义务关系,医疗侵权损害赔偿纠纷是不同于其他民事侵害而具有特殊性质的民事损害事件,案件审理过程往往需要司法鉴定参与,以解决与案件有关的医学科学技术问题。在司法鉴定中,也要考虑医疗损害案件有关的各种因素,遵循一定原则,综合评定。然而,鉴定原则具有双重作用,既是鉴定中评定医疗过失存在的依据,又是医疗行为免责的合理事由。因此,鉴定人在进行医疗损害司法鉴定时,应遵循以下鉴定原则。

1. 医疗水平原则

我国不同地区经济发展水平差异较大,不同地区或同一地区不同级别的医院之间,其诊治水平也存在较大差异;同一地区的同一医院,不同历史阶段,不同资质医务人员之间的技术水平也有很大悬殊。设定医疗水平原则,是要求鉴定人应从国情出发,充分考虑各地区、各级医院及不同资质医务人员的客观情况和现时的技术水准。

(1)医院等级与专科技术相结合原则。虽然医院等级不能完全代表医院的诊疗水平,但医院等级差别对医疗水平具有一定的代表性。因此,对常见和少见疾病的诊断处理所造成的结果,应有不同的判断标准。此外,需要兼顾专科技术水平,专科医师对其专门领域内的注意义务标准应高于一般医师的注意义务。

(2)医疗当时水平原则。在鉴定某一医疗纠纷事件时,应以医疗活动发生时的医学水平(通常惯例)为基准。不能用发展了的医学理论和技术对原有技术水平进行评价。鉴定时,要考虑"过去"和"现在"等历史阶段,不能将医疗技术或条件有局限的前提下发生的医疗损害,用当前已经进步的技术或理论作为依据进行评定。

(3)地域性原则。医生应当具有与其邻近的或同等地域的同一级医师在处理相同疾病时应当具有的通常的技能、知识和经验。地域差异作为辅助性依据,要求高水平专家在判断基本问题时应考虑地域性和医生的资质问题。

2. 病情紧急性原则

病情紧急性原则相对其他原则具有强烈的排他性,是鉴定时的首选原则,这一原则也与《医疗事故处理条例》中规定的免责条款具有较强的对应性。由于病情危重,医师在紧急状态下能够达到的注意程度与一般情形下的注意程度具有本质区别。医生以保障患者生命权为最主要目的时,即使出现损害后果,也不应作为判定过错的依据。而医生门诊坐诊时,虽然诊疗时间有限,如造成误诊误治,不能作为紧急性因素看待,否则将成为医师不负责任的借口,也不利于医疗制度的改革。一些医院因经济利益驱使,将一些本不该由其施行的诊疗措施,进行试验性治疗并造成不良后果者,属于未履行转医义务而过度作为的情况,不能免责。

3. 医学技术有限性原则

科学技术的进步使许多高新诊疗技术得到发展,新的医学领域不断开拓,临床上对疾病的认识、诊断和治疗能力不断提高。但是,临床上没有绝对安全的药物和诊疗措施,其本身都存在不同程度的缺陷或不完善之处,诊疗行为本身是一把"双刃剑",具有利弊两重性,这是目前科学还不能完全解决的问题。医学科学的有限性,也决定医学技术不能解决所有的医学问题。正如美国医生特鲁多的名言:"有时,去治愈;常常,去帮助;总是,去安慰。"这句话真实诠释了医学所能起到的作用,揭示了医学科学的真谛:治愈不是无条件存在的,医学不能治愈一切疾病,也不能治愈每一个病人。在社会现实中,医生只能对病人给予最大限度的帮助,以缓解或疾病本身带来的痛苦;特殊情况下,医术对某些疾病还无能为力,医生只能给予病人精神上的安慰。医疗损害司法鉴定时应充分考虑医学科学本身的局限性,具体在鉴定实务中,应该考虑医疗行为对某一具体患病个体诊治效果的不确定性。

(1)实验性治疗原则。对罕见疾病或已知疾病的未知领域进行以挽救生命为目的的诊疗尝试和试验性治疗,必然存在高于成熟诊疗方式的风险,也增加了造成一定程度的不良后果的概率,这与并发症的可预见性不同,属于难以预见和规避的情形。鉴定时对临床上确实难以预见的并发症应该免责,对应该预见、有能力预见且可以预见而未能预见者,或有预见而未采取必要措施者,不应免责。依据法律规定,采用医疗尝试或试验性治疗均需征得患者知情同意,还需履行对病人可能出现的损害后果进行周全防护的注意义务。

(2)医生自主决定权原则。医学属于经验学科,在医疗活动中有许多不确定性和不能解决的问题,应该允许医生依据某种学说、理论或自己的经验,在临床治疗时,对采用的方法和措施有一定程度的自主决定权。判断医疗行为是否有过失,在符合基本医学科学原理、兼顾患者知情同意权的情况下,应考虑医生的自主决定权。

第四节 医疗侵权损害司法鉴定的内容

医疗侵权损害司法鉴定,是指人民法院在受理医疗侵权损害赔偿民事诉讼案件中,依职权或应医患双方任何一方当事人的请求,委托具有专门知识的人对患方所诉医疗损害结果与医方过错有无因果关系等,专门性问题进行分析、判断并提供鉴定结论的活动。医疗侵权损害诉讼案件中,法院委托的常见鉴定内容包括:诊疗行为有无过错;如存在过错、过错与损害后果是否存在因果关系;如存在因果关系,医疗过错在损害后果中的参与度是多少。针对损害后果为死亡的,出具上述鉴定内容的鉴定意见后,法院可以直接依据鉴定意见审判,审结案件相对简单;针对遗留功能障碍可能构成残疾者,虽然残疾是客观存在的损害后果,也明确了诊疗过错与后遗残疾具有因果关系及诊疗过错的参与度,但残疾的轻重只是一种定性描述,不能直接作为判决赔偿数额的计算依据。因此,必须参照一定的伤残等级鉴定评定标准,对残疾程度进行量化,明确具体的伤残等级,从而作为计算赔偿数额的依据。在医疗侵权损害导致残疾的伤残等级鉴定中,目前还存在委托机关指定参照标准混乱、鉴定机构自主决定参照标准不统一的情况,以致同一损害后果参照不同技术标准进行残疾程度评定时,出具不同鉴定意见的情况多有发生,给案件审理带来严重困扰。在人身伤害致残案件中,依据损害原因不同,残疾程度鉴定依据的标准也有所不同。对于医疗侵权损害,有必要明确伤残等级评定的鉴定标准,终结适用标准适用混乱、各地缺乏统一标准的情况。

一、医疗过错判定

诊疗行为是否存在过错,是医疗侵权损害案件中医方是否承担赔偿责任的要件之一,是审理医疗侵权案件要解决的核心问题,也是医疗侵权损害司法鉴定的重要鉴定内容。在医疗损害司法鉴定中,如何判定诊疗过错是司法鉴定人必须掌握的基本技能。但在现实条件下,医疗损害的过错判定没有国家标准和地方标准,也没有行业标准。实践中只存在一些行业内公认的理论依据。在此,对现行理论依据进行梳理,以求完善,并能较好地运用于司法鉴定实务,更好地服务于司法审判。

诊疗过错的认定标准通常包括具体标准和抽象标准,不同学者对具体标准和抽象标准的认识还存在一些不同认识。有人认为法律和规章的规定就是认定医疗过失的具体标准,是在施行诊疗行为时法律和规章规定的程序、方式和规则;法律和规章没有明文规定的情况下,涉及医疗注意义务的基准问题,即判定诊疗过错行为的抽象标准。诊疗行为的注意义务可分为一般注意义务和特殊注意义务:一般注意义务,是在医疗过程中医师必须履行依据法律和规章所规定的操作规程进行诊疗的义务。它包括在诊断、治疗、手术、麻醉、输血、用药、护理过程中,以及在医院内感染等方面的结果预见义务,违反这些义务即属于违反一般注意义务的医疗过失的情形。特殊注意义务,是在医疗过失诉讼中从一般注意义务中分化出来,并在内容上、名称上具有一定特殊性的独立的注意义务,它主要包括说明义务、转医义务、问诊义务以及充分注意患者特异体质的义务,医师在诊疗过程中违反了这些义务即属于违反了特殊注意义务。一般注意义务和特殊注意义务均属于医师具体的注意义务,是高度注意义务的具体内容。注意义务虽然是一含义广泛的概念,有上述分析可以明确,注意义务贯穿于整个诊疗过程中,检查是否完善、诊断是否及时明确、治疗是否完善恰当、告知义务和风险预见及规避义务是否完善履行等,均可作为注意义务是否履行的评判内容。

无论诊疗过错判定的具体标准和抽象标准,在鉴定实践中运用时,都应考虑医疗行业本身的特性,如医疗的复杂性、专业性、时限性、地域性、个体差异性等。人体疾病的复杂性使医学本身成为学科划分高度专业化的实践科学,现代医疗技术的进步也日趋使其高度专门化。受年龄、性别、就诊时机、病情缓急、严重程度、诊疗手段、诊疗水平、个体差异等各种因素的影响,现实中对同一疾病和各种不同疾病症状,以及各项不同的医疗技术很难找到一个统一适用的判定标准。一般来说,法律对某一领域内的专科医生所要求的注意义务的程度是相同的。它以该领域的一般医疗水准为基础,即以作为该类专科医生通常应具备的医学知识和医疗技术为一般标准,如果医学知识和医疗技术低于该一般标准而给患者造成损害时,就可以认定其存在医疗过失。某些特殊情况下,专科医生对自己专门领域之外的病症进行治疗时,应结合该当时的具体情况进行认定。严格来说,专科医生不应从事自己专门领域之外的诊疗业务,当患者前来求诊而其病症不属于该专科业务范围时,医生应当履行说明义务,建议请专科医生治疗。如没有进行说明而对专业范围以外的患者治疗,法律上不考虑其业务范围,而以专科医生应具备的技术水平和注意义务来判定是否存在过错。例如,腹痛患者由于地域条件限制到基层诊所就诊,当时也没有其他可以提供医疗服务的处所,诊所医生要求患者到上级医院就诊,患者不从,结果未能确诊心肌梗死,最终因没有得到及时救治而死亡。以医疗侵权诉至法院后,法院认为,对诊所医生不能要求与上级专科医院的医生相同的诊疗水平和注意义务,且医生已进行了转诊告知,最终因患者自身的原因未能得到及时救治而死亡,诊所医生不存在过错。

不同疾病,病情缓急有较大差异,同一疾病也存在稳定、缓解或急性加重的客观变化。通常情况下,无论任何疾病,就诊时机以及能给予及时诊断、恰当、完善治疗的时机对病情的预后有至关重要的影响。因此,医疗行为具有明确的时限性要求,包括时间的紧急性和采取相关诊疗措施的紧急性。时间的紧急性,是指医师的诊疗时间非常短暂,并在技术上不可能作出全面的考虑和安排,它通常是对急症患者需要紧急治疗的情形下发生的;采取相关诊疗措施的紧急性,是指采取的诊疗措施直接关系到患者的生死存亡,需要作出紧急性的决断。对于这种紧急性的医疗行为,法律在对医师注意程度上的要求通常要低于一般的医疗情形。《执业医师法》第 24 条规定:医师应对急危患者采取紧急措施进行诊治,不得拒绝急救处置。《侵权责任法》第 56 条规定:“因抢救生命垂危的患者等紧急情况,不能取得患者或者其近亲属意见的,经医疗机构负责人或者授权的负责人批准,可以立即实施相应的医疗措施。”这些规定表明,紧急情况下挽救生命是第一位的,为了挽救患者的生命,对采取的紧急措施可能出现的问题不再考虑。在紧急情况下,医生经法定程序可以直接实施医疗处置方案,无须经患方批准。虽然这是对患方知情同意权的限制,但对患者的群体利益是有益的。同时也可以免除医方因施行此种医疗行为致患方知情同意权损害时造成的损害责任。

医疗行为本身存在明显的个体差异性,医疗后果受多种因素的影响制约,鉴定中还要考虑某一医疗损害案件发生的特定情况。鉴定过程中既遵循相应过错判定理论,又要具体问题具体分析,考虑影响认定诊疗过错的因素综合判定,最大限度地做到科学、客观、公正。

(一)医疗过错判定的具体标准

医疗损害司法鉴定作为法医临床鉴定的重要鉴定内容之一,在实践中尚无明确的国家标准、地方标准,也没有具体的行业标准。但要通过司法鉴定解决与医疗侵权损害诉讼案件有关的过错判定问题,鉴定实践中又要遵循明确合理的原则。鉴于临床疾病种类的复杂性和医疗行为的特性,针对每一种疾病均制定具体的过错判定标准并不现实。因此,在目前的司法鉴定实践中,对如何判定医疗机构或医务人员在诊疗护理过程中存在医疗过错行为,是司法鉴定工作中急待解决的问题,在进行初步探讨的基础上,提出判定医疗过错行为的基本原则。对于司法鉴定人员来说,要证明医疗机构或医务人员的医疗行为是否存在过错,首先必须确立医疗机构或医务人员在诊疗行为中是否遵循了基本的诊疗原则,其次是法律法规规定的法律义务。具体来说,我们可以从以下几个方面来判定医疗机构或医务人员是否存在过错。

1. 对检查、诊断、治疗行为的评判

按照发病后的就诊过程,患者因某种主诉不适症状到达医院就诊时,医务人员首先应对患者进行详细的问诊,其次是进行完善的体格检查,在初步判断的基础上,给予实施必要的辅助检查,以尽可能地明确诊断,指导治疗。问诊的重要性在于了解患者的病史、症状,确定或排除某些疾病的可能性,实际是对可能性疾病的初步判断,问诊不详细,导致的直接后果则是对疾病考虑不全面,并造成漏诊。由于科学技术的发展,临床医学检查技术也日新月异,在一定程度上造成临床诊断过度依赖仪器设备检查的情况,忽视了对患者体检的重要性,而临床医学作为经验科学,体检对疾病诊断的重要性不言而喻。忽视体检的后果则是诊断不明确,甚至误诊。详细的问诊、严格的体检以及必要的辅助检查,最终目的均是明确诊断,并为及时、恰当、完善的治疗提供科学依据。因此,在医疗损害司法鉴定中,虽然临床疾病种类复杂多样,但每种疾病都有其明确的诊疗原则,在每种疾病的诊疗原则中,均明确了应该采取的检查手段,鉴别诊断的范围。检查不完善,诊断不明确,甚至漏诊、误诊,以及之后的治疗不恰当、不完善、不及时,在临床诊疗行为中有密不可分的关系。在医疗损害司法鉴定中,遵循每种疾病的诊疗原则来考查检查是否完善、诊断是否明确、治疗是否得当,从而判定诊疗行为是否存在过错是鉴定人员应该明确掌握的基本原则。

案例一:检查不完善、诊断不明确,治疗方式错误案例

李某,男性,2岁。某年某月某日因"右手肿块2年余"入住某三级医院。发病后未予特殊治疗,肿块逐渐增大。当时检查见右手掌、手背多发肿块,质软、皮肤光滑、肤色、皮温正常,无明显压痛。MRI示"右手周围软组织肿胀伴异常信号灶,血管瘤"。遂以"右手血管瘤"收入院,当日行聚桂醇泡沫硬化剂皮下注射栓塞治疗,无不良反应出院,诊断"右手血管瘤"。2 周后再次行聚桂醇泡沫硬化剂皮下注射栓塞治疗,当时无特殊不适,遂出院回家。次日,李某因"右手中指疼痛伴皮温肤色改变 12 小时"再次入院。当时表现为行右手血管瘤泡沫硬化剂栓塞诊疗后出现右手指掌面皮肤苍白,无伴手指及皮肤感觉异常,当日夜间出现右手皮肤苍白伴皮温降低,无手指活动及皮肤感觉异常,被鉴定人夜间哭闹,家属未注意右手情况至次日早晨发现皮肤黑紫、以右手五指明显,皮温较左手明显降低,遂再次入院。查体:右手五指、掌面及掌背面呈紫黑色,皮温较左手低,右手无明显肿胀,触诊有明显疼痛感,五指活动未受限。入院后,考虑被鉴定人右手动静脉畸形,经泡沫硬化剂治疗后,渗漏至动脉形成血栓,造成右手缺血,予以高压氧、抗凝、扩血管、抗感染等对症治疗。血管彩超示:右侧肱动脉、桡动脉、尺动脉栓塞;右上肢 CTA 检查示:右侧肱动脉中下段及以远上肢动脉栓塞。治疗后见右手五指呈紫黑色、掌面及掌背面皮肤肿胀、手掌面皮肤暗红色,右手腕部皮肤可见水泡未见破溃,右手五指肌肉皮肤坏死,右手缺血坏死平面已基本稳定,未见明显进展,转入骨科。在全麻下行右手扩创血管神经探查术 + 右前臂截肢术,术中见:手背及手掌皮肤皮下组织肌肉广泛坏死变黑,确定无保肢条件,行截肢治疗。术后病理诊断:(右手血管瘤)符合蔓状血管瘤,横纹肌均质化,显凝固性坏死伴纤维增生、玻变,灶性血管内机化。(右手残端)掌心皮肤、皮下组织及肌肉广泛变性坏死,手背皮肤、皮下组织及肌肉广泛性坏死,小区少量中性粒细胞浸润。切缘皮肤及肌肉未见异常,被鉴定人断肢切口愈合后出院。诊断"右手动脉栓塞、右手血管瘤"。之后,患方认为医院的诊疗行为存在过错,并导致了截肢后果,诉诸法院要求赔偿。法院委托鉴定要求为:医院对被鉴定人的医疗行为是否存在过错、损害后果是否存在因果关系、医院过错在损害后果中的参与度。

案例评析:该案中被鉴定人患血管瘤明确,但在临床上,依据不同的病理解剖形态特征,血管瘤尚且分为许多亚型,如毛细血管瘤、海绵状血管瘤、蔓状血管瘤、血管球瘤等,每一类型的病理特征均有较大差别,治疗方式的选择也不尽相同。血管瘤的治疗前,首先应完善相关检查,以确定血管瘤的临床类型。但在该案中,医院在为被鉴定人实施治疗前,并未完善相关检查,如非创伤性血管成像技术(CTA),以致未能明确血管瘤病变的特征。出现肢端坏死的结果后,医院再次行 CTA 检查,也正是该案例中行 CTA 检查的必要性。由于检查不完善,未能及时明确病变特征,从而导致之后的治疗方式出现错误。因此,医院存在术前检查不完善的过错。依据血管瘤的不同临床类型,治疗浅表血管瘤可选择冷冻和激光治疗;激素治疗可阻止血管瘤过度增生;硬化剂治疗机理为注射后组织坏死、形成瘢痕,从而达到治疗目的;海绵状血管瘤、蔓状血管瘤和一部分毛细血管瘤可手术切除。在上述治疗方式中,聚桂醇泡沫硬化剂皮下注射栓塞治疗是一种新型治疗方式,目前主要应用于内镜下食管曲张静脉出血的急诊止血及曲张静脉的硬化、下肢静脉曲张、血管瘤、内痔及囊肿性疾病的硬化治疗。其作用机理主要是在曲张静脉旁注射后能使曲张静脉周围纤维化,压迫曲张静脉,并损伤阻塞血管导致血管狭窄闭锁。使用时绝对不能注入动脉血管,并应严格按照操作规则做好术前准备及术后护理。在血管瘤的诸多亚型中,蔓状血管瘤由纡曲、扩张的异常血管聚集成团构成,其内常有动静脉瘘。同时,在该被鉴定人的诊疗过程中,切除肢体的病理结果也显示,被鉴定人所患血管瘤为聚蔓状血管瘤。因此,蔓状血管瘤虽然属于血管瘤,但该亚型属于聚桂醇泡沫硬化剂皮下注射栓塞治疗的禁忌症。医院对被鉴定人的诊治过程中,所实施的治疗方式不具有适应症,属于错误治疗。

案例二:检查不完善,漏诊、漏治案例

徐某,女性,16岁。某年5月7日徐某因“转移性右下腹痛”入住某乡镇卫生院,诊断“急性阑尾炎”,当日下午行“阑尾切除术”。5月9日徐某主诉腹胀,肛门未排气、恶心、呕吐胃内容物数次。5月10日查腹部平片示机械性肠梗阻,遂转院治疗。当日15:30时患者转入某县人民医院普外科,见腹部稍膨隆,中上腹压痛,肠鸣音亢进,诊断“阑尾切除术后、肠梗阻”。5月11日晚患者便暗红色血便。5月12日查彩超、CT示:肠套叠,建议手术治疗,徐某要求转院治疗,当天转入某三级医院,诊断“阑尾炎切除术后、肠梗阻”,入院后当日20时行“剖腹探查术”。术中见小肠一段套入回盲部直至升结肠中段,套入肠管肿胀坏死,无血管搏动,行“右半结肠切除术”,术后好转出院。之后患方认为上述几家医院存在不同程度过错,导致了肠管部分切除的损害后果,诉诸法院,要求鉴定。委托鉴定要求为各医院的医疗行为是否存在过错,医疗过错与被鉴定人身损害后果之间是否存在因果关系,各医院过错的参与度是多少。

案例评析:依据被鉴定人病史,症状、体征、辅助检查结果及诊治过程可以明确,该案中被鉴定人患“阑尾炎、肠套叠、肠梗阻”明确。在被鉴定人的就诊过程中,首次就诊的乡镇医院对其诊断为阑尾炎,并行手术治疗,术后出现腹胀,肛门不排气,恶心、呕吐胃内容物等肠梗阻症状,遂转入某县医院,诊断为肠梗阻、肠套叠,之后转入某三级医院行“右半结肠切除术”。由此说明,被鉴定人除患有阑尾炎之外,尚患有肠套叠、肠梗阻,而肠套叠为肠梗阻的病因。该案中要分析的关键问题在于被鉴定人所患肠套叠、肠梗阻为何时发生,如为第一次就诊时即存在肠套叠,则为乡镇医院存在漏诊、漏治。依据肠套叠的发生机理可以明确,肠套叠系近端肠管向远端移动的过程中,近端肠管套入远端肠管所致,而阑尾炎术后,肠管在短期内处于麻痹状态,在肠管恢复蠕动的过程中,由于恢复蠕动有一个时间过程,以及各段肠管存在恢复程度不一致的情况,此时完全可以导致肠套叠的发生。同时,被鉴定人入住乡镇医院时,并没有肠梗阻症状,而只有阑尾炎症状。因此,可以排除被鉴定人首次就诊时存在肠套叠、肠梗阻的情况。由此可以明确,虽然被鉴定人阑尾炎术后出现了肠梗阻、肠套叠,但属于腹部手术不可预见及规避的并发症,乡镇医院的诊疗行为不存在过错。县医院在明确被鉴定人患有肠梗阻后,及时检查明确了肠套叠病因的存在,建议手术治疗后患者自动转院,医院不存在检查、诊断、治疗方面的过失,因此,县医院也不存在诊疗过错。被鉴定人入住第三家三级医院后,医院急诊实施了剖腹探查术,手术中发现套叠肠管坏死,并予以切除,完全符合肠套叠所致肠梗阻的诊疗规范,不存在诊治延误、治疗方式不规范等过失。

2. 是否违反现行卫生法律、法规及诊疗护理规范

2010年7月1日开始施行的《侵权责任法》第58条规定:"患者有损害,因下列情形之一的,推定医疗机构有过错:违反法律、行政法规、规章以及其他有关诊疗规范的规定。"《医疗事故处理条例》第5条规定:"医疗机构及其医务人员在医疗活动中,必须严格遵守医疗卫生管理法律、行政法规、部门规章和诊疗护理规范、常规,恪守医疗服务职业道德。"《执业医师法》第24条规定:"对急危患者,医师应当采取紧急措施进行诊治;不得拒绝急救处置"。第25条规定:"医师应当使用国家有关部门批准使用的药品、消毒剂和医疗器械。"医务人员在诊疗过程中,如果违反了上述规定,就属于违反卫生法规的情况。医疗过失行为的违法性与医务人员的过错相互交错。逐步完善的医疗法律法规针对医疗行业从业人员的行为提出了具体的法定注意义务要求,医疗行业内部也有自己的诊疗规范要求,只要医务人员的行为违反了法定注意义务及诊疗规范要求,则被认定为具有过失,当然违法行为必然是推定过失的重要依据之一。因此,在大多数情况下,如果医疗机构及其医务人员的行为"违反了医疗卫生管理法律、行政法规、部门规章和诊疗护理规范、常规",则认定其行为是具有过失的。在鉴定人员熟悉相关法律法规的情况下,根据医疗机构及其医务人员在诊疗护理过程中是否具有违法性来认定其是否存在过失并不困难。由于诊疗行为的复杂性,认定医疗机构及其医务人员是否存在过失时,必须注意在特定病例及特定条件下,相关的法律法规的要求与医疗机构及其医务人员执行情况的差异。如果医疗机构或医务人员的行为明显地违反了相关法律法规及诊疗规范,可以认定医疗机

构及其医务人员存在过失。如对危重病人推诿拒治并造成不良后果,或未经病人同意擅自使用自制的内固定器材并出现不良后果,则属于违反《执业医师法》的情况,可以认定医疗机构及其医务人员存在过失。

案例一:违反诊疗常规、规范案例

张某,男,2岁。某日17时,因嘴巴长疱到某市人民医院就诊,病历记载:咽不适1天。昨晚发热,口腔黏膜见疱疹,不咳,不发热。P:T:36.8℃,咽充血(-),口腔黏膜见疱疹,心(-),双肺(-)。诊断:疱疹性咽炎。利巴韦林1/2片。次日21时因高烧又前往该院治疗,病历记载:仍发热,口腔疱疹。T:39.1℃,咽充血,双肺(-),口腔见疱疹。诊断:上呼吸道感染。未行特殊治疗。第三日凌晨0时,因高烧不退,T:38.7℃,情况无好转,再次到该院诊治,给予阿司匹林后回家。之后病情进行性加重,遂到外院就诊,途中病情急剧恶化,经抢救无效死亡。之后病毒检测报告显示:CA16病毒荧光RT-PCR:阴性;EV71病毒荧光RT-PCR:阳性。法医病理鉴定意见为:张某系因病毒性脑炎(脑干脑炎)致中枢性循环、呼吸功能衰竭而死亡。患方认为医院在对张某的诊治过程中存在重大过失,并导致了患者的死亡,要求赔偿,诉诸法院。法院委托如下:医院对死者张某的诊疗过程是否存在医疗过错,医方的医疗损害行为与患者死亡是否有因果关系,医方的过错在张某死亡中的因果关系参与度比例。

案例评析:根据被鉴定人病史、症状、就诊过程、病毒检测结果及尸检报告,张某患EV71病毒感染所致的“手足口病”明确。该医院属于该市发布的对手足口病具有诊疗资质的医院之一,说明该医院是具有相关疾病诊治能力的医疗机构。2010年4月卫生部印发了《手足口病诊疗指南(2010年版)》,指导医疗机构开展手足口病医疗救治工作。之后,卫生部手足口病临床专家组制定了《肠道病毒71型(EV71)感染重症病例临床救治专家共识(2011年版)》,作为《手足口病诊疗指南(2010年版)》的补充,供医疗机构和医务人员参考使用。依据《肠道病毒71型(EV71)感染重症病例临床救治专家共识(2011年版)》的相关规定可以发现,该医院在具备相应诊疗资质的情况下,在对患儿的诊治过程中,对该病存在严重的认识不足,未能完全履行自身诊疗义务,违反相应疾病的诊疗规范,对患儿体检不到位,在患儿多次就诊过程中,均未给予全面的体格检查及必要的辅助检查。作为重症患儿,早诊断、早救治必然有利于疾病的转归,如果能及时正确诊断该病,并给予及时、恰当、完善的治疗,即使重症患儿,仍有较大的康复机会。该医院作为国家相关机关认可的具备疾病诊疗资质的医疗机构,未能及时诊断该病,以致不能给予及时、恰当、完善的治疗,致使患儿错过最佳救治时机并丧失生存机会,医院的诊疗行为存在过错。

案例二:违反诊疗常规,误诊、误治案例

张某,男,60岁。某年4月25日因"右上腹胀痛不适3天"入住某三级医院,CT检查示胆总管下段占位伴淋巴结转移可能。4月29日在全麻下行胰十二指肠切除术,术后病理诊断:十二指肠乳头处慢性炎,胃黏膜慢性炎,慢性胆囊炎,胆囊结石(泥沙样),"胆总管旁"淋巴结反应性增生,"幽门上"淋巴结反应性增生,"肝总动脉旁"淋巴结反应性增生。被鉴定人术后好转出院后,认为医院存在术前检查不充分、诊断不明确,胰十二指肠切除手术无指征,以致误诊、误治的过错,要求赔偿,诉诸法院。法院委托要求为:医院对被鉴定人的诊疗过程中是否存在过错、诊疗过错与被鉴定人损害后果是否存在因果关系、过错参与度是多少。

案例评析:依据被鉴定人的病史、症状、辅助检查及诊疗情况可以发现,该案中,被鉴定人患"十二指肠乳头处慢性炎,胃黏膜慢性炎,慢性胆囊炎,胆囊结石(泥沙样)"明确,同时伴有胆总管旁淋巴结反应性增生,幽门上淋巴结反应性增生,肝总动脉旁淋巴结反应性增生。被鉴定人入院后,在怀疑被鉴定人患有胆总管恶性肿瘤的情况下,医院应进行必要的深入检查以明确诊断,如病变部位的强化CT,肿瘤指标的生化检查,胰十二指肠造影等,但上述必要检查均未实施,即诊断被鉴定人患有胆总管恶性肿瘤性疾病。医院辅助检查欠完善,诊断依据明显不足,以致把局部炎症及淋巴结反应性增生误诊为肿瘤性疾病。因此,医院存在术前检查不完善、诊断错误的过错。同时,医院在对病情考虑欠周密,辅助检查欠细致,并导致误诊的错误基础上,即使医院决定采用手术治疗后,如果能严格按照诊疗规范进行操作,在实施组织器官切除前行快速病理检查以验证术前诊断的真伪,仍有机会避免不良后果的发生。但医院严重违反诊疗常规,未在术中行快速病理检查,从而使被鉴定人最终丧失了避免被切除正常组织器官的机会,医院对被鉴定人的诊疗行为亦存在违反诊疗常规而误治的过错。

3. 是否尽到"告知义务"及获得病人的"知情同意"

在医疗侵权损害赔偿的诉讼过程中,经常出现医务人员未能履行应尽的告知义务、侵犯了病人的知情同意权的诉讼请求。就鉴定范畴而言,医务人员是否履行告知义务或是否侵害患者的知情同意权,属于法律规定的范畴,而医疗侵权损害司法鉴定解决的是与法律有关的医学技术问题。医务人员是否履行告知义务或是否侵害患者的知情同意权,并不属于严格意义上的司法鉴定范畴,但在司法实践中,告知或知情同意又与诊疗行为密不可分,完全由司法人员进行判定并不显示,鉴定人常被要求对此进行鉴定,以解决诉讼有关技术及法律问题。因此,鉴定人首先应该明确告知义务的内涵,以及是否充分履行告知义务的判定标准。

日本法学界将告知义务表述为说明义务,如得到病人有效同意、回避不良结果、转医等的说明义务。回避不良结果的说明义务是医师在诊疗过程中,预见到或应当预见到有可能性发生不良后果的危险时,应对病人或其亲属就医师的诊断、治疗情况进行说明,告知其应遵守事项,尽可能避免已经预见到的不良结果。转医说明义务是医师对超出自己治疗能力之外的病人或非本专科诊疗领域之外的病人作出转医指示的义务。有国外学者认为,在病人了解自己正在接受治疗的疾病性质的情况下,医务人员应告知其接受某些治疗存在风险,而医务人员没有告知,最终因某种诊疗方式所固有的风险出现损害后果,则可认为医务人员损害了患者的知情同意权,医疗机构应该对其进行损害赔偿。美国各州关于知情同意的定义有所不同,但主要内容大同小异,均是指医务人员必须告诉病人他所采取的医疗处置措施潜在的好处、风险、可选择的诊疗方法、其他替代诊疗措施,并且要预先获得病人的书面同意。由此可以发现,不同国家对告知内容的具体规定虽然有所不同,但其原则没有本质区别,均规定医务人员或医疗机构对病人负有告知义务,以便病人对自己的治疗处置做出合理的选择。

我国有学者认为,根据目前临床医学实践,作为一般医务人员,诊疗过程中应对以下内容进行充分告知,征得患者或家属同意,具体包括:疾病的诊断、建议采取的处置措施的目的和方法、可能构成侵袭性伤害的诊疗措施、需要病人承担痛苦的检查项目、具体处置措施的利弊及风险、其他替代处置方法、使用药物的毒副作用和个体素质反应差异性、需要病人暴露隐私部、从事医学科研和教学活动的、需要对病人实施的行为限制、可能发生的医疗费用,以及对不属于自己专业领域或超出诊疗能力的疾患及时建议转诊的义务。除此之外,医务人员应尽其所知对病人加以说明,使病人得到最佳治疗机会,避免不良后果的发生。

实际上,医疗机构或医务人员在诊疗护理过程中,应对病人履行的告知义务,我国的卫生法律法规都有明确的规定。1994 年 9 月 1 日开始实施的《医疗机构管理条例》第 33 条规定:“医疗机构施行手术、特殊检查或者特殊治疗时,必须征得患者同意,并应当取得其家属或者关系人同意并签字;无法取得患者意见时,应当取得家属或者关系人的同意并签字;无法取得患者意见又无家属或者关系人在场时,或者遇到其他特殊情况时,经治医师应当提出医疗处置方案,在取得医疗机构负责人或者被授权负责人员的批准后实施。”1999 年 5 月 1 日开始实施的《执业医师法》第 26 条也明确规定:“医师应当如实向患者或者其家属介绍病情,但应注意避免对患者产生不利后果。医师进行实验性临床治疗,应当经医院批准并征得患者本人的或者其家属同意。”2002 年 9 月 1 日开始实施的

《医疗事故处理条例》第11条规定:“在医疗活动中,医疗机构及其医务人员应当将病人的病情、医疗措施、医疗风险等如实告知病人,及时解答其咨询;但是应当避免对患者产生不利后果。”2010年7月1日起施行的《侵权责任法》第54条规定:“患者在诊疗活动中受到损害,医疗机构及其医务人员有过错的,由医疗机构承担赔偿责任”;第55条规定:“医务人员在诊疗活动中应当向患者说明病情和医疗措施。需要实施手术、特殊检查、特殊治疗的,医务人员应当及时向患者说明医疗风险、替代医疗方案等情况,并取得其书面同意;不宜向患者说明的,应当向患者的近亲属说明,并取得其书面同意。医务人员未尽到前款义务,造成患者损害的,医疗机构应当承担赔偿责任”;《侵权责任法》在明确需要履行告知义务的情况下,也规定了无须告知的特殊情况,如第56条规定:“因抢救生命垂危的患者等紧急情况,不能取得患者或者其近亲属意见的,经医疗机构负责人或者授权的负责人批准,可以立即实施相应的医疗措施”;《侵权责任法》第60条还明确了医务人员的免责情况:“患者有损害,因下列情形之一的,医疗机构不承担赔偿责任:(一)患者或者其近亲属不配合医疗机构进行符合诊疗规范的诊疗;(二)医务人员在抢救生命垂危的患者等紧急情况下已经尽到合理诊疗义务;(三)限于当时的医疗水平难以诊疗。”这些规定虽然强调了医疗机构及其医务人员必须履行的告知义务,但规定比较原则,缺乏具体性,具体执行上存在一定理解上的差异。

司法实践中,如果医疗机构或医务人员未能尽到告知义务而给患者造成损害,则需要承担必要的过错赔偿责任。由于医疗行为的复杂性,如何判断医疗机构或医务人员是否充分履行告知义务,要具体问题具体分析。针对某个具体案件,既要考虑病情的轻重缓急,还要考虑现实客观情景的影响。上述医疗机构或医务人员应履行告知义务的内容,可作为判定标准的参考,但还应注意:首先,知情同意包括知情和同意两个方面。知情是建立在医师充分履行了告知义务的基础之上,同意是建立在知情基础之上。医师有义务告诉病人所有的真实信息,以使病人在知情的基础上能够对拟采取的治疗方法作出决定。只有建立在充分知情的基础上的同意才是具有法律约束力的。其次,同意的方式多种多样,除《侵权责任法》规定的书面同意外,还包括口头同意和行为方式同意。例如,病情记录中有明确的告知内容记载,且有当事家属的签字,但病历文书中没有法律要求的专门的告知同意书,此时也应该视为医务人员针对某些诊疗方式给予了告知并征得了患者或家属的同意。再如,给患者进行静脉注射时,只要病人有表示配合的行为,就足以表示同意。因此,没有书面同意不等于不同意,实践中应根据不同的情况,具体问题,具体分析。最后,应了解临床上获得病人书面同意的局限性。通常情况下,对于常用的具有较小固定风险的诊疗方法,无须征得患者或家属的书面同意,如青霉素皮试阴性时,注射青霉素后仍有极少数个体可能发生迟发性青霉素过敏;常规输注液体也有极少数个体可能发生输液反应。上述情况下进行诊疗,均不需要获得患者或家属的书面同意。因此,对医疗机构或医务人员履行告知义务,征得患者或家属书面同意的范畴要辩证分析。

案例:告知义务履行不完善案例

曹某,男性,60岁。2010年7月6日因"左髋部摔伤后左下肢疼痛3个月,左下肢无力10个月"入住某省级医院。入院前被鉴定人曾行影像学检查,均提示左股骨大转子肿瘤。入院后,为明确肿瘤性质,进一步确定后续治疗方案,医院于2010年7月10日进行病变部位取活检术,术后病理回报"左股骨大转子骨肉瘤"。遂于2010年7月17日对被鉴定人给予阿霉素、顺铂、甲氨蝶呤化疗。之后在对被鉴定人各项生理指标监测的过程中,发现白细胞、血小板及红细胞均不同程度减少,遂给予相应治疗,但病情逐渐加重,最终于2010年8月7日死亡。之后,患方认为医院对化疗风险未给予书面告知,没有充分考虑患者的年龄、身体指标等因素来确定化疗剂量,以至于被鉴定人最终死亡。要求赔偿,诉诸法院,法院委托要求为医院对被鉴定人的医疗行为有无过错,如有过错、过错行为与被鉴定人的死亡有无因果关系。

案例评析:依据被鉴定人的病史、症状、体征、辅助检查及诊疗情况可以发现,被鉴定人患骨肉瘤明确。在现有医疗技术条件下,"活检"是最准确可靠的诊断方式之一,医院在影像学检查的基础上,采用病变部位取活检的方式诊断被鉴定人患有"骨肉瘤",符合相应诊疗原则,达到了明确诊断的目的。在明确诊断的基础上,给予阿霉素、顺铂、甲氨蝶呤化疗符合现代肿瘤治疗规范。依据病例资料中记载的化疗药物使用量,可以明确所用化疗药物剂量均在规定治疗剂量的范围内,且整体化疗方案对骨肉瘤有明确的针对性;在被鉴定人出现化疗药物的副反应后,医院多次请相关科室专家会诊,及时调整治疗方案,且给予了必要的对症治疗。因此,医院对被鉴定人检查完善,诊断明确,治疗规范。医院对被鉴定人的诊疗行为无明显过错。

《侵权责任法》第55条规定:"医务人员在诊疗活动中应当向患者说明病情和医疗措施。需要实施手术、特殊检查、特殊治疗的,医务人员应当及时向患者说明医疗风险、替代医疗方案等情况,并取得其书面同意;不宜向患者说明的,应当向患者的近亲属说明,并取得其书面同意。"1994年9月1日开始实施的《医疗机构管理条例实施细则》第88条规定:"特殊检查、特殊治疗是指具有下列情形之一的诊断、治疗活动:(一)有一定危险性,可能产生不良后果的检查和治疗;(二)由于患者体质特殊或者病情危笃,可能对患者产生不良后果和危险的检查和治疗;(三)临床试验性检查和治疗;(四)收费可能对患者造成较大经济负担的检查和治疗。”参照《医疗机构管理条例实施细则》对“特殊检查、特殊治疗”的解释,针对恶性肿瘤的化疗应该属于“特殊治疗”的范畴,医院应该对化疗风险履行书面告知义务。在该案的鉴定过程中,鉴定人核对病历记载内容发现,在病程记录中明确记载:“主任与病人及家属讲明肿瘤性质、治疗方案、化疗可能出现的意外,患者本人及家属考虑后决定先行化疗再手术。”但对病历资料的审查中未发现书面告知记录。因医患双方对病历的真实性不存在异议,化疗前进行了口头告知无法排除,只能认定医院履行告知义务存在不足。

医疗机构有对患者履行书面告知的义务,而医院未对患方进行书面告知,存在告知义务履行不完善的过错。但从诊疗技术角度而言,医方对被鉴定人的诊断、治疗没有过错,被鉴定人死亡系不能预见及避免的医疗意外,虽然有不良后果,却是在医院诊断、治疗不存在过错的情况下发生的。同时医疗行业作为具有高度风险的行业,医疗行为本身具有利弊两重性,诊疗效果也有诸多不确定因素的参与,如年龄、性别、病情缓急、就诊时机、诊疗水准、个体差异的不同等因素,均会对疾病的转归带来影响。在现实医疗技术水平下,还有很多医疗本身无法解决的医学问题,医院积极履行自身诊疗义务后,尚存在一些无法完全规避的难以预见的意外情况。因此,不能认定医院的诊疗行为存在过错。医院诊疗行为不存在过错的情况下发生的损害后果,也不应该作为损害赔偿的依据。

(二)医疗过错判定的抽象标准

医疗过失的抽象标准,不同于施行诊疗行为时法律和规章有明确规定的具体标准,是法律和规章没有明文规定的情况下,涉及的医务人员在诊疗行为中应履行的注意义务的基准问题。医师注意义务主要是指医疗水准问题。日本学者松仓丰治认为医疗水准可分为两种:学术上的医疗水准和实践中的医疗水准,决定医疗水准的因素包括学术界的不断尝试、实践经验的积累及医疗技术的改进等。医疗水准学说为医疗行为确立了一项统一标准,成为法律对医疗行为的统一规制,为较公正地解决医疗纠纷起到重要作用。我国学界认为,诊疗行为的注意义务包括一般注意义务和特殊注意义务。一般注意义务体现在一切诊疗护理过程中,是一种结果预见义务。特殊注意义务主要包括说明(告知)、转医、问诊以及对患者个体差异进行注意的义务。一般注意义务和特殊注意义务均属于医师具体的注意义务,是高度注意义务的具体内容。注意义务虽然是一含义广泛的概念,但注意义务贯穿于整个诊疗过程中,包括检查、诊断、治疗、告知、风险预见及规避等义务是否履行,均是评判注意义务是否履行的依据。

注意义务作为判定诊疗行为是否存在过错的重要依据，在鉴定实践中应辩证看待，应考虑医疗行业本身的复杂性、专业性、时限性、地域性、个体差异性等特点；对于同一个体所患疾病，还要考虑年龄、性别、就诊时机、病情缓急、严重程度、诊疗手段、诊疗水平等因素的影响。对同一疾病和各种不同疾病症状，以及各种医疗技术不能用统一的判定标准。作为同一专业领域内的医务人员，该具有通常应具备的医学知识和医疗技术，也应该具有相同的注意义务，如果医务人员没有其应该具有的医学知识和医疗技术而造成患者损害，则认定其存在医疗过失。医疗后果受多种因素的影响制约，虽然对于任何疾病，诊断是否明确、治疗是否及时恰当完善，都会影响病情的预后。但鉴定中还要考虑某一医疗损害案件发生时的特定情形，在以抢救生命为根本目的紧急情况下，诊疗时间有限，注意义务的履行会受到限制，也必然会影响诊疗技术的全面性，对医师注意程度上的要求也要有所降低。只有在遵循注意医务判定原则的情况下，具体问题具体分析，对判定诊疗过错的影响因素综合考虑，才能最大限度地保障鉴定意见的科学、客观、公正，并最终最大限度地维护医患双方的合法权益。

1. 是否履行一般注意义务

诊疗过程中医务人员应履行的一般注意义务是一种法定义务，具有善意性和保护性，常表现为医务人员在医疗服务过程中对病人的生命与健康利益的高度责任心，对医疗工作的敬业、忠诚，对技能的进取追求，以及对病人的人格尊重。普通医师在为病人提供服务时应尽到以下注意义务：具备同一地区或相似地区在相同条件下执业的医师通常所应具有的知识和技术；使用同一地区或相似地区在相同条件下执业的专业人员在相同的病例中通常使用的注意和技术；在运用知识或技术时应合理分析并得出最佳判断。笔者认为，医疗行为所固有的利弊两重性，要求医务人员应该对所采取的诊疗方式进行辩证分析，并遵循“两利相衡取其重、两弊相衡取其轻”的诊疗原则。而医疗行为的复杂性要求医务人员在诊疗过程中应该具有一定的发散思维能力，遵循严密逻辑关系的综合分析能力，并最终得出最为合理的判断结果。但实践中所有医务人员的学习能力、技术水平、思维方式并非均处于同一水平。上述注意义务的内容强调通常的医务人员所应具有的通常的注意能力和技术水平，是一种客观公正的评判标准。

案例：未履行一般注意义务案例

许某，女性，55岁。某年8月19日因“颈部肿物一年”入住某大学附属医院诊治。病人于一年前无意中发现右颈部有一肿物，约卵黄大小，无痛、无压迫感、无心悸、易怒，食欲正常，体重无明显变化，临床初步诊断“右叶甲状腺腺瘤”，择期手术治疗。术前检查基本正常，于8月26日在“颈丛阻滞麻醉”下行“右叶甲状腺次全切除术”,手术中呼吸、心跳骤停,经抢救无效死亡。之后,患方认为医院存在医疗行为上的过错,并直接导致被鉴定人死亡,诉诸法院,要求赔偿。法医病理学死因鉴定意见为:“许某系因结节性甲状腺肿于手术麻醉过程中造成急性通气功能障碍导致呼吸、心跳骤停死亡。”医院方认为,患者系因特殊体质导致麻醉意外死亡,医方无责任。法院再次委托医疗过错司法鉴定,鉴定要求为“医院的诊疗行为是否存在过错,过错与患者死亡是否存在因果关系及过错在死亡后果中的参与度”。

案例评析:该案中患者诊断“右叶甲状腺腺瘤”明确,因病史相对较长,且具有一定不适症状,具有甲状腺次全切除术的适应症。甲状腺次全切除术作为普外科常见手术,麻醉方式常为颈丛阻滞麻醉,在麻醉过程中,患者应处于清醒状态,随时回答医务人员的提问,以避免误伤神经,导致术后声音嘶哑,同时也可有效避免术中出现舌后坠而引发窒息。医院在对患者实施手术的过程中,发现“术区血色较深,与麻醉师沟通后”停止手术,说明当时患者已出现严重的缺氧情况。麻醉记录单记载,麻醉开始后,患者血压、脉搏均呈进行性降低,而麻醉人员却在手术医生与其沟通,反映血液颜色变深后,采取相应的抢救措施。此时被鉴定人血压、脉搏已降至较低水平,虽经救治,但救治无效死亡。上述情况表明麻醉人员及手术医生在手术过程中对患者的各项生命体征观察不细致。而作为麻醉医生和手术医生,应该对麻醉和手术风险有明确预见,并在麻醉和手术过程中履行必要的注意义务,对患者进行细致观察,及时处置,以防止不良后果的发生。但是,在对患者的诊疗过程中,医务人员缺乏未能尽到必要的注意义务,没有及时发现手术中出现的不良状况并进行有效处置,造成患者丧失抢救时机、最终死亡,医院的医疗行为存在过错。

2. 是否履行风险预见和不良后果规避义务

风险预见义务强调,医务人员应该预见到发生某种不良后果的可能性,不良后果规避义务强调预见到某种风险发生可能性后,应该采取相应措施来降低风险发生的可能性,甚至阻止不良后果的发生。不良后果是否发生,本质上属于概率问题,是一统计学概念。概率大小实际也是表示发生不良后果可能性的大小,发生的可能性大,注意义务的履行程度就高,为规避不良后果发生而进行的预防措施就应该更完善。风险预见及规避义务是辩证统一的,应该预见的风险没有预见,自然也就不会采取规避措施,属于过错情形;而对风险有预见却没有采取规避措施,仍然无法避免不良后果的发生,当然也属于过错情形。当然,临床上的疾病复杂多样,病情转归情况变化万千,还有很多医疗意外和疾病本身或诊疗方式本身所固有的并发症是无法预见和规避的,这种情况下不能认定医务人员没有履行风险预见及不良后果规避医务。风险预见和不良结果规避过错在临床上表现不一,既有不作为的情形,也有过度作为的情形。医务人员预见到诊疗行为的风险而不采取规避措施,即属于不作为的情形,如对危重患者的救治中,明知不进行积极救治患者会出现死亡后果,而不进行积极救治的,即属于不作为的过错。如医务人员预见到诊疗行为有很大的风险可能性,而继续实施危险性诊疗措施的,即属于过度作为的情形,如能力和经验不充分的医务人员,缺乏实施危险性大手术的技术能力,而过于自信致手术失败甚至患者死亡的,即属于过度作为的过错。

判定是否履行风险预见和不良后果规避义务,必须要考虑诊疗行为发生的具体情形,如因条件有限又必须以抢救生命为原则时造成的损害,则不能认定医务人员没有履行必要的风险预见及不良后果规避义务。实际上风险预见义务和不良后果规避义务是注意义务的一种表现形式。在疾病本身或诊疗方式的并发症、药物副作用以及医疗意外引起的医疗纠纷诉讼中,是否履行风险预见义务和不良后果规避义务,是判定医务人员是否存在过错行为的一个重要依据。

案例一:未履行风险规避义务案例

张某,男,23 岁。某年 4 月 2 日因“反复头痛伴恶心呕吐 5 年,血液透析 3 月”入住某省级医院,诊断“慢性肾功能不全”。予以降压保肾治疗,上述症状逐渐加重,恶心呕吐严重,血肌酐最高可达 1000umol/L。4 月 30 日在全麻下行“同种异体肾移植术”。5 月 1 日病情稳定,24h 尿量 8190ml,引流出 180ml 血性液体,BP170/100mmHg;5 月 2 日 24 小时尿量 3950ml,引流出 50ml 血性液体,诉憋尿、尿不尽及下腹部胀痛不适。BP144/89mmHg,T36.8℃,P80 次/分,移植肾区无压痛,伤口无渗血渗液,检验结果回报:Cr330 umol/L,血红蛋白 137.1g/L,WBC 13.8 $\times 10^9$/L;5 月 3 日,24 小时尿量 2000ml,引流出 120ml 血性液体,T 36.8℃、BP157/99mmHg、P86 次/分,伤口少许渗血,伤口右下方移植肾区压痛,Hb113.8g/L,Cr194 umol/L;5 月 4 日 10am,昨日 7:00am 至今日 3:40am 尿量 2650mL,3:40am 至 10:00am 无尿,1:00am 出现移植肾区显著压痛,伴胸闷,BP95/58mmHg,心电图示 ST-T 改变,脉率 75 次/分。Hb80g/L,予补液对抗治疗,7am Hb75.1g/L,Cr198umol/L。对抗治疗后血压 129/93mmHg;5 月 4 日一直无尿,诉腰胁部疼痛,给予杜冷丁 10mg 肌注,痛感仍较重,给予静脉镇痛,效果尚可。查 Hb58.2g/L,Cr275 umol/L,患者血压一度为 88/63mmHg,给予多巴胺 40mg 泵入;5 月 5 日 5:35am,患者突然出现心脏骤停,立即给予心肺复苏,气管插管呼吸机辅助通气,抢救无效死亡。死亡诊断:慢性肾功能不全尿毒症期,肾移植术后状态,肾移植术后排斥反应。患方认为医院手术失误导致患者死亡,诉诸法院要求赔偿。法院委托要求为“医院的诊疗过程中是否存在过失;如有过失,此过失与患者死亡有无因果关系及关联度”。

案例评析:该案中,依据患者病史、症状、体征、辅助检查等,医院对患者诊断慢性肾功能不全尿毒症期明确,有肾移植手术的确切适应症,术前医院实施的诊疗措施恰当。患者肾移植术后的第三天,尿量逐渐恢复正常、血压趋于稳定、肌酐呈进行性下降,表明当时移植肾功能状态良好,肾移植成功。但5月3日之后,患者出现引流液增加,刀口敷料出现渗血、渗液,移植肾区出现压痛进行性加重,血红蛋白进行性下降。至5月4日,血红蛋白已从113.8g/L降至58.2g/L,血压也一度降低至95/58mmHg,之后B超显示“移植肾周围探及片状液性暗区,透声差、有分隔”。依据患者手术史,医院对其进行的血压、血常规监测结果,当时症状、体征的变化,以及医院当时所采取的诊疗措施,医院应该已考虑到患者当时存在体内出血及移植肾周围积血的可能性。对于该并发症,医院应当履行必要的风险预见义务,并给予相应治疗。如放任病情发展,必然会导致严重不良后果,使手术失败,甚至导致患者的死亡。医院在预见到有较大可能发生不良后果的情况下,应在自身诊治能力范围内采取积极有效的救治措施,如再次探查,以解决导致病情恶化的根本原因,但医院所采取的诊疗措施不完善、不到位,在可以干预或终止病情进行性加重的情况下,未能及时干预或终止病情恶化进展,导致患者丧失了诊疗机会,最终出现死亡的不良后果。在这种情况下,实际上就是医院在有能力履行的情况下未能履行必要的风险规避义务,医院的诊疗行为存在过错。

案例二:是否履行风险规避义务案例

沈某,女,62岁。某年12月18日因“跌伤致左小腿疼痛出血、活动受限2小时”入住某县医院。专科检查:左小腿部上段肿胀畸形,前侧有长约4cm创口,皮下组织骨质外露,创面中度污染,压痛(+),皮下可触及骨折端,左膝关节活动受限,足背动脉搏动稍弱,左小腿、足趾皮肤感觉麻木,左踝、足趾活动困难,末端血供正常。X片示:左胫腓骨上段骨折。急诊行“左胫骨开放性骨折清创缝合+内固定术”。术中见左胫骨上段开放性骨折,胫骨骨折端及皮下组织外露,创面中度污染,切除污染创面周围皮肤,清除创面内污物,切除皮下组织及肌肉挫灭部分,骨折复位钢板螺钉固定。返回病房时左足背动脉搏动弱,肢端血供尚好。12月19日自述切口处疼痛明显,左膝以下皮肤感觉麻木,左踝、足趾活动困难,查见左小腿部肿胀明显,皮缘水肿,敷料渗透,末端血供尚可,予对症止痛治疗;12月20日左小腿部肿胀明显,小腿皮肤散在分布水疱,皮缘水肿,敷料渗透,肌注肝素、静滴甘露醇;12月21日左下肢肿胀疼痛加重,查体:左大腿中下段到左踝部肿胀明显,左膝以下皮温稍低,感觉减退,左小腿中上段见长约30cm手术切口,皮肤张力高,散在分布张力性水疱,切口包扎处有淡血性渗出,左足肿胀明显,皮温低,左踝以下感觉消失,左下肢足背动脉搏动及胫后动脉搏动触诊未及,左下肢腘动脉搏动(++)。左下肢血管彩超显示:双侧髂外、股动脉、静脉血流通畅;左侧胫前、胫后动脉未见明显血流信号。考虑左下肢骨筋膜室综合症、左下肢深静脉血栓形成。患者左下肢持续血供欠佳,左下肢肿胀明显、张力高,有手术减压治疗指征,行"左小腿骨筋膜室切开减压术"。12月22日左下肢肿胀明显好转,左足皮温低,左踝以下感觉消失,肢端氧饱和度无法测出,左下肢足背动脉搏动及胫后动脉搏动触诊未及,左下肢腘动脉搏动(++)。12月22日左下肢CTA提示膝下动脉显影消失,行"左下肢血管探查术",术中见腘动脉胫骨平台水平以下搏动消失,腘动脉下段血管外膜有广泛挫伤,但连续性完整,解剖血管见内膜广泛翻起,其内及以远血管充满黑紫色血栓。左小腿肌肉呈灰紫色,无弹性,刺激肌肉无收缩,切割肌肉无渗血,伴有异味。考虑肌肉已广泛坏死,与家属沟通后行"左下肢膝上截肢术"。出院诊断:左胫骨骨折术后,左下肢动脉闭塞,左下肢坏死,左下肢深静脉血栓形成,左下肢骨筋膜室综合症。患者出院后认为医院存在过错,并导致其最终被截肢。遂要求赔偿诉诸法院。法院委托要求为"医院的医疗行为有无过错、过错与被鉴定人的损害后果有无因果关系及过错参与度"。

案例评析:该案中,患者因跌伤致左胫腓骨上段开放性粉碎性骨折,医院对其实施清创及内固定手术治疗,具有明确的手术适应症。之后左小腿部肿胀进行性加重,皮温低,渗出增多,并伴有左小腿皮肤散在水疱形成,左踝以下感觉消失,左下肢足背动脉搏动及胫后动脉搏动消失。至术后第4天,血管彩超显示左胫前、胫后动脉未见明显血流信号,给予骨筋膜室切开减压术。次日,CTA提示膝下动脉显影消失,再次行"左下肢血管探查术",术中见腘动脉胫骨平台以下搏动消失,腘动脉下段血管外膜有广泛挫伤,血管见内膜广泛翻起,其内及以远血管充满黑紫色血栓,左小腿肌肉呈灰紫色,无弹性,刺激肌肉无收缩,切割肌肉无渗血,伴有异味,遂行"左下肢膝上截肢术"。综上可见,患者摔伤是导致左胫腓骨骨折并肌肉、动静脉血管、神经损伤的主要原因,而动脉血管损伤是导致截肢的直接原因,医院对被鉴定人诊断明确,处置及时,之后出现骨筋膜室综合征属于不能避免的并发症,医院的诊疗行为不存在过错,患者的损害后果是自身疾病的自然转归所致。

3. 是否尽到当地当时诊疗水平的义务

医疗机构或医务人员在诊疗活动中应该尽到必要的注意义务,但注意义务带有明显的理想化色彩,不能因此而对医生的诊疗活动完美化要求。注意义务的考量只能立足于当地当时的具体情境,不能以经过完善的当前的尖端理论或实践技术水平来要求既往发生的诊疗行为。立足于当地当时的情境即是要充分考虑诊疗水平地域性的差别和时间上的差别。

在我国司法鉴定实践中,要考量的所谓地域性差别是指不同地区,由于经济、文化、科技发展水平参差不齐,医疗机构的诊疗设别、医务人员的知识结构、技术水平、实践经验等也存在较大差异。考量诊疗水平的地域性差异,应包括不同经济发展水平地域之间的差别和不同规模等级医院之间的差别。虽然当前资讯方式发达,医学交流活动更加便捷,诊疗技术能力也更加趋于统一。但临床诊疗活动作为实践科学,某一地区的总体诊疗水平还受到多种因素的制约,经济落后地区的总体诊疗水平还是要远远落后于经济发达地区,医疗设备和客观环境的差异,仍然会影响医师获得对该种病症治疗的资料和信息,从而影响诊疗结果。《侵权责任法》第57条规定:"医务人员在诊疗活动中未尽到与当时的医疗水平相应的诊疗义务,造成患者损害的,医疗机构应当承担赔偿责任"。这一规定强调了考量医务人员的诊疗活动,应当注意医疗的地域性因素。即使同一地区,不同规模等级医院的诊疗水平也有较大差异。规模等级较高的综合性医院的设备、人员的综合能力较强;而等级规模较低的医院设备相对落后、人员技术水平相对较低,其综合实力也相对较差。在司法鉴定时间中考量诊疗行为是否存在过失时,应适当考虑不同等级规模医院之间综合能力上的差别。不能以经济发达地区尤其是大城市医疗机构的医务人员的知识水平、技术能力、诊疗经验为标准,而应以同地区或类似地区的医疗机构医务人员的知识水平、技术能力、诊疗经验为标准。

在医疗损害司法鉴定中,考量诊疗水平时间性的差异是指必须以医疗事件发生当时的医疗水平,医务人员应具有知识、技能和经验作为判定依据,引用的医学理论也应该是当时的医学理论。《侵权责任法》第57条的规定也强调了"医务人员在诊疗活动中应尽到与当时的医疗水平相应的诊疗义务",说明在认定医方的诊疗义务时,应适当考虑不同时间阶段、不同级别医院的诊疗能力和应尽的注意义务。但是,作为约定俗成的任何医务人员都应具备的诊疗常识,则不应考虑地域性、时间性上的差异。如氨基糖甙类抗生素对儿童的耳毒性、肾毒性属于医学常识,任何医务人员对儿童使用该类抗生素而导致不良后果的,均应该认为其没有尽到必要的谨慎注意义务而存在过错。

案例一:考量救治水平地域性差异案例

基层医院针对有机磷中毒的救治水平反而高于大城市医院。

刘某，男，26岁。某年10月15日以“自服农药甲拌磷半小时余”为主诉入院。查体：T36.0°C，P85次/分，R16次/分，BP133/74mmHg，神志清晰，精神差，自主体位，查体合作，可闻及刺鼻农药味。全身皮肤黏膜无黄染，无皮疹及出血点，浅表淋巴结未触及。头颅无畸形，结膜无充血，巩膜无黄染，双侧瞳孔等大等圆，直径约1.0mm，对光反射迟钝。口唇无发绀，口鼻未见异常分泌物。颈软，双肺呼吸音粗，未闻及干湿罗音。心率85次/分，律齐，有力。腹平软，无压痛及反跳痛。四肢肌力、肌张力正常，生理反射存在，病理反射未引出。入院后立即给予洗胃、导泻、输注解毒药物戊乙奎醚等抢救治疗。患者精神逐渐变差，深昏迷，皮肤潮湿、双侧瞳孔缩小约1mm，呼吸减慢，双肺底湿罗音明显，于23时25分患者呼吸心跳停止，给予胸外心脏按压，抢救成功，心脏复跳，但患者处于持续性昏迷状态，转上级医院进一步治疗，出院诊断：急性有机磷农药中毒（甲拌磷）。患者在外院抢救治疗后，一直处于植物状态。家属认为医院存在救治过错，诉诸法院，要求赔偿。法院委托要求为：医院对刘某的治疗过程是否存在过错，该过错与刘某损害后果是否存在因果关系及医院的过错程度。

案例评析：依据患者病史、症状、体征及辅助检查结果，医院对患者诊断“急性有机磷农药中毒”明确。患者系急性甲拌磷（3911）中毒，甲拌磷属高毒类有机磷农药，其对人体的危害机理为抑制胆碱酯酶活性，造成神经生理功能紊乱。急性中毒的救治原则主要为：脱离现场、催吐、洗胃、导泻、应用解毒药或血液净化。患者入院后，医院方虽然给予实施了一定的救治措施，如洗胃、导泻、应用解毒药物等。但在救治过程中，未能在第一时间给予阿托品、解磷啶等特效救治药物，急救特效药物使用欠及时。之后注射阿托品也缺乏规范性，救治措施欠完善。而特效救治药物应用是否及时、规范，直接关系到有机磷药物中毒的救治效果。作为县级医院，有机磷农药中毒属于常见病、多发病，医院应该具备成熟的救治经验及较强救治能力，并给予患者及时、恰当、完善的治疗，以避免不良后果的发生，但医院未能在其应该具有的救治能力下进行救治，医院的诊疗行为存在过错。

案例二：考量诊疗水平地域性、时间性案例

李某，男，1972年生。2001年2月因“胸痛2个月、双下肢浮肿4天”入住某县人民医院，在县医院治疗期间，尿常规示：蛋白2.5g/L，红细胞+，白细胞2－4/HP，管型：颗粒0－1/低；胸片：两侧胸腔积液；彩超：双胸腔液性暗区。依据“肾病综合征”的“三高一低”表现，ENA多肽谱报告单回报：抗rRNP阳性，抗SSA、抗SSB阴性，抗JO－1、抗DM－53阴性，抗Sm阴性，抗sd－70、抗DE阴性，抗u1RNP阴性，抗RA－54阴性。诊断“肾病综合征”，予激素及雷公藤多甙治疗,好转出院。2003 年至 2007 年断在某省中医院门诊中药治疗。2010 年因“反复浮肿、蛋白尿、镜下血尿 9 年”入住某军区总医院,诊断“系统性红斑狼疮、狼疮性肾炎”。2013 年患方认为,某县医院的诊疗行为存在过错,要求赔偿,诉诸法院。法院委托要求为:医院对刘某的治疗过程是否存在过错,该过错与刘某损害后果是否存在因果关系及医院的过错程度。

案例评析:系统性红斑狼疮(SLE)是一种累及多系统、多器官并有多种自身抗体出现的自身免疫性疾病。典型病例有蝶形红斑及多系统损害,但早期、轻型、临床表现不典型,病例诊断较为困难,尤其男性患者在疾病早期缺乏相应的临床表现,诊断尤为困难。患者 2001 年因“胸痛二个月,发现双下肢浮肿四天”入住某县人民医院,医院依据患者病史、症状、体征以及辅助检查结果,拟诊“肾病综合征”,具有相应的诊断依据。给予激素等治疗的同时进行相关检查,多肽谱检查报告提示除 rRNP 阳性外,其余抗体均为阴性,应考虑红斑狼疮的可能性。此后治疗给予免疫抑制剂协同激素治疗,病情明显缓解,说明院方诊断思路明确,治疗具有合理性。结合 2001 年全国医疗水平及当时当地的医疗水平综合考虑,县级医院对全身症状不明显的系统性红斑狼疮的诊断尚有较大难度,且该案中患者在 10 年的时间内未再到某县人民医院复诊,也在客观上丧失了县医院对其进一步检查并明确诊断的机会。不能以 10 年后患者在较高级别医院的诊断与该县级医院不完全相符,而认定县医院存在过错。

二、因果关系分析及参与度判定

(一)因果关系及参与度概念

原因和结果是揭示客观世界中普遍联系着的事物具有先后相继、彼此制约的一对范畴。原因和结果具有必然的联系,属于引起和被引起的关系。目前有学者对原因进行量化分类,提出了“损伤参与度”“疾病参与度”“过错参与度”的量化分类方法,但未广泛推行采用。在法医学鉴定实践中,借鉴了法学中的原因力概念对原因进行分类,有助于因果关系分析的实践操作。法医学鉴定中,原因力,是指导致损害后果的数个原因中,各原因对损害后果的发生所发挥的作用力,即各原因在损害后果发生中的参与度,原因力与参与度之间具有密切联系,都是技术概念。但原因力与责任度却有本质区别,责任度是一法律概念,是指某一个体对不利后果应承担的强制义务的大小。故可以简单表述为:原因力 = 参与度≠责任度 = 过错参与度。

(二)因果关系的形式

现实中,因果关系常有多种具体表现形式,使因果关系分析表现的更为复杂,具体而言,因果关系常有以下表达形式:

1. 一因一果

一因一果，是指一个危害行为直接或间接地引起一个危害结果，是最简单的因果关系形式，也较为容易认定。

2. 一因多果

一因多果，是指一个危害行为同时引起多种结果的情形。在多种结果中，要分析主要结果与次要结果，这对于民事赔偿具有积极意义。

3. 多因一果

多因一果，是指某一危害结果由多个危害行为造成。在医疗损害侵权赔偿责任纠纷案件中最为常见，常表现为自身疾病与医疗过错行为联合导致死亡或残疾后果。

4. 多因多果

多因多果，是指多个危害行为同时或先后引起多个危害结果。常存在于集团犯罪中。

(三)人身损害赔偿中因果关系的特性

1. 客观性

因果关系是事物之间的一种引起与被引起的关系，这种关系本身是客观的，是不以任何人的主观意志为转移的。因果关系的有无，只能根据事物之间的客观联系进行判断。

2. 顺序性

哲学上认为，在无限发展的因果链条中，每一现象的发展过程往往互为因果，原因作用于结果，结果又反作用于原因，使自己成为原因。在人身损害赔偿中，行为在先，结果在后，行为总是先于损害结果而发生，故只能在危害结果发生之前的行为中寻找原因。

3. 特定性

事物是普遍联系的，为了了解单个的现象，我们就必须把它们从普遍的联系中抽出来，孤立地考察它们，一个为原因，另一个为结果。刑法因果关系的特定性表现在它只能是人的危害行为与危害结果之间的因果联系。

4. 法定性

哲学上的因果关系具有复杂性和多样性，存在一因多果、多因一果、多因多果等现象，原因与结果又可互相作用，形成无数的因果链条。在人身损害赔偿中，因果关系不可能无限发展，只需在法律规定范围内寻找原因，只对法律规定的损害事实和范围进行相应赔偿。

5. 条件性和具体性

刑法因果关系是具体的、有条件的。在刑事案件中,危害行为能引起什么样的危害结果,没有一个固定不变的模式。因此,查明因果关系时,一定要从实施危害行为的时间、地点、条件等具体情况出发作具体分析。

6. 复杂性

辩证唯物主义认为,客观事物之间联系的多样性决定了因果联系的复杂性。

(四)因果关系分析中的原因分类

在医疗损害案件中,死亡不是单一的损害后果表现形式,还存在残疾等具体表现形式。导致后果的原因往往也不仅仅是自身疾病,通常还有其他一些因素参与到损害后果的发生过程中,并起到不同程度的作用,如医务人员的违规、违法行为,医疗技术中的过失行为等均可参与其中,起到根本作用、促进作用或诱发作用。在法医病理学死因鉴定中,死因分析常采用根本死因、直接死因、辅助死因、诱因、联合死因等表达方式。但上述表达方式把原因力分类和过程分类相混淆,难以依据死因分析结论来确定责任度大小。医疗损害司法鉴定中,死因分析理论并不完全适用,有必要依据原因力大小和损害后果发生过程进行原因分类,以利于因果关系分析的实践操作。

所谓原因力,是指在侵权损害赔偿责任的共同原因中,违法行为和其他因素对损害结果的发生或扩大所发挥的作用力。或导致损害后果的数个原因中,各原因对损害后果的发生所发挥的作用力,是司法鉴定中的一个技术概念。在民事赔偿案件中,还常常涉及责任度这一概念,而责任度是法律性概念,是指侵权人应承担的不利后果或强制义务的大小。根据原因力大小进行因果关系分析是确定参与度的前提,也常常与责任度相吻合,但责任度是以过错为前提的,原因力或参与度只是表示原因起到的作用大小,并非全部以过错为前提。因此,原因力、参与度与责任度的内涵并不相同。当然,如说是某一过错的原因力或参与度,在民事赔偿中则与责任度的内涵等同。

1. 根据原因力大小分类

通常情况下,在因果关系分析中根据原因力大小常采用以下分类方式:根本原因、主要原因、同等作用(原因竞争)、辅助因素、诱发因素。

(1)根本原因

根本原因,是指导致某一后果的原发性自然性因素,是导致不良后果的初始原因。在损害后果的发生过程中,根本原因为唯一性始动因素,不存在其他原因同时发生作用。它与直接原因不同,不是并发症,根本原因与直接原因之间通常有时间先后,与直接原因之间具有因果关系,不能以直接原因代替根本原因。例如,腹部穿透创后继发化脓性腹膜炎死亡,腹部穿透伤属于根本原因,化脓性腹膜炎是直接原因;自然性疾病致死案例,主要原因一般与主要疾病相一致;暴力事件中若外伤为主要原因,主要原因的造成者和负主要法律责任者一般是一致的;外伤后医疗失当、延误治疗死亡者,应具体分析责任关系及各因素主次位置。

根本原因本身也可不经过中介因素而直接导致死亡,此时的原因既是根本原因,又是直接原因。常见于重要器官的严重损伤或疾病,如重度颅脑损伤、晚期恶性肿瘤、急性心肌梗死、心脏或大血管的破裂、重度中毒、电击死等。根本原因的参与度理论值为95%左右,参与度范围为90%~100%。

(2)主要原因

主要原因,是指引起损害后果的原发性损伤等因素,但在损害后果的发生过程中,此类原因常与其他因素合并存在并起到主要作用,其他因素起次要作用,但在损害后果发生中,其主要原因应与主要疾病是一致的。自身潜在疾病等因素在损害后果的发生中会起到一定程度的辅助作用。如轻度肝硬化患者因酒精中毒死亡,则酒精中毒为主要原因,肝硬化为辅助因素。主要原因的参与度理论值为75%左右,参与度范围为60%~90%。

(3)联合原因(同等作用)

联合原因又称为原因竞争,是两种或两种以上原因在同一案例中联合在一起而导致不良后果的因素。两个或两个以上的因素从病原学和发生机理上难以区别其间的因果关系或逻辑顺序,两者共同作用。在原因力大小的分析中,各原因所发挥的作用大小难以区分,各原因单独存在又均可出现同样后果。前提是互有关联而分别发生,属于并列关系,多发生在较严重的外伤与较严重的疾病同时存在。心脏破裂与颅脑爆裂同时存在时,心脏破裂或颅脑爆裂伤单独存在均可造成死亡后果,两者同时存在则难以区分各自所发挥的作用力大小,即可认为两者在死亡后果中起到同等作用,或两者存在竞争关系。具有同等作用的各原因的参与度理论值在50%左右,参与度范围为40%~60%。

(4)辅助因素

辅助因素,是主要原因以外的自然性疾病或暴力性损伤。疾病或损伤本身不足以致命,在死亡过程中起到辅助作用,即主要原因或直接原因存在时,辅助因素与直接导致后果的疾病、损伤或过错无关,但对后果的发生具有促进作用。在损害后果的发生过程中,主要原因与辅助因素共同作用而导致某一损害后果,根据各原因所起到的作用大小,辅助因素发挥的作用力显然要低于主要原因的作用力。常见的辅助原因有营养不良、慢性疾病(肝硬化、肾功能不全、结核病、糖尿病)、免疫机能异常等,这些辅助因素与根本原因和直接原因没有直接的关系,单独存在一般不会迅速导致损害后果发生,只有外界主要原因存在时,对损害后果起到加速或加重作用,只是促进了死亡的发生。此时,导致损害的原因多是条件性原因。

辅助原因大多时候影响的是直接原因而非主要原因。例如,血友病患者外伤后出血死亡,外伤性出血是主要原因,血友病是辅助原因;刀刺伤后脾破裂、膈肌破裂、腹腔积血,医院漏诊延误治疗而至失血性休克死亡,主要原因为刀刺伤,直接原因为失血性休克,而医生漏诊、延误治疗的过失行为是辅助原因;轻度肝硬化患者因酒精中毒死亡,则酒精中毒为根本原因,肝硬化为辅助原因。辅助因素的理论值为30%左右,参与度范围为20% ~40%。

(5)诱发因素

诱发因素,是指诱发身体原有潜在疾病恶化而导致不良后果的因素。诱因可被视为启动主要原因发生的因素,这些因素对健康人一般不会导致不良后果,但可引起机体一定的应激反应。严格意义上,诱因与死亡无直接关系,而且只有在原有疾病存在的情况下才可产生影响,对某些重要器官有潜在性病变的人,能诱发疾病恶化而引起死亡,诱因触发的死亡都发生在诱因作用后很短的时间内,故诱因与主要原因之间常具有因果关系。常见的诱因有过劳或用力、轻度外伤或感染、饮酒、吸烟、高热、寒冷、饥饿、情绪激动和精神紧张。例如,严重高血压患者因情绪激动而发生脑出血导致偏瘫,则高血压为根本原因,情绪激动为诱发因素;严重冠心病患者过劳死亡,则冠心病为根本原因,情绪激动为诱发因素。

医疗损害司法鉴定案件中,医疗过错很少作为诱发因素存在,较多见的存在方式一般为主要原因、共同作用(同等作用)和促进因素(辅助因素)。诱因的理论值为10%左右,参与度范围为0~20%。

2. 根据事件发生发展过程分类

根据事件发生过程对原因进行分类,只能表明事件发生发展过程有无中介因素的参与,初始原因出现后,有中介因素参与的为间接原因,无中介因素参与的为直接原因。直接原因、间接原因强调根本原因与死亡后果发生的过程中有无中介因素的参与,与原因力或责任度大小没有必然联系,只适合针对死亡过程的发生机理进行分析。

(1)直接原因(直接因果关系)

直接原因,是指不经过中间环节直接引起死亡的原因,是出现不良后果的直接启动因素。常是主要原因的并发症,而非独立发生的疾病或外伤等,直接原因常表现为一种病理状态,可在某种死亡中出现不止一种。根本原因和直接原因存在因果关系,不能以直接原因代替根本原因。根本原因不经过中间环节直接引起死亡的，则此原因既是根本原因，又是直接原因，也是唯一原因。如心脏贯通伤导致死亡，损伤为直接原因，也是根本原因。常见直接原因有感染、出血、栓塞、中毒、全身衰竭等。

中介因素，是指根本原因和直接原因之间的并发症或外部介入情况，或称中间环节，通常情况下，直接原因往往就是中介因素。如原因分析中，腹部刀刺伤合并胃肠破裂后继发肠瘘、化脓性腹膜炎引起感染性休克而导致死亡，腹部刀刺伤合并胃肠破裂为根本原因，感染中毒性休克为直接原因，也是损伤与死亡后果之间的中介因素。

(2)间接原因(间接因果关系)

间接原因与直接原因相对应，是指经过中间环节引起损害后果的初始原因。初始原因没有立即导致不良后果，而是由其继发的后果或合并症所致，则继发后果或合并症为直接原因，初始原因为间接原因。如血管外伤出血致死，血管外伤为间接原因，失血休克为直接原因，但血管外伤是根本原因。

(五)因果关系分析与参与度判定的关系

法医学实践中，原因分析并非法医学鉴定的终极目的，正确的原因分析只是出具明确鉴定意见的基础，而鉴定意见作为司法审判的重要证据之一，不仅要求科学、客观、公正，还应该鉴定意见明确，依据充分，逻辑严密，真正成为司法审判的重要证据。满足上述要求，鉴定意见不能只是对某些原因所发挥的作用进行定性分析，还要进行相对定量。上述原因分析理论，依据原因力大小对死亡原因分类的方法或表达方式可以大致表示出原因力大小。而依据死亡过程进行分类的原因分类方法，如直接原因、间接原因强调的是死亡后果发生过程有无中介因素的参与，与原因力/责任度大小没有必然联系，不能反映某一原因所起到的作用大小。根本原因不经过中间环节的，则此原因为直接原因，即原因与后果之间为直接因果关系；根本原因并未直接引起损害后果，而是通过中间环节(如继发病变、感染、并发症等)引起损害后果的，此时的根本原因是间接原因，中间环节是引起损害后果的直接原因，但作为非直接原因，即原因与后果系间接因果关系的情况下，此时的外因在损害后果中的参与度仍应为100%。因此，医疗过失与损害后果是否存在直接因果关系，不能作为划分参与度的依据，直接或间接因果关系的描述方式也不能直接过渡到参与度大小的判定。确定参与度，应对导致损害后果的深层次原因进行分析，并以原因力的大小对医疗侵权损害的参与度进行判定。为便于实践操作，并能把依据原因力大小进行的原因分类与参与度范围相统一。笔者主张采用以下参与度划分方式：根本原因的参与度理论值为95%左右，参与度范围为90%～100%；主要原因的参与度理论值为75%左右，参与度范围为60%～90%；具有同等作用的各原因的参与度理论值在50%左右，参与度范围为40%～60%；辅助因素的理论值为30%左右，参与度范围为20%～40%；诱因的理论值为10%左右，参与度范围为0～20%。针对不同案件的具体情况，具体参与度划分可在参考范围内酌情降低或提高。

三、医疗侵权损害残疾程度与劳动能力丧失程度的鉴定

(一)医疗侵权损害残疾程度鉴定

医疗侵权损害民事赔偿案件的司法鉴定中，诊疗过程是否存在过错、过错与损害后果是否具有因果关系、过错在损害后果中的参与程度是最常见的鉴定要求。但对于遗留功能障碍可能导致残疾后果的，尚需进行伤残等级的鉴定。在鉴定实践中，针对不同损伤原因，我国已制定了多个残疾程度评定标准，但对于医疗损害赔偿责任纠纷案件，目前还没有专门的技术标准，也没有对参照已有标准的具体规定，以司法实践及司法鉴定实际工作中，适用技术标准混乱，往往形成争议，不利于案件的顺利审结和医患矛盾的有效化解。针对医疗侵权损害致残的残疾程度鉴定适用标准问题，有必要从理论上进行分析，在现有条件下达成一致的意见，更好地服务于诉讼活动。

1. 医疗事故技术鉴定中的残疾程度评定问题

针对医疗损害案件，法院为审判需要，委托医学会进行医疗事故技术鉴定，也应属于广义上的司法鉴定范畴。对医疗事故造成的人身损害，可依据《医疗事故处理条例》和《医疗事故分级标准(试行)》进行残疾程度评定。

《医疗事故处理条例》第4条规定："根据对患者人身造成的损害程度，医疗事故分为四级。"而同时开始实施的《医疗事故分级标准(试行)》则对医疗事故等级给予具体化，将医疗事故造成的常见的患者人身损害后果分为4级12等，即一级甲等、乙等，二级甲等、乙等、丙等、丁等，三级甲等、乙等、丙等、丁等、戊等，四级不分等。一级甲等医疗事故属于造成患者死亡的情况，四级则属于损害较轻而尚未达到残疾程度的情况，故将医疗事故的一级乙等至三级戊等对应残疾程度一至十级。

通过医疗事故技术鉴定，确定医疗事故等级后，参照《医疗事故处理条例》第50条所规定的医疗事故赔偿项目和残疾生活补助费的具体赔偿标准，以及第五章中其他关于医疗事故赔偿的规定，即可依据医疗事故等级来对应相应的赔偿年限，并计算出具体的赔偿数额，有利于案件的顺利审结和医患矛盾的及时化解。

2. 医疗损害司法鉴定中的残疾程度评定问题

(1)医疗侵权损害残疾程度司法鉴定中传统参照标准的不合理性

在医疗侵权损害民事赔偿纠纷案件中，很多情况下当事方不以是否构成医

疗事故为诉讼请求，而是以医疗侵权损害赔偿为诉求。依据《最高人民法院关于参照〈医疗事故处理条例〉审理医疗纠纷民事案件的通知》规定，此种情况属于医疗事故以外的原因引起的医疗损害赔偿纠纷，如需要对此类案件涉及的技术问题进行司法鉴定，则应按照《人民法院对外委托司法鉴定管理规定》组织鉴定，此时面向社会服务的司法鉴定机构即成为委托对象，鉴定人运用科学技术或者专门知识对诉讼涉及的医学专门性问题进行鉴别和判断并提供鉴定意见的活动也就成为实质意义上的司法鉴定活动。

对此类案件涉及鉴定的技术性问题，司法鉴定首先要解决的问题包括：医疗行为是否存在过错，医疗过错与损害后果有无因果关系，以及医疗过错在损害后果中的参与度等。鉴定涉及的技术原理仅限于具体案件中判定过错的依据、原因分析理论与因果关系判定的原则，一般并不涉及具体鉴定标准。对于损害后果为死亡的，针对此鉴定内容出具鉴定意见后，审结案件相对简单。但针对后遗功能障碍可能构成残疾者，还需对其进行残疾程度的鉴定，从而为委托机关提供明确判案依据。但是，目前还存在委托机关指定参照标准混乱、鉴定机构自主决定参照标准不统一的情况，以致同一损害后果参照不同技术标准进行残疾程度评定时，出具不同鉴定意见的情况多有发生，给案件审理带来严重困扰。

综观我国相关法律规定，还没有针对医疗损害赔偿责任纠纷残疾程度评定应该采用什么标准的具体规定。不同鉴定人往往观点也不一致。作为高等院校教科书的《法医临床学》(第 4 版)中关于“医疗过失残疾程度评定注意事项”明确说明：由于我国目前缺乏全国性统一的人体损伤致残鉴定标准，因此，在医疗损害的民事诉讼案件中，因医疗过失造成残疾的，多比照《工标》或者《道标》。但是，《工标》在“适用范围”部分明确规定：“本标准适用于职工在职业活动中因工负伤和因职业病致残程度的鉴定”；《道标》在“适用范围”部分亦明确规定“本标准适用于道路交通事故受伤人员的伤残程度评定”。上述两个标准的适用范围均不包含医疗侵权损害的情况。同时，《道标》自 2017 年 1 月 1 日已经废止。因此，在医疗侵权损害案件涉及的残疾程度鉴定中，比照上述两个标准不符合相关标准适用范围的规定。

(2)《医疗事故分级标准(试行)》在残疾程度鉴定中的不适用性

为正确审理医疗侵权损害民事赔偿纠纷案件，对损害后果这一性质问题依据某一残疾程度评定标准进行评定，是必不可少的程序。否则，无法确定具体的赔偿数额，也不能顺利审结案件。通过前述内容可以明确，对此类案件中涉及的残疾程度评定问题，不宜参照《工标》或《道标》等技术标准。实践中，部分委托机关认为，既然是医疗侵权损害，如不宜参照上述两个标准进行残疾程度评定，则可以依据《医疗事故处理条例》和《医疗事故分级标准(试行)》进行残疾程度评定。通过以下分析可以明确,因医疗事故以外的原因引起的医疗损害赔偿纠纷,进行残疾程度评定时,是否可以参照《医疗事故处理条例》和《医疗事故分级标准(试行)》。

依据《侵权责任法》《最高人民法院关于统一医疗损害案件适用法律的通知》《医疗事故处理条例》《医疗事故分级标准(试行)》等相关法律法规可以明确,如参照《医疗事故分级标准(试行)》对患者进行残疾程度评定,其前提必须是某一医疗损害赔偿纠纷是“医疗事故”。而医疗事故技术鉴定由《医疗事故处理条例》所规定的由医学会组织的医疗事故技术鉴定委员会进行,司法鉴定机构不具备进行医疗事故技术鉴定的主体资格。同时,《医疗事故分级标准(试行)》只是明确了《医疗事故处理条例》中一级甲等至四级医疗事故的具体情况,虽然也明确规定“本标准中医疗事故一级乙等至三级戊等对应残疾程度一至十级”。但残疾程度的对应是以医疗事故等级为前提的。同时,此处的“残疾程度”的本质含义只是与《医疗事故处理条例》中所规定的相应赔偿年限相对应,即《医疗事故处理条例》第49条第52项残疾生活补助费:根据伤残等级,按照医疗事故发生地居民年平均生活费计算,自定残之月起最长赔偿30年;但是,60周岁以上的,不超过15年;70周岁以上的,不超过5年。也就是说,只能以医疗事故等级确定所对应的残疾程度,并确定赔偿年限,而不能本末倒置,先确定残疾程度,然后去对应医疗事故的等级。对医疗事故以外的原因引起的医疗损害赔偿纠纷,若进行司法鉴定,必须由法院委托司法鉴定机构进行,而司法鉴定机构不能进行医疗事故技术鉴定。综上,在医疗事故以外的原因引起的医疗侵权损害赔偿案件中,《医疗事故分级标准(试行)》不能作为对损害后果进行残疾程度评定的参照标准。此标准只能是法律规定的医学会进行医疗事故技术鉴定时确定医疗事故等级的参照标准。

3. 依据法律逻辑关系应该采用的鉴定标准

依据《民法通则》的相关规定,结合《最高人民法院关于审理人身损害赔偿案件适用法律若干问题的解释》的规定:因生命、健康、身体遭受侵害,赔偿权利人起诉请求赔偿义务人赔偿财产损失和精神损害的,人民法院应予受理。属于《国家赔偿法》赔偿事由的,依照《国家赔偿法》的规定处理。属于《工伤保险条例》调整的劳动关系和工伤保险范围的,不适用本条规定。医疗事故以外的原因引起的医疗侵权损害民事赔偿纠纷,属于生命、健康、身体遭受侵害的情况,其赔偿也应按照《最高人民法院关于审理人身损害赔偿案件适用法律若干问题的解释》的相关规定进行,而赔偿的前提是对损害后果进行残疾程度评定。在残疾程度评定中,虽然要考虑诸多因素:对于有自身疾病或医源性因素介入的,应当说明损伤与疾病关系的关系;在因果关系难以确定的案例中,可考察损害后果与事故损伤存在因果关系的可能性,而不需要排除所有可能的其他原因。但是,评定残疾程度的参照标准是必不可少的。针对医疗损害赔偿责任纠纷案件,其鉴定意见属于法定证据形式之一,而鉴定意见的科学性也是鉴定意见的重要证据属性之一,鉴定技术标准的适用性又对鉴定意见证据的科学性具有重要影响。有专家认为,鉴定技术标准的适用性主要是指司法鉴定意见所依据的技术标准和技术规范的适用性,主要涉及两个方面的问题:一是技术标准和技术规范的适用范围,即是否适用于解决争议中的问题;二是技术标准和技术规范的权威性问题,即在同类技术标准和技术规范中什么样的技术标准和技术规范更具有权威性。由此可见,技术标准的适用性在残疾程度评定中起到至关重要的作用。

为进一步规范人体损伤致残程度鉴定,最高人民法院、最高人民检察院、公安部、国家安全部、司法部,于2016年4月18日发布《人体损伤致残程度分级》,自2017年1月1日起施行。该标准明确"本标准适用于人身损害致残程度等级鉴定",并规定司法鉴定机构和司法鉴定人进行人体损伤致残程度鉴定统一适用《人体损伤致残程度分级》。由此可以明确,依据法律逻辑关系,医疗事故以外的原因引起的医疗侵权损害民事赔偿案件中,涉及残疾程度评定的,应参照五部委联合发布的《人体损伤致残程度分级》标准,该标准以明确具体的内容规定了不同损害后果可以评定的残疾程度。依据损害后果的残疾程度,结合《最高人民法院关于审理人身损害赔偿案件适用法律若干问题的解释》中有关赔偿的具体规定,则可对医疗侵权损害赔偿数额进行量化,有利于案件的审理和医患矛盾的解决。

综上所述,医疗侵权损害民事赔偿纠纷案件涉及的残疾程度鉴定,对委托机关要求进行医疗事故技术鉴定的,可参照《医疗事故分级标准(试行)》的具体规定进行"残疾程度"评定;对于医疗事故以外的原因引起的医疗侵权损害民事赔偿纠纷,如委托机关委托面向社会服务的司法鉴定机构进行鉴定,应在分析是否存在过错、过错与损害后果之间的因果关系以及过错参与度的基础上,参照《人体损伤致残程度分级》对损害后果进行残疾程度评定。

(二)医疗侵权损害劳动能力丧失程度的鉴定

1. 劳动能力丧失程度鉴定的法律依据

为了规范职工非因工伤残或因病丧失劳动能力程度鉴定工作,2002年4月5日劳社部发《职工非因工伤残或因病丧失劳动能力程度鉴定标准(试行)》,该标准规定了职工非因工伤残或因病丧失劳动能力程度的鉴定原则和分级标准,适用于职工非因工伤残或因病需进行劳动能力鉴定时,对其身体器官缺损或功能损失程度的鉴定。职工非因工伤残或因病丧失劳动能力程度鉴定标准,是劳动者由于非因工伤残或因病后,于国家社会保障法规所规定的医疗期满或医疗终结时,通过医学检查对伤残失能程度做出判定结论的准则和依据。

2. 劳动能力丧失程度鉴定的参照标准

《职工非因工伤残或因病丧失劳动能力程度鉴定标准(试行)》分完全丧失劳动能力和大部分丧失劳动能力两个程度档次:完全丧失劳动能力,是指因损伤或疾病造成人体组织器官缺失、严重缺损、畸形或严重损害,致使伤病的组织器官或生理功能完全丧失或存在严重功能障碍;大部分丧失劳动能力,是指因损伤或疾病造成人体组织器官大部分缺失、明显畸形或损害,致使受损组织器官功能中等度以上障碍。

针对不同程度劳动能力丧失情况,该标准还规定了晋级原则,即如果伤病职工同时符合不同类别疾病三项以上(含三项)“大部分丧失劳动能力”条件时,可确定为“完全丧失劳动能力”。同时,针对参照《工标》评定的伤残等级,该标准尚把劳动能力丧失程度与之衔接,并明确规定:本标准将《工标》中的一至四级和五至六级伤残程度分别列为本标准的完全丧失劳动能力和大部分丧失劳动能力的范围。

虽然上述劳动能力丧失程度划分方式明确具体,但缺乏《工标》中七、八、九、十级伤残对应劳动能力丧失程度的情况,往往不利于纠纷的解决。因此,实践中常把《劳标》中七、八、九、十级伤残对应部分丧失劳动能力的情况。由此,劳动能力丧失程度采用三级分法,针对丧失劳动能力情况给予了相对定量,有利于赔偿纠纷的顺利解决。

3. 劳动能力丧失程度鉴定标准和其他鉴定标准之间的关系

由上述论述可以发现,丧失劳动能力程度只是与《工标》评定的伤残等级相对应,而与参照其他伤残等级评定标准评定的伤残等级没有任何关联性。因此,针对其他原因导致伤残又需要评定劳动能力丧失程度的,应依《工标》重新进行伤残等级评定,并依据《职工非因工伤残或因病丧失劳动能力程度鉴定标准(试行)》的规定,其中的一、二、三、四级伤残对应完全丧失劳动能力的情况,五、六级伤残对应大部分丧失劳动能力的情况,七、八、九、十级伤残对应劳动能力部分丧失程度的情况。三级分法偏重于定性,未着眼于赔偿,不利于赔偿的操作,但三级分法和十级分法互为补充,各有各的价值,弥补了十级分法一些不足。

下述案例可以明确不同原因导致伤残后,伤残等级评定需参照的标准和劳动能力丧失程度评定需参照的标准之间的关系。被鉴定人李某因交通事故致外伤性蛛网膜下腔出血、脑挫伤、脑干损伤，闭合性胸腹部损伤，左手指外伤，皮肤软组织擦伤。经住院治疗终结后，因赔偿需要，要求进行伤残程度和劳动能力丧失程度鉴定。由于被鉴定人系道路交通事故意外伤害致残，其伤残等级评定应严格参照《道标》进行，最终评定结果为："被鉴定人李某目前遗留神经性耳鸣，轻度智力缺损，日常生活有关的活动能力严重受限；骨盆骨折畸形愈合；左手拇指及食指末节活动障碍，一手功能丧失10%以上，相当于双手丧失功能5%以上（小于10%）；左膝关节活动功能障碍，相当于一肢丧失功能10%以上（小于25%）。分别评定七级伤残、十级伤残、十级伤残、十级伤残"。上述内容可以明确，参照《道标》标准得到的伤残等级不能与劳动能力丧失程度相对应。因此，如要评定被鉴定人的劳动能力丧失程度，还要参照《工标》标准，重新对被鉴定人进行伤残等级评定。评定结果为："被鉴定人李某目前遗留神经性耳鸣，轻度智力缺损，日常生活有关的活动能力严重受限；左手拇指及食指末节活动障碍，左膝关节活动功能障碍，骨盆骨折畸形愈合。分别评定六级伤残、九级伤残、十级伤残。"依据《职工非因工伤残或因病丧失劳动能力程度鉴定标准（试行）》之规定，被鉴定人李某的工伤六级伤残属于劳动能力大部分丧失的情况，故被鉴定人李某为大部分丧失劳动能力。

第十一章　人身损害民事赔偿

第一节　我国的赔偿制度

一、赔偿制度的概念

赔偿制度,又称赔偿法律制度,是指调整民事主体在财产法律关系和人身法律关系中产生的损害与赔偿的法律规范的总和。人身损害赔偿制度,是指对各种原因导致的人身损害进行赔偿而制定的法律规范的总和。

我国赔偿制度的基本特征为:赔偿制度调整的是由损害而引起的民事责任的承担这一特定的法律关系。赔偿制度以赔偿损失为基本手段,强制造成损害的加害人承担相应的损害赔偿,从而恢复受害人受损的民事权利状态的法律救济制度;赔偿制度属于民法范畴,损害赔偿关系是平等主体之间的关系,即便在刑事犯罪赔偿的情况下,行为人承担的赔偿责任仍属民事责任。由此可见,民法的基本原则及其他一般规定,均适用于人身损害赔偿。

二、人身损害赔偿的种类

作为一种民事法律制度,人身损害赔偿制度包含多个方面的损害和责任人对损害结果负担赔偿的制度,具体包括人身意外伤害赔偿、职工工伤与职业病赔偿、人身侵权损害赔偿、人身伤害刑事犯罪附带民事赔偿等。

(一)人身意外伤害赔偿

人身意外伤害赔偿,主要是道路交通事故所致的人身伤害赔偿,其性质多属意外伤害。但道路交通事故的发生原因复杂多样,既涉及车辆状态、驾驶人员及行人违规,还涉及道路状况等因素。因此,道路交通事故人身意外伤害赔偿,不仅要考虑伤害后果的严重程度,还要考虑当事人员的责任划分问题。

(二)职工工伤与职业病赔偿

职工工伤与职业病赔偿,主要是指在工作中意外受伤或长期从事某种工作出现的与职业密切相关的疾病所导致的人身伤害赔偿。职工工伤与职业病由县以上行政机构组成“劳动鉴定委员会”专门负责鉴定工作,评定伤残等级及劳动能力丧失程度,依据评定结果,赔偿费用由单位或社会保障机构支付。

(三)人身侵权损害赔偿

人身侵权损害赔偿主要涉及目前比较多见的医疗侵权损害赔偿,而医疗侵权损害广义上包括医疗事故性人身损害赔偿和医疗过错导致的人身损害赔偿。医疗事故性人身损害赔偿适用《医疗事故处理条例》所规定的赔偿制度,医疗过错性人身损害赔偿适用《最高人民法院关于审理人身损害赔偿案件适用法律若干问题的解释》所规定的赔偿制度。

(四)人身伤害刑事犯罪附带民事赔偿

人身伤害刑事犯罪附带民事赔偿,是指由于犯罪行为而使被害人及其近亲属遭受人身损害时,犯罪分子在承担刑事责任的同时,对被害人及其近亲属的人身损害承担民事赔偿责任。通常,这种民事赔偿责任的承担与犯罪行为的发生具有直接联系,赔偿往往限于直接损害结果,一般通过刑事附带民事诉讼实现赔偿责任,而不单独通过民事诉讼实现。

三、人身损害赔偿的原则

我国的人身损害赔偿制度是一种补偿性赔偿,与美国的惩罚性赔偿制度有本质区别,在人身损害赔偿中,要综合考虑多种因素,实践中常遵循以下原则。

(一)一般人身损害的赔偿原则

(1)被害人的经济损失与加害人造成的损伤相适应的原则。

(2)对被害人的经济赔偿与加害人的赔偿能力相适应的原则。

(3)对被害人的经济赔偿来源一般仅限于加害人本人所有财产的原则。

(4)对被害人的经济赔偿与当地经济状况、人均生活水平相适应的原则。

(5)无民事行为能力或限制民事行为能力人的赔偿责任,一般由法定监护人承担的原则。

(6)按当事人双方在伤害案件中的过错,承担赔偿责任的原则。

(二)特殊人身损害的赔偿原则

(1)无民事行为能力人、限制民事行为能力人造成他人伤害的,由监护人承担民事责任。监护人尽了监护责任的,可以适当减轻他的民事责任。有财产的无民事行为能力人、限制民事行为能力人造成他人伤害的,从本人财产中支付赔偿费用,不足部分由监护人适当赔偿。

(2)法人的民事活动,是通过它的机构、代表和工作人员的职务活动来实现的,这些人在职务活动中造成他人伤害的,就构成法人损害责任,应由法人负赔偿责任。

(3)饲养的动物误伤他人造成损害的,动物的所有人或管理人承担赔偿责任。

四、人身损害赔偿责任的构成要件

人身损害赔偿责任在本质上是一种典型的侵权责任。其构成要件主要是指行为人的行为应具备哪些条件才能成为侵权行为,并承担民事赔偿责任的主客观要件的总和,包括违法行为、损害事实、因果关系几个方面。

(一)违法行为

违法行为是行为人因违反法律有关规定,实施了造成他人人身损害的行为。首先,行为应当具有违法性,即必须违背了法律的有关规定;其次,相应行为不是事件或思想等行为以外的事实。

(二)损害事实

无论什么样的损害赔偿,在责任构成上,都必须要求具备损害事实,没有损害事实的存在,往往谈不上赔偿。损害事实,是指一定的行为致使权利主体的财产权、人身权受到非法侵害,并造成财产利益和非财产利益的减少或灭失的客观事实。人身损害事实,则是指一定的行为致使权利主体的生命健康、身体受到侵害,并造成人身或精神损害的客观事实。作为人身损害事实,一方面要求有人身权被侵害的事实,包括人格权的被侵犯与身份权的被侵犯;另一方面还要求人身权被侵害时造成了相应利益的损害。

(三)因果关系认定

原因和结果是揭示客观世界中普遍联系着的事物,具有先后相继、彼此制约的一对范畴。原因,是指引起一定现象的现象;结果,是指由于原因的作用而引起的现象。因果关系具有客观性、顺序性、法定性、复杂性、条件性和具体性等特性。其表现形式也复杂多样,有一因一果、一因多果、多因一果、多因多果等。因果关系分析中常依据不同标准对原因进行分类,例如,根据原因力大小可分为根本原因、主要原因、同等作用(原因竞争)、辅助因素、诱发因素等,根据事件发生发展过程分为直接原因、间接原因,但直接原因、间接原因不能表示具体原因在后果发生上所发挥的作用力大小,与原因力或责任度大小没有必然联系。在鉴定实践中,有无因果关系只是一个定性判定,因果关系分析的根本目的在于确定原因力(参与度)大小,因果关系分析是参与度判定的基础,参与度判定是因果关系分析的目的,二者密不可分,辩证联系。

第二节　人身损害鉴定的时机与标准适用

一、残疾程度评定相关概念及鉴定时机

(一)残疾程度评定相关概念

1. 健康

健康,是指身体的生理机能的正常运转及心理的良好状态;健康,包括生理健康和心理健康两个方面。各种组织和器官虽然构成了人身体的物质,但只有当各部分的组织和器官正常运转并且有良好状态,才能保证人的生理健康。心理健康,是指人的头脑在反映客观世界的过程,如感觉、知觉、思维、心情等心理活动时,所具有的良好状态。心理是人的内心活动过程,属于人的精神范畴。健康与生命、身体互相联系但又不相同。生命、身体是健康的前提和条件,没有生命、身体,无所谓健康;虽有生命、身体,但不一定健康。

2. 人体损伤

人身伤害,是指在侵权行为中,人在身体上所遭受的伤害,也就是对公民生命权、身体权和健康权中生理健康等物质性人格权造成的有形破坏。人身伤害包括致死、致残、致伤三种形式。

人体损伤是医学术语,是指各种致伤因素作用于机体,从而引起组织结构破坏或器官功能障碍。人身伤害的范围远远大于人体损伤。它不仅包括躯体上的人身伤害,还包括精神损害、身份权损害等。损害的发生是人身损害赔偿责任成立的前提。

3. 工伤

工伤即职业伤害,是指劳动者在工作中发生的意外事故损伤造成了死亡、伤、残等情况,或因职业病造成身体组织器官损伤或功能障碍的状况。

工伤的认定,首先看是否存在劳动关系,即用人单位与劳动者之间有无签订劳务合同;没有签订劳务合同的是否形成了事实劳务关系。其次看是否存在损伤、残疾、死亡等。

4. 伤残

伤残,是指由损伤(致残因素)引起的残疾,其主要是指损伤或其他原因引起人体组织结构或功能不同程度地丧失,由此而造成人体不同程度地丧失生活自理能力、工作能力和社会活动能力,或造成生理上与心理上的缺陷。伤残是民

事赔偿的主要依据。

5. 伤残评定

伤残评定,是指评定人受有关部门委托,在受伤人员治疗终结后,依据有关法规,参照相关标准,对受伤人员的残疾程度进行评定,得出评定意见并书写鉴定报告的技术活动,鉴定主要内容包括伤残等级、劳动能力、生活自理能力、社会生活能力。

《工标》是专门适用于职工工伤与职业病致残人员残疾程度评定的标准,该标准把受伤人员残疾程度划分为10个等级。五部委联合发布,并于2017年1月1日实施的《人身损害致残程度分级》统一了除职工工伤之外的各类人身损害的鉴定标准,该标准把受伤人员残疾程度也划分为10个等级。

6. 劳动能力丧失

劳动能力丧失,是指因损伤、疾病、衰老等原因引起的工作能力和/或社会活动能力、生活自理能力的下降或丧失。

7. 劳动能力丧失程度鉴定

劳动能力丧失程度鉴定,是指劳动者在劳动过程中因工负伤或患职业病后,由劳动鉴定委员会负责,通过医学检查对伤残失能程度作出的判断结论。此种职工因工伤或职业病而引起的劳动鉴定,就是所谓狭义的劳动能力丧失程度鉴定。在其他原因导致人身损害的民事赔偿案件中,某些情况下也需要进行劳动能力丧失程度鉴定,例如,道路交通事故人身损害案件中,被抚养人与被赡养人劳动能力不健全又无生活经济来源的,则需要进行此项鉴定。无论何种情况,劳动能力丧失程度鉴定首先要依据《工标》进行伤残等级鉴定,之后依据《职工非因工伤残或因病丧失劳动能力程度鉴定标准(试行)》的相应规定确定被鉴定人的劳动能力丧失程度。

(二)残疾程度评定时机

人体的结构与功能复杂,临床治疗时限应因人、因伤而异,从临床医学与法医学上理解治疗期满应为原发伤及其并发症得到修复治愈,例如,骨折达到复位、愈合,创口异物已取出,感染已控制或治愈等,此时功能障碍已趋于稳定。而神经、听力、视力等功能障碍的恢复则需要较长时间才趋于稳定。因此,医疗终结是评定残疾程度的最佳时机,即为直接或间接造成人身严重损伤所需的最长医疗时间,待人体损伤趋于稳定,不需接受继续治疗可作出残疾程度评定。

二、损伤程度的概念及评定时机

(一)损伤程度概念

损伤程度,是指损伤所致程度。《人体损伤程度鉴定标准》中明确规定:重伤，是指使人肢体残废、毁人容貌、丧失听觉、丧失视觉、丧失其他器官功能或者其他对于人身健康有重大伤害的损伤，包括重伤一级和重伤二级。轻伤，是指使人肢体或者容貌损害，听觉、视觉或者其他器官功能部分障碍或者其他对于人身健康有中度伤害的损伤，包括轻伤一级和轻伤二级。轻微伤，是指各种致伤因素所致的原发性损伤，造成组织器官结构轻微损害或者轻微功能障碍。

（二）损伤程度评定时机

人体损伤后，不同时间点的表现并不相同。不同组织器官损伤后，其预后及对功能的影响亦有很大差异。因此，针对不同损伤，在进行损伤程度鉴定时，要准确把握鉴定时机，以做出客观、准确的鉴定意见。通常情况下，根据不同部位的人体组织器官损伤情况，依据损伤当时的伤情及损伤的后果，全面分析，综合评定。

以原发性损伤为主要鉴定依据的，伤后即可进行鉴定；以损伤所致的并发症为主要鉴定依据的，在伤情稳定后进行鉴定；以容貌损害或者组织器官功能障碍为主要鉴定依据的，在损伤 90 日后进行鉴定；在特殊情况下可以根据原发性损伤及其并发症出具鉴定意见，但须对有可能出现的后遗症加以说明，必要时应进行复检并予以补充鉴定；疑难、复杂的损伤，在临床治疗终结或者伤情稳定后进行鉴定。

三、人身损害鉴定标准适用

（一）残疾程度评定标准适用

1. 道路交通事故所致人身损害残疾程度评定标准适用

公安部颁发的《道标》，在“适用范围”部分明确规定“本标准适用于道路交通事故受伤人员的伤残程度评定”。但该标准于 2017 年 1 月 1 日废止，同一时间开始实施五部委联合发布的《人体损伤致残程度分级》。因此，所有发生于 2017 年 1 月 1 日之前的道路交通事故所致的人身损害，伤残程度鉴定统一参照《道标》；所有发生于 2017 年 1 月 1 日之后的道路交通事故所致的人身损害，伤残程度鉴定统一参照《人体损伤致残程度分级》。

2. 工伤与职业病所致人身损害残疾程度评定标准适用

国家质量监督检验检疫总局发布的《工标》在“适用范围”部分明确规定，“本标准适用于职工在职业活动中因工负伤和因职业病致残程度的鉴定、劳动能力鉴定、职工工伤与职业病致残等级鉴定”。

3. 医疗事故性人身损害残疾程度评定标准适用

2002 年颁布实施的《医疗事故处理条例》的配套文件《医疗事故分级标准（试行）》把医疗事故分为 4 级 12 等，即一级甲等、乙等，二级甲等、乙等、丙等、丁等,三级甲等、乙等、丙等、丁等、戊等,四级不分等。其中,医疗事故的一级乙等至三级戊等对应伤残等级的一至十级。但需要注意的是,《医疗事故分级标准(试行)》中所谓医疗事故的一级乙等至三级戊等对应伤残等级的10个等级,并非传统意义上的伤残等级,本质上,此处的所谓伤残等级与参照其他任何标准评定的伤残等级均没有关联性,医疗事故等级对应伤残等级的本质含义在于与《医疗事故处理条例》中规定的赔偿年限相对应。

4. 医疗侵权及其他人身损害案件残疾程度评定标准适用

如本书第十章所述,在医疗侵权导致的人身损害案件中,针对后遗功能障碍可能构成残疾者,还需对其进行残疾程度的鉴定,从而为委托机关提供明确判案依据。依据《刑法》《民法通则》和其他相关法律的相关规定,结合《最高人民法院关于审理人身损害赔偿案件适用法律若干问题的解释》,以及人民法院审理人身损害案件的实际。医疗侵权损害所致人身伤害案件中,评定残疾程度应参照五部委联合发布的《人体损伤致残程度分级》,不能参照其他残疾程度评定标准进行评定。

5. 不同原因所致残疾程度评定中各参照标准之间的关系

传统上,我国一直按工作能力和日常生活能力这两种能力的丧失程度来区分劳动能力,习惯上分为三个级别,这种按劳动能力性质所作的分级可以视为一种定性划分。(1)劳动能力全部丧失:是指工作能力和日常生活能力全部丧失,生活不能自理。(2)劳动能力大部分丧失:是指工作能力完全丧失,日常生活能力部分丧失。(3)劳动能力部分丧失:是指工作能力部分丧失,日常生活能够自理。此为三级分法。三级分法偏重于定性,简单明了,但不利于赔偿的操作。

《人体损伤致残程度分级》《工标》,均实行10级分法,10级分法分级细致,方便了赔偿的计算,可以视为一种定量的分级方法。该方法把伤残等级分为1~10级,1级最重,10级最轻。

三级分法和10级分法各有各的价值,互为补充。为了使10级分法中的级别能和三级分法相对应,根据《职工非因工伤残或因病丧失劳动能力程度鉴定标准(试行)》相关规定,将《工标》中的一至四级伤残为完全丧失劳动能力、五至六级伤残为大部分丧失劳动能力的范围。

不同原因所致残疾程度评定中各参照标准之间的关系见表11-1。

表 11－1　伤残程度评定参照标准

<table>
<tr><td>损伤原因</td><td>交通事故</td><td>故意伤害、医疗损害等</td><td colspan="2">医疗事故</td><td>职业病与工伤</td><td rowspan="2">劳动能力丧失程度</td></tr>
<tr><td>适用标准</td><td>《人体损伤致残程度分级》</td><td>《人体损伤致残程度分级》</td><td colspan="2">《医疗事故分级标准》</td><td>《工标》</td></tr>
<tr><td rowspan="12">对应伤残等级</td><td></td><td></td><td rowspan="2">一级</td><td>甲</td><td></td><td></td></tr>
<tr><td>1 级</td><td>1 级</td><td>乙</td><td>1 级</td><td rowspan="4">全部丧失</td></tr>
<tr><td>2 级</td><td>2 级</td><td rowspan="4">二级</td><td>甲</td><td>2 级</td></tr>
<tr><td>3 级</td><td>3 级</td><td>乙</td><td>3 级</td></tr>
<tr><td>4 级</td><td>4 级</td><td>丙</td><td>4 级</td></tr>
<tr><td>5 级</td><td>5 级</td><td>丁</td><td>5 级</td><td rowspan="2">大部分丧失</td></tr>
<tr><td>6 级</td><td>6 级</td><td rowspan="5">三级</td><td>甲</td><td>6 级</td></tr>
<tr><td>7 级</td><td>7 级</td><td>乙</td><td>7 级</td><td rowspan="4">部分丧失</td></tr>
<tr><td>8 级</td><td>8 级</td><td>丙</td><td>8 级</td></tr>
<tr><td>9 级</td><td>9 级</td><td>丁</td><td>9 级</td></tr>
<tr><td>10 级</td><td>10 级</td><td>戊</td><td>10 级</td></tr>
<tr><td></td><td></td><td colspan="2">四级</td><td></td><td></td></tr>
</table>

（二）损伤程度评定标准适用

1. 损伤程度评定标准演变

法律上所讲的损伤程度，在 2014 年 1 月 1 日之前和之后有不同的划分方式。在此之前，人体损伤程度鉴定依据的标准为：《人体重伤鉴定标准》（司发〔1990〕070 号）、《人体轻伤鉴定标准（试行）》［法（司）发〔1990〕6 号］和《人体轻微伤的鉴定》（GA/T 146—1996）。与之相对应，损伤程度鉴定意见则对应为重伤、轻伤和轻微伤。

为进一步加强人身损伤程度鉴定标准化、规范化工作，2014 年 1 月 1 日起，开始施行由最高人民法院、最高人民检察院、公安部、国家安全部、司法部联合发布的《人体损伤程度鉴定标准》。2014 年 1 月 1 日之前参照的《人体重伤鉴定标准》（司发〔1990〕070 号）、《人体轻伤鉴定标准（试行）》［法（司）发〔1990〕6 号］和《人体轻微伤的鉴定》（GA/T 146—1996）同时废止。新实施标准规定了标准的实施范围，即适用于《刑法》及其他法律、法规所涉及的人体损伤程度鉴定。

同时,根据不同部位损伤后的病理生理过程以及对身体功能的后续影响,对原损伤程度鉴定标准规定的具体情况进行了适当调整,以更加科学、真实地反映客观损伤情况,更好地适应司法实践工作。

2. 损伤程度评定的内容

损伤程度鉴定意见是刑事处罚的主要依据,其鉴定意见包括三种形式:重伤、轻伤和轻微伤,其中重伤分为重伤一级和重伤二级,轻伤分为轻伤一级和轻伤二级,轻微伤不分级。

(1)重伤,是指人肢体残废、毁人容貌、丧失听觉、丧失视觉、丧失其他器官功能或者其他对于人身健康有重大伤害的损伤。

(2)轻伤,是指物理、化学及生物等各种外界因素作用于人体,造成组织、器官结构一定程度的损害或者部分功能障碍,尚未构成重伤又不属轻微伤害的损伤。

(3)轻微伤,是指造成人体局部组织器官结构轻微损伤或短暂的功能障碍

3. 损伤程度评定原则

伤情程度评定的鉴定意见,实践中往往是刑事处罚的依据,涉及罪行的有无及轻重,对当事人利害关系较大。因此,鉴定中必须坚持以下原则:坚持实事求是的原则,坚持以致伤因素对人体直接造成的原发性损伤及由损伤引起的并发症或者后遗症为依据,全面分析,综合鉴定;对于以原发性损伤及其并发症作为鉴定依据的,鉴定时应以损伤当时伤情为主,损伤的后果为辅,综合鉴定;对于以容貌损害或者组织器官功能障碍作为鉴定依据的,鉴定时应以损伤的后果为主,损伤当时伤情为辅,综合鉴定。

4. 损伤程度评定中伤病关系处理原则

在多因一果的损伤程度鉴定中,伤病关系的判定涉及不同原因所发挥的原因力大小的判定,实践中情形较为复杂,必须在临床医学与法医学基础上,具体情况具体分析,以出具客观、准确的鉴定意见。对损伤为主要作用的,既往伤/病为次要或者轻微作用的,应依据本标准相应条款进行鉴定;损伤与既往伤/病共同作用的,即二者作用相当的,应依据本标准相应条款适度降低损伤程度等级,即等级为重伤一级和重伤二级的,可视具体情况鉴定为轻伤一级或者轻伤二级,等级为轻伤一级和轻伤二级的,均鉴定为轻微伤;既往伤/病为主要作用的,即损伤为次要或者轻微作用的,不宜进行损伤程度鉴定,只说明因果关系。

第三节　道路交通事故人身损害的赔偿

一、道路交通事故人身损害赔偿的依据

依据《道路交通安全法》的相关规定，机动车发生交通事故造成人身伤亡、财产损失的，由保险公司在机动车第三者责任强制保险责任限额范围内予以赔偿。超过责任限额的部分，按照下列方式承担赔偿责任：

1. 机动车之间发生交通事故的，由有过错的一方承担责任；双方都有过错的，按照各自过错的比例分担责任。

2. 机动车与非机动车驾驶人、行人之间发生交通事故的，由机动车一方承担责任。但是，有证据证明非机动车驾驶人、行人违反道路交通安全法律法规，且机动车驾驶人已经采取必要处置措施的，减轻机动车一方的责任。交通事故的损失是由非机动车驾驶人、行人故意造成的，机动车一方不担责任。

3. 未经批准，擅自挖掘道路、占用道路施工或者从事其他影响道路交通安全活动的，由道路主管部门责令停止违法行为，并恢复原状，可以依法给予罚款；致使通行的人员、车辆遭受损失的，依法承担赔偿责任。

4. 道路施工作业或者道路出现损毁，未及时设置警示标志、未采取防护措施，或者应当设置交通信号灯、交通标志、交通标线而没有设置，或者应当及时变更交通信号灯、交通标志、交通标线而没有及时变更，致使通行的人员、车辆遭受损失的，负有相关职责的单位应当依法承担赔偿责任。

二、道路交通事故人身损害赔偿的原则

发生道路交通事故的原因复杂多样，在道路交通事故人身伤害民事赔偿案件中，赔偿的执行要综合考虑多种因素，一般可参照以下原则。

1. 财产损失全部赔偿的原则。就车、物损失而言，这是指事故直接损失的全部内容，而不包括事故的间接损失。

2. 对人身损害，赔偿由此引起的经济损失的原则。对于精神上的损害，视具体情况也应赔偿一定的抚恤金。

3. 按交通事故责任承担损害赔偿的原则。即几方当事人均负有交通事故责任时，要按照各自应负的交通事故责任分担相应的损害赔偿。

4. 机动车方负无过错赔偿责任的原则。即机动车与非机动车、行人发生交通事故，造成对方人员死亡或者重伤，机动车一方无过错的，应当分担对方 10%

的经济损失,但总额最高不超过交通事故发生地10个月的平均生活费。

5.公平合理的原则。不仅要考虑当事人的交通事故责任,还要考虑当事人的经济状况。

三、道路交通事故人身损害赔偿项目

2004年5月1日实施的《最高人民法院关于审理人身损害赔偿案件适用法律若干问题的解释》第17条规定:“受害人遭受人身损害,因就医治疗支出的各项费用以及因误工减少的收入,包括医疗费、误工费、护理费、交通费、住宿费、住院伙食补助费、必要的营养费,赔偿义务人应当予以赔偿。受害人因伤致残的,其因增加生活上需要所支出的必要费用以及因丧失劳动能力导致的收入损失,包括残疾赔偿金、残疾辅助器具费、被扶养人生活费,以及因康复护理、继续治疗实际发生的必要的康复费、护理费、后续治疗费,赔偿义务人也应当予以赔偿。受害人死亡的,赔偿义务人除应当根据抢救治疗情况赔偿本条第一款规定的相关费用外,还应当赔偿丧葬费、被扶养人生活费、死亡补偿费以及受害人亲属办理丧葬事宜支出的交通费、住宿费和误工损失、精神损害抚慰金等其他合理费用。”

(一)医疗费

根据医疗机构出具的医药费、住院费等收款凭证,结合病历和诊断证明等相关证据确定。赔偿义务人对治疗的必要性和合理性有异议的,应当承担相应的举证责任。

医疗费的赔偿数额,按照一审法庭辩论终结前实际发生的数额确定。器官功能恢复训练所必要的康复费、适当的整容费以及其他后续治疗费,赔偿权利人可以待实际发生后另行起诉。但根据医疗证明或者鉴定意见确定必然发生的费用,可以与已经发生的医疗费一并予以赔偿。

(二)误工费

根据受害人的误工时间和收入状况确定。误工时间根据受害人接受治疗的医疗机构出具的证明确定。受害人因伤致残持续误工的,误工时间可以计算至残疾评定日前一天。受害人有固定收入的,按照实际减少的收入计算误工费。受害人无固定收入的,按照其最近3年的平均收入计算;受害人不能举证证明其最近三年的平均收入状况的,可以参照受诉法院所在地相同或者相近行业上1年度职工的平均工资计算。

(三)护理费

根据护理人员的收入状况和护理人数、护理期限确定。护理人员有收入的,参照误工费的规定计算;护理人员没有收入或者雇佣护工的,参照当地护工从事同等级别护理的劳务报酬标准计算。护理人员原则上为1人,但医疗机构或者鉴定机构有明确意见的,可以参照确定护理人员人数。护理期限应计算至受害人恢复生活自理能力时止。受害人因残疾不能恢复生活自理能力的,可以根据其年龄、健康状况等因素确定合理的护理期限,但最长不超过20年。受害人定残后的护理,应当根据其护理依赖程度并结合配制残疾辅助器具的情况确定护理级别。

(四)交通费

根据受害人及其必要的陪护人员因就医或转院治疗实际发生的费用计算。交通费应当以正式票据为凭;有关凭据应当与就医地点、时间、人数、次数相符合。

(五)住院伙食补助费

根据当地国家机关一般工作人员的出差伙食补助标准予以确定。受害人确有必要到外地治疗,因客观原因不能住院,受害人本人及其陪护人员实际发生的住宿费和伙食费,其合理部分应予赔偿。

(六)营养费

根据受害人伤残情况参照医疗机构的意见确定。

(七)残疾赔偿金

根据受害人丧失劳动能力程度或者伤残等级,按照受诉法院所在地上1年度城镇居民人均可支配收入或者农村居民人均纯收入标准,自定残之日起按20年计算。但60周岁以上的,年龄每增加1岁减少1年;75周岁以上的,按5年计算。受害人因伤致残但实际收入没有减少,或者伤残等级较轻但造成职业妨害严重影响其劳动就业的,可以对残疾赔偿金作相应调整。

(八)残疾辅助器具费

按照普通适用器具的合理费用标准计算。伤情有特殊需要的,可以参照辅助器具配制机构的意见确定相应的合理费用标准。辅助器具的更换周期和赔偿期限参照配制机构的意见确定。

(九)丧葬费

按照受诉法院所在地上一年度职工月平均工资标准,以6个月总额计算。

(十)被扶养人生活费

根据扶养人丧失劳动能力程度,按照受诉法院所在地上1年度城镇居民人均消费性支出和农村居民人均年生活消费支出标准计算。被扶养人为未成年人的,计算至18周岁;被扶养人无劳动能力又无其他生活来源的,计算20年。但60周岁以上的,年龄每增加1岁减少1年;75周岁以上的,按5年计算。被扶养人,是指受害人依法应当承担扶养义务的未成年人或者丧失劳动能力又无其他生活来源的成年近亲属。被扶养人还有其他扶养人的,赔偿义务人只赔偿受害人依法应当负担的部分。被扶养人有数人的,年赔偿总额累计不超过上1年度城镇居民人均消费性支出额或者农村居民人均年生活消费支出额。

(十一)死亡赔偿金

按照受诉法院所在地上1年度城镇居民人均可支配收入或者农村居民人均纯收入标准,按20年计算。但60周岁以上的,年龄每增加1岁减少1年;75周岁以上的,按5年计算。

(十二)交通事故财产损失费

因交通事故损坏的车辆、物品、设施等,应当修复,不能修复的,折价赔偿。牲畜因伤失去使用价值或者死亡的,折价赔偿。

(十三)精神损害赔偿

赔偿权利人向人民法院请求赔偿精神损害抚慰金的,适用《最高人民法院关于确定民事侵权精神损害赔偿责任若干问题的解释》予以确定。精神损害抚慰金的请求权,不得让与或者继承。但赔偿义务人已经以书面方式承诺给予金钱赔偿,或者赔偿权利人已经向人民法院起诉的除外。

赔偿权利人举证证明其住所地或者经常居住地城镇居民人均可支配收入或者农村居民人均纯收入高于受诉法院所在地标准的,残疾赔偿金或者死亡赔偿金可以按照其住所地或者经常居住地的相关标准计算。超过确定的护理期限、辅助器具费给付年限或者残疾赔偿金给付年限,赔偿权利人向人民法院起诉请求继续给付护理费、辅助器具费或者残疾赔偿金的,人民法院应予受理。赔偿权利人确需继续护理、配制辅助器具,或者没有劳动能力和生活来源的,人民法院应当判令赔偿义务人继续给付相关费用5~10年。一审法庭辩论终结前已经发生的费用、死亡赔偿金以及精神损害抚慰金,应当一次性给付。解释所称"城镇居民人均可支配收入""农村居民人均纯收入""城镇居民人均消费性支出""农村居民人均年生活消费支出""职工平均工资",按照政府统计部门公布的各省、自治区、直辖市以及经济特区和计划单列市上一年度相关统计数据确定。

四、道路交通事故人身损害赔偿的注意事项

对于道路交通事故人身损害赔偿纠纷诉诸法院的,原告方应向法院提供的主要证据包括:

(1)提供公安机关制作的调解书、调解终结书或该事故不属于任何一方当事人违章行为造成的结论。

(2)提供公安机关制作的道路交通事故责任认定书或上级公安机关重新认

定的决定。对公安机关作出责任认定不服的，还应提供能够证明当事人责任的证人证言及有关物证等。

(3)提供医院诊断证明、病历及法医鉴定意见。

(4)提供医疗费单据、交通住宿费凭证等证明材料。

(5)提供误工经济损失的证明材料，包括误工天数和误工费数额。

(6)残疾者应提供伤残评定结论，需要配备残疾用具的应出具医院证明。

(7)提供死者生前或残者丧失劳动能力前实际抚养的、没有其他生活来源的人的姓名、性别、年龄、住址，及该被抚养人是否还有其他抚养人的证明材料。

(8)提供财物直接损失，如因交通事故损坏的车辆、物品、设施建筑等的修复或折价费用等证明材料。

(9)提供事故车辆的保险单据。

第四节　职工工伤与职业病致残人员人身损害赔偿

一、工伤认定的法律依据

我国政府历来十分重视对劳动者的健康保护。1951 年 2 月 26 日政务院公布(1953 年 1 月 26 日修改公布)的《劳动保险条例》，初步确立了我国劳动保险制度。1994 年第八届全国人大常委会第八次会议通过了《劳动法》。随着劳动保险制度的建立，与之相应的劳动伤残鉴定法规也逐步制定和完善。1996 年 3 月 14 日经国家技术监督局批准，10 月 1 日实施的 GB/T 16180—1996《职工工伤与职业病致残程度鉴定》，是我国第一部劳动伤残评定的国家标准。2006 年针对该标准进行了修订，使其适用性得到进一步加强。

认定工伤，必须符合一定的法律条件，首先看是否存在劳动关系，其主体有两个方面，即用人单位、劳动者。判断劳动关系是否存在，主要看用人单位与劳动者之间有无签订劳务合同；没有签订劳务合同的是否形成了事实劳务关系。其次看是否有伤情存在，如损伤、伤残、死亡等。2011 年 1 月 1 日起施行《工伤保险条例》规定，职工有下列情形之一的，应当认定为工伤：(1)在工作时间和工作场所内，因工作原因受到事故伤害的。(2)工作时间前后在工作场所内，从事与工作有关的预备性或者收尾性工作受到事故伤害的。(3)在工作时间和工作场所内,因履行工作职责受到暴力等意外伤害的。(4)患职业病的。(5)因工外出期间,由于工作原因受到伤害或者发生事故下落不明的。(6)在上下班途中,受到非本人主要责任的交通事故或者城市轨道交通、客运轮渡、火车事故伤害的。(7)法律、行政法规规定应当认定为工伤的其他情形。同时还规定了可以视为工伤的情形,包括:(1)在工作时间和工作岗位,突发疾病死亡或者在48小时之内经抢救无效死亡的。(2)在抢险救灾等维护国家利益、公共利益活动中受到伤害的。(3)职工原在军队服役,因战、因公负伤致残,已取得革命伤残军人证,到用人单位后旧伤复发的。职工有前款第1项、第2项情形的,按照本条例的有关规定享受工伤保险待遇;职工有前款第3项情形的,按照本条例的有关规定享受除一次性伤残补助金以外的工伤保险待遇。

二、工伤致残的赔偿原则

《劳动法》规定,国家发展社会保险事业,建立社会保险制度,设立社会保险基金,使劳动者在年老、患病、工伤、失业、生育等情况下获得帮助与补偿。社会保险是保障劳动者基本生活需求的一种社会保障制度,带有一定的立法强制性,由《劳动法》进行调整,而有别于商业保险。主要内容包括养老保险、疾病保险、医疗保险、工伤保险、失业保险、生育保险、伤残保险、死亡遗嘱保险等。

工伤保险是对因工致伤或职业病致残造成劳动力丧失者给予工资补偿、医疗护理、伤残补偿及生活照顾;若因工伤(或职业病)死亡者,对其供养直系亲属给予丧葬、抚恤费等。它是社会保障体系中最基本的内容。

(一)工伤保险的原则

工伤保险通常有以下几条原则:

(1)无责任补偿原则。因工负伤,无论责任在雇主、个人或第三者,受伤者都应得到经济补偿。一般都由工伤社会保险机构统一管理和组织进行工伤补偿。一般工伤保险基金来源于企业缴纳的工伤保险费、滞留金、利息及法律法规规定的其他资金。

(2)区别因工与非因工的工伤原则。非因公负伤基本上与工作无关,保险待遇属补助、救济性质,明显低于工伤。故区别因工与非因工是建立工伤保险的前提条件。

(3)补偿工资损失原则。

(4)工伤保险基金原则。工伤保险基金是通过立法强制征收的企业工伤保险费,而个人不缴费。这最大限度保障了劳动者的权利。

(5)补偿与预防相结合的原则。工伤保险的目的是工伤补偿,但更重要的是预防事故,以及进行医疗康复和职业康复。所以,从另一角度考虑,对于保护社会利益和职工的根本利益,比工伤补偿具有更积极深远的意义。

职工因工负伤治疗,享受工伤医疗待遇,即所需的挂号费、住院费、医疗费、药费、就医路费全额报销。若住院治疗,还应给予住院伙食补助费(相当于当地因公出差伙食补助标准的2/3)。

职工因工负伤需停止工作接受治疗的,实行工伤医疗期,在此期间内停发工资,按月发给工伤津贴(相当于本人受伤前12个月的月平均工资收入。一般为1~24个月,最长不超过36个月)。

工伤医疗期满或评定伤残等级后停发工伤津贴,改为享受伤残待遇。

(二)工伤致残的赔偿

依据《工伤保险条例》的相关规定,职工因工作遭受事故伤害或者患职业病进行治疗,享受工伤医疗待遇。职工治疗工伤应当在签订服务协议的医疗机构就医,情况紧急时可以先到就近的医疗机构急救。治疗工伤所需费用符合工伤保险诊疗项目目录、工伤保险药品目录、工伤保险住院服务标准的,从工伤保险基金支付。工伤保险诊疗项目目录、工伤保险药品目录、工伤保险住院服务标准,由国务院社会保险行政部门会同国务院卫生行政部门、食品药品监督管理部门等部门规定。职工住院治疗工伤的伙食补助费,以及经医疗机构出具证明,报经办机构同意,工伤职工到统筹地区以外就医所需的交通、食宿费用从工伤保险基金支付,基金支付的具体标准由统筹地区人民政府规定。工伤职工治疗非工伤引发的疾病,不享受工伤医疗待遇,按照基本医疗保险办法处理。工伤职工到签订服务协议的医疗机构进行工伤康复的费用,符合规定的,从工伤保险基金支付。

社会保险行政部门作出认定为工伤的决定后发生行政复议、行政诉讼的,行政复议和行政诉讼期间不停止支付工伤职工治疗工伤的医疗费用。工伤职工因日常生活或者就业需要,经劳动能力鉴定委员会确认,可以安装假肢、矫形器、假眼、假牙和配置轮椅等辅助器具,所需费用按照国家规定的标准从工伤保险基金支付。职工因工作遭受事故伤害或者患职业病需要暂停工作接受工伤医疗的,在停工留薪期内,原工资福利待遇不变,由所在单位按月支付。停工留薪期一般不超过12个月。伤情严重或者情况特殊,经设区的市级劳动能力鉴定委员会确认,可以适当延长,但延长不得超过12个月。工伤职工评定伤残等级后,停发原待遇,按照本章的有关规定享受伤残待遇。工伤职工在停工留薪期满后仍需治疗的,继续享受工伤医疗待遇。生活不能自理的工伤职工在停工留薪期需要护理的,由所在单位负责。

工伤职工已经评定伤残等级并经劳动能力鉴定委员会确认需要生活护理

的,从工伤保险基金按月支付生活护理费。生活护理费按照生活完全不能自理、生活大部分不能自理或者生活部分不能自理3个不同等级支付,其标准分别为统筹地区上年度职工月平均工资的50%、40%或者30%。

职工因伤致残后,依据鉴定出的不同伤残等级,明确其享受不同待遇。(工伤赔偿计算,见表11-2)

1. 职工因工致残被鉴定为一级至四级伤残的,保留劳动关系,退出工作岗位,享受以下待遇:

(1)从工伤保险基金按伤残等级支付一次性伤残补助金,标准为:一级伤残为27个月的本人工资,二级伤残为25个月的本人工资,三级伤残为23个月的本人工资,四级伤残为21个月的本人工资。

(2)从工伤保险基金按月支付伤残津贴,标准为:一级伤残为本人工资的90%,二级伤残为本人工资的85%,三级伤残为本人工资的80%,四级伤残为本人工资的75%。伤残津贴实际金额低于当地最低工资标准的,由工伤保险基金补足差额。

(3)工伤职工达到退休年龄并办理退休手续后,停发伤残津贴,按照国家有关规定享受基本养老保险待遇。基本养老保险待遇低于伤残津贴的,由工伤保险基金补足差额。职工因工致残被鉴定为一级至四级伤残的,由用人单位和职工个人以伤残津贴为基数,缴纳基本医疗保险费。

2. 职工因工致残被鉴定为五级、六级伤残的,享受以下待遇:

(1)从工伤保险基金按伤残等级支付一次性伤残补助金,标准为:五级伤残为18个月的本人工资,六级伤残为16个月的本人工资。

(2)保留与用人单位的劳动关系,由用人单位安排适当工作。难以安排工作的,由用人单位按月发给伤残津贴,标准为:五级伤残为本人工资的70%,六级伤残为本人工资的60%,并由用人单位按照规定为其缴纳应缴纳的各项社会保险费。伤残津贴实际金额低于当地最低工资标准的,由用人单位补足差额。

经工伤职工本人提出,该职工可以与用人单位解除或者终止劳动关系,由工伤保险基金支付一次性工伤医疗补助金,由用人单位支付一次性伤残就业补助金。一次性工伤医疗补助金和一次性伤残就业补助金的具体标准由省、自治区、直辖市人民政府规定。

3. 职工因工致残被鉴定为七级至十级伤残的,享受以下待遇:

(1)从工伤保险基金按伤残等级支付一次性伤残补助金,标准为:七级伤残为13个月的本人工资,八级伤残为11个月的本人工资,九级伤残为9个月的本人工资，十级伤残为 7 个月的本人工资。

(2)劳动、聘用合同期满终止，或者职工本人提出解除劳动、聘用合同的，由工伤保险基金支付一次性工伤医疗补助金，由用人单位支付一次性伤残就业补助金。一次性工伤医疗补助金和一次性伤残就业补助金的具体标准由省、自治区、直辖市人民政府规定。

4. 职工因工死亡，其近亲属按照下列规定从工伤保险基金领取丧葬补助金、供养亲属抚恤金和一次性工亡补助金：

(1)丧葬补助金为 6 个月的统筹地区上年度职工月平均工资。

(2)供养亲属抚恤金按照职工本人工资的一定比例发给由因工死亡职工生前提供主要生活来源、无劳动能力的亲属。标准为：配偶每月 40%，其他亲属每人每月 30%，孤寡老人或者孤儿每人每月在上述标准的基础上增加 10%。核定的各供养亲属的抚恤金之和，不应高于因工死亡职工生前的工资。供养亲属的具体范围，由国务院社会保险行政部门规定。

(3)一次性工亡补助金标准为上一年度全国城镇居民人均可支配收入的 20 倍。伤残职工在停工留薪期内因工伤导致死亡的，其近亲属享受本条第 1 款规定的待遇。一级至四级伤残职工在停工留薪期满后死亡的，其近亲属可以享受本条第 1 款第 1 项、第 2 项规定的待遇。

伤残津贴、供养亲属抚恤金、生活护理费由统筹地区社会保险行政部门根据职工平均工资和生活费用变化等情况适时调整。调整办法由省、自治区、直辖市人民政府规定。

5. 职工因工外出期间发生事故或者在抢险救灾中下落不明的，从事故发生当月起 3 个月内照发工资，从第 4 个月起停发工资，由工伤保险基金向其供养亲属按月支付供养亲属抚恤金。生活有困难的，可以预支一次性工亡补助金的 50%。职工被人民法院宣告死亡的，按照本条例第 39 条职工因工死亡的规定处理。

表 11－2　工伤赔偿计算

赔偿项目 伤残等级	一次性伤 残补助	一次性 伤残津贴	一次性工伤 医疗补助	一次性 护理费	非法用 工赔偿金
	标准	标准	标准	标准	标准
1 级伤残	24 个月	90% 120 个月	15 个月	60% 120 个月	16 倍年工资
2 级伤残	22 个月	85% 120 个月	14 个月	50% 120 个月	14 倍年工资
3 级伤残	20 个月	80% 120 个月	13 个月	40% 120 个月	12 倍年工资

续表

赔偿项目 伤残等级	一次性伤残补助	一次性伤残津贴	一次性工伤医疗补助	一次性护理费	非法用工赔偿金
4级伤残	18个月	75%120个月	12个月	30%120个月	10倍年工资
		一次性伤残就业补助			
5级伤残	16个月	50个月	10个月		8倍年工资
6级伤残	14个月	40个月	8个月		6倍年工资
7级伤残	12个月	25个月	6个月		4倍年工资
8级伤残	10个月	15个月	4个月		3倍年工资
9级伤残	8个月	8个月	2个月		2倍年工资
10级伤残	6个月	4个月	1个月		1倍年工资
工伤死亡	丧葬补助金	亲属抚恤金		一次性工亡补助金	—
	标　准	标　准		标　准	标　准
	6个月职工平均工资	配偶40%,其他30%,孤老幼加10%,按月发,以工亡者月工资为基数和上限		48~60个月平均工资	10倍年工资
因病或非因工死亡	丧葬补助金	直系亲属一次性救济金		一次性抚恤金	
	3个月平均工资	6个月工资		在职的6个月,离休的3个月	

备注:

1. 单位支付全部医疗费,住院伙食费按公差70%报销,转院治疗的交通食宿全报。治疗期间工资福利不变,自受伤之日起至伤残评定日止(最长24个月)。

2. 一次性伤残补助金、一次性伤残津贴和一次性医疗补助以职工本人工资为基数,一次性护理费、丧葬补助金和一次性工亡补助金则以统筹地区上年度职工月平均工资为基数,非法用工的赔偿基数是统筹地区上年度职工年平均工资。

3. 非法用工单位伤亡人员是指在无营业执照或者未经依法登记、备案的前段时间以及被依法吊销营业执照或者撤销登记、备案的单位受到事故伤害或者患职业病的职工,或者用人单位使用童工造成的伤残,死亡童工。

4. 本人月工资不足平均月工资60%时,按60%计算;超过其300%的,按300%计算。

第五节 医疗事故所致人身损害的赔偿

一、处理原则

依据2002年9月1日《医疗事故处理条例》的相关规定,医疗事故处理一般遵循以下原则:

(1)发生医疗事故的赔偿等民事责任争议,医患双方可以协商解决。不愿意协商或者协商不成的,当事人可以向卫生行政部门提出调解申请,也可以直接向人民法院提起民事诉讼。

(2)双方当事人协商解决医疗事故的赔偿等民事责任争议的,应当制作协议书。协议书应当载明双方当事人的基本情况和医疗事故的原因、双方当事人共同认定的医疗事故等级以及协商确定的赔偿数额等,并由双方当事人在协议书上签名。

(3)已确定为医疗事故的,卫生行政部门应医疗事故争议双方当事人请求,可以进行医疗事故赔偿调解。调解时,应当遵循当事人双方自愿原则,并应当依据本条例的规定计算赔偿数额。经调解,双方当事人就赔偿数额达成协议的,制作调解书,双方当事人应当履行。调解不成或者经调解达成协议后一方反悔的,卫生行政部门不再调解。

(4)医疗事故赔偿,应当考虑下列因素,确定具体赔偿数额:医疗事故等级、医疗过失行为在医疗事故损害后果中的责任程度、医疗事故损害后果与患者原有疾病状况之间的关系。不属于医疗事故的,医疗机构不承担赔偿责任。

(5)医疗事故赔偿费用,实行一次性结算,由承担医疗事故责任的医疗机构支付。

二、赔偿项目及标准

依据《医疗事故处理条例》的相关规定,医疗事故赔偿,按照下列项目和标准计算。

(一)医疗费

按照医疗事故对患者造成的人身损害进行治疗所发生的医疗费用计算,凭据支付,但不包括原发病医疗费用。结案后确实需要继续治疗的,按照基本医疗费用支付。

(二)误工费

患者有固定收入的,按照本人因误工减少的固定收入计算,对收入高于医疗事故发生地上一年度职工年平均工资3倍以上的,按照3倍计算;无固定收入的,按照医疗事故发生地上1年度职工年平均工资计算。

(三)住院伙食补助费

按照医疗事故发生地国家机关一般工作人员的出差伙食补助标准计算。

(四)陪护费

患者住院期间需要专人陪护的,按照医疗事故发生地上1年度职工年平均工资计算。

(五)残疾生活补助费

根据伤残等级,按照医疗事故发生地居民年平均生活费计算,自定残之月起最长赔偿30年;但是,60周岁以上的,不超过15年;70周岁以上的,不超过5年。

(六)残疾用具费

因残疾需要配置补偿功能器具的,凭医疗机构证明,按照普及型器具的费用计算。

(七)丧葬费

按照医疗事故发生地规定的丧葬费补助标准计算。

(八)被扶养人生活费

以死者生前或者残疾者丧失劳动能力前实际扶养且没有劳动能力的人为限,按照其户籍所在地或者居所地居民最低生活保障标准计算。对不满16周岁的,扶养到16周岁。对年满16周岁但无劳动能力的,扶养20年;但是,60周岁以上的,不超过15年;70周岁以上的,不超过5年。

(九)交通费

按照患者实际必需的交通费用计算,凭据支付。

(十)住宿费

按照医疗事故发生地国家机关一般工作人员的出差住宿补助标准计算,凭据支付。

(十一)精神损害抚慰金

按照医疗事故发生地居民年平均生活费计算。造成患者死亡的,赔偿年限最长不超过6年;造成患者残疾的,赔偿年限最长不超过3年。

参加医疗事故处理的患者近亲属所需交通费、误工费、住宿费,参照本条例第50条的有关规定计算,计算费用的人数不超过2人。医疗事故造成患者死亡的,参加丧葬活动的患者的配偶和直系亲属所需交通费、误工费、住宿费,参照《医疗事故处理条例》第50条的有关规定计算,计算费用的人数不超过2人。

第六节 医疗侵权及其他原因所致人身损害的赔偿

一、医疗侵权损害及其他原因所致人身损害的赔偿的法律依据

致他人丧失劳动能力的赔偿,包括使他人全部丧失和部分丧失劳动能力两种情形的赔偿,简称残疾赔偿。由于劳动能力全部或部分丧失,使受害人无法继续工作以维持生计。《民法通则》第119条规定的是赔偿“残废者生活补助费”;《产品质量法》第44条第1款中规定:“……造成残疾的,还应当支付残疾者生活自助具费、生活补助费、残疾赔偿金以及由其扶养的人所必需的生活费等费用。”

《最高人民法院关于贯彻执行〈中华人民共和国民法通则〉若干问题的意见(试行)》第146条进一步规定:“侵害他人身体致使其丧失全部或者部分劳动能力的,赔偿的生活补助费一般应补足到不低于当地居民基本生活费的标准。”

《最高人民法院关于审理人身损害赔偿案件适用法律若干问题的解释》第1条规定:“因生命、健康、身体遭受侵害,赔偿权利人起诉请求赔偿义务人赔偿财产损失和精神损害的,人民法院应予受理。”

二、医疗侵权损害及其他原因所致人身损害的赔偿项目

《最高人民法院关于审理人身损害赔偿案件适用法律若干问题的解释》第17条规定了受害人遭受人身损害后,赔偿义务人应当予以赔偿的项目及计算方法,具体内容如下:

(一)医疗费

医疗费是人体遭受损伤后,为治疗损伤而支付的出诊费、挂号费、检查费、治疗费、药费、住院费等医疗人身伤害的费用。对医疗费的赔偿,应以医院的病历、诊断证明及收款凭证等确定。赔偿义务人对治疗的必要性和合理性有异议的,应当承担相应的举证责任。医疗费的赔偿数额,按照一审法庭辩论终结前实际发生的数额确定。器官功能恢复训练所必要的康复费、适当的整容费以及其他后续治疗费,赔偿权利人可以待实际发生后另行起诉。但根据医疗证明或者鉴定意见确定必然发生的费用,可以与已经发生的医疗费一并予以赔偿。所谓后续医疗费,是指医疗终结并定残后,如确实需要继续治疗并经原治疗医院证明,特别是针对维持生命或主要器官功能而依赖一定药物以及相应病症的治疗等,侵权人应当适当赔偿受害人继续医治费用。

在人身损害赔偿案件中,医疗费的赔偿从理论上讲本不应该存在争议,因疗伤而支出的费用是用多少、赔多少。由于实践中存在小伤大养,轻伤久治,以及伤者借疗伤之机治疗与损伤毫无关系的疾病的情况。甚至有的医院为了经济利益,不合理地扩大费用,采用不必要的昂贵的检查方法,随意延长住院时间等,从而导致巨额医疗费增加了人身损害赔偿合理、及时、正确解决的难度。针对医疗费赔偿的争论,也成为人身损害赔偿案件处理中的一个难点。医疗费的赔偿一般不属于鉴定内容,在上述情况下,针对巨额医疗费用产生争议的,可针对医疗费用的合理性、医疗费用与损伤的相关性等内容进行审查鉴定。在审查医疗费的赔偿范围时,应当注意以下几点:(1)受害人先后在几个医院诊治的,一般以所在地最先就诊的医院或主要治疗的医院所做的治疗确定医疗费。转往外地医院治疗的需经当地医院同意,未经同意而擅自转院治疗的,其转院后的医疗费一般不予赔偿。(2)医疗费必须是治疗外伤或外伤直接引起的并发症的费用,治疗与外伤无关的疾病不予赔偿。受害人为消除因人身损害而带来的不良后果,确实需要进行装假肢、整容等补救性治疗所产生的费用也应赔偿。(3)在经治医院以外的地方购买的药品等,须经经治医院批准,私自购买的,原则上不赔偿。(4)对"继续治疗费""功能训练费""整容费"等在赔偿时应当结合医疗病情证明与法医学鉴定合理考虑。

(二)误工费

误工费,是指从受害人遭受人身损害之日起至医疗终结,期间因不能正常工作而导致的实际收入损失,应根据受害人的误工时间和收入状况确定。在法医学鉴定中,鉴定内容不是误工费,而是误工期限,赔偿中可依据相应规定计算出误工费。对误工期的鉴定应注意如下问题:损伤与诊治内容的一致性,损伤与用药之间的一致性,损伤的临床表现及并发症等,以及不同年龄、不同职业对医疗及休养时间的不同要求。

误工时间,根据受害人接受治疗的医疗机构出具的证明确定。受害人因伤致残持续误工的,误工时间可以计算至定残日前1天。受害人有固定收入的,误工费按照实际减少的收入计算。受害人无固定收入的,按照其最近3年的平均收入计算;受害人不能举证证明其最近3年的平均收入状况的,可以参照受诉法院所在地相同或者相近行业上一年度职工的平均工资计算。

(三)护理费

护理费根据护理人员的收入状况和护理人数、护理期限确定。护理人员有收入的,参照误工费的规定计算;护理人员没有收入或者雇佣护工的,参照当地护工从事同等级别护理的劳务报酬标准计算。护理人员原则上为一人,但医疗机构或者鉴定机构有明确意见的,可以参照确定护理人员人数。护理期限应计算至受害人恢复生活自理能力时止。受害人因残疾不能恢复生活自理能力的,可以根据其年龄、健康状况等因素确定合理的护理期限,但最长不超过20年。在法医学鉴定中,鉴定内容不是护理费,而是护理期限,赔偿中可依据相应规定计算出护理费。

受害人定残后的护理,应当根据其护理依赖程度并结合配制残疾辅助器具的情况确定护理级别。护理等级参照工伤标准,根据进食、翻身、大小便、穿衣及洗漱、自我移动5项条件,分为完全护理依赖、大部分护理依赖和部分护理依赖3个等级。上述5项均需要护理的情形属于完全护理依赖,5项中有3~4项需要护理的情形为大部分护理依赖,5项中有1~2项需要护理的情形为部分护理依赖。护理等级由劳动鉴定委员会或法医学鉴定人进行评定,并依护理等级分别按上年度当地职工月平均工资的50%、40%、30%发给。

(四)交通费

根据受害人及其必要的陪护人员因就医或者转院治疗实际发生的费用计算。交通费应当以正式票据为凭;有关凭据应当与就医地点、时间、人数、次数相符合。对于不合理的以及受害人故意扩大的交通费不予赔偿。

(五)住院伙食补助费

根据当地国家机关一般工作人员的出差伙食补助标准予以确定。受害人确有必要到外地治疗,因客观原因不能住院,受害人本人及其陪护人员实际发生的住宿费和伙食费,其合理部分应予赔偿。

(六)营养费

营养费,是指受害人仅靠药物治疗和普通的饮食摄入尚不能满足受害身体的需要,亦不能及早恢复健康,而需要普通饮食以外的营养品作为对身体补充而支出的费用。对于伤情较重,受害人特殊情况严重影响进食且确实需要大量补充营养的,可根据当地平均生活水平酌情考虑给付。在法医学鉴定中,鉴定内容不是营养费,而是营养期限,赔偿中可依据相应规定计算出营养费。

(七)残疾赔偿金

根据受害人丧失劳动能力程度或者伤残等级,按照受诉法院所在地上一年度城镇居民人均可支配收入或者农村居民人均纯收入标准,自定残之日起按20年计算。60周岁以上的,年龄每增加1岁减少1年;75周岁以上的,按5年计算。受害人因伤致残但实际收入没有减少,或者伤残等级较轻但造成职业妨害严重影响其劳动就业的,可以对残疾赔偿金作相应调整。

赔偿权利人举证证明其住所地或者经常居住地城镇居民人均可支配收入或

者农村居民人均纯收入高于受诉法院所在地标准的,残疾赔偿金可以按照其住所地或者经常居住地的相关标准计算。

(八)残疾辅助器具费

残疾辅助器具费,是指因残疾而造成身体功能全部或者部分丧失,从而需要配制补偿功能器具的费用。在确定赔偿时一定要公正、合理地考虑,既要考虑受害人生活所必需,也要考虑加害人赔付能力,更要正确确定用具的价格、更换次数以及维修费用。必须安置残疾用具的,一般按国内普及型标准报销费用;有特殊需要的,可以参照辅助器具配制机构的意见确定相应的合理费用标准;辅助器具的更换周期和赔偿期限参照配制机构的意见确定。

残疾辅助器具主要指以下几种:(1)肢残者用的支辅具、假肢及其零部件,假眼,假鼻,内脏托带,矫形器,非机动助行器,生活自助器,特殊卫生用品;(2)视力残疾者用的盲杖、导盲镜、助视器、盲人阅读器;(3)语言、听力残疾者用的语言训练器;(4)智力残疾者用的行为训练器、生活能力训练用品。

(九)丧葬费

侵犯他人生命权并致受害人死亡的,一般应当赔偿丧葬费。具体赔偿数额按照受诉法院所在地上 1 年度职工月平均工资标准,以 6 个月总额计算。

(十)被扶养人生活费

《最高人民法院关于贯彻执行〈中华人民共和国民法通则〉若干问题的意见(试行)》第 147 条规定:"侵害他人身体致人死亡或者丧失劳动能力的,依靠受害人实际扶养而没有其他生活来源的人要求侵害人支付必要生活费的,应当予以支持,其数额根据实际情况确定。"

被扶养人生活费根据扶养人丧失劳动能力程度,按照受诉法院所在地上 1 年度城镇居民人均消费性支出和农村居民人均年生活消费支出标准计算。被扶养人为未成年人的,计算至 18 周岁;被扶养人无劳动能力又无其他生活来源的,计算 20 年。但 60 周岁以上的,年龄每增加 1 岁减少 1 年;75 周岁以上的,按 5 年计算。

被扶养人,是指受害人依法应当承担扶养义务的未成年人或者丧失劳动能力又无其他生活来源的成年近亲属。被扶养人还有其他扶养人的,赔偿义务人只赔偿受害人依法应当负担的部分。被扶养人有数人的,年赔偿总额累计不超过上一年度城镇居民人均消费性支出额或者农村居民人均年生活消费支出额。赔偿权利人举证证明其住所地或者经常居住地城镇居民人均可支配收入或者农村居民人均纯收入高于受诉法院所在地标准的,被抚养人生活费可以按照其住所地或者经常居住地的相关标准计算。

（十一）死亡赔偿金

按照受诉法院所在地上一年度城镇居民人均可支配收入或农村居民人均纯收入标准，按20年计算。60周岁以上的，年龄每增加1岁减少1年；75周岁以上的，按5年计算。赔偿权利人举证证明其住所地或者经常居住地城镇居民人均可支配收入或者农村居民人均纯收入高于受诉法院所在地标准的，死亡赔偿金可以按照其住所地或者经常居住地的相关标准计算。

（十二）精神损害抚慰金

精神损害抚慰金的赔偿，各国立法不尽相同，但一般都采取了限制原则，以法律规定的情况为限。通常认为，精神损害赔偿是民事主体因其人身权利受到不法侵害，使其人格利益和身份利益受到损害或遭受精神痛苦，要求侵权人通过财产赔偿等方式进行救济和保护的民事法律制度。这一制度在法律上既具有补偿性的功能，又具有惩罚性的功能，即对受害人所遭受的精神损害进行补偿，同时对加害人的行为进行惩罚。

《最高人民法院关于审理人身损害赔偿案件适用法律若干问题的解释》明确规定：受害人或者死者近亲属遭受精神损害，赔偿权利人向人民法院请求赔偿精神损害抚慰金的，适用《最高人民法院关于确定民事侵权精神损害赔偿责任若干问题的解释》予以确定。精神损害抚慰金的请求权，不得让与或者继承。但赔偿义务人已经以书面方式承诺给予金钱赔偿，或者赔偿权利人已经向人民法院起诉的除外。

精神损害赔偿范围的确定，直接涉及侵害人是否承担赔偿责任和受害人赔偿请求权是否获得法律的支持等法律适用问题。它是依法确定赔偿标准和赔偿数额的前提与条件。我国《民法通则》第120条规定："公民的姓名权、肖像权、名誉权、荣誉权受到侵害的，有权要求停止侵害，恢复名誉，消除影响，赔礼道歉，并可以要求赔偿损失。"最高人民法院于2001年2月26日颁布实施的《最高人民法院关于确定民事侵权精神损害赔偿责任若干问题的解释》更进一步明确了精神损害赔偿的范围，具体包括如下内容：(1)侵害他人生命权、健康权、身体权，造成他人精神痛苦等不良后果，受害人提出请求赔偿精神损害的；(2)侵害他人姓名权、肖像权、名誉权、荣誉权，造成他人精神痛苦等不良后果，受害人提出请求赔偿精神损害的；(3)侵害他人人格尊严权、人身自由权，造成他人精神痛苦等不良后果，受害人提出请求赔偿精神损害的；(4)违反社会公共利益、社会公德，侵害他人隐私或者其他人格利益，受害人以侵权为由请求赔偿精神损害的；(5)非法使被监护人脱离监护，导致亲子关系或者近亲属间的关系遭受严重损害，监护人请求赔偿精神损害的；(6)自然人死亡后，侵权者因对死者实施侵权行为，包括"以侮辱、诽谤、贬损、丑化或者违反社会公共利益、社会公德的其他方式,侵害死者姓名、肖像、名誉、荣誉;非法披露、利用死者隐私,或者以违反社会公共利益、社会公德的其他方式,侵害死者隐私;非法利用、损害遗体、遗骨,或者以违反社会公共利益、社会公德的其他方式,侵害遗体、遗骨",而致其近亲属遭受精神痛苦,其近亲属请求赔偿精神损害的;(7)具有人格象征意义的特定纪念物品,因侵权行为而永久性灭失或者毁损,物品所有人以侵权为由请求赔偿精神损害的。

如何确定精神损害赔偿的标准,由于目前还缺乏统一的法律规定,由于精神本身是一种无形存在,精神损害无法量化,精神损害赔偿的确定无法标准化,但没有标准,则随意性又太大,不利于司法审判。故实践中奉行适当限制、区分对待,并由法官酌定确定的操作方法。考虑到精神损害赔偿具有补偿性和抚慰性的特点,在确定精神损害赔偿数额时,应考虑以下因素:侵权人的过错程度,侵害的手段、场合、行为方式,侵权行为所造成的后果,侵权人的获利情况,侵权人承担责任的经济能力,受诉法院所在地的平均生活水平等。

三、相关标准及名词释义

一审法庭辩论终结前已经发生的费用、死亡赔偿金以及精神损害抚慰金,应当一次性给付。赔偿义务人请求以定期金方式给付残疾赔偿金、被扶养人生活费、残疾辅助器具费的,应当提供相应的担保。人民法院可以根据赔偿义务人的给付能力和提供担保的情况,确定以定期赔偿金方式给付相关费用。定期赔偿金按照赔偿权利人的实际生存年限给付,人民法院应当在法律文书中明确定期金的给付时间、方式以及每期给付标准。执行期间有关统计数据发生变化的,给付金额应当适时进行相应调整。

赔偿权利人举证证明其住所地或者经常居住地城镇居民人均可支配收入或者农村居民人均纯收入高于受诉法院所在地标准的,残疾赔偿金或者死亡赔偿金可以按照其住所地或者经常居住地的相关标准计算。

超过确定的护理期限、辅助器具费给付年限或者残疾赔偿金给付年限,赔偿权利人向人民法院起诉请求继续给付护理费、辅助器具费或者残疾赔偿金的,人民法院应予受理。赔偿权利人确需继续护理、配制辅助器具,或者没有劳动能力和生活来源的,人民法院应当判令赔偿义务人继续给付相关费用5~10年。

《最高人民法院关于审理人身损害赔偿案件适用法律若干问题的解释》所称"城镇居民人均可支配收入""农村居民人均纯收入""城镇居民人均消费性支出""农村居民人均年生活消费支出""职工平均工资",按照政府统计部门公布的各省、自治区、直辖市以及经济特区和计划单列市上一年度相关统计数据确定。"上1年度",是指一审法庭辩论终结时的上一统计年度。

第十二章　人身损害鉴定意见审查应用

第一节　鉴定意见的性质

鉴定意见是鉴定人运用专门知识和技能，对需要解决的专门问题进行综合分析后作出的结论，也是我国《刑事诉讼法》和《民事诉讼法》所规定的法定证据之一。鉴定意见与其他证据相比，并不具有特别效力，也不具有优越于其他证据的证明力。因此，正确评判与使用鉴定意见是至关重要的。

一、鉴定意见的依据

伤残鉴定有一定的特殊性，鉴定意见的科学正确，来源于基础材料的真实可靠性。目前，伤残鉴定的原始基础材料来源主要由医疗机构提供，如门急诊、住院病史（包括手术、化验、摄片）等记录与报告，这些工作均由医务工作者完成。鉴定人根据检验材料，结合对被检人检验所见，加以综合分析，对伤残等级做出科学评定。检验实践表明，大部分基础材料来源可靠。

二、鉴定意见的法律性质

司法鉴定意见作为我国法定证据的种类之一，是一种特殊的证据形式，是法官借以查明案件事实的重要依据，是鉴别、认定其他证据是否真实、可靠的主要手段，具有证据能力和证明力的属性。我国《刑事诉讼法》《民事诉讼法》《行政诉讼法》，都将司法鉴定意见规定为一种独立的证据形式。当事人根据法律配置的举证责任来履行提供鉴定意见证明自己主张的责任，并在法庭上对鉴定意见进行质证。鉴定人经人民法院通知应当出庭作证，接受当事人或者专家辅助人的询问，并对涉及的鉴定事项作出解释、说明。鉴定意见只有经过法定程序查证属实被法官认证后，才能采信其作为认定案件事实的根据。

三、鉴定意见的证据能力

（一）证据能力的概念

鉴定意见的证据能力，也被称为鉴定意见的证据资格，是指其能够作为证据进行法庭调查的资格。证据能力属于大陆法国家的概念，英美法国家称为“可采性”。鉴定意见作为证据证明案件诉争事实应具有适格性，具有用于严格证明的能力。证据能力与严格证明有密切联系,并相互依存。一般来说,只有经严格证明的证据才涉及证据能力问题。

(二)鉴定意见证据能力的特点

1. 鉴定意见的证据能力是其作为证据的资格

从证据的本质来看,鉴定意见的证据能力不是其本身具有的品性,而是法律为满足某种价值观念的需要从外部强加于鉴定意见的。因此,对于鉴定意见的证据能力一般由法律明确规定。法律对鉴定意见的证据能力一般采用消极的形式予以规定,仅仅规定哪些鉴定意见不具有证据能力或证据能力受限,如测谎结论,在我国没有证据能力。最高人民检察院 1999 年 9 月 10 日《关于 CPS 多道测试鉴定意见能否作为诉讼证据使用问题的批复》认为,关于 CPS 多道测试(俗称测谎)鉴定意见与《刑事诉讼法》规定的鉴定意见不同,不属于《刑事诉讼法》规定的证据种类。人民检察院办理案件,可以使用 CPS 多道测试鉴定意见帮助审查、判断证据,但不能将 CPS 多道测试鉴定意见作为证据使用。

2. 鉴定意见的证据能力与严格证明紧密相连

在证明的程度上,任何证明应当要求相应的标准,但对于是否需要严格遵守法定的调查方式则存在差异。不同的调查方式对证据的要求不同,严格证明对证据的要求高于自由证明,它要求证据具有证明案件事实的证明力,而且还应当符合法律的基本要求,具有作为证据的资格。所以,有的学者把证据能力称为证据具有作为严格证明之用之资格,或能够作为证据进行证据调查、可以作为事实认定的能力。

3. 鉴定意见的证据能力受多重科学条件的限制

鉴定意见的证据能力,不仅仅受制于科学技术以及知识经验的成熟、稳定以及可靠程度,鉴定活动应当遵循严格的科学程序,鉴定所使用的仪器设备符合科学的要求,鉴定的原理属于科学的原理,而且鉴定人也应当符合"专家"的科学要求,应当具备科学的基本条件并经过法定程序登记获得的鉴定资格。如果鉴定人不具备法定的鉴定人资格,即使提供的意见是准确的,其意见不具有证据能力,不能被采纳作为证据。

(三)鉴定意见的证据能力要件

鉴定意见的证据能力由一系列要件组成,这些要件包括实体要件、程序要件和形式要件。

1. 鉴定意见证据能力的实体要件

根据鉴定意见作为独立证据类型的特点和诉讼的要求,其证据能力的实体要件主要包括必要性要件、关联性要件和政策性要件。

必要性要件要求鉴定事项属于专门性问题而有鉴定之必要。对于专门性问题需要专门知识来判断,一般的普通常识难以解决,并在案件事实认定中确有必要,否则,无须鉴定意见。如《最高人民法院关于审理建设工程施工合同纠纷适用法律问题的解释》(法释〔2004〕14 号)第 22 条规定:“当事人约定按照固定价结算工程价款,一方当事人请求对建设工程造价进行鉴定的,不予支持。”对此种情况下,另一方当事人提供工程造价鉴定意见的,法院可以无必要性为由,否定其证据能力。关联性要件要求鉴定意见与所证明的案件事实之间存在内在联系,并能对案件事实起到证明的作用。政策性要件要求鉴定意见符合道德伦理的基本要求,违反社会公德的鉴定意见,即使其能够证明案件事实,也不能作为证据使用。

2. 鉴定意见证据能力的程序要件

鉴定意见证据能力的程序要件,主要限定在鉴定人具结程序、回避程序和鉴定人出庭程序上。

鉴定人在出庭作证时应当签订保证书,拒绝签订保证书的,所提供的鉴定意见不具有证据能力;鉴定人在鉴定时应当回避而没有回避的,其鉴定意见不具有证据能力;对当事人存在争议的鉴定意见,应当传唤鉴定人出庭陈述,除法律另有规定外,鉴定人拒绝出庭的,鉴定意见不具有证据能力。

3. 鉴定意见证据能力的形式要件

鉴定意见证据能力的形式要件,应限定在鉴定机构和鉴定人资格要件以及鉴定意见形式要件上。

鉴定机构和鉴定人资格要件,包括初次鉴定的鉴定机构和鉴定人的法定资格以及重新鉴定的鉴定机构和鉴定人的法定资格。前者一般为法律或行政法规、部门规章授予的固定资格要件;后者不仅包括法律或行政法规、部门规章授予的固定资格要件,而且还包括法律法规规定的程序性资格要件。如《全国人民代表大会常务委员会关于司法鉴定管理问题的决定》第 9 条规定:“在诉讼中,对本决定第 2 条所规定的鉴定事项发生争议,需要鉴定的,应当委托列入鉴定人名册的鉴定人进行鉴定。”对侦查机关设立的鉴定机构和鉴定人没有到司法行政部门备案登记的,仅具有初次鉴定的权限,其出具的鉴定意见具有证据能力,但重新鉴定的鉴定意见则没有证据能力。

鉴定意见应当符合制作的形式要求,鉴定意见书应当符合一定格式标准。这些要求主要包括以下内容:(1)委托人的姓名或者名称、委托鉴定的内容。(2)委托鉴定的材料。(3)鉴定的依据及使用的科学手段。(4)对鉴定过程的说明。(5)明确的鉴定意见。(6)对鉴定人资格的说明。(7)鉴定人员及鉴定机构的签名盖章。

另外,人民法院司法辅助工作部门制作的审核意见书或者专家对鉴定意见的文证审查意见不是鉴定意见,对法官仅仅起参考作用,不具有约束力,没有证据能力,也不能作为案件事实认定的根据。

四、鉴定意见的证明力

(一)鉴定意见证明力的概念

鉴定意见的证明力,是指具备证据能力的鉴定意见对案件事实的存在或不存在所具有的证明效果。

证明力是鉴定意见本身固有的属性,它通过借助于鉴定人专门知识的判断来对案件的事实真伪或与案件事实之间是否存在联系发生证明力,是鉴定意见作为证据的本质属性。因鉴定意见种类以及与案件事实之间关系的不同,它对案件事实起到不同程度的证明作用。

法律对鉴定意见的证明力一般不作规定,允许法官在审理案件中自由的判断,但是,因鉴定意见作为超出一般人认识能力而呈现的结果,避免鉴定意见替代法官成为"穿白衣的法官"的判断,法律一般规定,鉴定意见对法官没有预定的效力,从而防止鉴定人代行法官认定证据的权力。

(二)鉴定意见证明力的要件

鉴定意见的证明力,可分为鉴定意见实质内容在何种程度上得以信赖的凭信力和对案件事实认定具有何种程度效用的证明价值。鉴定意见的证明力,要件包括以下内容:

1. 鉴定意见的可靠性

可靠性以鉴定意见本身的证明效力要件作为基础,主要包括:鉴定人具有技术能力程度或积累经验程度的可靠性;技术自身的可靠性或经验本身的可靠性;利用技术得出结果的可验证性或利用经验得出结论的可重复性。如人身同一认定的鉴定意见,如采用ABO血型得出的鉴定意见作为否定性事实认定则是可靠的,作为肯定性认定则需要更高要求的DNA鉴定意见。

2. 鉴定意见的有效性

有效性以鉴定意见与案件事实之间的关系为证明价值,它是通过自身作为联系证据与案件事实之间桥梁发挥效用的,主要包括自身内在逻辑的有效性、科学上的有效性、统计学上的高度概然率和因果关系推理的有效性。

第二节　鉴定意见影响原因及冲突解决机制

一、司法鉴定意见影响原因分析

鉴定意见正确与否,司法人员应坚持客观态度,正确认识鉴定意见影响因素的复杂性。对鉴定意见的审查,主要看鉴定的事实是否清楚、检验是否正确、分析说明是否根据检验所见阐明原理、意见是不是分析说明的必然结果。鉴定意见的科学性、准确性、客观性,除鉴定人的技术水平、实践经验外,还受到多种因素的制约与限制,产生不同的司法鉴定意见的原因有以下几方面。

(一)鉴定人的影响

鉴定人认识能力的有限性限制了案件客观事实的发现,对事物本质的认识难免会有不全面之处;鉴定人认识事物的主观性会使鉴定意见产生失误或不同。

由于鉴定人是司法鉴定的主体,鉴定意见由鉴定人最终作出,是鉴定人鉴定能力的体现。司法鉴定的鉴定意见的正确与否,与鉴定人的经验水平直接相关,有经验的鉴定人在鉴定过程中发现一个现象往往联想很多,想到很多可能性,在没有把握的情况下,往往不会立即作出鉴定意见。

(二)鉴定时机的影响

被鉴定的客观事物不断变化着,客观事物在检验阶段反映出的特性与鉴定结果密切相关。多数情况下鉴定时机对鉴定意见影响不大,但有时同一个案件因鉴定时机不同,会对鉴定意见产生重大影响,导致不同的鉴定意见。在残疾程度评定中,治疗是否终结,对人体功能的影响较大,故鉴定时机应以医疗终结为限;伤情程度评定中,则应以损伤当时情况为主,结合治疗愈后,全面分析,综合评定。目前,众多的伤情鉴定案件是对被鉴定人治疗终结后的认定,这就存在损伤与治疗、鉴定之间的时间差异,某些损伤当时显得较重,治愈后不留后遗症,也有的则相反。

(三)鉴定标准的影响

一些司法鉴定的标准难以做到绝对的量化,我们应该以客观、公正的科学态度看待司法鉴定过程中产生的不同意见。如涉及伤残等级评定的医疗损害案件中,目前采用标准尚不统一,有时采用《道标》,有时采用《工标》。虽然两个标准均划分为10个等级,但同一损伤采用不同标准鉴定所得到的伤残等级并不相同。

(四)办案人员的态度会对鉴定意见产生影响

人体损伤鉴定过程中,相关鉴定资料均要由办案人员来提供。如对精神病的鉴定,在精神病的鉴定过程中,在精神异常的“高峰”或“低谷”进行检查,定会看到不同的表现,如果鉴定人对鉴定当时被鉴定人的症状的掌握感觉不是很踏实的话,一般会采取比较保守的态度,即依照推定无病的原则,如无确实证据,不能认为其有精神障碍。而在重新鉴定中,往往因案情影响重大,经过深入调查,资料获得详尽并容易核实,再结合精神检查的情况,就可能会得出与原先鉴定不同的结论。

二、鉴定意见冲突解决机制

鉴定意见作为鉴定人的鉴别和判断意见,不仅受鉴定人科技水平、业务能力和实践经验高低的影响,也会受到其使用的仪器设备、鉴定方法以及所处的环境条件等制约,对于同一专门性问题出现不同的鉴定意见是必然的。这些针对同一专门性问题出现几个不同鉴定意见,常因提供给法庭的主体不同而出现鉴定意见争议,甚至不同鉴定人、不同鉴定机构也存在分歧。在侦查、检察、审判程序中,特别是审判的环节,通过何种机制来评断这些不同鉴定意见,解决鉴定意见的争端,则成为鉴定意见适用制度的重要问题。

(一)司法鉴定意见的质证制度

司法鉴定意见的质证,是指在庭审过程中,由质证主体对司法鉴定意见向鉴定人进行的询问、质疑、辩驳,以及专家辅助人对鉴定人的询问和鉴定人针对司法鉴定意见作出回答、说明,以查明证据效力的诉讼活动。所谓质证主体是在质证程序中享有质证权利、承担质证义务的当事者。他们与案件事实、审理结果有直接的利害关系。在不同的诉讼程序中,质证主体略有差异。质证主体主要包括公诉人、当事人和辩护人、诉讼代理人。当事人包括原告、被告和第三人及其代理人。

质证的功能在于因当事人对案件事实认定的结果存在利害关系,由当事人自己来推敲证据、质问专家证人,则会尽其所能,尽力而为,对于发现事实真相起到重要的作用。

1. 质证是实现证据诉讼功能的必然要求

在诉讼中,对司法鉴定意见必须进行质证,这是一种正当的程序保障,鉴定人出庭接受当事人的发问,解答鉴定过程中的相关技术性问题,是其法定义务。当事人等对在法庭出示的司法鉴定意见都享有发表意见、进行询问、予以质疑和说明的权利。这些权利的本质是对其不利的证据依据法律和事实而享有的异议权,其目的在于实现证据的诉讼功能,影响或动摇法官对其证据力的认定和采信。

2. 质证是当事人为实现胜诉目的的诉讼权利

诉讼权利是诉讼主体在正当程序中借以维护其实体权益的保障,是诉讼正当程序的标志。这种程序保障是为保障审判的公正,而在程序上设置特定的程序要求和规范性的规则,使法官不能凭借自己的好恶或从某种利益观念出发来对是非问题加以判断,而是以某种特定化的、能够反映客观公正的准则来解决纠纷。

3. 质证是法院审查、认定证据的法定方式

质证作为当事人或其他诉讼主体举证与法院认证中的关键环节,为法律所明确规定。在诉讼中,当事人应根据自己的主张和诉讼请求,提出相应的证据。当双方当事人对某一证据争执不下时,法院或者出示依法调查的证据,以便当事人质证,或者决定案件延期审理,由当事人补充证据,或者根据证据规则依法判决。因此,只有充分发挥庭审的质证功能,才能达到去伪存真,依法公正地认定案件事实,作出正确的判断。

(二)鉴定意见争端的重新鉴定机制

对鉴定意见争端通过质证程序仍存在疑问,法院不能作出采纳或者排除的,如果不是现有鉴定技术不足造成的,可以委托鉴定能力较强、技术力量雄厚等资质条件高的司法鉴定机构进行重新鉴定。

(三)鉴定意见争端的鉴定协会审查机制

对重新鉴定或者鉴定技术存在争议的,法院应当委托鉴定协会组织有关专家对案件进行审查讨论。由鉴定协会组织涉及鉴定事项的专家,对争议的鉴定意见进行审查,并提出审查建议。但审查建议不是鉴定意见,不属于法定证据形式的一种,仅供法院采信鉴定意见时参考。

对鉴定协会组织有关专家审查讨论后仍然存在分歧的,法院根据案件的性质可以通过证明责任的承担,决定鉴定意见的采纳或者排除适用。

另外,在鉴定意见争议的解决中,不宜采用复核鉴定、鉴定协会或者有职权部门组织专家进行终局鉴定,也不应当无理由地限定鉴定的次数。

第三节 司法鉴定人出庭质证及专家辅助人制度

一、司法鉴定人出庭制度

鉴定人出庭作证是当事人(控辩)质证权的基本要求,是鉴定意见适用的一

项重要制度,鉴定人只有出庭作证才能发挥其作为证明的作用。司法鉴定人出庭作证,是指在案件的开庭审理过程中,参与对案件专门性问题鉴定的司法鉴定人出席法庭,以口头言词的形式就有关鉴定的情况向法庭作如实的陈述,并接受控辩双方以辩驳、质询的方式进行质证,或者法官以询问的方式进行审查的诉讼活动。

(一)鉴定人出庭的法律要求

我国《刑事诉讼法》《最高人民法院关于适用〈中华人民共和国刑事诉讼法〉若干问题的解释》《最高人民法院关于民事诉讼证据的若干规定》《最高人民法院关于行政诉讼证据若干问题的规定》等,都对鉴定人出庭作证作了规定。《全国人民代表大会常务委员会关于司法鉴定管理问题的决定》明确规定:"在诉讼中,当事人对鉴定意见有异议的,经人民法院依法通知,鉴定人应当出庭作证。"并且在第13条中规定"经人民法院依法通知,拒绝出庭作证的",省级人民政府司法行政管理部门应给予相应处罚。

(二)鉴定人出庭的必要性

证据作为案件事实认定的根据都应当经过法定程序查证属实,在法庭上接受当事人的质证,否则不得作为定案的根据。鉴定意见是一种涉及专门知识的证据,鉴定人出庭对涉及鉴定事项有关的问题接受质证并予以解答是必要的。因此,法律将出庭作证作为鉴定人的法定义务予以规定。

法官因自己缺乏专门知识难以对专门性问题作出判断,而委托鉴定人进行鉴定,往往将鉴定人视为"科学的法官",并认为鉴定意见是专家依据科学知识对案件中的专门性问题所作出的科学分析、鉴别和判断,其结论不可能有错误。即使存在错误,自己也难以发现,法院不愿意通知鉴定人出庭,致使法庭大量使用书面的鉴定意见,出现鉴定意见"书证化"的现象。然而,鉴定意见不是科学的判决,其作为意见本身也存在错误的可能性,未经质证难以判断真伪,将其直接作为定案根据会给案件事实的准确认定带来风险。因为错误的鉴定必然会导致错误的裁判,这已经成为一个不争的事实。

(三)鉴定人出庭作证的条件

鉴定意见作为法定证据之一,对证明案件事实起着关键性的作用,其本身是否科学、可靠,普通人一般难以判断。因此,需要鉴定人出庭予以说明,并接受当事人(控辩)双方的质疑。但鉴定人对鉴定的所有案件一律出庭并不经济,实践中往往也没有必要。一般来说,对鉴定意见有异议的,当事人可以申请或人民检察院提出鉴定人出庭;或者人民法院认为有必要,经人民法院依法通知,鉴定人应当按时出庭作证。

(1)当事人(控辩)双方或者当事人一方对作为证据的鉴定意见存在争议,认为鉴定意见存在错误、鉴定方法不科学、鉴定程序或者鉴定人需要回避等存在问题,鉴定人在此种情形下应当出庭作证。在法庭上对自己作出的司法鉴定意见从科学依据、鉴定步骤、鉴定方法、鉴定程序以及提供意见的可靠性等方面予以解释和说明,并在法庭上接受质疑,当面回答质询和提问。这样可以使法官能够更好地审查鉴定意见的可信度,或者对几个不同鉴定意见进行比较分析,或者将鉴定意见与其他证据综合判断,从中采信合理的鉴定意见或者排除适用。需要重新鉴定的,进行重新鉴定;同时,也有利于控辩双方进一步了解鉴定意见,消除疑虑,排除错误的观念,服从判决。

(2)当事人(控辩)申请或人民检察院提出要求鉴定人出庭的,即使当事人没有申请或人民检察院没有提出的,人民法院根据案件情况认为鉴定人有必要出庭的,特别是存在多个不同的鉴定意见时,法庭也应当有权通知鉴定人出庭,对鉴定的科学依据、鉴定步骤、鉴定方法、鉴定程序等方面进行说明,以免法院采信鉴定意见存在暗箱操作的嫌疑,损害判决的公正性。

(3)鉴定人不出庭的情形。《最高人民法院关于民事诉讼证据的若干规定》第59条仅规定了"特殊原因",没有具体细化。《最高人民法院关于行政诉讼证据若干问题的规定》第47条,对鉴定人不出庭的"正当事由"作了明确规定,包括:①当事人在行政程序或者庭前证据交换中对证人证言无异议的;②证人因年迈体弱或者行动不便无法出庭的;③证人因路途遥远、交通不便无法出庭的;④证人因自然灾害等不可抗力或者其他意外事故无法出庭的;⑤证人因其他特殊原因确实无法出庭的。

(四)鉴定人出庭作证的程序

司法鉴定人出庭作证是鉴定工作的继续和延伸,是鉴定人以诉讼参与人的身份参加案件审理的活动的需要,也是法庭质证、认证以及当事人(控辩)双方行使质证权的必然要求。

1. 启动程序

司法鉴定人出庭作证程序的启动可由诉讼双方当事人或法官提起,但应由法官掌握启动决定权。诉讼双方当事人提出书面申请,要求鉴定人出庭质证的,法官应以该司法鉴定人出庭作证是否有利于案件事实的查明为标准进行审查,决定批准或不批准司法鉴定人出庭作证。诉讼双方当事人无人申请,但法官在庭前审查时发现诉讼双方对鉴定意见有异议的,法官可以依职权决定鉴定人出庭质证。

2. 通知程序

“经人民法院依法通知”是鉴定人出庭作证的程序条件,应严格建立鉴定人出庭质证的通知制度。当事人(控辩)双方对鉴定人出庭作证提出申请或者人民法院根据案件情况认为需要鉴定人出庭作证的,例如,法官在对鉴定意见进行审查时,发现了疑点或瑕疵;或对某个专门性问题存在多份鉴定意见;或者鉴定人的意见互相矛盾的,法官可以直接向司法辅助工作部门的司法技术人员提出咨询或者技术审核,并参考司法辅助工作部门的意见决定是否通知鉴定人出庭作证。法院决定通知鉴定人出庭的,应当在决定开庭审判后通知司法鉴定人,通知书至迟在开庭 3 日以前送达。人民法院按照普通程序审理的案件,如果鉴定人在外地的,应当有必要的在途时间。出庭通知应当采用书面形式,并注明开庭的时间、地点以及应注意的事项。

3. 鉴定人出庭后的身份核实程序。

《最高人民法院关于适用〈中华人民共和国刑事诉讼法〉若干问题的解释》第 84 条规定,对鉴定意见应着重审查以下内容:“(一)鉴定机构和鉴定人是否具有法定资质;(二)鉴定人是否存在应当回避的情形;……”一般来说,核实出庭的鉴定人的身份包括以下几个方面:(1)鉴定人的自然身份,包括姓名、民族、出生年月日、文化程度、职业、住址等;(2)出庭鉴定人是否是该鉴定意见的鉴定人;(3)鉴定人的资格,查明鉴定人是否具有该专业所涉及问题的鉴定能力,是否取得了该专业鉴定的执业证书以及是否在司法行政管理部门所核定的鉴定人名册中;(4)鉴定人与案件当事人之间是否具有亲属、朋友关系或者其他特殊关系;(5)鉴定人与案件是否有利害关系。

(五)鉴定人出庭质证的原则与方式

1. 鉴定人出庭质证的原则

(1)质证主体平等和法官中立原则

只有在坚持法官中立地位、保障当事人平等地位和平等质证的诉讼权利的前提下,质证活动才能正常开展。同时,坚持这一原则,也有利于防止法官产生偏见或者先入为主,使质证能够真正取得实效。

(2)交叉询问原则

我国《刑事诉讼法》第 189 条中规定,公诉人、当事人和辩护人、诉讼代理人经审判长许可,可以对证人、鉴定人发问。《最高人民法院关于适用〈中华人民共和国刑事诉讼法〉若干问题的解释》第 212 条规定,向证人、鉴定人发问,应当先由提请通知的一方进行,发问完毕后,经审判长准许,对方也可以发问。《民事诉讼法》第 139 条第 2 款规定:当事人经法庭许可,可以向证人、鉴定人、勘验人发问。《最高人民法院关于行政诉讼证据若干问题的规定》第39条第2款规定:经法庭准许,当事人及其代理人可以就证据问题相互发问,也可以向证人、鉴定人或者勘验人发问。为庭审质证提供必要的前提条件。

(3)直接原则和言词原则

直接原则,是指法官调查证据,必须以直接的方式进行。言词原则,是指除法律另有规定的情形外,法庭审理活动应当以口头陈述的方式进行。言词原则和直接原则要求法官必须对证据保持直接接触,并在各方当事人到场的情况下才能进行证据调查,也即要求法官必须在法庭上亲自听取双方当事人、证人以及其他诉讼参与人的陈述,以及检验物证、审查书证和鉴定意见,从而产生直接的感知,进而形成对有关案件事实的内心确信。

2. 鉴定人出庭质证的方式

司法鉴定人出庭质证的方式,是指质证的形式或者方法。我国法律没有明确规定对鉴定意见的质证方式,当事人(控辩)双方对鉴定人进行质证时,应当按照以下方式进行:(1)请求传唤鉴定人的一方进行主询问;(2)对方对鉴定人进行反询问;(3)请求传唤的一方对鉴定人进行再询问;(4)对方对鉴定人进行再反询问。

在交叉询问中,如果一方当事人有不当询问,另一方当事人有异议权。异议权的范围仅限于不当询问和不当回答。异议权人应当及时提出,并简单说明理由,由法院决定。在法院决定前,鉴定人应当停止陈述,等待决定。对于法院的决定,当事人和鉴定人不得申请复议或作为上诉的理由。

(六)鉴定人出庭质证的内容

一般来说,当事人及其辩护人、诉讼代理人和法官询问对鉴定人询问应当主要围绕鉴定人的资格、鉴定意见的科学依据、鉴定意见的可信程度、鉴定方法的可靠性以及鉴定活动的程序性等方面进行。对鉴定意见应当围绕以下内容进行询问:(1)鉴定材料和鉴定对象是否符合鉴定要求,是否具备鉴定条件;(2)鉴定手段、方法是否科学、有效,鉴定过程是否规范;(3)鉴定意见所依据的事实是否客观全面,特征的解释是否合理,适用的标准是否准确,分析说明是否符合逻辑,鉴定意见的推论是否科学规范;(4)其他应当审核的内容。

反询问的内容主要围绕重新鉴定的条件进行。但鉴定人有权拒绝解决、回答与鉴定无关的问题,具体情形包括:(1)发问内容与鉴定无关的;(2)发问内容重复的;(3)以诱导方式发问的;(4)发问内容威胁鉴定人的;(5)发问内容损害鉴定人人格尊严的;(6)发问内容有损鉴定人合法利益的其他情形。

(七)鉴定人出庭质证的要求与准备

1. 鉴定人出庭质证的要求

鉴定人出庭时,服装要整洁、大方、庄重,男士最好着西装,系领带。提前到达法庭,并与审判人员联系报到,等候审判人员安排。鉴定人应当遵守法庭规则,根据审判长指令,鉴定人宣读鉴定意见,并通俗简明地解释鉴定意见的科学依据,必要时可结合幻灯片、示意图等予以说明。鉴定人宣读鉴定意见后,回答与鉴定有关的问题;对与鉴定无关的问题可以拒绝回答,或请求审判长予以制止。庭审记录与鉴定人陈述有关的部分,经鉴定人阅读无误后,应当签名或盖章。

2. 鉴定人出庭质证的准备

为了做好出庭工作,法医学鉴定人应当在受理案件时,就要想到将来出庭时可能出现的问题。为此,应使自己的检验鉴定工作全面、细致,尽一切努力使鉴定意见立于科学基础之上。在发出鉴定书后,应虚心听取本案诉讼参与人对鉴定书提出的意见和问题,必要时进行复查和检验。鉴定人要对自己的鉴定充满信心,同时也要考虑到当事人双方有可能提出的问题,有针对性地准备,切忌在法庭上信口开河。鉴定人应熟悉刑事诉讼程序,充分了解鉴定人的权利和义务。出庭前要复习检验所见和各项重要数据,复习有关文献,了解案情,写出检验所见和鉴定意见的发言提纲。必要时应准备示意图、幻灯片、证物、模型等。

(八)鉴定人出庭质证保障机制

1. 鉴定人出庭作证的经济补偿制度

鉴定人出庭作证要花费时间、精力和差旅费用,同时也影响其正常的工作和生活,对鉴定人出庭作证进行适当的经济补偿是必要的。鉴定人补偿的项目或范围,应包括交通费、住宿费、生活补助费、误工费和其他费用。在民事诉讼、行政诉讼中,对鉴定人的经济补偿金可由申请鉴定人出庭质证方先行支付,最终由败诉方当事人承担。人民法院依职权提请鉴定人出庭质证的,有关费用可先由法院支付,最终由败诉方当事人承担。在刑事公诉案件中,对鉴定人的经济补偿费用由国家财政支付。在刑事自诉案件中,鉴定人出庭作证的经济补偿,参照民事诉讼案件及行政诉讼案件中鉴定人出庭质证费用补偿的规定。

2. 鉴定人出庭作证的保护制度

在实践中,由于鉴定意见对定案有至关重要的作用,鉴定人经常受到威胁、引诱甚至打击报复,使自身及家人的安全受损。这不但大大降低了鉴定人出庭的积极性,也使其出庭作证变成一种带风险性的行为。因此,应建立对鉴定人出庭的法律保护制度,其目的在于防止有人使用暴力、恐吓、威胁等手段,阻止鉴定人履行作证义务,或对鉴定人或其家人实施伤害、侮辱或其他打击报复行为,包括对鉴定人的财物、声誉进行破坏和损害。

(1)明确实施保护的司法机关

鉴定人保护,是指国家对鉴定人履行出庭作证法定义务所给予的人身和财产方面的法律保障。对出庭作证的鉴定人进行保护必须由专门机关进行,从各司法机关的性质和职责看,人民检察院是国家的法律监督机关,对于诉讼的全过程,人民检察院都有权力进行监督。因此,由检察院作为专门机关行使对鉴定人的保护是合法且适当的。

(2)明确鉴定人出庭的权利义务

司法鉴定人出庭作证应当享有以下权利:

①有权获得满足鉴定需要的鉴定材料,了解必要的案情,以利于对专门性问题作出正确判断和对与鉴定意见相关的问题作出准确的回答。

②有权要求保障自己及近亲属的人身、财产安全。鉴定人出庭作证有时会遭遇侮辱、伤害等打击报复行为,为保护自己及近亲属的利益,鉴定人有权要求专门保护机关进行保护。

③要求经济补偿的权利。对鉴定人因出庭作证而受到的经济损失,所支出的车旅费、食宿费、误工费等,鉴定人有权获得相适应的补偿。

④有正当理由(如健康原因或不可抗力等)有权拒绝出庭作证。出庭作证的鉴定人有权拒绝解决、回答与鉴定无关的问题。

⑤法庭笔录的阅览权和签名权。法庭对鉴定人出庭接受质询的过程制作记录,鉴定人有权要求阅读、核实,并签名或盖章以证明笔录的正确无误。

司法鉴定人也应履行以下义务:

①依法按时出庭作证的义务。鉴定人接到人民法院通知后,应按照通知上的时间、地点准时出庭作证。

②接受庭审中质证的义务。出庭作证的鉴定人应当接受当事人及其委托人、法官、检察官就鉴定意见有关问题的质询,阐明鉴定的方法、过程及鉴定意见的依据。

③遵守法庭秩序的义务。鉴定人必须遵守法庭纪律,如实回答质询。

④保守在鉴定活动中知悉的国家秘密、商业秘密和个人隐私。鉴定人在执业活动中可能知悉国家秘密、商业秘密或个人隐私,在出庭作证过程中,鉴定人应当保守知悉的秘密。

(3)明确鉴定人出庭的法律责任

我国诉讼法应将“鉴定人出庭作证”规定为鉴定人的法定义务,明确鉴定人不出庭的法律后果,强化鉴定人出庭作证的法律意识。对于接到出庭通知的鉴定人或有证据表明鉴定人已接到出庭通知的,无正当理由仍不出庭或拒绝出庭的,可采取以下处罚:①训诫、责令具结悔过,并责令其到庭质证;②经训诫后仍不到庭或仍不质证者,法庭可以采取传唤、拘传等措施,强制其出庭作证;③对仍不质证的鉴定人或被拘传到庭的鉴定人仍拒不质证者,应视具体情节追究其行政责任(如罚款、拘留);④对因鉴定人不出庭或不按时出庭质证产生的损失可由鉴定人承担;⑤对鉴定人拒不出庭者,可建议司法行政部门给予停止从事司法鉴定业务3个月以上1年以下的处罚,情节严重的,取消其鉴定人资格;⑥对于经过法庭多次传唤仍不出庭参与质证的鉴定人,情节特别严重,构成犯罪的(建议在《刑法》中增设藐视法庭罪),应追究其刑事责任。

(4)制定鉴定人出庭的具体保护措施

庭审前对鉴定人及其家属的身份、住址等实行保密。对鉴定人及其家属的人身和财产安全,可以采取职业险制度等措施。在法庭作证阶段,对鉴定人进行24小时特殊保护。对威胁、恐吓、打击报复鉴定人及其近亲属的行为进行严惩。对鉴定人及其近亲属进行威胁、侮辱、殴打或者打击报复,构成犯罪的,依法追究刑事责任;尚不够刑事处罚的,依法给予治安管理处罚。

二、鉴定意见质证的专家辅助人制度

(一)专家辅助人制度的法律依据

当事人依据自有的知识往往不能适应诉讼需要,委托的诉讼代理人一般也是在法律上有专长的律师,对案件事实中存在的技术性问题说不清楚。为了对司法鉴定人提交的鉴定意见进行质证,为了充分保护当事人诉讼法上的正当权利和实体法上的合法利益,有助于法官居中裁判和对事实的准确认定,我国关于民事诉讼证据和行政诉讼证据的司法解释,以及《刑事诉讼法》均明确规定了专家辅助人制度。

所谓专家辅助人,又称为诉讼辅助人或专家技术顾问,是指在科学、技术以及其他专业知识方面具有特殊的专门知识或经验的人,根据当事人的聘请委托并经法院准许,出庭辅助当事人对讼争案件事实所涉及的专门性问题进行说明或发表专业意见和评论的人。

当事人聘请专家作为技术顾问,是对鉴定人提交的鉴定意见进行质证的必要手段,缺少了这些专家,当事人的质证活动就难以触及鉴定意见的本质,达不到质证的效果。鉴定人名册对当事人选择专家或技术顾问没有约束力。

《最高人民法院关于民事诉讼证据的若干规定》第 61 条规定:“当事人可以向人民法院申请 1 ~ 2 名具有专门知识的人出庭就案件的专门性问题进行说明。审判人员和当事人可以对出庭的具有专门知识的人进行询问。经人民法院准许,可以由当事人各自申请的具有专门知识的人就有关案件中的问题进行对质。具有专门知识的人可以对鉴定人进行询问。”

《最高人民法院关于行政诉讼证据若干问题的规定》第 48 条规定:“对被诉具体行政行为涉及的专门性问题,当事人可以向法庭申请由专业人员出庭进行说明,法庭也可以通知专业人员出庭说明。必要时,法庭可以组织专业人员进行对质。当事人对出庭的专业人员是否具备相应专业知识、学历、资历等专业资格等有异议的,可以进行询问。由法庭决定其是否可以作为专业人员出庭。专业人员可以对鉴定人进行询问。”

《刑事诉讼法》第 192 条规定:“法庭审理过程中,当事人和辩护人、诉讼代理人有权申请通知新的证人到庭,调取新的物证,申请重新鉴定或者勘验。公诉人、当事人和辩护人、诉讼代理人可以申请法庭通知有专门知识的人出庭,就鉴定人作出的鉴定意见提出意见。法庭对于上述申请,应当作出是否同意的决定。”第 2 款规定的有专门知识的人出庭,适用鉴定人的有关规定。

(二)专家辅助人协助质证的方式

法官因受专门知识的限制难以辨别鉴定意见的真伪,且高度信任和依赖司法鉴定人,当事人及其辩护人、诉讼代理人因缺乏专业知识难以对鉴定意见进行有效的质疑。因此,在鉴定人接受质证过程中,有必要引入具有专门知识的人协助当事人对司法鉴定人进行询问。专家辅助人如何参与质证程序或者参与质证采取什么方式,不同国家和地区存在不同模式。

第一种模式为意大利的“技术顾问”模式。《意大利刑事诉讼法典》第 225 条、第 230 条规定,在决定进行鉴定后,公诉人和当事人有权任命自己的技术顾问。技术顾问可以开展如下工作:(1)参加聘任鉴定人的活动并向法官提出要求、评论和保留性意见;(2)参加鉴定工作,向鉴定人提议进行具体的调查工作、发表评论和保留性意见;(3)如果技术顾问在鉴定工作完成之后任命的,他可以对鉴定报告加以研究,并要求法官允许他询问接受鉴定的人和考察被鉴定的物品和地点。在法庭询问中,当事人聘请的专家证人既可以在法官许可下直接向鉴定人发问,也可以在当事人及其律师对鉴定人的询问中给予必要的提示,还可以将自己有关鉴定意见的一些不同意见以书面形式提交法庭。由于参与诉讼的专家此时的作用在于辅助当事人进行法庭质证,可以直接对案件的证据资料发表意见,其发表的意见可以补强或削弱鉴定意见的证明力。

第二种模式为我国台湾地区的“专家参与审判咨询”模式。我国台湾地区为落实专家参审制,于2000年5月2日发布了“专家参与审判咨询试行要点”,旨在“为辅助法官突破专业判断之障碍,由行业专家在法庭上担任审判咨询之角色,可弥补法官法律以外专业知识之不足,进而发现真实,并加速案件之进行,以兼顾实体利益及程序利益,提高人民对裁判及司法之信服度、信赖度”。

参与审判咨询的专家在向审判法院提供专业意见时,应本于良知及专业确信,提出的意见仅供法院参考。在性质上,参与审判咨询专家较为接近鉴定人或鉴定证人;参与审判咨询专家具有参与审判的地位;在形态上,类似审判程序中的法官顾问。

第三种模式为我国法院自行“技术审核”模式。2007年最高人民法院《技术咨询、技术审核工作管理规定》规定,人民法院设立司法技术辅助工作机构,“司法辅助工作部门应审判、执行部门的要求,对送审案件中的鉴定文书、检验报告、勘验检查笔录、医疗资料、会计资料等技术性证据材料进行审查,提出审核意见的活动”。“技术审核主要解决具体案件中的鉴定方法、程序、结论、因果关系等问题,适用于以下情形:一是当事人提出重新鉴定申请,法官需要明确是否有必要再次启动鉴定程序及启动何种程序的;二是多个鉴定意见不同或有矛盾,法官需要明确如何从科学角度取舍或采信鉴定意见的;三是需要明确鉴定意见对送审事项在科学上的证明意义的;四是其他需要技术审核的。”“审核意见书仅供法官、合议庭或审判委员会参考,不作为定案的依据,不对外公开。”

对于以上模式进行分析,我国在民事诉讼中曾借鉴意大利的“技术顾问”模式,建立了专家辅助人制度,让专家辅助人协助一方当事人与鉴定人对专门性问题进行质疑,使鉴定人的发问走向专业化、实质化。

如何解决法官与当事人对鉴定意见判断与质证产生的困惑,鉴定人在法庭上所处的尴尬,以及专家协助人与鉴定人对专门性问题进行质疑引发的困境,法院在重大案件涉及疑难鉴定意见的采纳问题时,可以聘请具有中立地位的专家陪审员,通过专家陪审员、专家辅助人和司法鉴定人三维构造的庭审质证模式来提高或者保证司法鉴定意见的质量。专家陪审员、专家辅助人和鉴定人从专业方面相互沟通,通过法官在法律上指导,保障鉴定意见的客观性与科学性,共同协助法官认定涉及专门性问题的案件事实,达到发现事实真相的目的;司法鉴定人出庭提供自己的鉴定意见,并具有接受当事人询问的义务;专家辅助人协助当事人对鉴定人的询问,这样做一方面有利于提高法庭询问的质量;另一方面也有利于提高法庭询问的效率,促进鉴定质量的提升。

参考文献

一、论著类

1. 范利华等主编:《损伤与疾病的法医鉴定》,法律出版社2011年版。

2. 刘技辉主编:《法医临床学》,人民卫生出版社2011年版。

3. 郭华等主编:《鉴定意见证明论》,人民法院出版社2008年版。

4. 张纯兵编著:《人身损害鉴定与赔偿》,法律出版社2017年版。

5. 闵银龙主编:《医患纠纷司法鉴定理论与疑案评析》,北京大学出版社2010年版。

6. 张纯兵:《医疗损害司法鉴定质量控制研究》,法律出版社2016年版。

7. 李玲、侯一平:《Forensic Medicine》,人民卫生出版社2014年版。

8. 杜志淳主编:《司法鉴定概论》,法律出版社2012年版。

9. [美]肯尼斯·R. 福斯特等著:《对科学证据的认定——科学知识与联邦法院》,王增森译,法律出版社2001年版。

10. 朱广友主编:《法医临床学鉴定理论与实践》,中国检察出版社2011年版。

11.《人体损伤鉴定标准释义》,中国人民公安大学出版社2016年版。

12. 闵银龙、孙大明、张纯兵:《法医学》,北京大学出版社2015年版。

二、期论类

1. 朱广友:《法医临床鉴定意见之评价》,载《中国司法鉴定》2008年第6期。

2. 张纯兵、杜志淳:《医疗损害司法鉴定因果关系分析及参与度判定》,载《中国司法鉴定》2015年第5期。

3. 张新宝:《人身损害鉴定制度的重构》,载《中国法学》2011年第4期。

4. 郭华:《论鉴定结论审查模式的选择——从最高人民法院的一项"管理规定"说起》,载《法学》2008年第5期。

5. 张纯兵、杜志淳:《医疗损害赔偿责任纠纷中残疾程度评定标准探析》,载《中国司法鉴定》2014年第1期。

6. 张纯兵:《专家证人法律地位问题研究》,载《中国司法鉴定》2017年第

2 期。

7. 夏文涛、陈捷敏等:《道路交通事故眼损伤伤残评定的标准化和规范化》,载《中国司法鉴定》2010 年第 4 期。

8. 张纯兵、杜志淳:《致命性损伤后行为能力分析》,载《法医学杂志》2014 年第 2 期。

附录一

全国人民代表大会常务委员会关于司法鉴定管理问题的决定

（2005年2月28日第十届全国人民代表大会常务委员会第十四次会议通过）

为了加强对鉴定人和鉴定机构的管理，适应司法机关和公民、组织进行诉讼的需要，保障诉讼活动的顺利进行，特作如下决定：

一、司法鉴定是指在诉讼活动中鉴定人运用科学技术或者专门知识对诉讼涉及的专门性问题进行鉴别和判断并提供鉴定意见的活动。

二、国家对从事下列司法鉴定业务的鉴定人和鉴定机构实行登记管理制度：

（一）法医类鉴定；

（二）物证类鉴定；

（三）声像资料鉴定；

（四）根据诉讼需要由国务院司法行政部门商最高人民法院、最高人民检察院确定的其他应当鉴定人和鉴定机构实行登记管理的鉴定事项。

法律对前款规定事项的鉴定人和鉴定机构的管理另有规定的，从其规定。

三、国务院司法行政部门主管全国鉴定人和鉴定机构的登记管理工作。省级人民政府司法行政部门依照本决定的规定，负责对鉴定人和鉴定机构的登记、名册编制和公告。

四、具备下列条件之一的人员，可以申请登记从事司法鉴定业务：

（一）具有与所申请从事的司法鉴定业务相关的高级专业技术职称；

（二）具有与所申请从事的司法鉴定业务相关的专业执业资格或者高等院校相关专业本科以上学历，从事相关工作五年以上；

（三）具有与所申请从事的司法鉴定业务相关工作十年以上经历，具有较强的专业技能。

因故意犯罪或者职务过失犯罪受过刑事处罚的，受过开除公职处分的，以及被撤销鉴定人登记的人员，不得从事司法鉴定业务。

五、法人或者其他组织申请从事司法鉴定业务的，应当具备下列条件：

（一）有明确的业务范围；

(二)有在业务范围内进行司法鉴定所必需的仪器、设备;

(三)有在业务范围内进行司法鉴定所必需的依法通过计量认证或者实验室认可的检测实验室;

(四)每项司法鉴定业务有三名以上鉴定人。

六、申请从事司法鉴定业务的个人、法人或者其他组织,由省级人民政府司法行政部门审核,对符合条件的予以登记,编入鉴定人和鉴定机构名册并公告。

省级人民政府司法行政部门应当根据鉴定人或者鉴定机构的增加和撤销登记情况,定期更新所编制的鉴定人和鉴定机构名册并公告。

七、侦查机关根据侦查工作的需要设立的鉴定机构,不得面向社会接受委托从事司法鉴定业务。

人民法院和司法行政部门不得设立鉴定机构。

八、各鉴定机构之间没有隶属关系;鉴定机构接受委托从事司法鉴定业务,不受地域范围的限制。

鉴定人应当在一个鉴定机构中从事司法鉴定业务。

九、在诉讼中,对本决定第二条所规定的鉴定事项发生争议,需要鉴定的,应当委托列入鉴定人名册的鉴定人进行鉴定。鉴定人从事司法鉴定业务,由所在的鉴定机构统一接受委托。

鉴定人和鉴定机构应当在鉴定人和鉴定机构名册注明的业务范围内从事司法鉴定业务。

鉴定人应当依照诉讼法律规定实行回避。

十、司法鉴定实行鉴定人负责制度。鉴定人应当独立进行鉴定,对鉴定意见负责并在鉴定书上签名或者盖章。多人参加的鉴定,对鉴定意见有不同意见的,应当注明。

十一、在诉讼中,当事人对鉴定意见有异议的,经人民法院依法通知,鉴定人应当出庭作证。

十二、鉴定人和鉴定机构从事司法鉴定业务,应当遵守法律、法规,遵守职业道德和职业纪律,尊重科学,遵守技术操作规范。

十三、鉴定人或者鉴定机构有违反本决定规定行为的,由省级人民政府司法行政部门予以警告,责令改正。

鉴定人或者鉴定机构有下列情形之一的,由省级人民政府司法行政部门给予停止从事司法鉴定业务三个月以上一年以下的处罚;情节严重的,撤销登记:

(一)因严重不负责任给当事人合法权益造成重大损失的;

(二)提供虚假证明文件或者采取其他欺诈手段,骗取登记的;

(三)经人民法院依法通知,拒绝出庭作证的;

(四)法律、行政法规规定的其他情形。

鉴定人故意作虚假鉴定,构成犯罪的,依法追究刑事责任;尚不构成犯罪的,依照前款规定处罚。

十四、司法行政部门在鉴定人和鉴定机构的登记管理工作中,应当严格依法办事,积极推进司法鉴定的规范化、法制化。对于滥用职权、玩忽职守,造成严重后果的直接责任人员,应当追究相应的法律责任。

十五、司法鉴定的收费项目和收费标准由国务院司法行政部门商国务院价格主管部门确定。

十六、对鉴定人和鉴定机构进行登记、名册编制和公告的具体办法,由国务院司法行政部门制定,报国务院批准。

十七、本决定下列用语的含义是:

(一)法医类鉴定,包括法医病理鉴定、法医临床鉴定、法医精神病鉴定、法医物证鉴定和法医毒物鉴定。

(二)物证类鉴定,包括文书鉴定、痕迹鉴定和微量鉴定。

(三)声像资料鉴定,包括对录音带、录像带、磁盘、光盘、图片等载体上记录的声音、图像信息的真实性、完整性及其所反映的情况过程进行的鉴定和对记录的声音、图像中的语言、人体、物体作出种类或者同一认定。

十八、本决定自 2005 年 10 月 1 日起施行。

附录二

人体损伤程度鉴定标准

为进一步加强人身损伤程度鉴定标准化、规范化工作，现将《人体损伤程度鉴定标准》发布，自2014年1月1日起施行。《人体重伤鉴定标准》（司发〔1990〕070号）、《人体轻伤鉴定标准（试行）》［法（司）发〔1990〕6号］和《人体轻微伤的鉴定》（GA/T 146—1996）同时废止。

最高人民法院、最高人民检察院、公安部、国家安全部、司法部

2013年8月30日

1　范围

本标准规定了人体损伤程度鉴定的原则、方法、内容和等级划分。

本标准适用于《中华人民共和国刑法》及其他法律、法规所涉及的人体损伤程度鉴定。

2　规范性引用文件

下列文件对于本文件的应用是必不可少的。本标准引用文件的最新版本适用于本标准。

GB 18667 道路交通事故受伤人员伤残评定

GB/T 16180 劳动能力鉴定 职工工伤与职业病致残等级

GB/T 26341—2010 残疾人残疾分类和分级

3　术语和定义

重伤

使人肢体残废、毁人容貌、丧失听觉、丧失视觉、丧失其他器官功能或者其他对于人身健康有重大伤害的损伤，包括重伤一级和重伤二级。

轻伤

使人肢体或者容貌损害，听觉、视觉或者其他器官功能部分障碍或者其他对于人身健康有中度伤害的损伤，包括轻伤一级和轻伤二级。

轻微伤

各种致伤因素所致的原发性损伤，造成组织器官结构轻微损害或者轻微功能障碍。

4 总则

4.1 鉴定原则

4.1.1 遵循实事求是的原则,坚持以致伤因素对人体直接造成的原发性损伤及由损伤引起的并发症或者后遗症为依据,全面分析,综合鉴定。

4.1.2 对于以原发性损伤及其并发症作为鉴定依据的,鉴定时应以损伤当时伤情为主,损伤的后果为辅,综合鉴定。

4.1.3 对于以容貌损害或者组织器官功能障碍作为鉴定依据的,鉴定时应以损伤的后果为主,损伤当时伤情为辅,综合鉴定。

4.2 鉴定时机

4.2.1 以原发性损伤为主要鉴定依据的,伤后即可进行鉴定;以损伤所致的并发症为主要鉴定依据的,在伤情稳定后进行鉴定。

4.2.2 以容貌损害或者组织器官功能障碍为主要鉴定依据的,在损伤90日后进行鉴定;在特殊情况下可以根据原发性损伤及其并发症出具鉴定意见,但须对有可能出现的后遗症加以说明,必要时应进行复检并予以补充鉴定。[1]

4.2.3 疑难、复杂的损伤,在临床治疗终结或者伤情稳定后进行鉴定。

4.3 伤病关系处理原则

4.3.1 损伤为主要作用的,既往伤/病为次要或者轻微作用的,应依据本标准相应条款进行鉴定。

4.3.2 损伤与既往伤/病共同作用的,即二者作用相当的,应依据本标准相应条款适度降低损伤程度等级,即等级为重伤一级和重伤二级的,可视具体情况鉴定为轻伤一级或者轻伤二级,等级为轻伤一级和轻伤二级的,均鉴定为轻微伤。

4.3.3 既往伤/病为主要作用的,即损伤为次要或者轻微作用的,不宜进行损伤程度鉴定,只说明因果关系。

5 损伤程度分级

5.1 颅脑、脊髓损伤

5.1.1 重伤一级

a)植物生存状态。

b)四肢瘫(三肢以上肌力3级以下)。

c)偏瘫、截瘫(肌力2级以下),伴大便、小便失禁。

d)非肢体瘫的运动障碍(重度)。

e)重度智能减退或者器质性精神障碍,生活完全不能自理。

5.1.2 重伤二级

a)头皮缺损面积累计75.0cm^{2}以上。

b)开放性颅骨骨折伴硬脑膜破裂。

c)颅骨凹陷性或者粉碎性骨折,出现脑受压症状和体征,须手术治疗。

d)颅底骨折,伴脑脊液漏持续4周以上。

e)颅底骨折,伴面神经或者听神经损伤引起相应神经功能障碍。

f)外伤性蛛网膜下腔出血,伴神经系统症状和体征。

g)脑挫(裂)伤,伴神经系统症状和体征。

h)颅内出血,伴脑受压症状和体征。

i)外伤性脑梗死,伴神经系统症状和体征。

j)外伤性脑脓肿。

k)外伤性脑动脉瘤,须手术治疗。

l)外伤性迟发性癫痫。

m)外伤性脑积水,须手术治疗。

n)外伤性颈动脉海绵窦瘘。

o)外伤性下丘脑综合征。

p)外伤性尿崩症。

q)单肢瘫(肌力3级以下)。

r)脊髓损伤致重度肛门失禁或者重度排尿障碍。

5.1.3　轻伤一级

a)头皮创口或者瘢痕长度累计20.0cm以上。

b)头皮撕脱伤面积累计50.0cm^2以上;头皮缺损面积累计24.0cm^2以上。

c)颅骨凹陷性或者粉碎性骨折。

d)颅底骨折伴脑脊液漏。

e)脑挫(裂)伤;颅内出血;慢性颅内血肿;外伤性硬脑膜下积液。

f)外伤性脑积水;外伤性颅内动脉瘤;外伤性脑梗死;外伤性颅内低压综合征。

g)脊髓损伤致排便或者排尿功能障碍(轻度)。

h)脊髓挫裂伤。

5.1.4　轻伤二级

a)头皮创口或者瘢痕长度累计8.0cm以上。

b)头皮撕脱伤面积累计20.0cm^2以上;头皮缺损面积累计10.0cm^2以上。

c)帽状腱膜下血肿范围50.0cm^2以上。

d)颅骨骨折。

e)外伤性蛛网膜下腔出血。

f)脑神经损伤引起相应神经功能障碍。

5.1.5　轻微伤

a)头部外伤后伴有神经症状。

b)头皮擦伤面积5.0cm^{2}以上;头皮挫伤;头皮下血肿。

c)头皮创口或者瘢痕。

5.2　面部、耳廓损伤

5.2.1　重伤一级

a)容貌毁损(重度)。

5.2.2　重伤二级

a)面部条状瘢痕(50%以上位于中心区),单条长度10.0cm以上,或者两条以上长度累计15.0cm以上。

b)面部块状瘢痕(50%以上位于中心区),单块面积6.0cm^{2}以上,或者两块以上面积累计10.0cm^{2}以上。

c)面部片状细小瘢痕或者显著色素异常,面积累计达面部30%。

d)一侧眼球萎缩或者缺失。

e)眼睑缺失相当于一侧上眼睑1/2以上。

f)一侧眼睑重度外翻或者双侧眼睑中度外翻。

g)一侧上睑下垂完全覆盖瞳孔。

h)一侧眼眶骨折致眼球内陷0.5cm以上。

i)一侧鼻泪管和内眦韧带断裂。

j)鼻部离断或者缺损30%以上。

k)耳廓离断、缺损或者挛缩畸形累计相当于一侧耳廓面积50%以上。

l)口唇离断或者缺损致牙齿外露3枚以上。

m)舌体离断或者缺损达舌系带。

n)牙齿脱落或者牙折共7枚以上。

o)损伤致张口困难Ⅲ度。

p)面神经损伤致一侧面肌大部分瘫痪,遗留眼睑闭合不全和口角歪斜。

q)容貌毁损(轻度)。

5.2.3　轻伤一级

a)面部单个创口或者瘢痕长度6.0cm以上;多个创口或者瘢痕长度累计10.0cm以上。

b)面部块状瘢痕,单块面积4.0cm^{2}以上;多块面积累计7.0cm^{2}以上。

c)面部片状细小瘢痕或者明显色素异常,面积累计30.0cm^{2}以上。

d)眼睑缺失相当于一侧上眼睑1/4以上。

e)一侧眼睑中度外翻;双侧眼睑轻度外翻。

f)一侧上眼睑下垂覆盖瞳孔超过1/2。

g)两处以上不同眶壁骨折;一侧眶壁骨折致眼球内陷0.2cm以上。

h)双侧泪器损伤伴溢泪。

i)一侧鼻泪管断裂;一侧内眦韧带断裂。

j)耳廓离断、缺损或者挛缩畸形累计相当于一侧耳廓面积30%以上。

k)鼻部离断或者缺损15%以上。

l)口唇离断或者缺损致牙齿外露1枚以上。

m)牙齿脱落或者牙折共4枚以上。

n)损伤致张口困难Ⅱ度。

o)腮腺总导管完全断裂。

p)面神经损伤致一侧面肌部分瘫痪,遗留眼睑闭合不全或者口角歪斜。

5.2.4　轻伤二级

a)面部单个创口或者瘢痕长度4.5cm以上;多个创口或者瘢痕长度累计6.0cm以上。

b)面颊穿透创,皮肤创口或者瘢痕长度1.0cm以上。

c)口唇全层裂创,皮肤创口或者瘢痕长度1.0cm以上。

d)面部块状瘢痕,单块面积3.0cm^2以上或多块面积累计5.0cm^2以上。

e)面部片状细小瘢痕或者色素异常,面积累计8.0cm^2以上。

f)眶壁骨折(单纯眶内壁骨折除外)。

g)眼睑缺损。

h)一侧眼睑轻度外翻。

i)一侧上眼睑下垂覆盖瞳孔。

j)一侧眼睑闭合不全。

k)一侧泪器损伤伴溢泪。

l)耳廓创口或者瘢痕长度累计6.0cm以上。

m)耳廓离断、缺损或者挛缩畸形累计相当于一侧耳廓面积15%以上。

n)鼻尖或者一侧鼻翼缺损。

o)鼻骨粉碎性骨折;双侧鼻骨骨折;鼻骨骨折合并上颌骨额突骨折;鼻骨骨折合并鼻中隔骨折;双侧上颌骨额突骨折。

p)舌缺损。

q)牙齿脱落或者牙折2枚以上。

r)腮腺、颌下腺或者舌下腺实质性损伤。

s)损伤致张口困难Ⅰ度。

t)颌骨骨折(牙槽突骨折及一侧上颌骨额突骨折除外)。

u)颧骨骨折。

5.2.5 轻微伤

a)面部软组织创。

b)面部损伤留有瘢痕或者色素改变。

c)面部皮肤擦伤,面积 2.0cm^2 以上;面部软组织挫伤;面部划伤 4.0cm 以上。

d)眶内壁骨折。

e)眼部挫伤;眼部外伤后影响外观。

f)耳廓创。

g)鼻骨骨折;鼻出血。

h)上颌骨额突骨折。

i)口腔粘膜破损;舌损伤。

j)牙齿脱落或者缺损;牙槽突骨折;牙齿松动 2 枚以上或者Ⅲ度松动 1 枚以上。

5.3 听器听力损伤

5.3.1 重伤一级

a)双耳听力障碍(≥91dB HL)。

5.3.2 重伤二级

a)一耳听力障碍(≥91dB HL)。

b)一耳听力障碍(≥81dB HL),另一耳听力障碍(≥41dB HL)。

c)一耳听力障碍(≥81dB HL),伴同侧前庭平衡功能障碍。

d)双耳听力障碍(≥61dB HL)。

e)双侧前庭平衡功能丧失,睁眼行走困难,不能并足站立。

5.3.3 轻伤一级

a)双耳听力障碍(≥41dB HL)。

b)双耳外耳道闭锁。

5.3.4 轻伤二级

a)外伤性鼓膜穿孔 6 周不能自行愈合。

b)听骨骨折或者脱位;听骨链固定。

c)一耳听力障碍(≥41dB HL)。

d)一侧前庭平衡功能障碍,伴同侧听力减退。

e)一耳外耳道横截面 1/2 以上狭窄。

5.3.5 轻微伤

a)外伤性鼓膜穿孔。

b)鼓室积血。

c)外伤后听力减退。

5.4 视器视力损伤

5.4.1 重伤一级

a)一眼眼球萎缩或者缺失,另一眼盲目3级。

b)一眼视野完全缺损,另一眼视野半径20°以下(视野有效值32%以下)。

c)双眼盲目4级。

5.4.2 重伤二级

a)一眼盲目3级。

b)一眼重度视力损害,另一眼中度视力损害。

c)一眼视野半径10°以下(视野有效值16%以下)。

d)双眼偏盲;双眼残留视野半径30°以下(视野有效值48%以下)。

5.4.3 轻伤一级

a)外伤性青光眼,经治疗难以控制眼压。

b)一眼虹膜完全缺损。

c)一眼重度视力损害;双眼中度视力损害。

d)一眼视野半径30°以下(视野有效值48%以下);双眼视野半径50°以下(视野有效值80%以下)。

5.4.4 轻伤二级

a)眼球穿通伤或者眼球破裂伤;前房出血须手术治疗;房角后退;虹膜根部离断或者虹膜缺损超过1个象限;睫状体脱离;晶状体脱位;玻璃体积血;外伤性视网膜脱离;外伤性视网膜出血;外伤性黄斑裂孔;外伤性脉络膜脱离。

b)角膜斑翳或者血管翳;外伤性白内障;外伤性低眼压;外伤性青光眼。

c)瞳孔括约肌损伤致瞳孔显著变形或者瞳孔散大(直径0.6cm以上)。

d)斜视;复视。

e)睑球粘连。

f)一眼矫正视力减退至0.5以下(或者较伤前视力下降0.3以上);双眼矫正视力减退至0.7以下(或者较伤前视力下降0.2以上);原单眼中度以上视力损害者,伤后视力降低一个级别。

g)一眼视野半径50°以下(视野有效值80%以下)。

5.4.5　轻微伤

a)眼球损伤影响视力。

5.5　颈部损伤

5.5.1　重伤一级

a)颈部大血管破裂。

b)咽喉部广泛毁损,呼吸完全依赖气管套管或者造口。

c)咽或者食管广泛毁损,进食完全依赖胃管或者造口。

5.5.2　重伤二级

a)甲状旁腺功能低下(重度)。

b)甲状腺功能低下,药物依赖。

c)咽部、咽后区、喉或者气管穿孔。

d)咽喉或者颈部气管损伤,遗留呼吸困难(3级)。

e)咽或者食管损伤,遗留吞咽功能障碍(只能进流食)。

f)喉损伤遗留发声障碍(重度)。

g)颈内动脉血栓形成,血管腔狭窄(50%以上)。

h)颈总动脉血栓形成,血管腔狭窄(25%以上)。

i)颈前三角区增生瘢痕,面积累计30.0cm^{2}以上。

5.5.3　轻伤一级

a)颈前部单个创口或者瘢痕长度10.0cm以上;多个创口或者瘢痕长度累计16.0cm以上。

b)颈前三角区瘢痕,单块面积10.0cm^{2}以上;多块面积累计12.0cm^{2}以上。

c)咽喉部损伤遗留发声或者构音障碍。

d)咽或者食管损伤,遗留吞咽功能障碍(只能进半流食)。

e)颈总动脉血栓形成;颈内动脉血栓形成;颈外动脉血栓形成;椎动脉血栓形成。

5.5.4　轻伤二级

a)颈前部单个创口或者瘢痕长度5.0cm以上;多个创口或者瘢痕长度累计8.0cm以上。

b)颈前部瘢痕,单块面积4.0cm^{2}以上,或者两块以上面积累计6.0cm^{2}以上。

c)甲状腺挫裂伤。

d)咽喉软骨骨折。

e)喉或者气管损伤。

f)舌骨骨折。

g)膈神经损伤。

h)颈部损伤出现窒息征象。

5.5.5 轻微伤

a)颈部创口或者瘢痕长度1.0cm以上。

b)颈部擦伤面积4.0cm^2以上。

c)颈部挫伤面积2.0cm^2以上。

d)颈部划伤长度5.0cm以上。

5.6 胸部损伤

5.6.1 重伤一级

a)心脏损伤,遗留心功能不全(心功能Ⅳ级)。

b)肺损伤致一侧全肺切除或者双肺三肺叶切除。

5.6.2 重伤二级

a)心脏损伤,遗留心功能不全(心功能Ⅲ级)。

b)心脏破裂;心包破裂。

c)女性双侧乳房损伤,完全丧失哺乳功能;女性一侧乳房大部分缺失。

d)纵隔血肿或者气肿,须手术治疗。

e)气管或者支气管破裂,须手术治疗。

f)肺破裂,须手术治疗。

g)血胸、气胸或者血气胸,伴一侧肺萎陷70%以上,或者双侧肺萎陷均在50%以上。

h)食管穿孔或者全层破裂,须手术治疗。

i)脓胸或者肺脓肿;乳糜胸;支气管胸膜瘘;食管胸膜瘘;食管支气管瘘。

j)胸腔大血管破裂。

k)膈肌破裂。

5.6.3 轻伤一级

a)心脏挫伤致心包积血。

b)女性一侧乳房损伤,丧失哺乳功能。

c)肋骨骨折6处以上。

d)纵隔血肿;纵隔气肿。

e)血胸、气胸或血气胸,伴一侧肺萎陷30%以上,或双肺萎陷均在20%以上。

f)食管挫裂伤。

5.6.4　轻伤二级

a)女性一侧乳房部分缺失或者乳腺导管损伤。

b)肋骨骨折2处以上。

c)胸骨骨折;锁骨骨折;肩胛骨骨折。

d)胸锁关节脱位;肩锁关节脱位。

e)胸部损伤,致皮下气肿1周不能自行吸收。

f)胸腔积血;胸腔积气。

g)胸壁穿透创。

h)胸部挤压出现窒息征象。

5.6.5　轻微伤

a)肋骨骨折;肋软骨骨折。

b)女性乳房擦挫伤。

5.7　腹部损伤

5.7.1　重伤一级

a)肝功能损害(重度)。

b)胃肠道损伤致消化吸收功能严重障碍,依赖肠外营养。

c)肾功能不全(尿毒症期)。

5.7.2　重伤二级

a)腹腔大血管破裂。

b)胃、肠、胆囊或者胆道全层破裂,须手术治疗。

c)肝、脾、胰或者肾破裂,须手术治疗。

d)输尿管损伤致尿外渗,须手术治疗。

e)腹部损伤致肠瘘或者尿瘘。

f)腹部损伤引起弥漫性腹膜炎或者感染性休克。

g)肾周血肿或者肾包膜下血肿,须手术治疗。

h)肾功能不全(失代偿期)。

i)肾损伤致肾性高血压。

j)外伤性肾积水;外伤性肾动脉瘤;外伤性肾动静脉瘘。

k)腹腔积血或者腹膜后血肿,须手术治疗。

5.7.3　轻伤一级

a)胃、肠、胆囊或者胆道非全层破裂。

b)肝包膜破裂;肝脏实质内血肿直径2.0cm以上。

c)脾包膜破裂;脾实质内血肿直径2.0cm以上。

d)胰腺包膜破裂。

e)肾功能不全(代偿期)。

5.7.4　轻伤二级

a)胃、肠、胆囊或者胆道挫伤。

b)肝包膜下或者实质内出血。

c)脾包膜下或者实质内出血。

d)胰腺挫伤。

e)肾包膜下或者实质内出血。

f)肝功能损害(轻度)。

g)急性肾功能障碍(可恢复)。

h)腹腔积血或者腹膜后血肿。

i)腹壁穿透创。

5.7.5　轻微伤

a)外伤性血尿。

5.8　盆部及会阴损伤

5.8.1　重伤一级

a)阴茎及睾丸全部缺失。

b)子宫及卵巢全部缺失。

5.8.2　重伤二级

a)骨盆骨折畸形愈合,致双下肢相对长度相差5.0cm以上。

b)骨盆不稳定性骨折,须手术治疗。

c)直肠破裂,须手术治疗。

d)肛管损伤致大便失禁或者肛管重度狭窄,须手术治疗。

e)膀胱破裂,须手术治疗。

f)后尿道破裂,须手术治疗。

g)尿道损伤致重度狭窄。

h)损伤致早产或者死胎;损伤致胎盘早期剥离或者流产,合并轻度休克。

i)子宫破裂,须手术治疗。

j)卵巢或者输卵管破裂,须手术治疗。

k)阴道重度狭窄。

l)幼女阴道Ⅱ度撕裂伤。

m)女性会阴或者阴道Ⅲ度撕裂伤。

n)龟头缺失达冠状沟。

o)阴囊皮肤撕脱伤面积占阴囊皮肤面积50%以上。

p)双侧睾丸损伤,丧失生育能力。

q)双侧附睾或者输精管损伤,丧失生育能力。

r)直肠阴道瘘;膀胱阴道瘘;直肠膀胱瘘。

s)重度排尿障碍。

5.8.3 轻伤一级

a)骨盆2处以上骨折;骨盆骨折畸形愈合;髋臼骨折。

b)前尿道破裂,须手术治疗。

c)输尿管狭窄。

d)一侧卵巢缺失或者萎缩。

e)阴道轻度狭窄。

f)龟头缺失1/2以上。

g)阴囊皮肤撕脱伤面积占阴囊皮肤面积30%以上。

h)一侧睾丸或者附睾缺失;一侧睾丸或者附睾萎缩。

5.8.4 轻伤二级

a)骨盆骨折。

b)直肠或者肛管挫裂伤。

c)一侧输尿管挫裂伤;膀胱挫裂伤;尿道挫裂伤。

d)子宫挫裂伤;一侧卵巢或者输卵管挫裂伤。

e)阴道撕裂伤。

f)女性外阴皮肤创口或者瘢痕长度累计4.0cm以上。

g)龟头部分缺损。

h)阴茎撕脱伤;阴茎皮肤创口或者瘢痕长度2.0cm以上;阴茎海绵体出血并形成硬结。

i)阴囊壁贯通创;阴囊皮肤创口或者瘢痕长度累计4.0cm以上;阴囊内积血,2周内未完全吸收。

j)一侧睾丸破裂、血肿、脱位或者扭转。

k)一侧输精管破裂。

l)轻度肛门失禁或者轻度肛门狭窄。

m)轻度排尿障碍。

n)外伤性难免流产;外伤性胎盘早剥。

5.8.5 轻微伤

a)会阴部软组织挫伤。

b)会阴创;阴囊创;阴茎创。

c)阴囊皮肤挫伤。

d)睾丸或者阴茎挫伤。

e)外伤性先兆流产。

5.9　脊柱四肢损伤

5.9.1　重伤一级

a)二肢以上离断或者缺失(上肢腕关节以上、下肢踝关节以上)。

b)二肢六大关节功能完全丧失。

5.9.2　重伤二级

a)四肢任一大关节强直畸形或者功能丧失50%以上。

b)臂丛神经干性或者束性损伤,遗留肌瘫(肌力3级以下)。

c)正中神经肘部以上损伤,遗留肌瘫(肌力3级以下)。

d)桡神经肘部以上损伤,遗留肌瘫(肌力3级以下)。

e)尺神经肘部以上损伤,遗留肌瘫(肌力3级以下)。

f)骶丛神经或者坐骨神经损伤,遗留肌瘫(肌力3级以下)。

g)股骨干骨折缩短5.0cm以上、成角畸形30°以上或者严重旋转畸形。

h)胫腓骨骨折缩短5.0cm以上、成角畸形30°以上或者严重旋转畸形。

i)膝关节挛缩畸形屈曲30°以上。

j)一侧膝关节交叉韧带完全断裂遗留旋转不稳。

k)股骨颈骨折或者髋关节脱位,致股骨头坏死。

l)四肢长骨骨折不愈合或者假关节形成;四肢长骨骨折并发慢性骨髓炎。

m)一足离断或者缺失50%以上;足跟离断或者缺失50%以上。

n)一足的第一趾和其余任何二趾离断或者缺失;一足除第一趾外,离断或者缺失4趾。

o)两足5个以上足趾离断或者缺失。

p)一足第一趾及其相连的跖骨离断或者缺失。

q)一足除第一趾外,任何三趾及其相连的跖骨离断或者缺失。

5.9.3　轻伤一级

a)四肢任一大关节功能丧失25%以上。

b)一节椎体压缩骨折超过1/3以上;二节以上椎体骨折;三处以上横突、棘突或者椎弓骨折。

c)膝关节韧带断裂伴半月板破裂。

d)四肢长骨骨折畸形愈合。

e)四肢长骨粉碎性骨折或者两处以上骨折。

f)四肢长骨骨折累及关节面。

g)股骨颈骨折未见股骨头坏死,已行假体置换。

h)骺板断裂。

i)一足离断或者缺失10%以上;足跟离断或者缺失20%以上。

j)一足的第一趾离断或者缺失;一足除第一趾外的任何二趾离断或者缺失。

k)三个以上足趾离断或者缺失。

l)除第一趾外任何一趾及其相连的跖骨离断或者缺失。

m)肢体皮肤创口或者瘢痕长度累计45.0cm以上。

5.9.4 轻伤二级

a)四肢任一大关节功能丧失10%以上。

b)四肢重要神经损伤。

c)四肢重要血管破裂。

d)椎骨骨折或脊椎脱位(尾椎脱位不影响功能的除外);外伤性椎间盘突出。

e)肢体大关节韧带断裂;半月板破裂。

f)四肢长骨骨折;髌骨骨折。

g)骨骺分离。

h)损伤致肢体大关节脱位。

i)第一趾缺失超过趾间关节;除第一趾外,任何二趾缺失超过趾间关节;一趾缺失。

j)两节趾骨骨折;一节趾骨骨折合并一跖骨骨折。

k)两跖骨骨折或者一跖骨完全骨折;距骨、跟骨、骰骨、楔骨或者足舟骨骨折;跖跗关节脱位。

l)肢体皮肤一处创口或者瘢痕长度10.0cm以上;两处以上创口或者瘢痕长度累计15.0cm以上。

5.9.5 轻微伤

a)肢体一处创口或者瘢痕长度1.0cm以上;两处以上创口或者瘢痕长度累计1.5cm以上;刺创深达肌层。

b)肢体关节、肌腱或者韧带损伤。

c)骨挫伤。

d)足骨骨折。

e)外伤致趾甲脱落,甲床暴露;甲床出血。

f)尾椎脱位。

5.10 手损伤

5.10.1 重伤一级

a)双手离断、缺失或者功能完全丧失。

5.10.2 重伤二级

a)手功能丧失累计达一手功能36%。

b)一手拇指挛缩畸形不能对指和握物。

c)一手除拇指外,其余任何三指挛缩畸形,不能对指和握物。

d)一手拇指离断或者缺失超过指间关节。

e)一手示指和中指全部离断或者缺失。

f)一手除拇指外的任何三指离断或者缺失均超过近侧指间关节。

5.10.3 轻伤一级

a)手功能丧失累计达一手功能16%。

b)一手拇指离断或者缺失未超过指间关节。

c)一手除拇指外的示指和中指离断或者缺失均超过远侧指间关节。

d)一手除拇指外的环指和小指离断或者缺失均超过近侧指间关节。

5.10.4 轻伤二级

a)手功能丧失累计达一手功能4%。

b)除拇指外的一个指节离断或者缺失。

c)两节指骨线性骨折或者一节指骨粉碎性骨折(不含第2至5指末节)。

d)舟骨骨折、月骨脱位或者掌骨完全性骨折。

5.10.5 轻微伤

a)手擦伤面积10.0cm^{2}以上或者挫伤面积6.0cm^{2}以上。

b)手一处创口或者瘢痕长度1.0cm以上;两处以上创口或者瘢痕长度累计1.5cm以上;刺伤深达肌层。

c)手关节或者肌腱损伤。

d)腕骨、掌骨或者指骨骨折。

e)外伤致指甲脱落,甲床暴露;甲床出血。

5.11 体表损伤

5.11.1 重伤二级

a)挫伤面积累计达体表面积30%。

b)创口或者瘢痕长度累计200.0cm以上。

5.11.2 轻伤一级

a)挫伤面积累计达体表面积10%。

b)创口或者瘢痕长度累计40.0cm以上。

c)撕脱伤面积100.0cm^2以上。

d)皮肤缺损30.0cm^2以上。

5.11.3 轻伤二级

a)挫伤面积达体表面积6%。

b)单个创口或者瘢痕长度10.0cm以上;多个创口或者瘢痕长度累计15.0cm以上。

c)撕脱伤面积50.0cm^2以上。

d)皮肤缺损6.0cm^2以上。

5.11.4 轻微伤

a)擦伤面积20.0cm^2以上或者挫伤面积15.0cm^2以上。

b)一处创口或者瘢痕长度1.0cm以上;两处以上创口或者瘢痕长度累计1.5cm以上;刺创深达肌层。

c)咬伤致皮肤破损。

5.12 其他损伤

5.12.1 重伤一级

a)深Ⅱ°以上烧烫伤面积达体表面积70%或者Ⅲ°面积达30%。

5.12.2 重伤二级

a)Ⅱ°以上烧烫伤面积达体表面积30%或者Ⅲ°面积达10%;面积低于上述程度但合并吸入有毒气体中毒或者严重呼吸道烧烫伤。

b)枪弹创,创道长度累计180.0cm。

c)各种损伤引起脑水肿(脑肿胀),脑疝形成。

d)各种损伤引起休克(中度)。

e)挤压综合征(Ⅱ级)。

f)损伤引起脂肪栓塞综合征(完全型)。

g)各种损伤致急性呼吸窘迫综合征(重度)。

h)电击伤(Ⅱ°)。

i)溺水(中度)。

j)脑内异物存留;心脏异物存留。

k)器质性阴茎勃起障碍(重度)。

5.12.3　轻伤一级

a)Ⅱ°以上烧烫伤面积达体表面积20%或者Ⅲ°面积达5%。

b)损伤引起脂肪栓塞综合征(不完全型)。

c)器质性阴茎勃起障碍(中度)。

5.12.4　轻伤二级

a)Ⅱ°以上烧烫伤面积达体表面积5%或者Ⅲ°面积达0.5%。

b)呼吸道烧伤。

c)挤压综合征(Ⅰ级)。

d)电击伤(Ⅰ°)。

e)溺水(轻度)。

f)各种损伤引起休克(轻度)。

g)呼吸功能障碍,出现窒息征象。

h)面部异物存留;眶内异物存留;鼻窦异物存留。

i)胸腔内异物存留;腹腔内异物存留;盆腔内异物存留。

j)深部组织内异物存留。

k)骨折内固定物损坏需要手术更换或者修复。

l)各种置入式假体装置损坏需要手术更换或者修复。

m)器质性阴茎勃起障碍(轻度)。

5.12.5　轻微伤

a)身体各部位骨皮质的砍(刺)痕;轻微撕脱性骨折,无功能障碍。

b)面部Ⅰ°烧烫伤面积10.0cm^2以上;浅Ⅱ°烧烫伤。

c)颈部Ⅰ°烧烫伤面积15.0cm^2以上;浅Ⅱ°烧烫伤面积2.0cm^2以上。

d)体表Ⅰ°烧烫伤面积20.0cm^2以上;浅Ⅱ°烧烫伤面积4.0cm^2以上;深Ⅱ°烧烫伤。

6　附则

6.1　伤后因其他原因死亡的个体,其生前损伤比照本标准相关条款综合鉴定。

6.2　未列入本标准中的物理性、化学性和生物性等致伤因素造成的人体损伤,比照本标准中的相应条款综合鉴定。

6.3　本标准所称的损伤是指各种致伤因素所引起的人体组织器官结构破坏或者功能障碍。反应性精神病、癔症等,均为内源性疾病,不宜鉴定损伤程度。

6.4　本标准未作具体规定的损伤,可以遵循损伤程度等级划分原则,比照本标准相近条款进行损伤程度鉴定。

6.5 盲管创、贯通创,其创道长度可视为皮肤创口长度,并参照皮肤创口长度相应条款鉴定损伤程度。

6.6 牙折包括冠折、根折和根冠折,冠折须暴露髓腔。

6.7 骨皮质的砍(刺)痕或者轻微撕脱性骨折(无功能障碍)的,不构成本标准所指的轻伤。

6.8 本标准所称大血管是指胸主动脉、主动脉弓分支、肺动脉、肺静脉、上腔静脉和下腔静脉,腹主动脉、髂总动脉、髂外动脉、髂外静脉。

6.9 本标准四肢大关节是指肩、肘、腕、髋、膝、踝等六大关节。

6.10 本标准四肢重要神经是指臂丛及其分支神经(包括正中神经、尺神经、桡神经和肌皮神经等)和腰骶丛及其分支神经(包括坐骨神经、腓总神经、腓浅神经和胫神经等)。

6.11 本标准四肢重要血管是指与四肢重要神经伴行的同名动、静脉。

6.12 本标准幼女或者儿童是指年龄不满14周岁的个体。

6.13 本标准所称的假体是指植入体内替代组织器官功能的装置,如:颅骨修补材料、人工晶体、义眼座、固定义齿(种植牙)、阴茎假体、人工关节、起搏器、支架等,但可摘式义眼、义齿等除外。

6.14 移植器官损伤参照相应条款综合鉴定。

6.15 本标准所称组织器官包括再植或者再造成活的。

6.16 组织器官缺失是指损伤当时完全离体或者仅有少量皮肤和皮下组织相连,或者因损伤经手术切除的。器官离断(包括牙齿脱落),经再植、再造手术成功的,按损伤当时情形鉴定损伤程度。

6.17 对于两个部位以上同类损伤可以累加,比照相关部位数值规定高的条款进行评定。

6.18 本标准所涉及的体表损伤数值,0~6岁按50%计算,7~10岁按60%计算,11~14岁按80%计算。

6.19 本标准中出现的数字均含本数。

附录A

A.1 重伤一级

各种致伤因素所致的原发性损伤或者由原发性损伤引起的并发症,严重危及生命;遗留肢体严重残废或者重度容貌毁损;严重丧失听觉、视觉或者其他重要器官功能。

A.2　重伤二级

各种致伤因素所致的原发性损伤或者由原发性损伤引起的并发症,危及生命;遗留肢体残废或者轻度容貌毁损;丧失听觉、视觉或者其他重要器官功能。

A.3　轻伤一级

各种致伤因素所致的原发性损伤或者由原发性损伤引起的并发症,未危及生命;遗留组织器官结构、功能中度损害或者明显影响容貌。

A.4　轻伤二级

各种致伤因素所致的原发性损伤或者由原发性损伤引起的并发症,未危及生命;遗留组织器官结构、功能轻度损害或者影响容貌。

A.5　轻微伤

各种致伤因素所致的原发性损伤,造成组织器官结构轻微损害或者轻微功能障碍。

A.6　等级限度

重伤二级是重伤的下限,与重伤一级相衔接,重伤一级的上限是致人死亡;轻伤二级是轻伤的下限,与轻伤一级相衔接,轻伤一级的上限与重伤二级相衔接;轻微伤的上限与轻伤二级相衔接,未达轻微伤标准的,不鉴定为轻微伤。

附录三

人体损伤致残程度分级

为进一步规范人体损伤致残程度鉴定，现公布《人体损伤致残程度分级》，自2017年1月1日起施行。司法鉴定机构和司法鉴定人进行人体损伤致残程度鉴定统一适用《人体损伤致残程度分级》。

最高人民法院 最高人民检察院 公安部 国家安全部 司法部

2016年4月18日

1 范围

本标准规定了人体损伤致残程度分级的原则、方法、内容和等级划分。

本标准适用于人身损害致残程度等级鉴定。

2 规范性引用文件

下列文件对本标准的应用是必不可少的。凡是注日期的引用文件，仅注日期的版本适用于本标准；凡是不注日期的引用文件，其最新版本（包括所有的修改单）适用于本标准。

最高人民法院、最高人民检察院、公安部、国家安全部、司法部发布 人体损伤程度鉴定标准

GB/T 16180－2014 劳动能力鉴定 职工工伤与职业病致残等级

GB/T 31147 人身损害护理依赖程度评定

3 术语和定义

3.1 损伤

各种因素造成的人体组织器官结构破坏和/或功能障碍。

3.2 残疾

人体组织器官结构破坏或者功能障碍，以及个体在现代临床医疗条件下难以恢复的生活、工作、社会活动能力不同程度的降低或者丧失。

4 总则

4.1 鉴定原则

应以损伤治疗后果或者结局为依据，客观评价组织器官缺失和/或功能障碍程度，科学分析损伤与残疾之间的因果关系，实事求是地进行鉴定。

受伤人员符合两处以上致残程度等级者，鉴定意见中应该分别写明各处的

致残程度等级。

4.2　鉴定时机

应在原发性损伤及其与之确有关联的并发症治疗终结或者临床治疗效果稳定后进行鉴定。

4.3　伤病关系处理

当损伤与原有伤、病共存时,应分析损伤与残疾后果之间的因果关系。根据损伤在残疾后果中的作用力大小确定因果关系的不同形式,可依次分别表述为:完全作用、主要作用、同等作用、次要作用、轻微作用、没有作用。

除损伤"没有作用"以外,均应按照实际残情鉴定致残程度等级,同时说明损伤与残疾后果之间的因果关系;判定损伤"没有作用"的,不应进行致残程度鉴定。

4.4　致残等级划分

本标准将人体损伤致残程度划分为10个等级,从一级(人体致残率100%)到十级(人体致残率10%),每级致残率相差10%。致残程度等级划分依据见附录A。

4.5　判断依据

依据人体组织器官结构破坏、功能障碍及其对医疗、护理的依赖程度,适当考虑由于残疾引起的社会交往和心理因素影响,综合判定致残程度等级。[2]

5　致残程度分级

5.1　一级

5.1.1　颅脑、脊髓及周围神经损伤

1)持续性植物生存状态;

2)精神障碍或者极重度智能减退,日常生活完全不能自理;

3)四肢瘫(肌力3级以下)或者三肢瘫(肌力2级以下);

4)截瘫(肌力2级以下)伴重度排便功能障碍与重度排尿功能障碍。

5.1.2　颈部及胸部损伤

1)心功能不全,心功能Ⅳ级;

2)严重器质性心律失常,心功能Ⅲ级;

3)心脏移植术后,心功能Ⅲ级;

4)心肺联合移植术后;

5)肺移植术后呼吸困难(极重度)。

5.1.3　腹部损伤

1)原位肝移植术后肝衰竭晚期;

2)双肾切除术后或者孤肾切除术后,需透析治疗维持生命;肾移植术后肾衰竭。

5.1.4 脊柱、骨盆及四肢损伤

1)三肢缺失(上肢肘关节以上,下肢膝关节以上);

2)二肢缺失(上肢肘关节以上,下肢膝关节以上),第三肢各大关节功能丧失均达75%;

3)二肢缺失(上肢肘关节以上,下肢膝关节以上),第三肢任二大关节均强直固定或者功能丧失均达90%。

5.2 二级

5.2.1 颅脑、脊髓及周围神经损伤

1)精神障碍或者重度智能减退,日常生活随时需有人帮助;

2)三肢瘫(肌力3级以下);

3)偏瘫(肌力2级以下);

4)截瘫(肌力2级以下);

5)非肢体瘫运动障碍(重度)。

5.2.2 头面部损伤

1)容貌毁损(重度);

2)上颌骨或者下颌骨完全缺损;

3)双眼球缺失或者萎缩;

4)双眼盲目5级;

5)双侧眼睑严重畸形(或者眼睑重度下垂,遮盖全部瞳孔),伴双眼盲目3级以上。

5.2.3 颈部及胸部损伤

1)呼吸困难(极重度);

2)心脏移植术后;

3)肺移植术后。

5.2.4 腹部损伤

1)肝衰竭晚期;

2)肾衰竭;

3)小肠大部分切除术后,消化吸收功能丧失,完全依赖肠外营养。

5.2.5 脊柱、骨盆及四肢损伤

1)双上肢肘关节以上缺失,或者一上肢肘关节以上缺失伴一下肢膝关节以上缺失;

2)一肢缺失(上肢肘关节以上,下肢膝关节以上),其余任二肢体各有二大关节功能丧失均达75%;

3)双上肢各大关节均强直固定或者功能丧失均达90%。

5.2.6 体表及其他损伤

1)皮肤瘢痕形成达体表面积90%;

2)重型再生障碍性贫血。

5.3 三级

5.3.1 颅脑、脊髓及周围神经损伤

1)精神障碍或者重度智能减退,不能完全独立生活,需经常有人监护;

2)完全感觉性失语或者混合性失语;

3)截瘫(肌力3级以下)伴排便或者排尿功能障碍;

4)双手全肌瘫(肌力2级以下),伴双腕关节功能丧失均达75%;

5)重度排便功能障碍伴重度排尿功能障碍。

5.3.2 头面部损伤

1)一眼球缺失、萎缩或者盲目5级,另一眼盲目3级;

2)双眼盲目4级;

3)双眼视野接近完全缺损,视野有效值≤4%(直径≤5°);

4)吞咽功能障碍,完全依赖胃管进食。

5.3.3 颈部及胸部损伤

1)食管闭锁或者切除术后,摄食依赖胃造口或者空肠造口;

2)心功能不全,心功能Ⅲ级。

5.3.4 腹部损伤

1)全胰缺失;

2)一侧肾切除术后,另一侧肾功能重度下降;

3)小肠大部分切除术后,消化吸收功能严重障碍,大部分依赖肠外营养。

5.3.5 盆部及会阴部损伤

1)未成年人双侧卵巢缺失或者萎缩,完全丧失功能;

2)未成年人双侧睾丸缺失或者萎缩,完全丧失功能;

3)阴茎接近完全缺失(残留长度≤1.0cm)。

5.3.6 脊柱、骨盆及四肢损伤

1)二肢缺失(上肢腕关节以上,下肢膝关节以上);

2)一肢缺失(上肢腕关节以上,下肢膝关节以上),另一肢各大关节均强直固定或者功能丧失均达90%;

3）双上肢各大关节功能丧失均达75%；双下肢各大关节均强直固定或者功能丧失均达90%；一上肢与一下肢各大关节均强直固定或者功能丧失均达90%。

5.4　四级

5.4.1　颅脑、脊髓及周围神经损伤

1）精神障碍或者中度智能减退，日常生活能力严重受限，间或需要帮助；

2）外伤性癫痫（重度）；

3）偏瘫（肌力3级以下）；

4）截瘫（肌力3级以下）；

5）阴茎器质性勃起障碍（重度）。

5.4.2　头面部损伤

1）符合容貌毁损（重度）标准之三项者；

2）上颌骨或者下颌骨缺损达1/2；

3）一眼球缺失、萎缩或者盲目5级，另一眼重度视力损害；

4）双眼盲目3级；

5）双眼视野极度缺损，视野有效值≤8%（直径≤10°）；

6）双耳听力障碍≥91dB HL。

5.4.3　颈部及胸部损伤

1）严重器质性心律失常，心功能Ⅱ级；

2）一侧全肺切除术后；

3）呼吸困难（重度）。

5.4.4　腹部损伤

1）肝切除2/3以上；

2）肝衰竭中期；

3）胰腺大部分切除，胰岛素依赖；

4）肾功能重度下降；

5）双侧肾上腺缺失；

6）永久性回肠造口。

5.4.5　盆部及会阴部损伤

1）膀胱完全缺失或者切除术后，行永久性输尿管腹壁造瘘或者肠代膀胱并永久性造口。

5.4.6　脊柱、骨盆及四肢损伤

1）一上肢腕关节以上缺失伴一下肢踝关节以上缺失，或者双下肢踝关节以

上缺失;

2)双下肢各大关节功能丧失均达75%;一上肢与一下肢各大关节功能丧失均达75%;

3)手功能丧失分值达150分。

5.4.7 体表及其他损伤

1)皮肤瘢痕形成达体表面积70%;

2)放射性皮肤癌。

5.5 五级

5.5.1 颅脑、脊髓及周围神经损伤

1)精神障碍或者中度智能减退,日常生活能力明显受限,需要指导;

2)完全运动性失语;

3)完全性失用、失写、失读或者失认等;

4)双侧完全性面瘫;

5)四肢瘫(肌力4级以下);

6)单肢瘫(肌力2级以下);

7)非肢体瘫运动障碍(中度);

8)双手大部分肌瘫(肌力2级以下);

9)双足全肌瘫(肌力2级以下);

10)排便伴排尿功能障碍,其中一项达重度。

5.5.2 头面部损伤

1)符合容貌毁损(重度)标准之二项者;

2)一眼球缺失、萎缩或者盲目5级,另一眼中度视力损害;

3)双眼重度视力损害;

4)双眼视野重度缺损,视野有效值≤16%(直径≤20°);

5)一侧眼睑严重畸形(或者眼睑重度下垂,遮盖全部瞳孔),伴另一眼盲目3级以上;

6)双耳听力障碍≥81dB HL;

7)一耳听力障碍≥91dB HL,另一耳听力障碍≥61dB HL;

8)舌根大部分缺损;

9)咽或者咽后区损伤遗留吞咽功能障碍,只能吞咽流质食物。

5.5.3 颈部及胸部损伤

1)未成年人甲状腺损伤致功能减退,药物依赖;

2)甲状旁腺功能损害(重度);

3)食管狭窄,仅能进流质食物;

4)食管损伤,肠代食管术后。

5.5.4 腹部损伤

1)胰头合并十二指肠切除术后;

2)一侧肾切除术后,另一侧肾功能中度下降;

3)肾移植术后,肾功能基本正常;

4)肾上腺皮质功能明显减退;

5)全胃切除术后;

6)小肠部分切除术后,消化吸收功能障碍,部分依赖肠外营养;

7)全结肠缺失。

5.5.5 盆部及会阴部损伤

1)永久性输尿管腹壁造口;

2)尿瘘难以修复;

3)直肠阴道瘘难以修复;

4)阴道严重狭窄(仅可容纳一中指);

5)双侧睾丸缺失或者完全萎缩,丧失生殖功能;

6)阴茎大部分缺失(残留长度≤3.0cm)。

5.5.6 脊柱、骨盆及四肢损伤

1)一上肢肘关节以上缺失;

2)一肢缺失(上肢腕关节以上,下肢膝关节以上),另一肢各大关节功能丧失均达50%或者其余肢体任二大关节功能丧失均达75%;

3)手功能丧失分值≥120分。

5.6 六级

5.6.1 颅脑、脊髓及周围神经损伤

1)精神障碍或者中度智能减退,日常生活能力部分受限,但能部分代偿,部分日常生活需要帮助;

2)外伤性癫痫(中度);

3)尿崩症(重度);

4)一侧完全性面瘫;

5)三肢瘫(肌力4级以下);

6)截瘫(肌力4级以下)伴排便或者排尿功能障碍;

7)双手部分肌瘫(肌力3级以下);

8)一手全肌瘫(肌力2级以下),伴相应腕关节功能丧失75%以上;

9)双足全肌瘫(肌力3级以下);

10)阴茎器质性勃起障碍(中度)。

5.6.2　头面部损伤

1)符合容貌毁损(中度)标准之四项者;

2)面部中心区条状瘢痕形成(宽度达0.3cm),累计长度达20.0cm;

3)面部片状细小瘢痕形成或者色素显著异常,累计达面部面积的80%;

4)双侧眼睑严重畸形;

5)一眼球缺失、萎缩或者盲目5级,另一眼视力≤0.5;

6)一眼重度视力损害,另一眼中度视力损害;

7)双眼视野中度缺损,视野有效值≤48%(直径≤60°);

8)双侧前庭平衡功能丧失,睁眼行走困难,不能并足站立;

9)唇缺损或者畸形,累计相当于上唇2/3以上。

5.6.3　颈部及胸部损伤

1)双侧喉返神经损伤,影响功能;

2)一侧胸廓成形术后,切除6根以上肋骨;

3)女性双侧乳房完全缺失;

4)心脏瓣膜置换术后,心功能不全;

5)心功能不全,心功能Ⅱ级;

6)器质性心律失常安装永久性起搏器后;

7)严重器质性心律失常;

8)两肺叶切除术后。

5.6.4　腹部损伤

1)肝切除1/2以上;

2)肝衰竭早期;

3)胰腺部分切除术后伴功能障碍,需药物治疗;

4)肾功能中度下降;

5)小肠部分切除术后,影响消化吸收功能,完全依赖肠内营养。

5.6.5　盆部及会阴部损伤

1)双侧卵巢缺失或者萎缩,完全丧失功能;

2)未成年人双侧卵巢萎缩,部分丧失功能;

3)未成年人双侧睾丸萎缩,部分丧失功能;

4)会阴部瘢痕挛缩伴阴道狭窄;

5)睾丸或者附睾损伤,生殖功能重度损害;

6）双侧输精管损伤难以修复；

7）阴茎严重畸形，不能实施性交行为。

5.6.6　脊柱、骨盆及四肢损伤

1）脊柱骨折后遗留30°以上侧弯或者后凸畸形；

2）一肢缺失（上肢腕关节以上，下肢膝关节以上）；

3）双足跖跗关节以上缺失；

4）手或者足功能丧失分值≥90分。

5.6.7　体表及其他损伤

1）皮肤瘢痕形成达体表面积50%；

2）非重型再生障碍性贫血。

5.7　七级

5.7.1　颅脑、脊髓及周围神经损伤

1）精神障碍或者轻度智能减退，日常生活有关的活动能力极重度受限；

2）不完全感觉性失语；

3）双侧大部分面瘫；

4）偏瘫（肌力4级以下）；

5）截瘫（肌力4级以下）；

6）单肢瘫（肌力3级以下）；

7）一手大部分肌瘫（肌力2级以下）；

8）一足全肌瘫（肌力2级以下）；

9）重度排便功能障碍或者重度排尿功能障碍。

5.7.2　头面部损伤

1）面部中心区条状瘢痕形成（宽度达0.3cm），累计长度达15.0cm；

2）面部片状细小瘢痕形成或者色素显著异常，累计达面部面积的50%；

3）双侧眼睑重度下垂，遮盖全部瞳孔；

4）一眼球缺失或者萎缩；

5）双眼中度视力损害；

6）一眼盲目3级，另一眼视力≤0.5；

7）双眼偏盲；

8）一侧眼睑严重畸形（或者眼睑重度下垂，遮盖全部瞳孔）合并该眼盲目3级以上；

9）一耳听力障碍≥81dB HL，另一耳听力障碍≥61dB HL；

10）咽或者咽后区损伤遗留吞咽功能障碍，只能吞咽半流质食物；

11)上颌骨或者下颌骨缺损达1/4;

12)上颌骨或者下颌骨部分缺损伴牙齿缺失14枚以上;

13)颌面部软组织缺损,伴发涎漏。

5.7.3　颈部及胸部损伤

1)甲状腺功能损害(重度);

2)甲状旁腺功能损害(中度);

3)食管狭窄,仅能进半流质食物;食管重建术后并发反流性食管炎;

4)颏颈粘连(中度);

5)女性双侧乳房大部分缺失或者严重畸形;

6)未成年或者育龄女性双侧乳头完全缺失;

7)胸廓畸形,胸式呼吸受限;

8)一肺叶切除,并肺段或者肺组织楔形切除术后。

5.7.4　腹部损伤

1)肝切除1/3以上;

2)一侧肾切除术后;

3)胆道损伤胆肠吻合术后,反复发作逆行性胆道感染;

4)未成年人脾切除术后;

5)小肠部分(包括回盲部)切除术后;

6)永久性结肠造口;

7)肠瘘长期不愈(1年以上)。

5.7.5　盆部及会阴部损伤

1)永久性膀胱造口;

2)膀胱部分切除术后合并轻度排尿功能障碍;

3)原位肠代膀胱术后;

4)子宫大部分切除术后;

5)睾丸损伤,血睾酮降低,需药物替代治疗;

6)未成年人一侧睾丸缺失或者严重萎缩;

7)阴茎畸形,难以实施性交行为;

8)尿道狭窄(重度)或者成形术后;

9)肛管或者直肠损伤,排便功能重度障碍或者肛门失禁(重度);

10)会阴部瘢痕挛缩致肛门闭锁,结肠造口术后。

5.7.6　脊柱、骨盆及四肢损伤

1)双下肢长度相差8.0cm以上;

2)一下肢踝关节以上缺失；

3)四肢任一大关节(踝关节除外)强直固定于非功能位；

4)四肢任二大关节(踝关节除外)功能丧失均达75%；

5)一手除拇指外，余四指完全缺失；

6)双足足弓结构完全破坏；

7)手或者足功能丧失分值≥60分。

5.8　八级

5.8.1　颅脑、脊髓及周围神经损伤

1)精神障碍或者轻度智能减退，日常生活有关的活动能力重度受限；

2)不完全运动性失语；不完全性失用、失写、失读或者失认；

3)尿崩症(中度)；

4)一侧大部分面瘫，遗留眼睑闭合不全和口角歪斜；

5)单肢瘫(肌力4级以下)；

6)非肢体瘫运动障碍(轻度)；

7)一手大部分肌瘫(肌力3级以下)；

8)一足全肌瘫(肌力3级以下)；

9)阴茎器质性勃起障碍(轻度)。

5.8.2　头面部损伤

1)容貌毁损(中度)；

2)符合容貌毁损(重度)标准之一项者；

3)头皮完全缺损，难以修复；

4)面部条状瘢痕形成，累计长度达30.0cm；面部中心区条状瘢痕形成(宽度达0.2cm)，累计长度达15.0cm；

5)面部块状增生性瘢痕形成，累计面积达15.0cm^2；面部中心区块状增生性瘢痕形成，单块面积达7.0cm^2或者多块累计面积达9.0cm^2；

6)面部片状细小瘢痕形成或者色素异常，累计面积达100.0cm^2；

7)一眼盲目4级；

8)一眼视野接近完全缺损，视野有效值≤4%(直径≤5°)；

9)双眼外伤性青光眼，经手术治疗；

10)一侧眼睑严重畸形(或者眼睑重度下垂，遮盖全部瞳孔)合并该眼重度视力损害；

11)一耳听力障碍≥91dB HL；

12)双耳听力障碍≥61dB HL；

13)双侧鼻翼大部分缺损,或者鼻尖大部分缺损合并一侧鼻翼大部分缺损;

14)舌体缺损达舌系带;

15)唇缺损或者畸形,累计相当于上唇1/2以上;

16)脑脊液漏经手术治疗后持续不愈;

17)张口受限Ⅲ度;

18)发声功能或者构音功能障碍(重度);

19)咽成形术后咽下运动异常。

5.8.3　颈部及胸部损伤

1)甲状腺功能损害(中度);

2)颈总动脉或者颈内动脉严重狭窄支架置入或者血管移植术后;

3)食管部分切除术后,并后遗胸腔胃;

4)女性一侧乳房完全缺失;女性双侧乳房缺失或者毁损,累计范围相当于一侧乳房3/4以上;

5)女性双侧乳头完全缺失;

6)肋骨骨折12根以上并后遗6处畸形愈合;

7)心脏或者大血管修补术后;

8)一肺叶切除术后;

9)胸廓成形术后,影响呼吸功能;

10)呼吸困难(中度)。

5.8.4　腹部损伤

1)腹壁缺损≥腹壁的1/4;

2)成年人脾切除术后;

3)胰腺部分切除术后;

4)胃大部分切除术后;

5)肠部分切除术后,影响消化吸收功能;

6)胆道损伤,胆肠吻合术后;

7)损伤致肾性高血压;

8)肾功能轻度下降;

9)一侧肾上腺缺失;

10)肾上腺皮质功能轻度减退。

5.8.5　盆部及会阴部损伤

1)输尿管损伤行代替术或者改道术后;

2)膀胱大部分切除术后;

3）一侧输卵管和卵巢缺失；

4）阴道狭窄；

5）一侧睾丸缺失；

6）睾丸或者附睾损伤，生殖功能轻度损害；

7）阴茎冠状沟以上缺失；

8）阴茎皮肤瘢痕形成，严重影响性交行为。

5.8.6　脊柱、骨盆及四肢损伤

1）二椎体压缩性骨折（压缩程度均达1/3）；

2）三个以上椎体骨折，经手术治疗后；

3）女性骨盆骨折致骨产道变形，不能自然分娩；

4）股骨头缺血性坏死，难以行关节假体置换术；

5）四肢长骨开放性骨折并发慢性骨髓炎、大块死骨形成，长期不愈（1年以上）；

6）双上肢长度相差8.0cm以上；

7）双下肢长度相差6.0cm以上；

8）四肢任一大关节（踝关节除外）功能丧失75%以上；

9）一踝关节强直固定于非功能位；

10）一肢体各大关节功能丧失均达50%；

11）一手拇指缺失达近节指骨1/2以上并相应掌指关节强直固定；

12）一足足弓结构完全破坏，另一足足弓结构部分破坏；

13）手或者足功能丧失分值≥40分。

5.8.7　体表及其他损伤

1）皮肤瘢痕形成达体表面积30%。

5.9　九级

5.9.1　颅脑、脊髓及周围神经损伤

1）精神障碍或者轻度智能减退，日常生活有关的活动能力中度受限；

2）外伤性癫痫（轻度）；

3）脑叶部分切除术后；

4）一侧部分面瘫，遗留眼睑闭合不全或者口角歪斜；

5）一手部分肌瘫（肌力3级以下）；

6）一足大部分肌瘫（肌力3级以下）；

7）四肢重要神经损伤（上肢肘关节以上，下肢膝关节以上），遗留相应肌群肌力3级以下；

8)严重影响阴茎勃起功能;

9)轻度排便或者排尿功能障碍。

5.9.2　头面部损伤

1)头皮瘢痕形成或者无毛发,达头皮面积50%;

2)颅骨缺损 $25.0cm^2$ 以上,不宜或者无法手术修补;

3)容貌毁损(轻度);

4)面部条状瘢痕形成,累计长度达20.0cm;面部条状瘢痕形成(宽度达0.2cm),累计长度达10.0cm,其中至少5.0cm以上位于面部中心区;

5)面部块状瘢痕形成,单块面积达 $7.0cm^2$,或者多块累计面积达 $9.0cm^2$;

6)面部片状细小瘢痕形成或者色素异常,累计面积达 $30.0cm^2$;

7)一侧眼睑严重畸形;一侧眼睑重度下垂,遮盖全部瞳孔;双侧眼睑轻度畸形;双侧眼睑下垂,遮盖部分瞳孔;

8)双眼泪器损伤均后遗溢泪;

9)双眼角膜斑翳或者血管翳,累及瞳孔区;双眼角膜移植术后;

10)双眼外伤性白内障;儿童人工晶体植入术后;

11)一眼盲目3级;

12)一眼重度视力损害,另一眼视力≤0.5;

13)一眼视野极度缺损,视野有效值≤8%(直径≤10°);

14)双眼象限性视野缺损;

15)一侧眼睑轻度畸形(或者眼睑下垂,遮盖部分瞳孔)合并该眼中度视力损害;

16)一眼眶骨折后遗眼球内陷5mm以上;

17)耳廓缺损或者畸形,累计相当于一侧耳廓;

18)一耳听力障碍≥81dB HL;

19)一耳听力障碍≥61dB HL,另一耳听力障碍≥41dB HL;

20)一侧鼻翼或者鼻尖大部分缺损或者严重畸形;

21)唇缺损或者畸形,露齿3枚以上(其中1枚露齿达1/2);

22)颌骨骨折,经牵引或者固定治疗后遗留功能障碍;

23)上颌骨或者下颌骨部分缺损伴牙齿缺失或者折断7枚以上;

24)张口受限Ⅱ度;

25)发声功能或者构音功能障碍(轻度)。

5.9.3　颈部及胸部损伤

1)颈前三角区瘢痕形成,累计面积达 $50.0cm^2$;

2)甲状腺功能损害(轻度);

3)甲状旁腺功能损害(轻度);

4)气管或者支气管成形术后;

5)食管吻合术后;

6)食管腔内支架置入术后;

7)食管损伤,影响吞咽功能;

8)女性双侧乳房缺失或者毁损,累计范围相当于一侧乳房1/2以上;

9)女性一侧乳房大部分缺失或者严重畸形;

10)女性一侧乳头完全缺失或者双侧乳头部分缺失(或者畸形);

11)肋骨骨折12根以上,或者肋骨部分缺失4根以上;肋骨骨折8根以上并后遗4处畸形愈合;

12)心功能不全,心功能Ⅰ级;

13)冠状动脉移植术后;

14)心脏室壁瘤;

15)心脏异物存留或者取出术后;

16)缩窄性心包炎;

17)胸导管损伤;

18)肺段或者肺组织楔形切除术后;

19)肺脏异物存留或者取出术后。

5.9.4　腹部损伤

1)肝部分切除术后;

2)脾部分切除术后;

3)外伤性胰腺假性囊肿术后;

4)一侧肾部分切除术后;

5)胃部分切除术后;

6)肠部分切除术后;

7)胆道损伤胆管外引流术后;

8)胆囊切除术后;

9)肠梗阻反复发作;

10)膈肌修补术后遗留功能障碍(如膈肌麻痹或者膈疝)。

5.9.5　盆部及会阴部损伤

1)膀胱部分切除术后;

2)输尿管狭窄成形术后;

3)输尿管狭窄行腔内扩张术或者腔内支架置入术后;

4)一侧卵巢缺失或者丧失功能;

5)一侧输卵管缺失或者丧失功能;

6)子宫部分切除术后;

7)一侧附睾缺失;

8)一侧输精管损伤难以修复;

9)尿道狭窄(轻度);

10)肛管或者直肠损伤,排便功能轻度障碍或者肛门失禁(轻度)。

5.9.6　脊柱、骨盆及四肢损伤

1)一椎体粉碎性骨折,椎管内骨性占位;

2)一椎体并相应附件骨折,经手术治疗后;二椎体压缩性骨折;

3)骨盆两处以上骨折或者粉碎性骨折,严重畸形愈合;

4)青少年四肢长骨骨骺粉碎性或者压缩性骨折;

5)四肢任一大关节行关节假体置换术后;

6)双上肢前臂旋转功能丧失均达75%;

7)双上肢长度相差6.0cm以上;

8)双下肢长度相差4.0cm以上;

9)四肢任一大关节(踝关节除外)功能丧失50%以上;

10)一踝关节功能丧失75%以上;

11)一肢体各大关节功能丧失均达25%;

12)双足拇趾功能丧失均达75%;一足5趾功能均完全丧失;

13)双足跟骨粉碎性骨折畸形愈合;

14)双足足弓结构部分破坏;一足足弓结构完全破坏;

15)手或者足功能丧失分值≥25分。

5.9.7　体表及其他损伤

1)皮肤瘢痕形成达体表面积10%。

5.10　十级

5.10.1　颅脑、脊髓及周围神经损伤

1)精神障碍或者轻度智能减退,日常生活有关的活动能力轻度受限;

2)颅脑损伤后遗脑软化灶形成,伴有神经系统症状或者体征;

3)一侧部分面瘫;

4)嗅觉功能完全丧失;

5)尿崩症(轻度);

6)四肢重要神经损伤,遗留相应肌群肌力4级以下;

7)影响阴茎勃起功能;

8)开颅术后。

5.10.2　头面部损伤

1)面颅骨部分缺损或者畸形,影响面容;

2)头皮瘢痕形成或者无毛发,面积达 $40.0cm^2$;

3)面部条状瘢痕形成(宽度达0.2cm),累计长度达6.0cm,其中至少3.0cm位于面部中心区;

4)面部条状瘢痕形成,累计长度达10.0cm;

5)面部块状瘢痕形成,单块面积达 $3.0cm^2$,或者多块累计面积达 $5.0cm^2$;

6)面部片状细小瘢痕形成或者色素异常,累计面积达 $10.0cm^2$;

7)一侧眼睑下垂,遮盖部分瞳孔;一侧眼睑轻度畸形;一侧睑球粘连影响眼球运动;

8)一眼泪器损伤后遗溢泪;

9)一眼眶骨折后遗眼球内陷2mm以上;

10)复视或者斜视;

11)一眼角膜斑翳或者血管翳,累及瞳孔区;一眼角膜移植术后;

12)一眼外伤性青光眼,经手术治疗;一眼外伤性低眼压;

13)一眼外伤后无虹膜;

14)一眼外伤性白内障;一眼无晶体或者人工晶体植入术后;

15)一眼中度视力损害;

16)双眼视力≤0.5;

17)一眼视野中度缺损,视野有效值≤48%(直径≤60°);

18)一耳听力障碍≥61dB HL;

19)双耳听力障碍≥41dB HL;

20)一侧前庭平衡功能丧失,伴听力减退;

21)耳廓缺损或者畸形,累计相当于一侧耳廓的30%;

22)鼻尖或者鼻翼部分缺损深达软骨;

23)唇外翻或者小口畸形;

24)唇缺损或者畸形,致露齿;

25)舌部分缺损;

26)牙齿缺失或者折断7枚以上;牙槽骨部分缺损,合并牙齿缺失或者折断4枚以上;

27)张口受限Ⅰ度;

28)咽或者咽后区损伤影响吞咽功能。

5.10.3　颈部及胸部损伤

1)颏颈粘连畸形松解术后;

2)颈前三角区瘢痕形成,累计面积达25.0cm²;

3)一侧喉返神经损伤,影响功能;

4)器质性声音嘶哑;

5)食管修补术后;

6)女性一侧乳房部分缺失或者畸形;

7)肋骨骨折6根以上,或者肋骨部分缺失2根以上;肋骨骨折4根以上并后遗2处畸形愈合;

8)肺修补术后;

9)呼吸困难(轻度)。

5.10.4　腹部损伤

1)腹壁疝,难以手术修补;

2)肝、脾或者胰腺修补术后;

3)胃、肠或者胆道修补术后;

4)膈肌修补术后。

5.10.5　盆部及会阴部损伤

1)肾、输尿管或者膀胱修补术后;

2)子宫或者卵巢修补术后;

3)外阴或者阴道修补术后;

4)睾丸破裂修补术后;

5)一侧输精管破裂修复术后;

6)尿道修补术后;

7)会阴部瘢痕挛缩,肛管狭窄;

8)阴茎头部分缺失。

5.10.6　脊柱、骨盆及四肢损伤

1)枢椎齿状突骨折,影响功能;

2)一椎体压缩性骨折(压缩程度达1/3)或者粉碎性骨折;一椎体骨折经手术治疗后;

3)四处以上横突、棘突或者椎弓根骨折,影响功能;

4)骨盆两处以上骨折或者粉碎性骨折,畸形愈合;

5)一侧髌骨切除；

6)一侧膝关节交叉韧带、半月板伴侧副韧带撕裂伤经手术治疗后，影响功能；

7)青少年四肢长骨骨折累及骨骺；

8)一上肢前臂旋转功能丧失75%以上；

9)双上肢长度相差4.0cm以上；

10)双下肢长度相差2.0cm以上；

11)四肢任一大关节(踝关节除外)功能丧失25%以上；

12)一踝关节功能丧失50%以上；

13)下肢任一大关节骨折后遗创伤性关节炎；

14)肢体重要血管循环障碍，影响功能；

15)一手小指完全缺失并第5掌骨部分缺损；

16)一足拇趾功能丧失75%以上；一足5趾功能丧失均达50%；双足拇趾功能丧失均达50%；双足除拇趾外任何4趾功能均完全丧失；

17)一足跟骨粉碎性骨折畸形愈合；

18)一足足弓结构部分破坏；

19)手或者足功能丧失分值≥10分。

5.10.7 体表及其他损伤

1)手部皮肤瘢痕形成或者植皮术后，范围达一手掌面积50%；

2)皮肤瘢痕形成达体表面积4%；

3)皮肤创面长期不愈超过1年，范围达体表面积1%。

6 附则

6.1 遇有本标准致残程度分级系列中未列入的致残情形，可根据残疾的实际情况，依据本标准附录A的规定，并比照最相似等级的条款，确定其致残程度等级。

6.2 同一部位和性质的残疾，不应采用本标准条款两条以上或者同一条款两次以上进行鉴定。

6.3 本标准中四肢大关节是指肩、肘、腕、髋、膝、踝等六大关节。

6.4 本标准中牙齿折断是指冠折1/2以上，或者牙齿部分缺失致牙髓腔暴露。

6.5 移植、再植或者再造成活组织器官的损伤应根据实际后遗功能障碍程度参照相应分级条款进行致残程度等级鉴定。

6.6 永久性植入式假体(如颅骨修补材料、种植牙、人工支架等)损坏引起的功能障碍可参照相应分级条款进行致残程度等级鉴定。

6.7　本标准中四肢重要神经是指臂丛及其分支神经(包括正中神经、尺神经、桡神经和肌皮神经等)和腰骶丛及其分支神经(包括坐骨神经、腓总神经和胫神经等)。

6.8　本标准中四肢重要血管是指与四肢重要神经伴行的同名动、静脉。

6.9　精神分裂症或者心境障碍等内源性疾病不是外界致伤因素直接作用所致,不宜作为致残程度等级鉴定的依据,但应对外界致伤因素与疾病之间的因果关系进行说明。

6.10　本标准所指未成年人是指年龄未满18周岁者。

6.11　本标准中涉及面部瘢痕致残程度需测量长度或者面积的数值时,0～6周岁者按标准规定值50%计,7～14周岁者按80%计。

6.12　本标准中凡涉及数量、部位规定时,注明“以上”、“以下”者,均包含本数(有特别说明的除外)。

附录四

人身损害护理依赖程度评定(GA/T 800—2008)

1 范围

本标准规定了人身损害躯体伤残者和精神障碍者,日常生活是否需要护理依赖及其程度的评定原则和方法。

本标准适用于因人为伤害、交通事故、意外伤害等因素所造成的人身伤残、精神障碍护理依赖程度的评定。

国家和其他行业已有规定的,执行其相关规定。

2 术语和定义

下列术语和定义适用于本标准。

2.1 躯体残疾者

因各种伤害因素造成人体组织器官不可恢复的结构破坏或功能障碍,不能进行一般人所能从事的工作、学习或其他活动的人。

2.2 精神障碍者

因各种伤害因素造成人的大脑功能失调或结构改变,导致感知、情感、思维、意志和行为等精神活动出现不同程度受损的人。

2.3 日常生活活动能力

人体日常生活必须反复进行的、基本的、具有共同性身体动作的能力。包括:进食,床上活动,穿衣,修饰,洗澡,大、小便及行走等。

2.4 日常生活自理能力

人体在正常思维支配下,为满足基本生理、生活需要,必须反复进行的一系列身体动作或活动的能力。包括:进食、更衣、修饰、整理个人卫生、使用日常生活工具、自主外出行走等。

2.5 躯体移动能力

人体自主在床上移动,上、下床,室内或室外行走,上、下楼梯等能力。

2.6 日常生活活动能力丧失

躯体残疾者因各种损害因素导致日常生活活动能力部分或全部永久性丧失。

2.7 日常生活自理能力丧失

精神障碍者因感知、思维、情感、行为、意志、智力等出现异常,部分或全部丧失料理自己日常生活能力。

2.8　护理依赖

躯体残疾者和精神障碍者需经他人护理、帮助以维系日常生活。

2.9　护理依赖程度

躯体残疾者或精神障碍者需要他人帮助的程度。

2.10　他人接触身体的帮助

躯体残疾者需要他人给予抱、抬、搬、背等帮助。

2.11　治疗终结

临床医学一般原则所承认的临床症状和体征消失或固定。

3　总则

3.1　评定原则

护理依赖程度的评定应遵循实事求是的原则,以伤害因素对人体直接造成的损害及并发症和后遗症导致日常生活能力或日常生活自理能力丧失为依据,综合评定。

3.2　评定要求

3.2.1　对被评定人应进行客观、全面、详细的查体,必要时应做相应的辅助检查。

3.2.2　除被评定人主诉及主诉及其近亲属的陈述外,被鉴定人还应有客观临床体征,并与辅助检查、病历记载相符合。

3.2.3　被评定人原有疾病或残疾需要护理依赖的,必要时确定本次损伤因素的参与度。见附录A。

3.2.4　被评定人同时有躯体残疾和精神障碍的,应分别评定,按护理依赖程度较重的定级。

3.3　评定时机

3.3.1　躯体残疾者护理依赖程度评定,应在其治疗终结后进行。

3.3.2　精神障碍者护理依赖程度评定,应在其精神障碍至少经过一年以上治疗后进行。

3.4　评定等级及比例

3.4.1　护理依赖程度等级

a)完全护理依赖;b)大部分护理依赖;c)部分护理依赖。

3.4.2　护理依赖赔付比例　参见附录B。

3.5　护理依赖程度表述　参见附录C。

3.6　评定人条件

由取得主检法医师、精神专科主治医师以上职称或取得司法鉴定人资格的人员担任。

3.7　列举数字　“以上或以下”均包括本数。

4　躯体残疾者护理依赖程度评定

4.1　日常生活活动能力项目、评定分值和计算

4.1.1　日常生活活动能力项目

4.1.1.1　进食　拿取食物,放入口中,咀嚼,咽下。

4.1.1.2　床上活动　包括:a)翻身;b)平移;c)起坐。

4.1.1.3　穿衣　包括:a)穿脱上身衣服;b)穿脱下身衣服。

4.1.1.4　修饰　包括:a)洗(擦)脸;b)刷牙;c)梳头;d)剃须。

以上4项指使用放在身边的洗漱用具。

4.1.1.5　洗澡　进入浴室,完成洗澡。

4.1.1.6　床椅转移　从床上移动到椅子上或从椅子上移动到床上。

4.1.1.7　行走　包括:a)平地行走;b)上楼梯;c)下楼梯。

4.1.1.8　小便始末　到规定地方,解、系裤带,完成排尿。

4.1.1.9　大便始末　到规定地方,解、系裤带,完成排便。

4.1.1.10　用厕　包括:a)蹲(坐)起;b)拭净;c)冲洗(倒掉)d)整理衣裤。

4.1.2　评定分值

躯体残疾者日常生活活动能力10项,各项目评定总分值100分。

项目及评定分值:

(1)进食

10分能自主完成;

5分经常依靠他人帮助把食物拿取到面前或身边才成;

0分完全依靠他人拿取食物和接触身体的帮助才能完成,或需他人喂食。

(2)床上活动

10分能自主完成4.1.1.2的a)、b)、c);

5分需要他人看护或扶助才能完成,或只能完成4.1.1,2中的1项或2项,其余需依靠他人接触身体的帮助才能完成;

0分完全依靠他人接触身体的帮助才能完成4.1.1.2的a)、b)、c)。

(3)穿衣

10分能自主完成4.1.1.3的a)、b);

5分只能完成在4.1.1.3的a)或b);

0 分完全依靠他人接触身体的帮助才能完成 4.1.1.3 的 a)和 b)。

(4)修饰

5 分能自主完成 4.1.1.4 的 a)、b)、c)、d);

0 分主要或完全依靠他人接触身体帮助才能完成 4.1.1.4 的 a)、b)、c)、d)。

(5)洗澡

5 分能自主完成;

0 分主要或完全依靠他人接触身体的帮助才能完成。

(6)床椅转移

15 分能自主完成;

10 分借助残疾辅助器具或其他用具才能完成;

5 分长期需依靠他人看护或扶助才能完成;

0 分完全依靠他人接触身体的帮助才能完成。

(7)行走

15 分能自主完成 4.1.1.7 的 a)、b)、c);

10 分借助残疾辅助器具或其他用具才能完成 4.1.1.7 的 a)、b)、c);

5 分借助残疾辅助器具只能完成 4.1.1.7 的 a),其余需依靠他人看护或扶助才能完成;

0 分完全依靠他人接触身体的帮助才能完成 4.1.1.7 的 a)、b)、c);

(8)小便始末

10 分能自主完成;

5 分长期需他人看护或扶助才能去规定的地方完成小便过程;

0 分长期在床上小便或长期依靠他人接触身体的帮助才能完成,并依靠他人帮助清理小便。

(9)大便始末

10 分能自主完成;

5 分长期需他人看护或扶助才能去规定的地方完成大便过程;

0 分长期在床上大便或长期依靠他人接触身体的帮助才能完成,并依靠他人帮助清理大便。

(10)用厕

10 分能自主完成 4.1.1.10 的 a)、b)、c)、d);

5 分只能完成 4.1.1.10 的 a)、b)、c)、d)中的 3 项以下,其余需依靠他人接触身体帮助或借助其他设施、辅助用具才能完成;

0分完全依靠他人接触身体帮助才能完成4.1.1,10的a)、b)、c)、d)。

注1:看护,是指为了防止躯体残疾者在进行床椅转移,行走,上、下楼梯,大、小便等日常生活活动时出现摔倒、跌下等危险,而需他人经常照看。

注2:扶助,是指躯体残疾者在进行日常生活活动时,需他人在旁边实施搀扶、护持等帮助,以防止躯体残疾者出现行走不稳、摔倒、跌下等危险。

上述二种情况,躯体残疾者日常生活活动主要是靠自身的能力完成。

4.1.3　计算

4.1.3.1　根据躯体残疾者完成日常生活活动能力项目的情况,客观确定每项分值。

4.1.3.2　将各项分值相加得出总分值。

4.2　护理依赖程度评定

4.2.1　护理依赖

4.2.1.1　日常生活活动能力项目总分值为100分。

4.2.1.2　总分值在61分以上,日常生活活动基本自理,为不需要护理依赖。

4.2.1.3　总分值在60分以下,为需要护理依赖。

4.2.2　护理依赖程度

4.2.2.1　总分值在60分~41分,为部分护理依赖。

4.2.2.2　总分值在40分~21分,为大部分护理依赖。

4.2.2.3　总分值在20分以下,为完全护理依赖。

5　精神障碍者护理依赖程度评定

5.1　日常生活自理能力项目、评定分值和计算

5.1.1　日常生活自理能力项目

5.1.1.1　进食

进食是指:a)按时;b)定量;c)在规定地点完成进食。

以上3项无须他人提醒、引领、督促、控制或喂食,无厌食、拒食、绝食、暴饮暴食、不知饥饱等行为。

5.1.1.2　修饰　包括:a)梳头;b)洗脸;c)刷牙;d)剃须。

以上4项不需他人帮助打水、准备洗漱用具等。

5.1.1.3　更衣　是指:a)穿脱衣服;b)定时更换衣服;c)按季节、天气、温度变化适时增减衣服。

5.1.1.4　理发、洗澡、剪指甲　是指:a)去理发店理发;b)去洗浴处洗澡;c)自己或要求他人帮助剪指甲。

5.1.1.5　整理个人卫生　包括:a)整理自己的床铺;b)打扫室内卫生;c)清洗衣物;d)女性能自理经期卫生,使用更换卫生巾、清洗内裤等。

5.1.1.6　小便始末　是指:a)到规定地方;b)解系裤带,完成小便过程;c)清理小便。

5.1.1.7　大便始末　大便始末是指:a)到规定地方;b)解系裤带,完成大便过程;c)清理大便。

5.1.1.8　外出行走　外出行走是指:a)自主外出;b)通常能独自找回出发处;c)需要他人陪同。

5.1.1.9　睡眠　是指:a)按正常人的作息时间、规律睡眠;b)不能按正常人的作息时间、规律睡眠,如昼夜颠倒、白天思睡、夜间不宁、晚上不睡、早晨不起等;c)睡眠需要他人监护、帮助。

5.1.1.10　服药　是指:a)保管药物;b)定时服药;c)定量服药。

5.1.1.11　使用日常生活用具　是指:a)使用炉灶;b)使用日用电器;c)使用自来水。

5.1.1.12　乘车　是指:a)能乘坐交通工具,如公共汽车、出租车等;b)需要他人陪同;c)不能乘坐交通工具。

5.1.2　评定分值

精神障碍者日常生活自理能力12项,各项目评定总分值120分。

项目及评分分值:

(1)进食

10分能自主完成5.1.1.1的a)、b)、c)

5分经常需他人提醒、引领、督促、控制才能完成5.1.1.1的a)、b)、c)中的1项或2项

0分完全靠他人督促、帮助才能完成5.1.1.1的a)、b)、c)或需他人喂食

(2)修饰

10分能保持外貌整洁。自主完成5.1.1.2的a)、b)、c)、d)中2项以上;

5分经常需他人提醒、督促、帮助才能完成5.1.1.2的a)、b)、c)、d)中1项以上;

0分完全靠他人帮助才能完成5.1.1.2的a)、b)和(或c)、d)。

(3)更衣

10分衣着得体,能自主完成5.1.1.3的a)、b)、c);

5分经常需他人提醒、督促、帮助才能完成5.1.1.3的a)、b)、c);

0分完全靠他人帮助才能完成5.1.1.3的a)、b)、c)。

(4)理发 洗澡 剪指甲

10 分能自主完成 5.1.1.4 的 a)、b)、c);

5 分经常需他人提醒、督促、引领、帮助才能完成 5.1.1.4 的 a)、b)、c)中 1 项以上;

0 分从不主动理发、洗澡、剪指甲,完全需他人强制、帮助才能完成 5.1.1.4 的 a)、b)、c)。

(5)整理个人卫生

10 分能自主完成 5.1.1.5 的 a)、b)、c),女性能自主完成 5.1.1.5 的 d);

5 分经常需他人提醒、指导才能完成 5.1.1.5 的 a)、b)、c)中的一项以上,女性在他人提醒、指导下才能完成 5.1.1.5 的 d);

0 分完全靠他人帮助才能完成 5.1.1.5 的 a)、b)、c),女性完全依靠他人帮助才能完成 5.1.1.5 的 d)。

(6)小便始末

10 分能自主完成 5.1.1.6 的 a)、b)、c);

5 分经常需他人提醒、督促、引领才能完成 5.1.1.6 的 a),5.1.1.6 的 b)、c)基本能自主完成;

0 分完全依靠他人帮助才能完成 5.1.1.6 的 a)、b)、c)。

(7)大便始末

10 分能自主完成 5.1.1.7 的 a)、b)、c);

5 分经常需他人提醒、督促、引领才能完成 5.1.1.7 的 a),5.1.1.7 的 b)、c)基本能自主完成;

0 分完全依靠他人帮助才能完成 5.1.1.7 的 a)、b)、c)。

(8)外出行走

10 分能自主完成 5.1.1.8 的 a)、b);

5 分完成 5.1.1.8 的 a)、b)经常需要 5.1.1.8 的 c),否则就有走失的危险;或从不外出;

0 分完成 5.1.1.8 的 a)、b)必需 5.1.1.8 的 c),否则就会丢失。

(9)睡眠

10 分能自主完成 5.1.1.9 的 a)或偶有异常睡眠但不需要 5.1.1.9 的 c);

5 分有 5.1.1.9 的 b)所列举异常睡眠表现 1 种以上,经常需要 5.1.1.9 的 c);

0 分有 5.1.1.9 的 b)所列举异常睡眠表现 1 种以上,长期需要 5.1.1.9 的 c)

(10)服药

10分不需服药,或需服药但能遵照医嘱自主完成5.1.1.10的a)、b)、c);

5分需要服药,能自主完成5.1.1.10的a),但5.1.1.10的b)、c)需他人提醒、督促、帮助才能完成0分需要服药,均需他人帮助才能完成5.1.1.10的a)、b)、c)。

(11)使用日常生活用具

10分能自主安全使用5.1.1.11的a)、b)、c);

5分经常需他人指导、监护才能使用5.1.1.11的a)、b)、c)中1项以上;

0分从不使用5.1.1.11的a)、b)、c)或使用5.1.1.11的a)、b)、c)经常发生危险。

(12)乘车

10分能自主完成5.1.1.12的a);

5分需要5.1.1.12的b)才能完成5.1.1.12的a);

0分5.1.1.12的c)或在有5.1.1.12的b)的情况下也难完成5.1.1.12的a)。

5.1.3 计算

5.1.3.1 根据精神障碍者完成日常生活自理能力项目的情况,客观确定每项分值,

5.1.3.2 将各项分值相加得出总分值。

5.2 护理依赖程度评定

5.2.1 护理依赖

5.2.1.1 日常生活自理能力项目总分值为120分。

5.2.1.2 总分值在81分以上,日常生活基本能够自理,为不需要护理依赖。

5.2.1.3 总分值在80分以下,为需要护理依赖。

5.2.2 护理依赖程度

5.2.2.1 总分值在80分~61分,为部分护理依赖。

5.2.2.2 总分值在60分~41分,为大部分护理依赖。

5.2.2.3 总分值在40分以下,为完全护理依赖。

5.3 精神障碍者存在安全问题时护理依赖程度评定

5.3.1 适用于精神障碍者有造成自身、他人和公众安全危险的情况。

5.3.2 安全问题是指可能发生:a)白杀;b)自伤;c)打人;d)毁物;e)出走丢失;f)其他可造成自身、他人和公众安全危险的情况。

5.3.3　精神障碍者经常有上述安全问题项目中1项以上,经治疗无明显改善,且时间持续一年以上为需要大部分护理依赖。

附录A(规范性附录)损伤参与度

A.1　损伤参与度　指损害因素对护理依赖后果作用的大小。

A.2　损伤参与度的表示及划分比例

A.2.1　损伤参与度采用百分比表示,分为:100%,75%,50%,25%,0五种。

A.2.2　完全由损害因素及其并发症、后遗症造成,其原有疾病或残疾与所需护理依赖后果无因果关系的,损伤参与度为100%。

A.2.3　主要由损害因素及其并发症、后遗症造成,其原有疾病或残疾对所需护理依赖后果只起到加重和辅助作用的,损伤参与度75%。

A.2.4　损害因素及其并发症、后遗症与其原有疾病或残疾共同造成护理依赖后果,且作用相当,难分主次的,损伤参与度为50%。

A.2.5　主要由原有疾病或残疾造成,损害因素及其并发症、后遗症对所需护理依赖后果只起到加重和辅助作用的,损伤参与度为25%。

A.2.6　完全由原有疾病或残疾造成,损害因素及其并发症、后遗症与所需护理依赖后果无明确因果关系的,损伤参与度为0。

附录B(资料性附录)护理依赖赔付比例

护理依赖赔付比例是指各护理依赖程度等级所需护理费用的比例,分以下三等:a)完全护理依赖100%;b)大部分护理依赖80%;c)部分护理依赖50%。

附录C(资料性附录)护理依赖程度的表述

C.1　护理依赖后果完全是由损害因素及其并发症、后遗症造成的,直接书写所需护理依赖的程度。如李某某需要完全护理依赖;张某某需要大部护理依赖;赵某某需要部分护理依赖。

C.2　护理依赖后果是由于损害因素及其并发症、后遗症与原有疾病或残疾共同造成的,必要时在所需护理依赖程度之后,加上损害因素所占损伤参与度的百分比。如李某某需要大部分护理依赖,损伤参与度为50%。表示该被评定人所需大部分护理依赖,其50%是由于损害因素造成的。

C.3　护理依赖后果完全是由于原有疾病或残疾造成的,损伤参与度为0,必要时说明损害因素与护理依赖无因果关系。

图书在版编目(CIP)数据

人身损害鉴定与赔偿 / 张纯兵编著. -- 2版. -- 北京：法律出版社，2018
ISBN 978-7-5197-2279-1

Ⅰ.①人… Ⅱ.①张… Ⅲ.①伤害鉴定-基本知识-中国②伤亡事故-赔偿-基本知识-中国 Ⅳ.①D923.8

中国版本图书馆CIP数据核字(2018)第105133号

人身损害鉴定与赔偿(第二版)
RENSHEN SUNHAI JIANDING YU PEICHANG (DI ER BAN)

张纯兵 编著

策划编辑 沈小英
责任编辑 刘　莹
装帧设计 汪奇峰

出版 法律出版社
总发行 中国法律图书有限公司
经销 新华书店
印刷 固安华明印业有限公司
责任校对 马　丽
责任印制 吕亚莉

编辑统筹 法治与经济出版分社
开本 710毫米×1000毫米 1/16
印张 24
字数 440千
版本 2018年5月第2版
印次 2019年11月第2次印刷

法律出版社/北京市丰台区莲花池西里7号(100073)
网址/www.lawpress.com.cn
投稿邮箱/info@lawpress.com.cn
举报维权邮箱/jbwq@lawpress.com.cn
销售热线/400-660-8393
咨询电话/010-63939796

中国法律图书有限公司/北京市丰台区莲花池西里7号(100073)
全国各地中法图分、子公司销售电话：
统一销售客服/400-660-8393/6393
第一法律书店/010-83938432/8433　西安分公司/029-85330678　重庆分公司/023-67453036
上海分公司/021-62071639/1636　深圳分公司/0755-83072995

书号：ISBN 978-7-5197-2279-1
定价：86.00元
(如有缺页或倒装，中国法律图书有限公司负责退换)